中国工程院咨询研究项目

汽车强国战略研究

Strategy Research on Automobile Power

汽车强国战略研究项目组 著

科学出版社

北 京

内 容 简 介

本书从汽车产业（企业）、汽车技术、政策法规、新能源汽车、汽车智能控制与网联、汽车与环境协同发展、汽车能源与资源、汽车人才等不同的角度对关系汽车发展的一系列核心和重大问题展开研究，着重论证我国建设汽车强国的优势、劣势、机遇和挑战，总结归纳当前制约我国汽车强国建设的瓶颈问题并提出相应的措施建议。

本书可供汽车工业部门、汽车运输部门、汽车企业等相关企事业单位的管理和工程技术人员参考，也可作为普通高等院校、中职学校等汽车工程类和管理类专业教材，还可供具有中等以上文化和科技理论基础的汽车爱好者参考阅读。

图书在版编目（CIP）数据

汽车强国战略研究／汽车强国战略研究项目组著．—北京：科学出版社，2020.1

ISBN 978-7-03-061936-5

Ⅰ.①汽⋯ Ⅱ.①汽⋯ Ⅲ.①汽车工业–工业发展战略–研究–中国 Ⅳ.① F426.471

中国版本图书馆 CIP 数据核字（2019）第 153754 号

责任编辑：马 跃 / 责任校对：王丹妮
责任印制：霍 兵 / 封面设计：无极书装

科学出版社 出版
北京东黄城根北街16号
邮政编码：100717
http://www.sciencep.com

北京九天鸿程印刷有限责任公司 印刷
科学出版社发行 各地新华书店经销
*
2020年1月第 一 版 开本：720×1000 1/16
2020年1月第一次印刷 印张：31
字数：625 000
定价：**286.00元**
（如有印装质量问题，我社负责调换）

本书编写团队

"汽车强国战略研究"综合组

项目负责人:
钟志华

指导专家:
王建强　杨　波　吴松泉　侯福深　叶盛基
邹博文　冯锦山　陈　昊　左世全　延建林

执笔组长:
王建强

执笔人:
乔英俊　赵世佳　朱一方　申杨柳　邓小芝
吴胜男　陈轶嵩　胡卫国　贺晶晶　邓　慧
王丽凤　钟健康　刘　剑　李　喆

中国汽车产业（企业）发展战略研究课题组

负责人:
董　扬

专家组:

许艳华　叶盛基　师建华　姚　杰

执笔人:

王　耀　邹　朋　庞天舒　黄　毅

汽车技术发展战略研究课题组

负责人:

侯福深

专家组:

王秉刚　李开国　吴志新　张　宁　李克强
肖成伟

执笔人:

冯锦山　姜建娜　吴胜男　陈　敏　王鹏飞

汽车政策法规发展战略研究课题组

负责人:

吴志新

专家组:

吴松泉

执笔人:

朱一方　申杨柳　李震彪　潘　伟　秦志媛

新能源汽车发展战略研究课题组

负责人：
欧阳明高

专家组：
孙逢春　张进华　赵福全　肖成伟　艾新平
吴志新　贡　俊　蔡　蔚　郭淑英　李建秋
明平文　李高鹏　李开国　廉玉波　邵浙海
刘　波

执笔人：
杜玖玉　卢兰光　王　佳

汽车智能控制与网联研究课题组

负责人：
李克强

专家组：
侯福深　公维洁　王建强　余卓平　吴松泉
王晓明　孔凡忠　谢　飞　高振海

执笔人：
边明远　戴一凡　许　庆　孔伟伟　陈　龙

汽车与环境协同发展战略研究课题组

负责人：

郝吉明

专家组：

吴　烨　胡京南　徐洪磊　丁　焰　刘　欢
葛蕴珊　贺　泓　李俊华

执笔人：

吴　烨　吴潇萌　杨道源　张少君　周　昱

汽车能源与资源战略研究课题组

负责人：

欧训民

专家组：

欧训民　朱旭峰

执笔人：

欧训民　彭天铎　袁志逸　袁杰辉　朱旭峰

汽车人才与能力发展战略研究课题组

负责人：

余卓平

专家组：

朱明荣　王建强　杨沿平　乔英俊

执笔人：

谭丕强　王德源　常国峰

汽车社会协调发展战略研究课题组

负责人：

杨沿平

专家组：

陈元华　俞　宁　乔英俊　胡卫国　谢林明
陈志林　黄　威　胡纾寒　王　涛　陈　彪
殷仁述　杨　阳　韦海英　郝夏艳　李　再

执笔人：

胡卫国　陈志林　黄　威　陈元华　俞　宁

中国汽车发展问题及路径研究课题组

负责人：

邹博文

专家组：

王秉刚　李开国　叶盛基　周　舟

执笔人：

沈　斌　邓小芝　王东升　高金燕

前　　言

　　汽车作为"曾经改变世界的机器"，对推动全球经济增长和社会进步发挥了重要作用。汽车产业以其规模巨大、产业链长、带动性强、影响力广的突出特点成为世界重要的战略性产业。汽车的大规模普及拓展了人们的出行半径，改变了城乡组成结构，加速了社会发展进步。汽车社会发展程度成为社会现代化建设的重要标志之一。

　　当前，随着新一轮科技革命和产业变革的兴起，以传统燃油技术形式和单纯以交通工具为主要属性的汽车正在发生深刻变革。汽车的设计、研发、制造及使用等全生命周期中新技术、新模式、新业态不断涌现；汽车的低碳化、电动化、智能化、共享化等发展新特征日渐明朗；汽车与通信信息、互联网、平台经济等的交叉融合也愈加紧密。未来，汽车将成为智能交通的核心组成部分和智慧城市的核心要素。在这个过程中，汽车产品、汽车产业及汽车社会的形态均会发生重大变化，汽车发展正在经历一场新的革命，汽车有望成为"被世界改变的机器"。

　　我国汽车产业历经风雨，砥砺前行，经过几十年的发展，已成为制造业和实体经济的重要组成部分，成为国民经济的重要支柱。汽车作为人民群众生产、生活必不可少的工具，承载了人民群众对美好生活的期待，是富强、民主、文明、和谐、美丽中国梦的重要载体。截至 2019 年底，我国汽车产销量已连续十一年位居世界第一，千人汽车保有量 187 辆左右。汽车在满足了人民群众对便捷出行和自由生活的需求的同时，对我国社会发展进步发挥了巨大的支撑作用。汽车发展正全方位推动独具特色的社会主义向前迈进。

　　然而，大而不强仍然是我国汽车产业发展的突出特征。汽车产业发展质量不高的问题依然严峻，零部件发展滞后、技术掌控力弱、品牌溢价不高和"走出去"困难等长期存在。汽车社会发展不平衡不充分问题依旧突出，能源资源浪费、城市拥堵、环境污染、道路安全等问题不断加剧甚至激化，汽车与社会之间的关系更加紧密，交融也更加深入，汽车深刻影响到社会发展的方方面面，汽车社会建设亟待引导和规范。

进入新时代，以习近平同志为核心的党中央提出了"五位一体"总体布局和"四个全面"战略布局，提出了"创新、协调、绿色、开放、共享"五大发展理念，制定了"创新驱动发展""中国制造2025""一带一路"倡议等举措，提出了大力推进国家治理体系和治理能力现代化的系统性措施。这一方面为我国统筹推进汽车产业和汽车社会发展，解决汽车发展的诸多顽疾提供了方向性指引；另一方面为我国及时抓住新一轮汽车革命契机，实现"换道超车"带来了前所未有的历史机遇。我国有望通过5~10年的汽车强国建设过程，实现成为汽车强国的目标，并通过汽车强国带动国家经济社会全面进步，助推中华民族伟大复兴中国梦的实现。

2017年以来，中国工程院瞄准当前汽车发展的全局性和关键性问题，启动了"汽车强国战略研究"咨询研究项目，广泛联合中国汽车工业协会、中国汽车工程学会、中国汽车技术研究中心有限公司、中国汽车工程研究院股份有限公司、清华大学、同济大学、湖南大学、长安大学等行业组织、科研院所和高等院校的汽车领域相关研究团队参与研究，动员组织了十余位汽车相关领域院士、上百位汽车及相关领域知名专家学者，从汽车产业（企业）、汽车技术、政策法规、新能源汽车、汽车智能控制与网联、汽车与环境协同发展、汽车能源与资源、汽车人才等不同的角度对关系汽车发展的一系列核心和重大问题开展了研究，着重论证了我国建设汽车强国的优势、劣势、机遇和挑战，总结归纳了当前制约汽车强国建设的瓶颈问题并提出了相应的措施建议。

希望通过本项目研究，为我国政府宏观指导汽车发展提供参考，为处在变革期的我国汽车发展起到拨云见日、助推发展的实际效果，为加快建设汽车强国提供咨询和借鉴。

目　　录

第4篇　汽车政策法规发展战略研究报告

第5篇　新能源汽车发展战略研究报告

第6篇 汽车智能控制与网联研究报告

第7篇　汽车与环境协同发展战略研究报告

第8篇　汽车能源与资源战略研究报告

第9篇　汽车人才与能力发展战略研究报告

第10篇　汽车社会协调发展战略研究报告

第11篇　中国汽车发展问题及路径研究报告

第1篇
汽车强国战略研究综合报告

第1章　汽车发展全面步入新时代

汽车经过 100 多年的持续发展，已经成为人类社会必不可少的生活和生产资料。新一轮科技革命与产业变革的蓬勃兴起为汽车技术进步与产业发展提供了新的路径，同时，近年来全球范围内能源、环境、交通革命的兴起，对汽车发展带来的外部约束日益增强，一定程度上使传统汽车发展进入瓶颈。汽车的产品属性、生产和使用方式等都在发生深刻变化，一系列新技术、新模式、新业态不断涌现，以汽车生产制造全过程为主的汽车产业和以汽车消费使用为主的汽车社会正在发生剧变，汽车发展整体步入一个新的历史阶段。

1.1　全球汽车发展面临新形势

1.1.1　新一轮科技和产业革命带动汽车全面进步

以新一代信息通信、云计算、大数据、人工智能等技术为代表的新一轮科技和产业革命蓬勃发展，带动了汽车关键技术交叉融合、群体跃进。新兴技术快速渗透于汽车全产业链，汽车发展形势面临重大变化，催生了新技术、新模式、新业态，促进了汽车发展的全面进步。

1. 新技术层出不穷

一是传统技术不断革新。传统燃油汽车技术不断进步革新，发动机缸内直喷技术、涡轮增压技术、先进自动变速器技术、先进供油技术和先进进气技术等传统技术快速发展，助推了汽车技术的不断进步和升级换代。传统燃油汽车通过小型化、减少泵气损失、精确热管理及电控策略等不断提升发动机最高燃效、降低油耗，如大众、宝马、戴姆勒等车企已经相继推出 48 伏轻混系统。传统汽车技术进步速度也不断加快，正不断向着成熟、高效、技能的方向迈进。

二是创新技术持续涌现。新一代信息技术与制造技术交互融合逐渐加深，

3D 打印、新材料、通信、大数据、互联网技术不断发展，汽车轻量化、新能源、自动驾驶、人工智能、智能互联、生物识别、固态激光雷达等新技术孕育兴起，新技术革新速度加快。

三是技术进步逐步加快。在科技创新整体突进的大背景下，汽车产品相关新技术的进步速度明显加快，汽车产品的研发、成果转化、产业化落地周期均大幅缩短，新技术在管理自动化、信息化等方面的应用大幅提升了企业管理、营销服务、团队建设等效率，新技术的快速发展极大地推动了汽车发展进步整体加速。以最为普遍的车型开发周期为例，一款新车从概念设计到投产往往需要 40 个月以上的时间。模块化技术以及数字化设计技术的深入应用，大幅缩短了新车型的开发周期，沃尔沃计划到 2020 年将新车的研发周期（从概念到初级产品）从 42 个月缩短至 20 个月，得益于模块化平台、虚拟数字工具和精确高保真的计算机辅助工程分析技术，沃尔沃新车的研发周期已缩短至 30 个月以内。

2. 汽车新模式不断涌现

一是产品设计制造方面，汽车产品开发平台呈现模块化趋势，以数字化车间 / 智能工厂为代表的智能化生产和满足消费者个性化需求的大规模定制将占据更加重要的地位。汽车生产方式向充分互联协作的智能制造体系演进，大规模定制成为未来趋势。

二是产品销售方面，电商平台正逐步改变着传统 4S 店的模式，成为汽车销售的重要渠道，传统零售业也开始试水"汽车超市"模式。汽车大宗交易平台聚集了汽车经销商、汽车消费金融产品提供商、零部件供应商、后市场 O2O（online to offline，线上到线下）合作门店等一系列汽车周边产业，逐步成为新零售的雏形。

三是服务体系方面，互联网与汽车的深度融合，使得安全驾乘、便捷出行、移动办公、本地服务、娱乐休闲等需求被充分释放，消费需求的多元化特征日趋明显，老龄化和新生代用户比例持续提升，共享出行、个性化服务成为主要方向，汽车企业增强汽车产品控制系统、智能操作系统、信息娱乐、在线升级等功能，创新商业模式，满足消费者日益增长的需求。

3. 新业态不断孕育

一是新型智慧城市系统孕育发展。智慧城市以新一代信息技术为支撑，通过透明、充分的信息获取，广泛、安全的信息传递，有效、科学的信息处理，均衡而有效地提高城市运行和管理效率，改善城市公共服务水平，有助于提升城市运行管理质量和效率。智慧城市将具备智慧城市管理、智慧能源、智慧建筑、智慧交通运输等特征，汽车将成为智慧城市建设中的重要部分。

二是新型综合交通体系正在形成。全球范围内的交通变革正在兴起，以通用航空、铁路运输、船舶交通、道路交通为主体的传统交通形式发展加速升级，超音速客机、高速列车、超级高铁等新型交通工具不断涌现。随着科技的不断创新，绿色交通、智能交通将成为交通运输发展的新底色，节能减排、便捷高效将成为智慧交通发展的关键，新能源汽车、智能网联汽车将成为新型综合交通体系的重要组成部分，在新型综合交通体系建设中发挥重要作用。

三是新型汽车产业生态不断构建。汽车与相关产业加速融合，产业边界日趋模糊，跨界合作全面展开，互联网等新兴科技企业加速布局，传统企业和新兴企业竞合交融发展，价值链、供应链、创新链发生深刻变化，全球汽车产业生态正在重塑。

1.1.2　能源、环境和交通革命倒逼汽车转型升级

当前，全球范围内的能源、环境和交通形势依然严峻，整体上对汽车发展形成了倒逼之势。

1. 全球能源形势依然紧张

2014 年国际能源署预计，未来一段时间欧洲、日本、韩国和北美地区的能源消费水平将基本维持不变甚至开始呈现下降趋势，而新增消费需求主要集中在亚洲的其他地区、非洲、中东和拉丁美洲，2040 年全球能源需求将较 2014 年增长 37%。其中，发展中国家汽车普及成为拉动能源需求持续增长的主要动力之一。从全球范围看，公路交通运输碳排放总量约占碳排放总量的 17%[1]。从中国来看，2016 年全国石油消耗量 5.56 亿吨，交通领域石油消费占比接近 50%，其中近 80% 被汽车消耗[2]。

2. 环境问题亟待解决

汽车主要是通过汽油、柴油等化石燃料在内燃机中燃烧，将化学能转化成机械能来获取动力，燃料在燃烧反应后不仅生成了二氧化碳和水，还生成了一氧化碳、碳氢化合物、氮氧化物和细颗粒物等多种有毒有害的物质。根据中国北京、上海、天津、广州、杭州等主要城市环保局公布的数据，汽车尾气对城市大气污染物排放的贡献率在 1/3 左右，已成为城市大气污染的最主要来源之一。据第三届联合国环境大会公布数据，全球范围内每年有 650 万人因为空气污染死亡。同时，持续增长的二氧化碳排放使全球变暖形势愈发紧迫，其中汽车二氧化碳排放量约占二氧化碳排放总量 15%[3]。2014 年国际能源署预计，到 2040 年化石

① 张晓艳，王永军，李骏，等 . 中国汽车低碳化系统工程研究 [J]. 中国工程科学，2018，（1）：23-29.

② 于占波 . 工信部：解读《中国制造 2025》规划系列之推动节能与新能源汽车发展 [J]. 商用汽车，2015，（6）：23-26.

③ 日本经济产业省《汽车产业战略 2014》。

燃料在一次能源需求结构中的比例将下降到 75% 以下，但能源相关的二氧化碳排放量仍将增长约 20%，相应导致全球气温将上升 3.6℃。国际社会已经达成共识，须将温度上升幅度控制在 2℃ 以内，以避免气候变化带来最严重和最广泛的影响。

除对空气污染贡献度大以外，汽车作为个人交通工具而被广泛使用，还会造成水、噪声、土壤等多方面的污染。

3. 交通安全和交通拥堵问题愈发突出

全球汽车保有量的不断增加，汽车带来的交通拥堵、交通事故日益增多。根据交通数据公司 INRIX 2018 年发布的《全球交通记分卡》报告，交通拥堵导致的时间成本和经济成本的增加造成了巨大的浪费，2016 年平均每名洛杉矶的驾驶人因交通拥堵在路上浪费多达 104 个小时。INRIX 估计，2016 年交通拥堵导致的美国直接和间接成本为 3 000 亿美元，平均每个驾驶员为 1 400 美元。交通安全方面，根据世界卫生组织发布的《2018 年全球道路安全现状报告》，道路交通事故是全球死亡原因中重要的一项，平均每年有约 135 万人死于道路交通事故，其也是 5~29 岁儿童及年轻人的主要死亡原因。其中，90% 的道路交通死亡发生在低收入和中等收入国家。我国的交通安全形势尤为严峻，2018 年我国道路交通事故万车死亡率达 2.63，是世界万车死亡率最低国家日本的近 4 倍。

1.1.3 汽车整体向新"四化"发展趋势逐步明朗

一方面，以新一代信息技术、生物技术、新能源技术、新材料技术等交叉融合、突破发展为主要特征的科技革命和产业变革正蓬勃兴起，传统产业转型和新兴产业发展互相推动促进；另一方面，日益严峻的能源、环境、交通、安全等问题对汽车发展提出绿色、智能、高效、便捷等发展要求，对汽车的进步起到了倒逼作用。整体而言，汽车低碳化、电动化、智能化、共享化（简称"四化"）趋势越发明显。

1. 汽车低碳化发展持续前进

低碳化是缓解日益增长的汽车保有量与有限的化石能源供给矛盾的必然选择。发达国家汽车二氧化碳排放量占全球总排放量的 25%~28%，中国也已经成为碳排放量最大的国家，相当于美国和欧洲的总和①。随着能源压力加大，环境质量下降，"节能、环保"正逐渐成为汽车的核心主题之一，未来汽车将向低碳化方向发展。当前各国均在积极推动低碳化，建立低碳化的运营模式，从能源

---

① Levin K，Lebling K. CO₂ emissions climb to an all-time high（again）in 2019：6 takeaways from the latest climate data[EB/OL]. https://www.wri.org/blog/2019/12/co2-emissions-climb-all-time-high-again-2019-6-takeaways-latest-climate-data，2019-12-03.

开采、能源加工、能源运输、产品设计、制造、销售、服务和回收再利用出发，确保产品全生命周期和产业全价值链的节能减排，不断降低单位 GDP（gross domestic product，国内生产总值）的能源消耗和污染物排放。绿色低碳理念也由汽车设计和使用环节向汽车全生命周期扩展，汽车拆解回收和零部件再制造产业蓬勃发展，主要汽车企业和研究机构纷纷开展全生命周期碳排放评价研究。

2. 汽车电动化发展步伐加快

电动化主要是指汽车动力驱动将由传统以内燃机为主的动力向以电力驱动为主的驱动形式转变，不仅仅是汽车产品本身的电动化进程，也包括能源基础设施以及与之相关联的整个产业链的电动化转型。纯电动汽车、混合动力汽车、燃料电池汽车等均为电动化的重要形式，相比内燃机汽车，电动汽车具有能源转换效率高、环境友好等突出优势。2018 年，全球电动汽车销量超过 150 万辆，同比增长 22.65%。中国是世界上最大的电动汽车市场，2018 年共销售了 105.3 万辆电动汽车，所占市场份额为 4.44%[①]。当前，法国、德国、挪威、荷兰、印度等国已先后宣布未来将禁售燃油车。据国际能源署统计，2020 年全球电动汽车年销量将达到 720 万辆，到 2025 年，全球销售汽车总量的 10% 将配有纯电动驱动系统。汽车的电动化趋势对优化能源结构尤为重要，未来电动化汽车可带来能源结构的剧变，同时汽车电动化也将带来新型汽车产品形态、新型产业链调整以及汽车社会的新的业态。

3. 汽车智能化发展方兴未艾

汽车智能化主要是信息通信等先进技术在生产制造、路上行驶等诸多环节的深度应用，体现了更便捷、简单的人车交互方式，是对人的更大程度的"解放"。为了提高汽车安全性、减少交通事故发生、缓解交通拥堵，也为了满足消费者更多元的消费需求，汽车智能化发展势在必行。智能网联汽车成为全球汽车企业布局的焦点。据美国布鲁金斯学会（Brookings Institution）统计，2014 年 8 月至 2017 年 6 月期间全球智能网联汽车研发领域的投资约 800 亿美元。根据世界权威市场调研机构 IHS Markit 的最新预测，2025 年全球无人驾驶汽车销量将达到 60 万辆，2035 年将达到 2 100 万辆，2025 年至 2035 年间，全球无人驾驶汽车销量年复合增速为 43%。汽车已经成为智能制造重要的应用实施领域和突破口。特斯拉已经建立了全自动化生产车间，整个工厂共有 150 个机器人，从原材料加工到成品的组装，仅需少量人工配合。大众汽车公司运用横置发动机模块化平台（Modular Querbaukasten，MQB），覆盖 A0 级、A 级和 B 级共 3 个系列，由于零部件的模块化、通用化，汽车总装线上装配的零部件能够由 20 000 多个降低到 2 000 多个。

---

① 国网能源研究院有限公司 . 电动汽车发展对配电网影响及效益分析 [R]. 2018.

4. 汽车共享化发展前景广阔

当前，出行和汽车的边界越来越模糊，交通和汽车产业正迎来巨大变革，汽车共享化正成为未来社会发展的一大趋势。汽车共享出行通过新技术、新业态、新模式，对缓解出行矛盾、推动经济发展、促进社会和谐产生巨大的作用和深远的影响。未来，汽车共享将改变人们的生活方式，将汽车的使用权和拥有权分离，并最终改变城市的交通形态。汽车共享化主要是指共享经济思维逐步融入汽车制造、使用等环节，形成主要以互联网和先进信息技术为基础的共享平台，通过使用权暂时转移实现资源高效调配和利用。随着移动物联网迅猛发展，基于共享思维的汽车出行服务模式创新层出不穷，成为缓解出行矛盾、提升道路交通安全水平的重要手段。全球范围内，以 Zipcar、Uber、Getaround、Car2go 等为代表的汽车共享发展起来，推动了汽车共享在全世界范围内发展。罗兰贝格在《2018 年中国汽车共享出行市场分析预测报告》中指出，中国共享汽车出行的直接需求将由2015 年的 816 万次 / 天快速增长至 2018 年的 3 700 万次 / 天，对应的市场容量有望从 660 亿元 / 年增长到 3 800 亿元 / 年，如图 1-1-1、图 1-1-2 所示。

图 1-1-1　中国汽车共享出行次数预测

F 代表预测值

资料来源：罗兰贝格《2018 年中国汽车共享出行市场分析预测报告》

1.1.4　主要国家纷纷发布战略谋划未来汽车发展

为应对新一轮科技革命、解决汽车发展相关社会问题和重振实体经济，欧、美、日等发达国家和地区均制定并实施了国家级的汽车发展和提升战略，如欧盟的《面向 21 世纪有竞争力的汽车法规体系（CARS 21）》、德国《国家电动汽车发展计划》和《工业 4.0》、美国的"再工业化战略"和日本的《汽车产业战略 2014》等，如表 1-1-1 所示。发达国家意图凭借雄厚的工业基础、强大的创新能力、快速的应对策略，借助国家战略凝聚各方共识，引导优势资源加快推进战略目标的实现，通过引领新一轮科技革命与产业变革，重塑或进一步巩固其竞争优势。

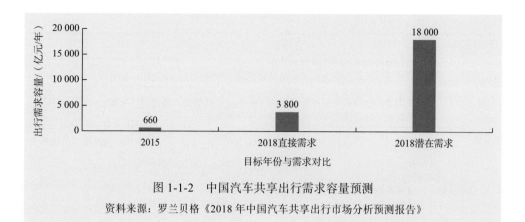

图 1-1-2　中国汽车共享出行需求容量预测

资料来源：罗兰贝格《2018 年中国汽车共享出行市场分析预测报告》

表 1-1-1　欧盟、德国、日本、美国汽车发展战略比较

国家和地区		欧盟	德国	日本	美国
应对挑战	相同部分	1. 国际金融危机对全世界的汽车产业影响巨大 2. 共同面临环境压力和能源危机，对二氧化碳排放标准越来越严格，要求世界各国节能减排 3. 共同面临世界汽车市场进入新时代的趋势，新兴国家汽车市场迅速扩大，发达国家市场相对萎缩。世界汽车市场总体看可分为以下两个市场：a 发达国家市场（传统汽车倾向型市场、环保意识型市场）；b 新兴国家市场（新入门车市场） 4. 共同面临新能源汽车迅速发展的外部环境 5. 世界人口增加，市场结构变化			
	不同部分	1. 欧洲汽车业面临的外部竞争加剧 2. 欧洲市场相对成熟，近年却衰退严重	1. 欧盟政策框架对排放要求高 2. 出口面临压力 3. 面临产业转型 4. 面临美国、日本竞争挑战，汽车业霸主地位受影响	1. 面临国内老龄化问题 2. 城市化加速，农村人口变少	1. 制造业地位受挑战 2. "去工业化" 后遗症影响产业发展 3. 在新能源汽车方面面临日本的严峻挑战 4. 对传统能源的依赖性严重
战略目的	相同部分	1. 都希望通过汽车中长期发展战略来解决全球性挑战（如资源和能源利用效率）和国家所面临的挑战（如应对人口变化） 2. 都以汽车行业为载体，希望在新一轮科技革命和产业革命中抓住先机，立于不败之地			
	不同部分	1. 为汽车行业规划发展、指导方向、鼓励创新、制定法规 2. 推动形成强大、具有竞争力的汽车工业 3. 保证并发展欧盟境内就业机会	1. 推动电动车在德国的研究、发展、市场准入和市场引进 2. 在电池存储等关键技术上获得突破 3. 保持并提高德国汽车工业的全球性竞争能力	1. 为应对德国、美国等国家新的发展战略，同时也要进一步向海外扩展市场 2. 形成产学研合作体系和人才培养体系 3. 解决老龄化和城市过密化、地方性城市过疏化问题 4. 形成日本整个汽车产业发展的壮观景象	1. 近期为缓解因美国之前的去工业化过程带来的严重失业所引起的社会矛盾 2. 中期为扩大内需，拉动美国经济增长 3. 长期是为了获得新一轮技术革命的主导权

续表

国家和地区		欧盟	德国	日本	美国
发展目标	相同目标	1. 都以提高汽车产业竞争力为核心 2. 都希望以汽车产业为载体，来应对能源、环境问题，应对新一轮科技革命和产业革命带来的挑战 3. 都希望通过拉动汽车产业的增长，来促进经济增长，解决失业问题 4. 都制定了新能源汽车的发展目标，实现能源替代			
	不同目标	1. 优化管理业务结构，提高竞争力 2. 支持欧盟工业实现国际化	1. 推动德国成为电动汽车引导市场 2. 通过推广电动汽车实现能源和气候相关目标 3. 建立新的交通体系	1. 形成产学官合作体系和人才培养体系 2. 解决老龄化和城市过密化、地方性城市过疏化问题 3. 系统发展，形成日本整个汽车产业发展的壮观景象	1. 获得新一轮技术革命的主导权 2. 发展中小企业 3. 提高劳动力技能 4. 建立健全伙伴关系 5. 调整优化政府投资 6. 加大研发投资力度
主要措施		1. 加强业务改善，发展新能源汽车 2. 制定贸易政策，扩大市场 3. 提高排放标准，降低二氧化碳排放量 4. 针对新能源汽车，加强财政补贴	1. 支持研发，加快人才培养 2. 建立"智能＋网络化"的工业体系 3. 制造领域实现"三维"集成	1. 通过经济合作网提高出口能力，建立无障碍国际市场并建立充满活力的国内市场 2. 成立车企、大学共同参与的协会，共享研究成果 3. 加强零部件产业发展 4. 电力、半导体等产业共同发展，为汽车行业提供便利条件	1. 成立由汽车公司、供应商、研究机构等共同参与的机构组织，强化技术基础 2. 分时期推出针对性措施，并及时调整 3. 针对新能源汽车，建立法规标准，提供政府财政补贴
核心特点		欧盟中长期汽车产业战略主要致力于在横向政策框架下为汽车业发展与提高竞争力营造良好环境	1. "工业4.0"就是德国针对再工业化的顶层设计 2. 政府制定的电动车发展计划总体规划全面细致，阶段目标明确，技术路线清晰	《日本汽车产业战略2014》侧重于宏观导向，政府做外部环境保障和内部政策落实，企业与协会联合做研发投资，让企业有积极性，执行力强	作为世界上市场经济最发达的国家，美国"再工业化战略"以实现制造业回流为目的，政府通过立法来推行政策是其核心特点

1.2 我国汽车发展呈现新变化

1.2.1 国家积极营造汽车发展新环境

（1）宏观政策层面。"五位一体"总体布局、"四个全面"战略布局、"创新、协调、绿色、开放、共享"五大发展理念为我国汽车产业和汽车社会转型升级指明了方向。"创新驱动发展战略"进一步强调了创新引领的突出地位，突出了我国汽车走自主发展之路的紧迫性和必要性。"供给侧结构性改革"的稳步推进为汽车提高供给效能、结构优化调整和加速转型升级发展带来了历史性机遇。"中国制造2025"将节能与新能源汽车作为十大重点发展领域之一。"互联网＋"将促进汽车加快向智能化、网联化发展。"一带一路"加快我国汽车产业国际化发展步伐，有利于充分利用国际国内两种资源提升核心竞争力。深化国有企业改革从体制机制方面入手，推动提升国有汽车企业发展活力，部分企业已经开展积极探索。

在党中央、国务院统一部署下，国有汽车企业改革步伐加快。2017年9月，中国第一汽车集团公司启动了涉及管理架构、品牌布局、人事制度等多方面的改革，国有汽车企业改革开始了新的探索。2017年4月，中央全面深化改革领导小组提出大力倡导和培育企业家精神，抓住了市场经济中的"关键少数"和"特殊人才"等关键点，对我国国有企业尤其是汽车企业负责人突破行政领导化、激活企业活力、加速适应市场经济带来积极影响。

（2）汽车政策层面。我国政府历来高度关注汽车发展，近年来有关政府部门主动适应汽车产业和汽车社会发展新形势、新要求，在产业规划、行业管理、消费流通、节能减排、新能源汽车、智能网联汽车、创新激励等方面先后制定多项政策（表1-1-2），引导相关主体把握机遇，培育优势，推动汽车产业和汽车社会高质、高效、健康发展。

表1-1-2　我国近年发布的重要汽车产业政策

政策板块	主要政策文件
创新激励	《关于深化中央财政科技计划（专项、基金等）管理改革的方案》（国务院，2014年） 《产业技术创新能力发展规划（2016-2020年）》（工信部，2016年）
产业规划	《汽车产业中长期发展规划》（工信部、国家发改委、科技部，2017年）
行业管理	《外商投资产业指导目录（2017年修订）》（国家发改委、商务部，2017年） 《新建纯电动乘用车企业管理规定》（国家发改委、工信部，2015年） 《新能源汽车生产企业及产品准入管理规定》（工信部，2017年）
节能减排	《乘用车企业平均燃料消耗量核算办法》（工信部、国家发改委、商务部、海关总署、质检总局，2013年） 《乘用车企业平均燃料消耗量与新能源汽车积分并行管理办法》（工信部、财政部、商务部、海关总署、质检总局，2017年） 《关于开展机动车和非道路移动机械环保信息公开工作的公告》（环保部，2016年）
进出口	《中华人民共和国加入世界贸易组织关税减让表修正案》（全国人大常委会，2016年） 《鼓励进口技术和产品目录（2016年版）》（国家发改委、财政部、商务部，2016年） 《关于促进汽车平行进口试点的若干意见》（商务部等，2016年）
新能源汽车	《国务院办公厅关于加快新能源汽车推广应用的指导意见》（国务院，2014年） 《关于节约能源使用新能源车船车船税优惠政策的通知》（财政部、国税总局、工信部，2015年） 《关于2016-2020年新能源汽车推广应用财政支持政策的通知》（财政部、科技部、工信部、国家发改委，2015年） 《关于免征新能源汽车车辆购置税的公告》（财政部、国税总局、工信部、科技部，2017年）

续表

政策板块	主要政策文件
流通与消费	《机动车维修管理规定（2016 年修正）》（交通部，2016 年） 《汽车维修技术信息公开管理实施办法》（交通部，2015 年） 《汽车销售管理实施办法》（商务部等，2017 年）
回收利用	《电动汽车动力蓄电池回收利用技术政策（2015 年版）》（国家发改委、工信部、环保部、商务部、质检总局，2016 年）

注：工信部全称为工业和信息化部；国家发改委全称为国家发展和改革委员会；科技部全称为科学技术部；质检总局全称为国家质量监督检验检疫总局，2018 年更名为国家市场监督管理总局；环保部全称为环境保护部，2018 年更名为生态环境部；国税总局全称为国家税务总局；交通部全称为交通运输部

1.2.2　汽车产业迈出升级发展新步伐

当前，我国经济已由高速增长阶段转向高质量发展阶段。在产业结构上，由资源密集型、劳动密集型产业为主向技术密集型、知识密集型产业为主转变；在产品结构上，由低技术含量、低附加值产品为主向高技术含量、高附加值产品为主转变；在经济效益上，由高成本、低效益向低成本、高效益的方向转变；在生态环境上，由高排放、高污染向循环经济和环境友好型经济转变。

汽车产业发展是国民经济发展的缩影。经过 60 余年发展，我国已经培育、汇聚了一批全球领先的汽车整车、零部件企业及研发机构，我国汽车产业发展优势逐步由过去的人力资源和成本优势转变为系统完整的体系竞争优势，汽车产业进入转型升级加速期。长安、上汽、广汽等国有企业自主品牌业务陆续实现盈利，骨干民营企业启动品牌提升计划，吉利、WEY、领克等品牌正式向合资品牌发起挑战。新能源汽车产业化进程加快，产品性价比和市场接受度持续提升，新建纯电动乘用车企业为业外优质资本进入汽车产业提供了通道。汽车智能化进程加快，主要企业陆续推出具备驾驶辅助（driving assistant，DA）或部分自动驾驶（pilot assistant，PA）功能的产品，并积极推进高级别自动驾驶技术研发。汽车技术创新步伐加快，各主要领域技术专利数量逐年增加，见表 1-1-3。

表 1-1-3　2012~2016 年我国汽车技术专利国内公开量　　单位：件

类别	2012 年	2013 年	2014 年	2015 年	2016 年
汽油发动机节能技术	4 601	5 456	6 335	7 097	7 893
变速器技术	9 091	11 153	12 502	17 063	21 666
汽车轻量化技术	811	1 122	1 479	1 950	2 636
动力电池材料技术	28 852	36 259	44 893	57 424	76 375
驱动电机系统	1 407	1 762	2 088	2 565	3 216
智能网联汽车技术	4 730	6 550	8 597	12 107	15 205

资料来源：《中国汽车技术发展报告 2017》

1.2.3 汽车社会面临协调发展新要求

汽车普及是经济发展、消费升级的必然趋势。随着经济的快速发展，我国人民生活水平持续改善，汽车普及率也快速提升，2018 年汽车千人保有量达到 173 辆左右，如图 1-1-3 所示。汽车普及给人民生活带来了极大的便利，但其带来的一系列社会问题对新时代汽车发展提出了新的要求。持续增加的石油需求将使我国石油进口依存度继续攀升，危及国家能源安全。中国石油集团经济技术研究院发布的《2017 年国内外油气行业发展报告》显示，2017 年中国石油对外依存度达到 67.4%。我国重点区域大气污染高度集中，大气环境容量已逼近极限，近年来强力治理初见成效，但 2017 年全国重度及以上污染天数比例仍高达 2.5%，细颗粒物（$PM_{2.5}$）年均浓度为 43 微克 / 米^3，超标 22.9%。交通拥堵、停车难已成为各大中城市普遍存在的问题，并有向中小城市继续扩散的趋势，这已成为我国城镇化建设的一大"顽疾"。着眼未来，尽管我国千人汽车保有量远远低于发达国家水平，仍有巨大市场潜力，但受能源、环境、交通等承载力的限制，我国汽车千人保有量不可能达到欧、美、日等发达国家和地区的水平。如何用更少的汽车、更低的能源环境代价，满足 14 亿人民日益增长的便捷、高效出行需求，是我国汽车发展的重大课题。

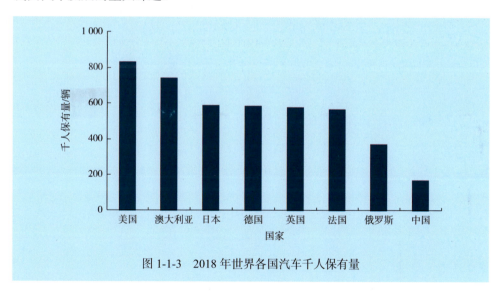

图 1-1-3 2018 年世界各国汽车千人保有量

1.2.4 汽车发展进入开放合作新阶段

当前，我国正在加快构建开放型经济新体制，打造更开放、更公平、更透明的营商环境。2018 年 4 月 10 日，习近平主席在博鳌亚洲论坛 2018 年年会开幕式演讲中提出，要尽快放宽汽车行业等制造业外资股比限制，要相当幅度降低汽车进口关税①。随后，国家发改委提出汽车行业将分类型实行过渡期开放，2018年取消专用车、新能源汽车外资股比限制；2020年取消商用车外资股比限制；2022年取消乘用车外资股比限制，同时取消合资企业不超过两家的限制。国务院关税税则委员会公布降低汽车整车及零部件进口关税方案，将汽车整车税率降至15%，大部分汽车零部件税率降至6%。从近期看，我国汽车产业将面临外资企业和外资品牌的冲击，将给依赖合资合作、核心竞争力不足的国内企业带来沉重打击。但从长远来看，对外开放将建立更加公平的竞争环境，有利于转变汽车产业发展方式，改变现有产业格局，激发汽车产业自主发展的动力和活力，同时也将促进外资对华投资和扩大出口，倒逼国内改革，加快改善产业发展的制度环境。

历史经验表明，每一次科技革命和产业变革都为后发国家赶超发展提供了"机会窗口"，新一轮科技革命和产业变革恰与我国加快转变经济发展方式、实现"两个一百年"中国梦形成历史性交汇。我国汽车发展正处在前所未有的重大战略机遇期，必须认清形势，紧抓机遇，正视挑战，主动适应经济社会发展新形势，准确把握人民生产生活新需要，充分发挥大国优势和后发优势，着眼长远，统筹谋划，加快推动我国由汽车大国迈向汽车强国。

---

① 习近平：大幅度放宽市场准入，http://www.xinhuanet.com/politics/2018-04/10/c_1122659082.htm，2018-04-10.

第2章　新时代建设汽车强国的内涵和意义

汽车产业是推动新一轮科技革命和产业变革的重要力量，是我国建设制造强国和夯实实体经济的重要支撑，是国民经济的重要支柱。全球汽车环境面临的新形势和我国汽车发展呈现的新变化，为我国汽车产业由大到强提供了良好的发展机遇，也提出了更高的要求，新时代建设汽车强国具有更宽泛的内涵和意义。

2.1　汽车强国的新内涵和新特征

2014年5月，习近平总书记在视察上汽集团时首次从国家最高层面提出了"汽车强国"的概念。2017年4月，工信部、国家发改委、科技部联合印发了《汽车产业中长期发展规划》，首次明确了汽车强国建设的总目标。中国工程院"汽车强国战略研究"项目在对比进行深入研究的基础上，对"汽车强国"的内涵和特征做如下阐释。

首先，从我国汽车发展的历史角度，"汽车"的内涵在不断发展变化。1953年我国建立了汽车工业，主要包含整车和零部件制造业。20世纪以前，在汽车大规模进入家庭以前，我国汽车发展主要是指汽车工业的发展，为把汽车工业尽快建设成为国民经济的支柱产业，国务院在1994年批准实施了《汽车工业产业政策》。

进入21世纪以后，随着汽车规模的爆发式增长，汽车研发和设计、服务、后市场等不断细分，同时汽车工业与汽车上下游产业的关联不断增强，"汽车工业"已不能准确涵盖汽车发展的内容，涵盖范围更广、更全面的"汽车产业"被广泛使用，为促进汽车产业健康发展，2004年国家发改委发布了《汽车产业发展政策》。

尤其是近 10 年来，汽车大规模普及，"汽车产业"的内涵和外延不断扩大。一方面，数以亿计的汽车对我国经济、社会、文化、生态发展带来巨大影响；另一方面，新技术、新模式、新业态使汽车整体发展产生根本性变化，汽车产业进一步与信息、通信、互联网、服务等产业深度融合。在此情况下，"汽车产业"已不能完全适应当前汽车发展涵盖的内容。因此，新时代汽车强国中"汽车"应该包含汽车产品、汽车产业、汽车社会以及与汽车相关的众多内容，见图 1-2-1。

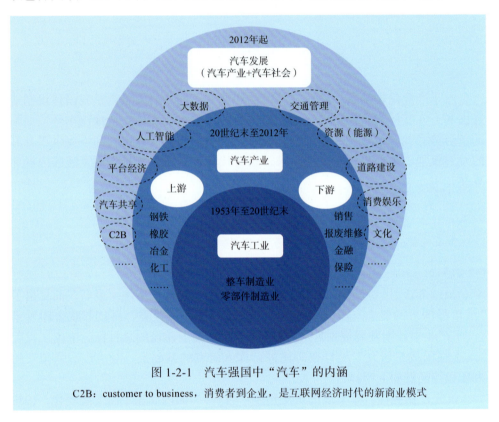

图 1-2-1　汽车强国中"汽车"的内涵

C2B：customer to business，消费者到企业，是互联网经济时代的新商业模式

"强国"的"强"有两重含义：一为形容词，意为"强大的"，即我国要成为汽车产业实力强大和汽车社会协调平衡发展的国家；二为动词，意为"使强大"，即通过汽车产业由量到质的提升和汽车社会健康可持续发展，助推我国成为世界强国，见图 1-2-2。

因此，本章所述的"汽车强国"在新时代具有汽车产业提质增效和汽车社会协调发展两个突出特征，见图 1-2-3。一方面，汽车产业实现高质量发展，智能化、电动化的产品特征显著；另一方面，汽车社会可持续协调发展，汽车出行实现绿色化、共享化、安全化。

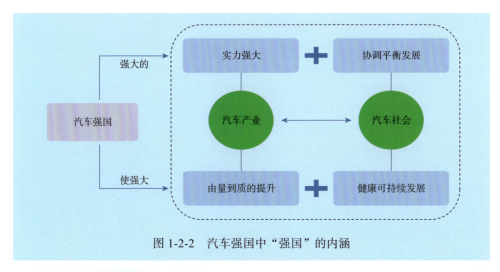

图 1-2-2　汽车强国中"强国"的内涵

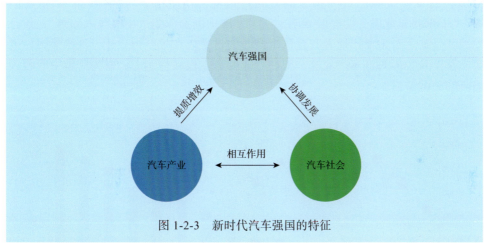

图 1-2-3　新时代汽车强国的特征

2.2　新时代建设汽车强国的战略意义

2.2.1　实现经济高质量发展的重要支撑

我国经济已由高速增长阶段转向高质量发展阶段，正处在转变发展方式、优化经济结构、转换增长动力的攻关期，建设现代化经济体系是跨越关口的迫切要求和我国发展的战略目标。汽车作为我国支柱产业，关联性强，带动作用明显，建设汽车强国可有效带动实体经济发展，优化产业结构，实现提质增效，为建设现代化经济体系提供重要支撑，成为推动经济高质量发展的火车头。

1. 建设汽车强国可有效带动我国实体经济发展

建设现代化经济体系，必须把发展经济的着力点放在实体经济上，汽车工业是实体经济的重要组成部分，是国民经济的支柱之一。大力发展汽车工业，推动汽车工业由大到强，对推动我国经济持续健康发展具有重要意义。

首先，汽车产业是实体经济中产业规模最大、关联度最广、影响力最强的产业，汽车强国建设可对实体经济振兴起到明显效果，进而成为经济由虚向实转变的重要手段。2017 年我国汽车产量达 2 900 万辆，主营业务收入近 9 万亿元，带来的税收、就业、零售额均占全国相应总量的 10% 以上，2001~2016 年，汽车工业增加值在全国 GDP 中所占比例由 2001 年的 0.95% 上升至 2016 年的 1.64%，年均增速达到 4%，见图 1-2-4。汽车产业以其在国民经济中的重要地位和对经济增长的重要贡献已成为国家的战略性产业。历史上，"拉美漩涡""东亚泡沫""中东北非危机"的经验表明，诸多发展中国家深陷"中等收入陷阱"，核心原因就是缺乏对主要产业尤其是汽车产业的自主权和控制力。建设汽车强国，可实质性提升我国对汽车产业这一支柱产业的自主权和控制力，成为跨越中等收入陷阱的关键举措。

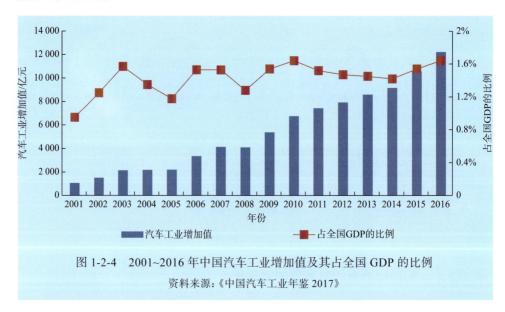

图 1-2-4　2001~2016 年中国汽车工业增加值及其占全国 GDP 的比例

资料来源：《中国汽车工业年鉴 2017》

其次，汽车作为"中国制造 2025"重点领域，汽车强国建设可以成为制造强国建设的突破口，带动制造业全面提升。汽车产业是高度综合的产业，其上下游几乎囊括所有制造业部门，包括冶金、材料、能源、化工、电子、信息技术等，对整个制造业具有极强的带动效应和促进作用。从我国建设制造强国整体角度考虑，实现制造强国目标需要若干强有力的先导产业，汽车产业的规模、影响力、带动效应等均能起到对制造强国的重点突破作用。一个国家的汽车产业是否强大，基本体现了该国的制造业是否强大，汽车强国无一不是制造强国。

最后，汽车作为工业革命和工业化水平的代表性产业，建设汽车强国有助于构建新型工业体系。汽车工业是工业化规律性发展的缩影，引领工业发展方向。在现代工业发展历史中，最先进的工业生产管理方式均在汽车工业首创，从福特"流水线生产"模式到丰田"精益生产"模式均成为先进工业水平的代表。一个国家的汽车工业水平标志着工业体系的最高水平，先进的汽车工业可以源源不断地向其他工业部门输送制度、人才和管理理念，进而推动整个国家工业水平提升。我国汽车工业占据工业体系重要地位，汽车工业转型升级和技术突破会带动一系列基础工业升级和结构调整。现阶段汽车工业以其在管理方式、生产方式、使用方式的引领以及在信息、智能、绿色发展等领域的融合创新可成为我国新型工业体系建设的旗帜和标杆，助推经济高质量发展。

2. 建设汽车强国是现阶段我国优化经济结构的重要手段

优化经济结构是实现经济高质量发展的重要内容。实现经济结构优化，就要推进从主要依靠增加物质资源消耗实现的粗放型高速增长，转变为主要依靠技术进步、改善管理和提高劳动者素质实现的集约型增长，完成以低技术含量、低附加值产品为主向以高技术含量、高附加值产品为主的转变。

从全球价值链分工来看，我国主要从事全球价值链低端加工、制造、生产和装配，整体处于"微笑曲线"底部。新一轮科技革命和产业变革正在加快，低端与中高端产业价值差距进一步扩大。聚焦重点产业，提升我国在全球价值链中的地位将是实现经济高质量发展的关键。我国汽车产业经过60多年的发展，竞争力日益增强，已经处于由大到强的阶段，建设汽车强国有利于加快推动我国汽车产业由低附加值向高附加值转移，并带动整个产业链结构的优化。

同时制造业自身也有较大的价值提升空间，日本的调查表明很多日本制造企业在加工组装环节相较于其他业务而言创造了最高的利润率，在坐标系中表现为一条倒U形曲线（也就是"武藏曲线"），同样，"数字化曲线"也证明了制造加工组装具有高价值，如图1-2-5所示。制造环节是否具有较高的利润，与生产方式是否具有优势有很大的关系。

在数字化或智能化时代，全球汽车产业竞争格局将重新建立，价值链分布版图也会被改写。我们必须抓住机遇，加快建设汽车强国，利用汽车产业与工业互联网、大数据、人工智能等新一代信息网络技术的全方位渗透与融合，创新生产方式、组织方式、商业模式、价值链分布和竞争战略，一方面提升研发设计、供

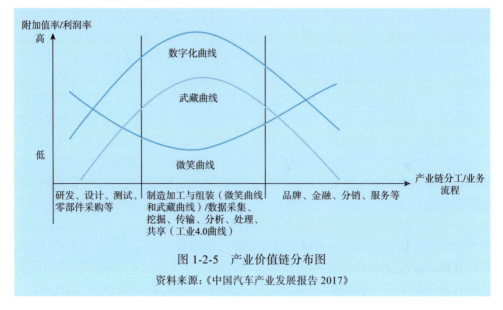

图 1-2-5　产业价值链分布图

资料来源:《中国汽车产业发展报告 2017》

应链管理及运营服务水平,另一方面推动汽车制造向数字化、智能化转型升级,使我国汽车产业在全球产业链分布曲线上占据高端位置,实现经济结构优化。

3. 建设汽车强国是转换增长动力的关键

我国经济发展已经进入新常态,加速培育壮大新动能、改造提升传统动能,是引领经济发展新常态、促进经济结构转型的重要途径。汽车产业作为战略新兴产业,代表了新一轮科技革命和产业变革的方向,是众多产业融合的载体与平台,因而成为我国经济增长动力转换的关键领域。

首先,随着我国汽车保有量的迅速增长,我国面临的能源、环境和安全压力日益加大,汽车产业转型升级和变革迫在眉睫。低碳化、电动化、智能化、共享化已经成为新一轮汽车发展的主要方向。无论是传统汽车产业转型升级还是产品形态发生变化,汽车与新材料、人工智能、互联网等技术的融合发展均将加强,新技术、新模式、新业态将会不断涌现,可形成若干万亿级的新的经济增长点,成为经济增长的新动力。因而加快汽车强国建设有利于增强我国汽车持续发展的动力,抢占发展先机,占据行业发展制高点,是跨越关口的迫切要求。

其次,汽车强国建设有利于实现由要素驱动向创新驱动发展,实现增长动力转换。我国汽车产业结构仍存在低端供给过剩和高端供给不足的矛盾,在部分产能严重过剩的同时,大量关键装备、核心技术、高端产品还不能满足需求。产品质量及品牌与国外高端产品仍有较大差距。在深化改革、扩大开放的前提下,建设汽车强国能够强化创新的引领作用,优化要素配置,培育新的经济增长点,有效扩大中高端供给,提高供给体系的质量效益,破解发展不平衡不充分的问题。

2.2.2 满足社会和谐发展的必然要求

构建社会主义和谐社会是我们推进经济和社会发展的重要目标,也是我国经济和社会发展的重要保障。构建和谐社会,必须从解决人民群众最关心、最现实、最直接的利益问题入手。汽车与人民群众生活息息相关,汽车强国建设,是建设资源节约和环境友好社会、满足人民美好生活、解决社会矛盾的需要,成为和谐社会、美丽中国建设的必然要求。

1. 满足人民日益增长的出行需要

满足人民对美好生活的向往,是汽车存在和发展的根本目的。汽车作为日常生活和运输行业必不可少的交通工具,与人民群众生活密切相关,建设汽车强国是满足人民美好生活的必然选择。一方面,可满足人民群众日益增长的出行需求。2018年,我国汽车保有量达到2.4亿辆,新注册登记的汽车达3 172万辆,保有量增加近2 285万辆,其中私家车达1.89亿辆,见图1-2-6。但我国家庭特别是农村拥有私家车的比例还是相对较低,打车、用车难的问题依旧存在。建设汽车强国可以提升汽车产业和汽车社会的发展质量,满足不断增长的用车需求。另一方面,可满足人民不断变化的汽车需求。随着互联网与汽车的深度融合,安全驾乘、便捷出行、移动办公、本地服务、娱乐休闲等需求被充分释放,消费需求的多元化特征日趋明显,老龄化和新生代用户比例持续提升,人民群众出行向着差异化、个性化、多样化、高品质、高效率转变,对汽车产业发展提出了更高的要求,需要通过汽车强国建设满足人们不断变化的新需求。

2. 有助于构建资源节约和环境友好的两型社会

加快建设资源节约型、环境友好型社会,是贯彻科学发展观的必然要求,是全面建设小康社会的必然选择,是构建社会主义和谐社会的战略举措。汽车是资源(能源)消耗和污染排放大户,汽车强国建设是推动资源节约、环境友好的两型社会建设的重要抓手。推进汽车强国建设,统筹规划水电、风电、核电、生物质能等多元化动力来源的清洁能源汽车发展,以及加快制定推进节能减排的措施,可以从源头上起到节约资源、减少排放以及优化能源结构的作用,成为建设两型社会的重要支撑。

图 1-2-6　2011~2018 年我国汽车及私家车保有量

资料来源：中商产业研究院

3. 有助于统筹解决以汽车为核心引发的诸多社会矛盾

我国汽车的迅速普及与城市交通之间的矛盾导致了城市交通拥堵现象，城市交通拥堵问题日益突出，道路安全已经上升为危害居民健康的重要指标。这些社会问题严重影响了和谐社会建设的进程。但这些问题是可以通过汽车低碳化、智能化、电动化、共享化等的进步，以及构建高效的交通环境、优化出行模式等措施予以解决。当前，汽车成为普适性交通工具，正深度融入人民群众的日常工作生活全过程。在此过程中，全方位推进汽车强国建设，统筹对待当前以汽车为主体引发的诸多矛盾，实现"车-人-社会"三者之间的协调发展，是缓解以汽车为核心的各种社会矛盾的关键，也将有力支撑交通强国的建设。

2.2.3　提升国家竞争力的重要抓手

实现中华民族的复兴，必须要全方位地提升国家综合实力，建设汽车强国，不仅能促进我国经济向高质量发展，同时有助于国防、外交以及文化软实力的提升，是国家综合实力提升的重要保障。

1. 建设汽车强国为全面推进国防和军队现代化提供重要支撑

汽车是我国国防力量的重要组成部分。在现代战争模式中，一国制造业的实力决定了该国的战争实力。汽车产业作为制造业核心组成部分，可有效带动我国武器装备整体发展。汽车作为现代军队中各类现代化武器装备的主要陆地运载工具，是军队和武器装备机动化的保障。随着未来信息化、智能化的发展，汽车必将发挥更多的军事化功能。因此，推进汽车强国建设，将有效带动我国国防实力提升。

2. 建设汽车强国对新时代特色大国外交具有重要影响

中国特色大国外交对实现中华民族的伟大复兴具有重要的推动作用。如何提升中国国际地位，创造性运用国际影响力，成为国际体系变革的关键，也是中国特色大国外交的重要突破口。

汽车对提升国家整体竞争力和影响力具有非常重要的作用，以2017年世界五百强中千亿美元级企业为例，除去银行、保险、零售等相对较低科技附加的行业，共有25家年营业收入过千亿美元的企业，其中汽车企业数量高达9家，占比36%，如图1-2-7所示。汽车是多数发达国家经济支柱，对于日本和德国更是其经济发展的绝对支柱。汽车一直以来活跃于我国外交和对外贸易的舞台。汽车作为最大的贸易商品，可带来巨大的投资拉动效应以及就业机会，因而深刻影响着国际贸易往来，且对国际关系产生重大影响，是国际谈判的重要领域。随着汽车市场的全球化，汽车外交将发挥越来越重要的作用，建设汽车强国也成为新时代特色大国外交的重要支撑。

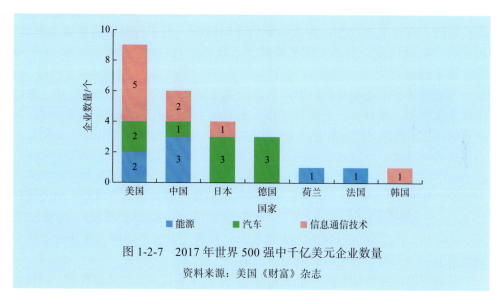

图1-2-7　2017年世界500强中千亿美元企业数量

资料来源：美国《财富》杂志

3. 建设汽车强国是提升社会主义文化软实力的重要载体

文化软实力作为现代社会发展的精神动力、智力支持和思想保证，越来越成为民族凝聚力和创造力的重要源泉，越来越成为综合国力竞争的重要因素。汽车文化是汽车发展的软实力，优秀的汽车文化能促进汽车产业和汽车社会健康快速地发展。我国汽车文化建设相对落后，随着汽车与人民群众的关系越来越密切，汽车文化逐渐成为社会文化符号和载体。汽车在与我国历史、社会、文化交融的过程中，也将逐渐形成具有中国特色的独特汽车文化，反映在汽车研发设计、生产制造、消费使用以及道路交通、环境保护等不同方面。汽车文化将成为社会主义特色文化的重要组成部分，并发挥越来越重要的作用。在汽车强国建设中，正确引导汽车文化发展，建设以创新、节约、环保、安全等为特征的新型汽车文化极其重要。

2.2.4　创新型国家建设的关键载体

加快建设创新型国家是我国迈向现代化强国的内在要求，世界上的现代化强国无一不是创新强国、科技强国。当前，我国发展站到了新的历史起点上，正在由发展中大国向现代化强国迈进，如果我们不能在创新领域取胜，就不能掌握全球竞争先机和优势，迈向现代化强国就会失去支撑，因而必须加快建设创新型国家，突出科技创新能力提升，以科技强国支撑现代化强国。党的十九大报告也提出加快创新型国家建设，指出"创新是引领发展的第一动力，是建设现代化经济体系的战略支撑"[①]。建设创新型国家，要瞄准世界科技前沿，强化基础研究，实现前瞻性基础研究、引领性原创成果重大突破。加强应用基础研究，突出关键共性技术、前沿引领技术、现代工程技术、颠覆性技术创新。

当前全球技术创新日趋活跃，汽车产业是数字化、信息化、网络化、智能化以及新能源、新材料、新装备等技术创新最全面、大规模的载体与平台，其涉及的新技术范围之广、数量之多、影响之大是其他产业无可比拟的，是创新最为活跃的领域之一，因此成为建设创新型国家的重要支撑。从《2017 年全球创新 1000 强》中可以看出，自 2005 年以来，汽车行业一直是研发支出方面的第三大产业，如图 1-2-8 所示。从汽车产业投入的研发经费来看，全球汽车生产商每年 R&D 经费投入超过 1 000 亿美元，约是航天和国防 R&D 经费投入（255 亿美元）的 4 倍。汽车领域形成的创新成果十分丰硕，2016 年全球汽车行业发明专利数量为 18.9 万件，占全球比例约为 11%。

目前，以新能源汽车和智能汽车为代表的汽车新技术发展日新月异，科技创新一日千里，将进一步推动学科交叉快速发展和融合，汽车产业也成为全球创新驱动发展的战略必争产业。汽车强国建设将有利于引领我国整体科技进步，助推创新型国家建设。

---

① 决胜全面建成小康社会夺取新时代中国特色社会主义伟大胜利——在中国共产党第十九次全国代表大会上的报告，http://www.qstheory.cn/yaowen/2017-10/27/c_1121868447.htm，2017-10-27.

图 1-2-8　2005~2019 年各行业研发支出

资料来源：《2017 年全球创新 1000 强》

随着汽车低碳化、电动化、智能化、共享化的发展，汽车与其他产业的融合将不断加剧，新技术、新模式、新业态也将加速涌现，并形成新型汽车产业生态，从而带动能源结构的调整、智能电网的建设、交通基础设施的升级、新一代移动通信的支持、产业链的调整改造、就业岗位转移等，每一方面都会产生巨大的经济效益和社会影响。加快汽车强国建设，是建设智慧交通、智慧城市的必然要求，实现制造强国、交通强国的重要支撑，有利于增强经济发展新动能，形成多个万亿级产业，成为我国实现经济高质量发展以及抓住未来产业发展战略制高点的重要抓手。新时代建设汽车强国，既是顺应时代发展要求，提升国家综合竞争力的重要保障，也是满足人民美好生活需要、构建和谐社会的必然要求。

第3章　新时代建设汽车强国的基础和优势

经过 60 多年的砥砺前行，我国汽车产业快速发展，形成了种类齐全、配套完整的产业体系，新能源汽车和智能网联汽车加速布局，有望成为抢占先机、赶超发展的突破口，以特色创新文化、良好使用文化等为特点的我国汽车文化雏形逐步形成。与此同时，我国具备了汽车发展多项独特优势，为新时代建设汽车强国提供了强有力的支撑。

3.1　我国建设汽车强国具备良好基础

3.1.1　汽车产业具备较好基础

我国汽车产业已经形成了比较完备的产业体系，在企业发展、产销规模、研发创新、中国品牌、新能源汽车和智能汽车发展等方面均取得了长足进步。

我国汽车产销量实现了快速增长，以销量为例，从 2000 年 207 万辆增长到 2018 年 2 808.1 万辆，至 1990 年来首次下跌，仍连续十年蝉联世界第一。汽车产业形成了六大产业集群和若干汽车集团，产业集中度达到 88.5%，2019 年上汽、东风、一汽等 6 家汽车企业进入世界五百强，如表 1-3-1 所示。

表 1-3-1　《财富》世界 500 强中国汽车企业排名

汽车企业	2014 年	2015 年	2016 年	2017 年	2018 年	2019 年
上海汽车集团股份有限公司	85	60	46	41	36	39
东风汽车集团有限公司	113	109	81	68	65	82
中国第一汽车集团公司	111	107	130	125	125	87

续表

汽车企业	2014 年	2015 年	2016 年	2017 年	2018 年	2019 年
北京汽车集团有限公司	248	207	160	137	124	129
广州汽车集团有限公司	366	362	303	238	202	189
浙江吉利控股集团有限公司	466	477	410	343	267	220

中国品牌汽车企业产品品质和竞争力大幅提升。2017 年，中国品牌乘用车销量 1 084.67 万辆，同比增长 3.02%，占乘用车销售总量的 43.88%，如图 1-3-1所示。中国品牌汽车质量进步显著，2017 年中国品牌每百辆车问题数（PP100）为 112，与国际品牌差距大幅缩小。J. D. Power 发布的中国车辆可靠性研究（vehicle dependability study，VDS）和中国市场的汽车性能、运行和设计研究（automotive performance，execution and layout study，APEAL）报告显示，中国品牌在新车可靠性和整车质量上稳步提高。上汽、长安、广汽、吉利、长城、比亚迪等中国品牌汽车发展迅速，在部分细分领域已具有较强市场竞争力。

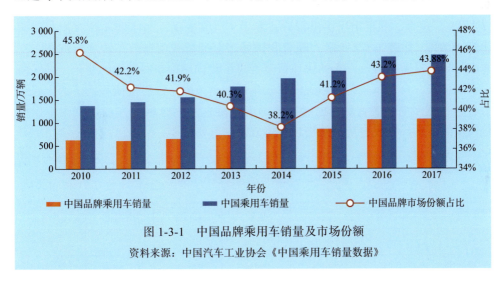

图 1-3-1　中国品牌乘用车销量及市场份额
资料来源：中国汽车工业协会《中国乘用车销量数据》

我国汽车企业初步具备了整车车身、底盘、动力总成、电子电器、内外饰等方面自主开发能力。在研发方面已基本完成由逆向模仿向正向设计的转变，整体技术水平呈现稳步提升的态势。特别是在新能源汽车和智能汽车领域，我国部分关键技术领域取得突破，零部件企业在智能汽车的核心传感器、控制系统等领域也积累了一定基础，开始与国外零部件巨头展开正面竞争。我国汽车产业在全球分工体系中的参与度不断加深，以吉利汽车和福耀玻璃等为代表的部分整车和零部件企业通过海外并购和布局的方式探索出中国品牌发展道路。另外，随着汽车产销规模不断扩大，汽车产业不断扩展，我国汽车人才队伍已初具规模。相关从业人员和技术人员数量不断扩大，技术人员占比总体上呈递增趋势。

整体上，我国汽车产业具备由大到强转变的基础，目前正处于汽车产业转型升级、新旧动能转换以及实现向高质量发展的关键阶段，充分利用现有的产业发展基础，切实实现汽车产业由大到强的转变，是未来一段时期汽车产业发展的核心任务。

3.1.2　我国汽车社会发展迅速

随着我国经济发展和居民收入水平的提高，汽车在带来便利、改善生活条件的同时，其重要性将越来越多地体现在汽车社会发展方面。按国际汽车社会通用标准（100 户家庭中 20 户拥有汽车）判断，自 2012 年开始我国已经进入汽车社会，截至 2017 年底我国汽车总保有量突破 2.17 亿辆，全国平均每 100 户家庭拥有汽车已达 45 辆以上，我国已快速进入汽车社会。

汽车改变着人们的出行结构和生活方式。以北京为例，20 世纪 80 年代中后期，北京市居民交通出行基本依赖自行车，自行车出行占比 62.7%，小汽车出行仅占 5%，现今，北京市居民出行方式发生了巨大变化，2015 年小汽车出行比例达到 31.9%，如表 1-3-2 所示。随着我国城市交通模式由自行车转变为汽车，交通出行半径显著扩大，汽车的快速普及推进了我国城市空间结构的变化，城区面积不断扩张。自驾车旅游引领人们休闲生活的新风尚，以更便捷和经济的方式吸引着越来越多消费者青睐，已经占据国内旅游总人次的 60% 左右，汽车不仅仅是代步的工具，更成为精神放松、身体放松的重要伙伴。

表 1-3-2　北京市居民交通出行方式

年份	小汽车	公交	地铁	自行车	出租车	其他
1986 年	5.0%	26.5%	1.7%	62.7%	0.2%	3.9%
2005 年	29.8%	24.1%	5.7%	30.3%	7.6%	2.5%
2015 年	31.9%	25.0%	25.0%	12.4%	3.6%	2.1%

资料来源：课题组收集整理

汽车强国离不开文化软实力的支撑，近年来我国汽车文化雏形逐步形成。一是我国汽车企业在发展的过程中，更加重视企业精神和价值观念，形成了各具特色的企业文化。自主企业开始将我国文化需求纳入开发设计中，尤其是在车标、车身造型和内饰设计等方面凸显了我国文化要素。中国品牌汽车在市场中的地位与日提升，消费者对中国品牌汽车的认可度逐年提高，拥有超高性价比的中国品牌汽车满足了我国消费者的使用需求，已经成为二、三级汽车市场销售的增长主力，中国品牌乘用车消费者满意度指数（customer satisfaction index，CSI）提升速度已经赶超美韩品牌，如图 1-3-2 所示。

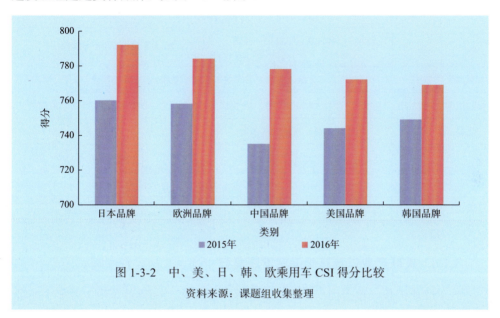

图 1-3-2　中、美、日、韩、欧乘用车 CSI 得分比较

资料来源：课题组收集整理

二是汽车企业创新文化氛围浓厚，企业高度重视自主创新，如北汽集团以科技创新为根本动力，加快推进技术创新、产品创新、商业模式创新，企业综合实力不断增强，2018 年北京车展，北汽新能源推出首款"人工智能家轿典范" EU5。吉利汽车通过体制机制创新，引领企业转型升级，通过灵活的经营机制，吉利汽车和沃尔沃双方在合作中产生了显著的协同效应，吉利汽车核心技术掌控能力、品牌溢价力大幅提升，沃尔沃也实现了战略转型和快速发展。我国汽车企业深耕创新，通过创新逐步提升企业核心竞争力，推动企业迈向高质量发展。

三是以节能、环保、共享为理念的汽车使用文化日益深入人心，消费者开始主动购买新能源汽车，越来越多的互联网企业加入新能源汽车领域，我国已经形成了良好的新能源汽车发展的氛围。汽车共享赋能出行领域，分时租赁作为汽车共享最主要的方式，已经成为一种新型交通出行模式，我国有超过 60 个城市在开展汽车分时租赁项目，其中有 20 个城市的规模超过 4 万辆，共享汽车正在逐渐盛行，消费者进一步践行"低碳出行，保护环境可持续发展"，见表 1-3-3。以安全出行、礼让行人为理念的交通文化为行车环境和汽车文明的初步建设提供了良好的支撑。汽车展览、赛车、汽车电影院、汽车博物馆等进入大城市居民的生活，丰富着人们的文化生活。

表 1-3-3　国内分时租赁典型企业发展概况

运营商	进入时间	开放城市	规模
Gofun	2016.2	北京、成都、武汉、厦门、宁波、福州、天津、合肥等	20 多个城市，1.5 万辆汽车
Evcard	2013.7	上海、北京、无锡、丽水、常州等	32 个城市，6 600 个网点，2.5 万辆汽车
盼达用车	2015.11	重庆、杭州、成都、济源、郑州等	6 个城市，210 万用户，1.5 万辆汽车
途歌	2015.7	北京、上海、深圳、广州等	目前已有 1.5 万辆汽车参与投放
一度用车	2015.4	北京、太原、南昌等	11 个城市，注册用户已经超过 60 万人，投入车辆超过 1 500 辆，北京地区网点超过 500 个
巴哥出行	2015.12	北京、唐山、广州、天津、廊坊等	8 个城市，密云城区已经实现自由还车

3.1.3　关联产业以及基础设施发展良好

汽车产业链长、覆盖面广、上下游关联产业众多，一辆整车由 2 万多个零部件组成，涵盖机械、电子、能源、装备、化工、服务等多个领域的技术集成，如图 1-3-3 所示。近年来，我国关联产业的快速发展也为建设汽车强国奠定了良好的基础。钢材是汽车重要的原材料，生产一辆汽车钢材所占的比例为 72%~88%，其中以薄板和优质钢材为主。我国宝钢、武钢、鞍钢、马钢等多家钢铁企业与各主要汽车企业建立了战略合作关系，形成了良好的发展基础。我国已经连续多年成为全球最大的橡胶生产国，包括丁苯橡胶（SBR）、聚丁二烯橡胶（PBR）、氯丁橡胶（CR）、丁腈橡胶（NBR）、丁基橡胶（IIR）、聚异戊二烯橡胶（IR）、乙丙橡胶（EPR）和热塑丁苯橡胶（SBCS）在内的 8 大合成橡胶品种均实现了工业化生产，自给率保持在 70% 以上。

我国经济的快速发展也推动了交通和网络基础设施的发展和升级，2018 年末全国公路总里程 484.65 万千米，比上年增加 7.30 万千米，公路密度 50.48 千米 / 百平方千米，增加 0.76 千米 / 百平方千米，其中高速公路里程 14.26 万千米，继续位居世界第一，比美国的高速公路里程多了 3 万余千米。在新能源汽车产业迅速发展的带动下，我国充电基础设施的投入与建设也随之加快，截至 2019 年 12 月，全国充电基础设施累计数量为 121.9 万台，同比增加 50.8%，新能源汽车

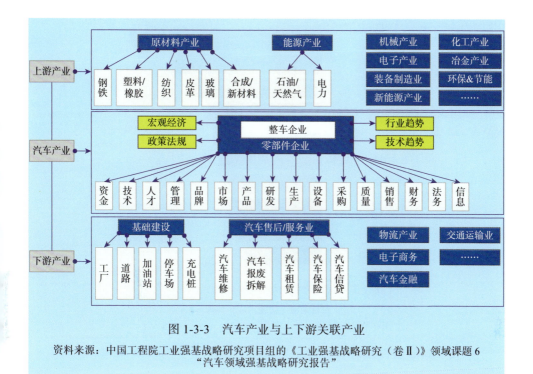

图 1-3-3　汽车产业与上下游关联产业

资料来源：中国工程院工业强基战略研究项目组的《工业强基战略研究（卷Ⅱ）》领域课题 6
"汽车领域强基战略研究报告"

累计销量达 420 万辆，车桩比达到 3.4:1。公共充电设施已基本完成新国标升级，公共充电桩 51.6 万台。2018 年我国网络基础设施建设继续加强，全国净增移动通信基站 29 万个，总数达 648 万个，是 2012 年的 3 倍。其中 4G 基站净增 43.9 万个，总数达到 372 万个。2018 年我国新建光缆线路长度 578 万千米，全国光缆线路总长度达 4 358 万千米，比上年增长 16.3%。

　　近年来，我国支撑汽车发展的信息通信技术产业实力不断增强。移动互联网、大数据、云计算、通信设备等领域形成一批国际领军企业，华为海思、紫光展锐进入全球集成电路设计企业前 10 强，阿里巴巴、腾讯进入全球互联网企业市值前 10 名，华为等通信设备制造商跻身世界第一阵营，如图 1-3-4 所示。LTE-V2X 是我国自主提出的车联网专用通信网络，具有低延时、高可靠、兼容 LTE 制式网络等优势，目前也已成为国际车联网通信标准的重要组成部分。同时，我国在 5G 通信方面同样具备世界领先的技术优势与产业规模，并拥有很强的国际标准话语权。北斗卫星定位系统是重要的国家战略，确保了我国智能汽车在定位、导航等领域不受制于人。千寻位置作为中国兵器工业集团和阿里巴巴的合资公司，目前已经在全国建设了一大批北斗地基增强基站，构建起位置服务开放平台，提供实时厘米级、后处理能达到静态毫米级的高精准位置服务。

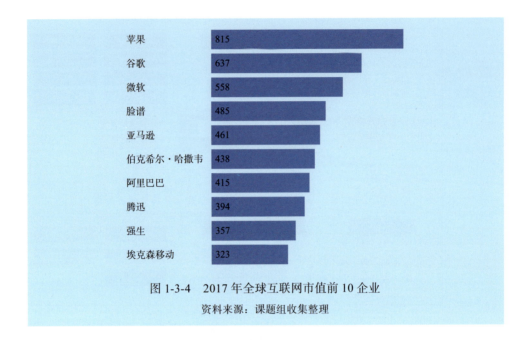

图 1-3-4　2017 年全球互联网市值前 10 企业

资料来源：课题组收集整理

3.1.4　新能源汽车和智能汽车加速布局

经过近年的快速发展，我国在新能源汽车领域成绩显著。2017 年，新能源汽车产销均接近 80 万辆，分别达到 79.4 万辆和 77.7 万辆，同比分别增长 53.8% 和 53.3%，在全球市场占比均达到 50% 以上，如图 1-3-5 所示。我国新能源汽车产业整体技术水平显著提升，纯电动乘用车主流车型续航提升到 250 千米以上，插电式混合动力乘用车部分产品性能指标已与国外公司产品不相上下，新能源客车突破了关键零部件防护、热管理、结构安全、涉水安全等关键技术，处于世界领先地位，氢能燃料电池汽车开展了多轮示范运行，全产业链研发及协同不断推进。自主研发能力不断增强，在电机、电池、电控等关键零部件领域已经形成了较为完整的自主化产业体系，技术水平基本与国际同步。我国动力电池单体能量密度达 220 瓦时 / 千克、价格 1.5 元 / 千克，2016 年较 2012 年能量密度提高了 1.7 倍、成本下降了 60%，见图 1-3-6。新能源汽车政策体系框架不断完善，购置补贴、税费减免、研发支持、示范推广、生产准入、业态创新、基础设施，标准规范等各个方面都出台了一系列重大的政策措施，强有力地引导和推动了新能源汽车产业的快速发展。

我国智能汽车发展持续加速，在关键技术研发应用、产业链布局、测试示范等方面取得积极进展。国家相关部门加快推动智能汽车发展，工信部明确将智能网联汽车作为汽车产业发展的突破口，从标准建立、创新中心、测试等开展多方面工作，国家发改委牵头起草《智能汽车创新发展战略》，工信部、公安部、交通部印发《智能网联汽车道路测试管理规范（试行）》，科技部依托国家重点研发

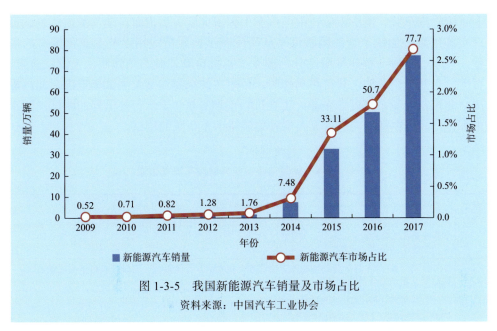

图 1-3-5　我国新能源汽车销量及市场占比
资料来源：中国汽车工业协会

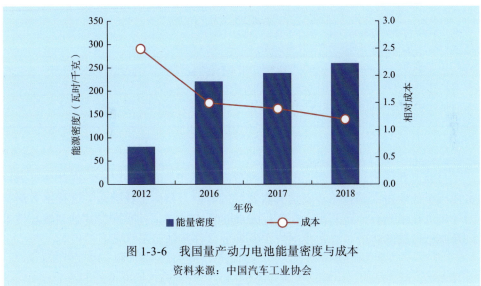

图 1-3-6　我国量产动力电池能量密度与成本
资料来源：中国汽车工业协会

计划推动技术研发，交通部开展智慧公路与国家交通控制网试点，公安部建设智能交通综合测试基地。汽车企业、互联网企业在多个层面全面展开智能网联汽车技术的研发和布局，汽车与电子、通信、互联网等跨界合作加强，长安、吉利等均已推出 L2 级量产车型，上汽、广汽等车企正在开展 L3、L4 级车型的研发和测试，如表 1-3-4 所示。近期，北京市依托智能车联（千方科技）、上海市依托上海国际汽车城、重庆市依托中国汽车工程研究院先后发布自动驾驶道路测试管理实施细则，加快了智能网联汽车从研发测试向示范应用以及商业化推广的进程，北京、上海、福建平潭已分别颁发了首批自动驾驶路测牌照，上汽、蔚来、百度、金龙等企业均已获得路测牌照。目前在北京海淀驾校测试场地内，北汽福田、北汽新能源、百度等企业，正在进行前期 5 000 千米行驶里程的测试。图森未来也已开始在港口内进行无人驾驶集装箱卡车车队的测试。

表 1-3-4　我国企业智能网联汽车研发进展

企业	进展情况
一汽	在重庆和上海智能汽车示范区进行测试，一汽红旗 H7 在美国无人驾驶汽车封闭试验场 M-City 进行了基于互联功能的测试，部分自动驾驶（PA 级）智能化乘用车具备手机自动出车系统和全自动泊车功能技术储备
长安	部分自动驾驶（PA 级）智能网联汽车已实现 2 000 千米长途测试，同时完成自适应巡航系统、自动紧急制动系统等功能研发
吉利	部分自动驾驶（PA 级）智能网联汽车技术成熟，将摄像头、毫米波雷达与超声波传感器等多传感器的数据进行了融合，逐步实现控制策略自主化
上汽	开展高速公路、城区和车队自动驾驶技术研究，以实现单车智能化高度自动驾驶级技术储备
广汽	进行示范区内的 V2X（vehicle to everything，车对外界的信息交换）测试、自动驾驶技术测试，已建立自动驾驶车辆平台，全自动泊车、V2V（vehicle to vehicle，车与车）前车跟随、指定路径的自主行驶等多项自动驾驶技术在研
北汽	与百度合作，应用百度 AI（artificial intelligence，人工智能），加紧 L4 级自动驾驶系统开发
蔚来	已具备较大的自动驾驶研究团队，并与 Mobileye、英伟达、恩智浦和百度展开自动驾驶技术合作
百度	已拥有 30 余辆自动驾驶测试车辆，与英伟达合作，在美国加利福尼亚州已获得自动驾驶测试许可，同时拥有较强大的人工智能研究团队

资料来源：课题组归纳整理

目前，我国采用的是新能源汽车和智能汽车并重的发展方式，以此为突破口实现汽车产业由大到强的转变是毋庸置疑的。但是整体上我国在关键技术方面与国外先进技术尚有一定差距。在实际发展过程中，必须扎实推进基础和核心技术以及基础设施的建设，夯实我国汽车发展的良好基础。

3.2　我国建设汽车强国具有独特优势

3.2.1　集中力量办大事制度优势

我国社会主义制度具有集中力量办大事的独特优势，我国总揽全局、协调各方的制度，决定了中央在战略引导、整体布局、通信和基础设施建设等方面，能够最大限度地整合社会资源，集中力量，保证重点突破和发展。改革开放以来，我国利用社会主义集中力量办大事这一优势，建成了三峡工程、青藏铁路、京沪高铁、京广高铁、西气东输、西电东送以及世界上最大的电信网络等举世瞩目的建设项目，完成了神舟飞船、"天宫一号"、"天宫二号"、"天河二号"、"蛟龙"号等高科技项目。习近平总书记强调："我国很多重大科技成果都是依靠这个法宝搞出来的，千万不能丢了！要让市场在资源配置中起决定性作用，同时要更好发挥政府作用，加强统筹协调，大力开展协同创新，集中力量办大事，抓重大、抓尖端、抓基本，形成推进自主创新的强大合力。"[1] 这一独特的制度优势将化优势为胜势，也将成为汽车强国建设的重要推动力。我国集中力量办大事的制度优势可以在汽车发展的体制机制改革、攻克关键核心技术、搭建公平开放的市场竞争环境等方面发挥决定性的作用。当前，我国汽车发展面临前所未有的机遇与挑战，正处于建设汽车强国的关键时刻，应基于全局与局部、近期与远期发展的统筹兼顾，形成办大事的合力，将资源有效整合到汽车产业，实现我国汽车发展后发赶超。

3.2.2　全球最大的汽车市场优势

我国近14亿人口庞大的出行需求是汽车持续发展的不竭动力，2017年我国汽车产销量约占全球的1/3。随着新型工业化和城镇化的推进，我国市场优势还将持续存在。一方面，我国千人汽车保有量还未达到全球平均水平，我国千人汽车保有量不足马来西亚的1/3、俄罗斯2/5、巴西的2/3、墨西哥1/2，与美国、日本等与发达国相比仍有很大差距，汽车保有量尚未饱和。另一方面，个性化、多元化、差异化的消费需求，也将不断推动汽车共享、分时租赁等新的消费模式发展，为我国汽车市场提供巨大发展空间。相关研究预测未来10~20年内，我国汽车年产销量将达4 000万~5 000万辆[2]，持续保持全球最大的汽车市场优势，见表1-3-5。

表 1-3-5　我国汽车市场规模发展的几种预测

预测机构（来源）	预测时间（峰值）	汽车年产销量峰值预测 / 万辆
汽车产业中长期发展规划	2025 年	3 500
迈克尔·邓恩（福布斯）	2030 年	4 000
麦肯锡	2030 年	4 100
诺贝尔奖得主爱德华德·普利斯科特	2030 年	7 000
国家信息中心徐长明	理论峰值	4 200

---

① 习近平：把关键技术掌握在自己手里，http://www.xinhuanet.com/hr/2014-06/09/c_1111056694_3.htm，2014-06-09.

② 爱德华德·普利斯科特预测的峰值较他人偏差过大，看作奇异值，未考虑在内，否则会掩盖大多数专家学者的预测值。

续表

预测机构（来源）	预测时间（峰值）	汽车年产销量峰值预测 / 万辆
中国汽车工业协会董扬	理论峰值	5 000
清华大学赵福全	理论峰值	4 000

资料来源：课题组收集整理

3.2.3 我国汽车发展的后发优势

相对于传统汽车强国，我国汽车发展起步较晚，但经过多年的潜心努力，形成了我国独有的后发优势。一方面，与欧、美、日等发达国家和地区相比，我国汽车发展能够通过观察和借鉴先发国的行动及效果，研究分析其成功发展经验，以更好地规避风险，减少我国汽车发展中面临的不确定性，少走弯路，探索我国汽车发展的正确道路，从而对我国建设汽车强国起到指导意义，如大量采用和吸收先发国成熟的管理、技术、设备等。另一方面，当前汽车电动化、智能化、共享化等加速汽车发展的变革，我国在局部领域如软件平台、应用试点等方面具有技术优势，更形成了我国汽车发展的整体后发优势。

3.2.4 新型平台经济的发展优势

我国互联网行业发展迅速，现已形成集设施、用户和应用为一体的平台经济优势，一批企业跻身全球最大互联网公司行列，基于互联网的新业态、新模式层出不穷。2017 年我国共享经济市场交易额约为 49 205 亿元，比上年增长 47.2%，中国共享经济领域的创新创业取得了巨大成就，成为全球共享经济的创新者和引领者，如图 1-3-7 所示。2017 年我国移动出行用户规模达到 4.35 亿人，我国共享出行需求频率高，用户黏性高，具有广阔的发展前景。未来，智能网联汽车将借助互联网平台优势为促进交通安全、提升交通效率、降低能耗与污染、引导出行模式改变提供重要解决方案。从投融资市场情况看，初步估算，2017 年共享经济融资规模约 2 160 亿元，同比增长 25.7%。其中，交通出行、生活服务和知识技能领域共享经济的融资规模位居前三，分别为 1 072 亿元、512 亿元和 266亿元，同比分别增长 53.2%、57.5% 和 33.8%，如图 1-3-8 所示。

信息化成为推动经济发展质量变革、效率变革、动力变革，提高全要素生产率的重要动力引擎。在制造业方面，规模以上工业企业数字化研发设计工具普及率达到 63.3%，关键工序数控化率达到 46.4%。2016 年我国数字经济规模达 27.2万亿元，同比增长 20.3%，占 GDP 的比重达到 32.9%，数字经济成为驱动经济转型升级的重要动力引擎，我国数字经济规模位居全球第二，见图 1-3-9。2018 年

图 1-3-7　2017 年中国共享经济重点领域市场交易额

资料来源：国家信息中心分享经济研究中心、中国互联网协会分享经济工作委员会

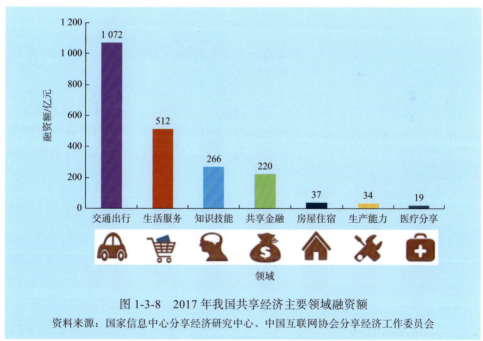

图 1-3-8　2017 年我国共享经济主要领域融资额

资料来源：国家信息中心分享经济研究中心、中国互联网协会分享经济工作委员会

我国数字经济规模达 31.3 万亿元，占 GDP 比重 34.8%，数字经济发展对 GDP 增长贡献率达到 67.9%，超越部分发达国家水平。

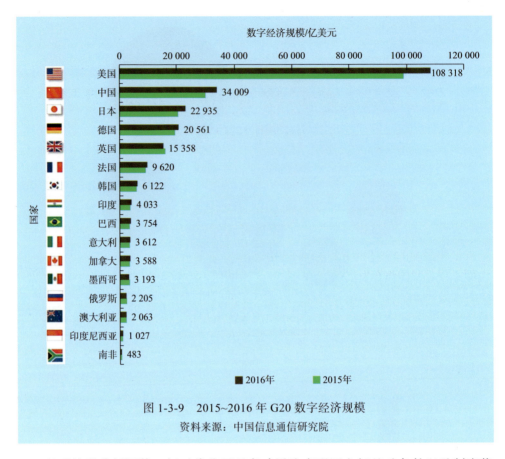

图 1-3-9 2015~2016 年 G20 数字经济规模

资料来源：中国信息通信研究院

经系统的分析评估，新时代我国具备建设汽车强国良好基础条件以及制度优势、市场优势、后发优势等多项独特的优势条件，总体上，为汽车产业由大到强和汽车社会协调平衡发展提供了有力支撑，进而为建设汽车强国提供了较好的基础和有利条件。

第4章　新时代建设汽车强国的瓶颈问题

　　坚持问题导向是十八大以来党中央治国理政的鲜明特色。新时代背景下，我国建设汽车强国的全过程中要敢于正视问题，善于分析问题，最终解决问题。当前，大而不强是我国汽车发展的突出特征，集中表现在汽车产业发展质量不高和汽车社会发展矛盾突出两个方面，导致我国是汽车大国而非汽车强国的影响因素众多、涉及面广、关系复杂。本报告立足于我国汽车发展现状，在梳理国内外学者专家已有研究的基础上，召开多次专家研讨会，集中共识，凝练出以下主要瓶颈问题。

4.1　战略导向不够清晰、管理机制有待革新

4.1.1　顶层设计有缺失，战略目标不清晰

　　新时代下，党和国家的各项工作注重宏观综合施策，国家全局的顶层战略如"全面深化改革""中国制造2025""创新驱动发展战略"等均对汽车发展具有指导意义。但汽车自身发展的独特规律较强，国家全局战略难以对汽车这一单独领域起到准确的战略引领和精准的战术指导作用，急需将汽车强国纳入国家总体战略，出台国家级顶层发展战略。

　　我国汽车发展指导政策最高级别为1994年国务院批准颁布实施的《汽车工业产业政策》，其被公认为我国第一版汽车产业政策，在我国汽车工业发展过程中起到了重要而积极的作用。2004年，国家发改委发布《汽车产业发展政策》，1994年颁布的《汽车工业产业政策》停止执行。时至今日，汽车发展面临的形势、环境、基础和条件等均已发生重大变化，两版产业政策均不能完全适应新时代汽车产业和汽车社会的发展需要。2017年，工信部、国家发改委、科技部联合出台了《汽车产业中长期发展规划》，明确提出"力争经过十年持续努力，迈入世界汽车强国行

列"。但是，各部委制定的汽车产业政策与当前汽车发展规模、影响力、关联性不完全匹配，相对缺乏对汽车更广泛内涵的统筹考虑，难以起到整体战略引领作用。

纵观世界各汽车强国的成长和发展史，国家的力量无处不在。美、日、德、韩等国家政府在各国汽车工业发展过程中始终扮演着重要的角色，在汽车产业发展的每一阶段出台相应政策给予支持。各国领导层更是十分重视助力本国汽车行业发展。德国总理默克尔一直以来都是德国汽车工业的代言人，对推动德国汽车在全球的发展可谓是不遗余力，默克尔在华访问往往都会出席大众、宝马等公司的商业活动，德国前总理施罗德更被称为"汽车总理"。美国前总统奥巴马对美国汽车发展也付出了大量心血，一直致力于振兴美国传统汽车产业，亲自制订了救助汽车工业的一揽子计划。奥巴马政府对电动汽车的支持更是史无前例，其在任期间，主导了美国发展电动汽车、提升燃油经济性等汽车行业转型升级的政策制定。另外，日本、韩国中央政府和其最高领导人对本国汽车产业发展均十分重视并以大量具体行动助力汽车发展，这对我国也具有很强的借鉴意义。我国政府也需根据最新发展形势，出台汽车发展层级更高、内容更广、影响更深的顶层设计，引领我国汽车产业由大变强。

4.1.2 汽车发展的国家级智库缺乏

2015年1月，中共中央办公厅、国务院办公厅印发的《关于加强中国特色新型智库建设的意见》，将智库的作用与重要性提到了空前的高度。近年来，我国汽车行业层级的智库机构发展取得了一定进展，涌现出一批高校智库、科研智库、单位和企业智库以及民间智库等各类智库机构，把脉产业发展，为国家和政府决策支撑作出了较大贡献。但是，现有智库机构众多，良莠不齐，或大而不强，或曲高和寡，或弱而无力，且存在一定隶属关系、资金来源难以保证独立和持续、研究专长有限等诸多问题，难以做到真正独立客观、全面系统，极大地限制了思想、成果、人才等产出质量。

随着汽车产业新形势的发展，我国已有的行业智库建设跟不上、不适应的问题越来越突出。建设汽车强国，迫切需要建立"特色鲜明、制度创新、引领发展"的中国特色新型国家级智库，站在统筹全局的高度研究和解决问题。中国特色汽车智库应以战略问题和产业政策为主要研究对象，重点围绕汽车强国建设战略需求开展前瞻性、针对性、储备性政策研究，真正做到科学决策引领产业发展。

美国、日本、欧盟等国家和地区的行业智库机构以及商业性的战略咨询机构等比较完善，如彼得森国际经济研究所、罗兰贝格、普华永道、麦肯锡等均在汽车领域有高质量的研究团队，持续形成高质量的研究成果。美国、日本、欧盟等国家和地区的各大汽车公司如大众、丰田、通用等均十分重视战略规划的作用，普遍设有相对完善的战略规划机构，为企业战略发展做清晰、高效的战略研究和发展规划，而我国汽车企业的战略规划部门则大多停留在处理常规的行政性事务，对企业进行简单的计划管理等工作，在战略制定方面的积累和储备还很薄弱。我国在汽车领域也没有国家层面的独立第三方战略发展智库机构。

4.1.3　政府管理不完全适应汽车发展的特有规律

当前，我国汽车发展存在法治化管理缺失、多头管理现象突出、地方保护问题持续存在、国企活力不足等突出问题，在不同程度上抑制了市场活力、干扰资源优化配置，更给社会公平正义带来了严峻的挑战。资质准入、产品认证、股比限制等也不完全适应当前的发展需要。另外，政府部门长期以来的"政府主导、举国体制、依托国企、大规模投资"在新的历史条件下已经不完全适应，这在汽车领域展现得尤其明显，整体上，我国现行的政府、行业、国企行政化和计划经济思维的管理体制机制已越来越不适应汽车发展的内在规律，需要根据宏观形式的变化做出调整和改变。例如，深化我们的管理思路以使其向更加开放和市场化的方向前行，又如改变技术引进和模仿向自主创新转变，加强需求侧管理等。

1. 法治化管理进程缓慢

法治化管理，即法律是管理的唯一基础。政府部门的管理职能是由法律授权的，其全部管理活动都是为了贯彻法律而开展的，是具有法律权威性的行政管理活动。发达国家非常重视汽车行业管理的法治建设，各国均由最高立法机关颁布实施了针对汽车管理的高位阶法律，如美国的《国家交通及机动车安全法》《清洁空气法》《机动车信息和成本节约法》，日本的《道路运输车辆法》等。长期以来，我国政府对汽车管理以行政法规和政府文件为主要依据，各部门管理主要依据一般性法律的相关条款（表1-4-1），普遍存在笼统、片面的情况，汽车管理混乱、低效。因此，推进汽车行业法治化管理已刻不容缓。

表 1-4-1　我国汽车相关主要法律一览

现行法律	颁布时间
《中华人民共和国行政许可法》	2019 年 4 月 23 日（修正）
《中华人民共和国道路交通安全法》	2011 年 4 月 22 日（修订）
《中华人民共和国大气污染防治法》	2018 年 10 月 26 日（修正）
《中华人民共和国节约能源法》	2018 年 10 月 26 日（修正）
《中华人民共和国产品质量法》	2018 年 12 月 29 日（修正）
《中华人民共和国循环经济促进法》	2018 年 10 月 26 日（修正）
《中华人民共和国标准化法》	2017 年 11 月 4 日（修订）
《中华人民共和国消费者权益保护法》	2014 年 3 月 15 日（修订）

资料来源：课题组整理

2. 多头管理现象依然突出

美国、德国、日本等汽车强国的政府管理职能划分清晰明确，管理部门集约统一。反观我国涉及汽车监管的部门已达 17 个（表 1-4-2），普遍存在职能重合交叉、缺乏沟通协调、难以形成有效合力等问题，严重抑制了汽车的健康有序发展。随着汽车内涵和外延的不断扩大，多头管理、交叉管理的趋势必将愈演愈烈，迫切需要明确政府相关部门行政管理的内容和边界。

表 1-4-2　我国汽车产业各主要环节与涉及管理部门一览

国家部门	投资	生产	产品	研发	进口	新车销售	二手车销售	金融	维修、召回	车险	注册、年检	报废	回收拆解	再制造
发改	×	×	×	×		×	×	×		×		×	×	×
工信	×	×	×	×	×				×			×	×	
商务	×			×	×	×	×	×	×	×				
工商						×	×							
国资	×													
质检			×		×				×		×			×
环保	×	×	×		×	×	×		×		×			×
科技				×	×								×	
交通			×						×					
财政	×					×						×		×
税总	×		×		×	×	×							
海关	×				×									
国土	×													
公安						×	×			×	×	×	×	
央行								×						
银监会								×		×	×			
认监委			×		×									

注：× 代表国家某部委或机关的管理涉及产业链的某个环节

资料来源：课题组整理

3. 汽车税制亟待完善和优化

我国与汽车产业相关的税种主要有关税、消费税、增值税、车辆购置税、车船税、企业所得税、成品油消费税、资源税和城市维护建设税等直接和相关税种。和国外相比，我国汽车生产购置税环节税种相对较多，主要税种增值税、消费税、车辆购置税的税率较高（表1-4-3），而保有使用环节税种相对较少，且主要税种车船税和成品油消费税税率相对较低，未能充分发挥其对使用环节"轻拥有、重使用"的正向导向作用，对技术进步和节能减排导向性不明显，与当前汽车产业发展新趋势不相符合。

表 1-4-3　美、日、德、英、中汽车税制对比

国家	购买阶段		保有和使用阶段主要税费	总结
	主要税费	占车辆总价百分比		
美国	消费税、销售税、车船税、注册费	4%	燃油税、使用税	整体税费水平低；保有和使用阶段税费高；征收燃油税
日本	购置税、消费税、	10%	燃油税、其他税	
德国	附加值税	14%	燃油税、附加税等	
英国	附加值税、轿车特别税	23%	燃油税、汽车税等	
中国	增值税、消费税、购置税、车船税、验车费、车牌费等	32%		车辆购置阶段税款比例大，保有阶段比例低

资料来源：http://www.china.com.cn/city/txt/2007-06/13/content_8383601.htm

4. 市场环境有待进一步完善

我国长期以来对汽车行业进行严格管控，采取严格的审批制度，在企业投资、市场准入、产品认证等方面均设置了较高的门槛，与现行的简政放权、放管结合、优化服务不相符，影响了企业投资生产活动的效率和效益最大化。此外，我国汽车企业退出机制尚不完善，现行的退出机制仅是暂停企业生产资质，且缺少对违法违规企业的强制性退出机制，加上某些地方政府对本地企业的保护和扶持（图1-4-1），减缓了汽车行业的优胜劣汰步伐，制约了我国汽车产业的健康可持续发展。特别是在新能源汽车领域，地方保护导致的市场分割是困扰汽车产业健康发展的一大顽疾。总体来看，我国汽车产业急需规范管理机制，在全国范围内营造健康统一、公平有序的市场环境。

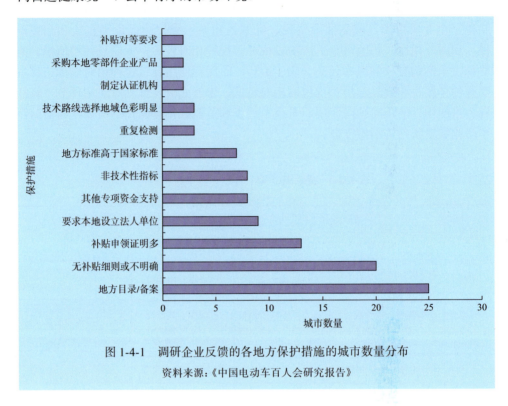

图 1-4-1　调研企业反馈的各地方保护措施的城市数量分布

资料来源：《中国电动车百人会研究报告》

5. 国有企业改革深度和力度还需加大

我国汽车行业以国有控股企业占据主导，虽然已完成了股份制改革和整体上市的两轮改革，基本实现了组织形式、产权结构和公司治理机制上的改革，但并未在企业内部建立起实质有效的约束和制衡机制，相关任命机制、考核机制、决策机制、激励机制、监督机制不尽完善，尚未建立现代企业制度，管理效率有待提高。相较于几大民营汽车企业，国有企业在经营效率和资本利用率等方面存在不小差距，如图 1-4-2、图 1-4-3 所示。以上种种弊端，导致国企内生性增长动力不足和发展不均衡，有悖于中国"做大做强汽车行业"的战略初衷。党的十九大对国企国资改革做出了重大部署，汽车行业国企改革任务已经十分紧迫。

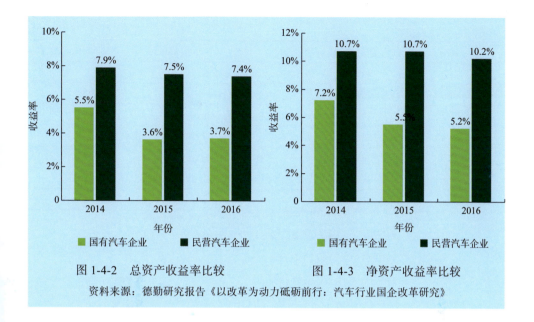

图 1-4-2　总资产收益率比较　　　　图 1-4-3　净资产收益率比较

资料来源：德勤研究报告《以改革为动力砥砺前行：汽车行业国企改革研究》

6. 汽车社会问题有待统筹解决

随着汽车销量和保有量的攀升，我国正快速步入汽车社会，由此引发的能源、环境和交通问题日益严峻，汽车与社会发展不相协调。目前我国政府在解决汽车社会问题上存在着以抑制为主的机制，如限行、限购等。表 1-4-4 列出了我国目前汽车限购城市。但从实际效果看，单纯的抑制汽车消费从长期来看并不能从根本上解决汽车社会问题。以乱停车现象为例，日本在经济快速发展的阶段，主要大都市机动车流量显著增加，道路拥堵和安全事故恶化，城市内占路乱停车现象极为严重。日本各级政府也有过各种限行的行政措施，但它带来的效果有限，不能从根本上解决交通拥堵问题，在调研和分析的基础上，日本不仅推动立法——《车库法》，还在政府的最高阁僚内设置交通安全机构以随时讨论对策，并推动全民的交通安全运动，很好地解决了城市乱停车现象。我国正快速步入汽车社会，迫切需要统筹考虑汽车与社会发展问题，推出有力度的治本措施，促进汽车和社会和谐发展。

表 1-4-4　我国汽车限购城市

城市	限购时间	限购规则
上海	1994 年	只能通过竞拍的方式获得私人牌照

城市	限购时间	限购规则
北京	2010 年	通过摇号的方式来获取车牌
贵阳	2011 年	分无偿摇号和普通牌号但区域限行两种
广州	2012 年	分有价竞拍和无偿摇号两种方式
石家庄	2013 年	家庭购买第三辆个人用小客车
天津	2013 年	摇号 + 竞价
杭州	2014 年	分摇号和竞价两种方式
深圳	2014 年	摇号 + 竞价 + 限行

注：贵阳自 2019 年 9 月 10 日起，取消汽车限购
资料来源：根据公开资料整理

4.2 产业内生创新不足、基础支撑有待夯实

4.2.1 自主创新能力弱，自主创新体制机制有待强化

1. 自主研发投入不足

汽车产业是技术和资金密集型产业，企业要投入巨大的研发与创新资金和人才，才能保持技术与市场的领先。我国汽车企业在研发投入上明显低于跨国汽车企业。我国整车企业 R&D 值占企业销售收入比例普遍不足 2%（表 1-4-5），明显低于全球平均水平 5%~8%。我国零部件企业 R&D 值占销售收入比例不足 3%，明显低于国际零部件巨头 7.5%~10% 的水平。缺乏研发投入是长期以来我国整车和零部件技术"空心化"的主因之一。

表 1-4-5 研发经费在营业收入中的占比

年份	研发经费支出 / 亿元	营业收入 / 亿元	研发经费在营业收入中的占比
2007	308.80	17 201.40	1.8%
2008	388.70	18 767.00	2.1%
2009	460.60	23 817.50	1.9%

续表

年份	研发经费支出 / 亿元	营业收入 / 亿元	研发经费在营业收入中的占比
2010	498.80	30 762.90	1.6%
2011	548.00	33 617.30	1.6%
2012	591.30	36 373.10	1.6%
2013	727.80	37 155.30	2.0%
2014	794.40	39 942.00	2.0%
2015	928.00	44 617.50	2.1%
2016	1 048.70	56 107.00	1.9%

资料来源:《中国汽车工业年鉴》

以 2016 年汽车企业研发投入为例,欧盟委员会发布的"2016 全球企业研发投入排行榜"显示,大众集团资金投入 136.12 亿欧元,不仅是车企榜单中的第一名,更是全球 2 500 家企业中的第一名,丰田在车企榜以 80.47 亿欧元的资金投入位列第二,而我国上市汽车公司年报数据显示,国内排名前十的企业研发投入总和仅为 36.92 亿欧元(图 1-4-4),不及丰田的 1/2。

图 1-4-4　国内外部分汽车企业研发投入比较

资料来源:欧盟委员会"2016 全球企业研发投入排行榜"、国内上市公司 2016 年报

2. 知识产权保护意识薄弱

知识产权是一个企业乃至整个国家提高核心竞争力的战略资源。历史经验表明，知识产权保护在产业由大到强的过程中尤为重要，在汽车行业呈现出前所未有的重要性。我国汽车行业的知识产权保护和使用意识较为薄弱，主要表现在：我国法治保障和体制机制支撑有待完善，对知识产权的保护和监管力度不够，对知识产权侵权行为惩治力度有待提高，导致有创造的企业不敢、不愿申请专利，一定程度上抑制和阻碍了企业自主创新。与国际汽车巨头相比，国内大多整车和零部件企业对知识产权保护重视不够，企业的专利管理、运营及保护能力建设相对滞后，高质量专利数量相对不足，专利保护和风险意识淡漠，在"走出去"过程中，知识产权纠纷不断。以动力电池领域为例，比亚迪公司虽然专利数量最多，但发明专利比率却不到50%，而国外公司的发明专利比率普遍高于国内企业，特别是丰田、通用等公司发明专利比率均为100%，突显了我国车企专利质量不高的尴尬，这必将影响其国际技术竞争力，制约其技术创新发展。

4.2.2 核心技术掌控度低，前瞻性技术战略储备不足

我国汽车产业共性技术、基础技术和前瞻技术水平与国外先进水平差距较大，积累不够，技术储备不足。

1. 传统汽车核心技术仍存差距

自主汽油机压缩比普遍在9：1~11：1，距国外最高的14：1有较大差距。国内企业仅对阿特金森循环及外部EGR（exhaust gas recirculation，废气再循环）等部分燃烧技术有研究，而对较超前的HCCI（homogeneous charge compression，均质充量压燃）稀薄燃烧、分层稀薄燃烧、汽油机压燃等新型燃烧技术布局较少。液力变矩器、双离合器、液压油泵、电磁阀、电控系统等零部件对技术含量和制造工艺能力要求较高，目前自主还未完全掌握相关技术。多数企业的研发缺乏理论突破，仅限于应用型、测试性研发状态。

2. 核心及关键技术自主掌控不足

在动力电池领域，我国动力电池单体性能指标与国外相比几无差异，但在模块及PACK（动力电池PACK成组工艺一般指包装、封装、装配）方面差异较大，单体一致性、成组技术存在差距。在智能网联汽车领域，在车载视觉、激光雷达、毫米波雷达、高性能传感器、专用芯片等关键零部件方面，我国核心技术水平与国际先进水平还有一定差距，见表1-4-6。

表 1-4-6　美欧日智能网联汽车产业竞争力

产业链		美国		欧洲		日本	
		供应商	国际竞争力	供应商	国际竞争力	供应商	国际竞争力
上游	芯片	飞思卡尔、英特尔、高通	5星	博世、大陆、奥托立夫	5星		
	传感器	德尔福	4星	博世、大陆、奥托立夫	5星	松下、索尼	3星
	ADAS（advanced driving assistant system，高级驾驶辅助系统）	德尔福、TRW	4星			电装	3星
	移动互联操作系统	Android Auto Carplay	垄断	宝马、大众、沃尔沃、奔驰	5星		
中游	整车	通用、福特	4星	爱立信	4星	丰田、本田、日产	5星
	通信设备	思科	4星	沃达丰、德国电信	4星		
下游	通信服务	AT&T、Verizon	4星			软银	4星
综合竞争力		4.5		4		3.5	

资料来源：根据智能网联汽车技术路线图整理

此外，在氢燃料电池汽车产业化方面，尚未进行系统的规划和产业化发展，相关技术储备也较少，还存在诸多技术难点需要攻克，如冷启动温度、寿命、成本、氢罐压力等。

4.2.3　汽车四基依然薄弱，与强国目标差距较大

汽车四基是工业四基的重要组成部分和需要突破的关键领域，也是当前中国建设汽车强国的主要瓶颈之一。与世界汽车强国相比，我国汽车工业四基依然相对薄弱，如表 1-4-7 所示。

表 1-4-7　美德日韩中汽车工业四基比较

领域	德国	美国	日本	韩国	中国
基础材料	4星	5星	4星	4星	3星
基础零部件	5星	4星	5星	4星	2星
基础工艺	5星	4星	5星	3星	2星
产业技术基础	5星	5星	5星	4星	3星

资料来源：《中国汽车工业强基战略与实施建议》

汽车工业基础整体差距较为显著，零部件与先进水平差距不断加大，材料与工艺差距产生于高端化领域，产业基础体系能力是最大差距。具体表现在以下几个方面。

1. 自主基础性材料缺乏

车用材料在数量和质量上，基本满足生产需求。但存在国产材料性能稳定一致性不够、材料性能波动较大等问题，材料的纯净度和材质的均匀度也有差距，部分材料依赖进口，材料的回收与再利用也刚刚起步，见表1-4-8。

表1-4-8 汽车基础材料现状

技术层面	产品层面	产业层面	国家层面
1. 先进材料技术跟随合资产品发展，自主材料缺乏开发 2. 新材料开发、转化能力弱，效率低 3. 材料基础研究弱	1. 种类多，标准杂 2. 材料质量一致性差，波动大，纯净度均匀度差 3. 材料精细化程度低，更新慢	1. 处于材料的生产制造层面 2. 材料生产工艺能力弱 3. 材料产学研协同能力弱	1. 缺少宏观的全产业链布局和规划 2. 产学研协同不够 3. 尚未建立核心技术研发体系和标准体系

资料来源：《中国汽车工业强基战略与实施建议》

2. 基础零部件依赖进口

附加值高的关键零部件/元器件几乎全部依靠进口或外资在华生产，底盘、发动机、变速器等关键零部件的进口率高达60%。本土零部件企业虽多，但普遍规模小、技术能力弱、利润空间有限，没有竞争力，绝大多数处于产业链下游。从企业层次看，一级供应商中本土企业的比例只有2%，二级供应商也仅有19%；由于元器件薄弱，本土企业虽然在一级供应商方面有所突破，但实际利润亦被摊薄，如图1-4-5所示。

3. 基础工艺技术有待攻克

制造工艺处于一般性、低技术附加值工艺层面，先进制造工艺如真空铸造、激光焊接、环保涂装等方面存在大量技术难关有待攻克，自动化机器人也高度依赖国外进口。表1-4-9列出了我国汽车基础工艺的现状。

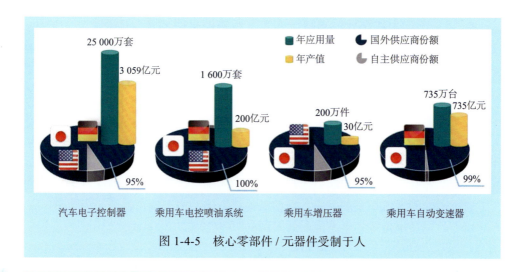

图 1-4-5　核心零部件/元器件受制于人

表 1-4-9　汽车基础工艺现状

基础工艺	技术现状	装备现状	标准现状
铸造技术	砂芯铸造比例高；压铸等正逐步开发应用	先进挤压、真空铸造设备开发滞后	传统铸造相对完善；新工艺急需补充
冲压加工	钢制车身大量应用；高强钢及铝合金有差距	高端设备及新材料冲压模具与国外有较大差距	普通钢较完善；新技术较多空白
锻造技术	传统锻造加工余量大；精锻新技术差距较大	设备自动化程度低；新设备开发周期长	传统锻造较完善，新技术较多空白
车身焊接	实现柔性化、自动化生产；轻量化焊接新技术落后	焊接机器人依赖进口；专用设备与国外差距大	传统工艺有待完善，新工艺缺少很多
涂装技术	环保压力大；采用新技术铸件	装备水平差距较小，但自主涂装设备落后	质控标准完善，新材料及新设备不掌握
切削加工	新型刀具材料快速发展；新技术掌握在外方	大型、精密、高速切削设备严重依赖进口	常规加工完善；新技术需补充

资料来源：《中国汽车工业强基战略与实施建议》

4. 产业技术基础支撑不足

　　我国汽车质量技术标准体系经过长时间的发展已经有很大进步，但标准水平和质量亟待提升，标准推行效果也不尽如人意。共性技术创新体系亟待完善，共性技术创新平台数量及技术支持还有很大提升空间，需得到国家和全行业的重视和大力支持推进。

4.2.4 汽车人才系统性短缺，人才队伍建设有待加强

1. 高质量和复合型人才数量和质量水平均较低

2015 年，我国汽车从业人员为 360.0 万人，汽车技术人才 49.3 万人，所占比例仅为 13.7%（表 1-4-10），而发达国家汽车技术人才普遍在 30% 左右；研发人员 21.7 万人，占比 6%，而世界主要汽车企业均超过 10%；我国中高级技工占比普遍低于 15%，与国外汽车强企（普遍 40% 以上）差距较大。在人才结构、学历层次、经验积累等方面明显落后于汽车发达国家。此外，我国在汽车人才教育方面远不能满足汽车发展需求，目前高等教育体系中车辆工程为二级学科，在人才培养目标及定位等多个方面受到限制。

表 1-4-10　近年汽车制造业技术人员占比情况

年份	从业人员 / 万人	技术人员 / 万人	技术人员占从业人员比例
1995	195.30	16.60	8.5%
2000	178.10	16.40	9.2%
2005	166.90	19.30	11.6%
2010	220.30	31.10	14.1%
2015	360.00	49.30	13.7%
2017	630.00	95.70	15.2%

资料来源：《中国汽车工业年鉴 2018》

2. 现有汽车人才短缺，培养体系不健全

我国新能源汽车、智能网联汽车发展迅猛，迎来"三电"（电池、电机、电控）、人工智能等新型人才的需求高峰，迫切需要跨界融合的复合型人才，人才培育迎来新的挑战。目前单一的培养模式难以满足汽车发展在新兴领域以及交叉复合型人才的需求。以智能网联为例，智能网联汽车人才是指车辆 / 设施关键技术、信息交互关键技术、基础支撑技术等领域内的各类人才。据不完全统计，目前人才总量不足，整个行业智能网联汽车人才的总量预计不足 2 万人。此外，高校供给端的人才输送跟不上产业的发展。人才培养是有周期性的，智能网联汽车领域需要的是"汽车＋ IT ＋通信"的高层次复合型人才，对岗位的要求更高、更全面、更深入，目前高校培养的人才远远满足不了产业发展的需求。

4.3 汽车社会矛盾突出、汽车文化氛围薄弱

4.3.1 汽车发展带来的部分问题已超过社会承载极限

当前，以汽车为核心引发的能源浪费、环境污染、交通拥堵、道路安全等社会问题，严重制约着国家整体发展的同时，更给人民群众生活带来了严重影响。

1. 巨大汽车保有量带来的能源问题日益严峻

近年来，我国汽车用油拉动石油消费持续增长，能源安全形势不容乐观。我国从 1993 年成为石油净进口国以来，能源需求持续增长，石油对外依存度不断攀升。改革开放之后，在经济高速增长的 20 世纪 80 年代，我国基本保持石油自给自足，但从 1993 年起，石油进口大于出口，石油消费开始对进口有所依赖，到 1995 年，对外依存度为 7.51%，到 2000 年猛增至 31.86%，2014 年首次突破 60%。2016 年，我国石油对外依存度达到 65.4%，如图 1-4-6 所示。我国汽车用油占交通领域石油消费近 80%，2000~2015 年汽车领域石油消费从 0.68 亿吨增长到 2.07 亿吨，增长了 2.04 倍，平均增长 7.7%，增长率远高于同期石油消费总量的年均增长率（6.17%），汽车用油增长成为拉动我国石油消费增长的重要影响因素。

图 1-4-6 我国原油对外依存度

资料来源：根据公开资料整理

2. 机动车污染已成为我国主要城市空气污染的重要来源

机动车污染是造成细颗粒物、光化学烟雾污染的重要原因，机动车污染防治的紧迫性日益凸显。随着机动车保有量的快速增加，我国部分城市空气开始呈现出煤烟和机动车尾气复合污染的特点，直接影响群众健康。根据北京市发布PM$_{2.5}$源解析数据，本地源占2/3，本地源中移动源占45%（图1-4-7），具体来看，移动源中，柴油车占32%，汽油车占29%，进京及过境柴油车占18%，非道路机械等占14%，航空和火车占7%。

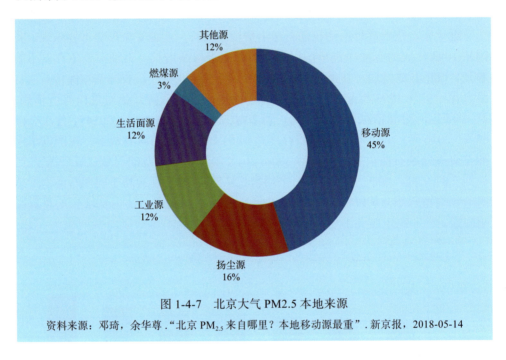

图 1-4-7　北京大气 PM2.5 本地来源

资料来源：邓琦，余华尊 ."北京 PM$_{2.5}$来自哪里？本地移动源最重".新京报，2018-05-14

3. 道路交通事故造成人员伤亡和财产损失非常严重

当前我国道路交通事故年死亡人数仍高居世界第二位，遏制道路交通事故高发、降低交通事故伤害仍然任重道远。表1-4-11列出了2015年我国全国与交通事故数前五名省份的交通事故情况。2016年中国共接报道路交通事故864.3万起，同比增加65.9万起，上升16.5%。其中，涉及人员伤亡的道路交通事故212 846起，造成63 093人死亡、226 430人受伤，直接财产损失12.1亿元。道路交通事故万车死亡率为2.14，同比上升2.9%。在全球范围看，我国汽车交通事故的数量和死亡率都远高于平均水平，交通安全成为国民生命和财产安全影响最大的社会问题之一。

表 1-4-11　2015 年我国交通事故情况（前五名省份）

地区	发生数 / 起	死亡人数 / 人	受伤人数 / 人	直接财产损失 / 万元
广东	24 676	5 562	27 754	6 783.4
浙江	16 270	4 275	16 157	6 355.4
安徽	13 770	2 651	15 382	6 176.4
山东	13 376	3 652	13 002	5 276.8
江苏	12 999	4 642	11 698	6 680.4
全国	187 781	58 022	199 880	103 691.7

资料来源:《中国汽车工业年鉴 2016》

4. 汽车保有量增长导致主要城市交通状况持续恶化

汽车保有量的持续增长使我国各主要城市的交通状况出现不同程度的恶化，拥堵时段和路段逐年增加，出行成本不断增加。《2017 年中国主要城市交通分析报告》数据显示，2017 年全国 26% 的城市通勤处于拥堵状态，55% 的城市高峰时处于缓行状态，济南、北京、哈尔滨位列全国堵城前三，呼和浩特、合肥、长春首次进年度排名前十。部分城市出台了汽车限购和限行政策以缓解交通压力，但是只有短期的治标效果，从长期来看无法使交通拥堵问题得到根本解决。

4.3.2　基础设施协同发展处于初级、粗放阶段

1. 停车位严重缺失导致"停车难"

根据国际惯例，停车位与汽车保有量的比例应在 1.2 : 1~1.4 : 1。前瞻产业研究院数据显示，截至 2016 年底，我国机动车保有量达 2.90 亿辆，其中汽车保有量 1.94 亿辆。我国停车位需要达到 2.33 亿 ~2.72 亿个（图 1-4-8），而目前我国传统停车位只有 7 400 万个，停车场供需矛盾突出导致停车难问题日益严重。同时，在国内汽车保有量的不断攀升以及国内停车位仍然存在极大缺口的背景下，"停车难、停车乱"已成为交通拥堵的主要原因之一。随着科技的进步及停车供需缺口的矛盾的加剧，停车场领域有待智能化改造，以此适应汽车产业协同发展。

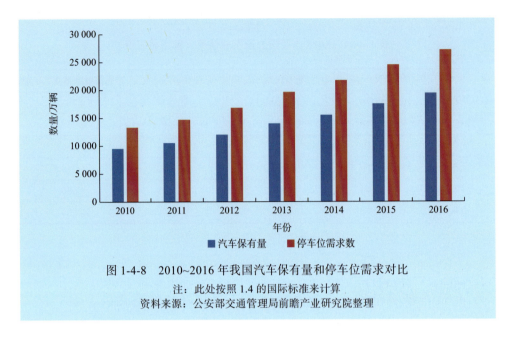

图 1-4-8 2010~2016 年我国汽车保有量和停车位需求对比

注：此处按照 1.4 的国际标准来计算

资料来源：公安部交通管理局前瞻产业研究院整理

2. 充电设施相对滞后导致"充电难"

我国新能源汽车的政策着力点主要集中在纯电动汽车产品上，一定程度上忽略了对充电设施发展的支持，由此导致大部分电动汽车发展较快的地区，充电桩的建设不能及时跟上，出现"有车无桩"的现象。同时，在部分地区也出现为了"示范""试点"而盲目建桩，导致充电桩布局不合理，使用率低，还出现了"有桩无车"的现象。这两方面问题的同时存在，致使消费者对新能源汽车的最大使用顾虑就是"充电难"。截至 2017 年底，我国已建成公共充电桩 21 万个（图 1-4-9），但车桩比仅 3.5∶1。充电基础设施整体规模仍显滞后、结构性供给不足的问题日益凸显。

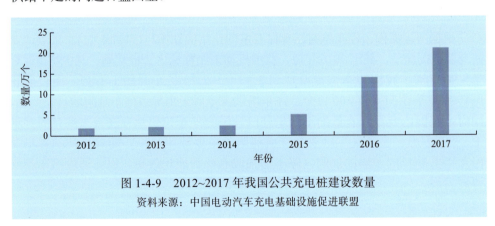

图 1-4-9 2012~2017 年我国公共充电桩建设数量

资料来源：中国电动汽车充电基础设施促进联盟

4.3.3　汽车文化建设缺乏引导，软实力亟待提升

我国汽车文化形成的时间较短，受国外文化的影响较大，还未形成相对成熟、有自身特色的文化体系。当前国家和行业对汽车文化建设的主动性不够，缺乏宏观引导和微观践行。历来国家出台政策中极少涉及汽车文化建设的内容，忽视汽车文化软实力的提升，在绿色、创新、自由、文明等关键文化发展要素方面引导不足。我国"面子"文化传统观念严重，尚未树立健康合理的汽车消费导向。反观日本，日本的国土面积有限，自然资源贫乏，人口数量众多，日本政府向购买节能车型的消费者施以大量优惠政策，通过政策引导，汽车对于日本消费者来说不再是身份象征，而只是作为扩大移动范围的工具，很多消费者选择汽车时，将燃料消耗量放在第一备选项。因此，在我国，绿色出行和文明出行的习惯有待培养，汽车社会文化氛围有待提高，社会宣传教育引导有待加强。

上述分析的瓶颈问题均是长期存在、尚未得到有效解决的核心性、基础性、全局性问题，其根源在于新时代汽车发展形势和现有管理机制不适应，这不仅制约着传统汽车产业的发展，也是新能源汽车和智能网联汽车发展的重要障碍。在汽车社会建设上，政府管理整体处在简单、粗放的阶段，下一阶段需要更加科学地统筹应对汽车社会的诸多问题和挑战。新时代建设汽车强国，唯有溯本求源、打破瓶颈，才能有所作为。

第5章 新时代建设汽车强国的战略构想

5.1 指导思想

以习近平新时代中国特色社会主义思想为指导，按照"五位一体"总体布局和"四个全面"战略布局要求，牢固树立和贯彻落实创新、协调、绿色、开放、共享的发展理念，紧紧把握新一轮科技和产业革命发展趋势，紧密结合新时代的发展需求，积极培育发展新动能。以汽车产业提质增效和汽车社会协调发展为主线，以打造新型汽车产业生态和新型汽车出行生态为主攻方向，以实现中国特色汽车强国为总目标，加快创新体系建设、提升产业质量效益、统筹汽车社会发展，满足人民日益增长的美好生活需要，为实现"两个一百年"奋斗目标和建成富强、民主、文明、和谐、美丽的社会主义现代化强国提供重要支撑。

5.2 总体思路

（1）改革引领，创新驱动。一方面，对于制约和束缚我国汽车发展的突出问题，如多头管理严重、国企管理体制不适应、法治化进程缓慢、市场环境不完善等，需施之以"大刀阔斧"的改革举措，所谓不破不立、大破大立、先破后立，只有彻底革除长期阻碍汽车发展的诸多顽疾，才能彻底释放和激发汽车发展的动力和活力。另一方面，创新是引领发展的第一动力，抓创新就是抓发展，谋创新就是谋未来，创新也是当今汽车发展的核心驱动力。汽车发展应始终抓住创新这条主线，大力实施理论创新、管理创新、科技创新、商业模式创新等创新举措，特别是在代表汽车未来发展方向的清洁能源与智能汽车方面，坚持走自主创新道路，以创新引领我国汽车未来发展。

（2）整体推进，重点突破。汽车发展是涉及面广、影响力大、关联性强、制约关系复杂的系统工程，某一环节不足，就很容易形成"木桶效应"。建设汽车强国需要重视汽车发展相关各方面的有机联系，做到"整体推进"。同时，系统工程需要"重点突破"，善于抓"牛鼻子"，找"突破点"，或"剥茧抽丝"，或"快刀斩乱麻"，方式方法得当，就能起到四两拨千斤的作用。特别要注意的是，这里的"牛鼻子"或"突破点"一定是系统工程中具有核心性和关键性作用的部分，是可以影响全局发展的关键要素，以避免重复在历史发展过程中的"整车好了，零部件自然就起来了"这样"重点推进"的战略失误。

（3）夯实基础，扩大优势。近几十年，受益于我国蓬勃发展的经济，我国汽车市场不断膨胀，汽车产业和汽车社会发展更多的是规模上的"量"的增长，尤其是近十多年以来，汽车规模急剧"粗放式"扩大，汽车发展虽具备一定基础，但跟国外先进水平比还有很大差距，上升空间巨大。目前我国汽车整体进入由大到强转变的关键阶段，迫切需要夯实发展的基础，尤其是在管理水平、汽车"四基"、关键和核心技术、汽车配套基础设施等上下功夫，打牢基础，练好基本功，切忌盲目"跨越式"发展。另外，要实现由大到强的转变，还需要充分挖掘和发挥集中力量办大事的体制、国内市场需求、企业的本土化等优势，还要在新能源汽车、智能汽车以及道路、通信等基础设施方面继续扩大发展优势，尤其注重在竞争的条件下，扬长避短，积极抢占新一轮制高点。

（4）立足产业，统筹全局。当前阶段，汽车产业和汽车社会两部分相互交织、相互影响，共同构成一个复杂的系统，汽车强国建设注定是一项复杂的系统工程。在两者之中，以汽车制造业为核心的汽车上、中、下游产业链形成了相对集中的整体，我国政府对汽车的管理一直以来也是以汽车产业链为主体的，汽车社会则涉及能源、资源、交通、环保、城市建设和管理等多个领域，涵盖面广、联系广泛、关系复杂。相对于汽车社会，汽车产业具有较强的主体性和可操作性。因此，在汽车强国建设中，优先以汽车产业为抓手和立足点，兼顾汽车社会发展的各个方面，做到立足汽车产业，统筹汽车产业和汽车社会发展全局，是现阶段建设汽车强国应该采取的战略取向。

（5）深耕本土，面向世界。我国拥有世界最大的汽车既有市场和潜在市场，14亿人口的庞大出行需求不仅满足了我国本土汽车产业发展的需要，也成为世界各国竞相角逐的舞台，成为我国汽车发展的不竭动力。我国汽车产业应该充分立足本国市场，发挥好本土优势，挖掘好本国需求，从本土市场起步才能最终走向世界，纵观美、德、日、韩等世界汽车强国崛起的步伐，也无一不是从本国起步。同时巨大的汽车规模对我国社会发展也提出了巨大的挑战，也需要在借鉴欧、美、日等发达国家和地区的基础上，充分立足我国特有国情，勇敢探索一条适合我国国情的汽车社会建设的道路。深耕本土并不是闭门造车，在开放程度和力度不断扩大的今天，我们在管理体制、市场环境、技术体系等各方面都要紧跟世界步伐，做到汽车发展与世界接轨。

（6）把握当前，着眼长远。习近平总书记指出："我们做一切工作，都必须统筹兼顾，处理好当前与长远的关系。我们强调求实效、谋长远，求的不仅是一时之效，更有意义的是求得长远之效。当前有成效、长远可持续的事要放胆去做，当前不见效、长远打基础的事也要努力去做。"[1] 这对汽车发展也极其适应。在汽车发展问题上，我们应立足当前，着眼于汽车产业和汽车社会当前发展的重点和关键，以问题和核心利益为导向，推动汽车整体实质性进步，如深化体制机制改革、全面特色市场环境的搭建等。另外，还要着眼长远，在政策制定中充分考虑汽车发展对国家经济、社会、文化、生态文明建设等的长远影响，做到远期与近期政策并举。在长远方面，充分重视汽车产业创新能力和可持续发展能力的培育，尤其是注重自主创新和人才队伍培养，注重企业核心竞争力的培育，统筹考虑汽车发展对社会产生的影响，把汽车社会摆在一定的优先位置。

（7）识别应变，真抓实干。当今发展形势瞬息万变，科技革命一日千里，产业变革突飞猛进。在汽车新技术、新模式、新业态飞速发展、市场竞争白热化的情况下，准确把握发展趋势，适应发展变化，做到识变应变能力强，才能适应当前汽车发展的节奏。多头管理和职能重合必然降低效率，这也要求政府部门加快对汽车管理简政放权。汽车作为高端制造装备、高新科技的最佳载体、最普遍的商品，其竞争力靠的是良好的性能、过硬的品质、贴心的服务等，这需要企业和社会实打实地投入和付出，需要持之以恒地用辛勤的汗水去创新、去创造，去更好地满足社会需求。因此，汽车发展容不得弄虚作假、容不得空喊口号，需要脚踏实地、真抓实干，实实在在地在加大研发投入力度、确保产品质量和提升服务水平等方面下真功夫。

（8）注重协同，防范风险。在汽车产业链不断扩展外延的条件下，需注重汽车与关联产业及基础设施的协同发展；随着汽车与通信、互联网等产业融合速度的加快，也要充分重视与新兴产业的协同发展；在汽车社会影响不断深化的形势下，还需要充分重视汽车与环境、能源、资源、交通、城市等的协同发展，在未来，融合、协同将成为汽车发展的常态。同时，汽车产业是国民经济的支柱，在汽车相关重大政策调整中，还要充分注意防范改革过程中的风险，特别是防范来自既得利益群体的阻力。汽车是世界贸易的重要组成部分，对国际经济、外交关系等也会产生重要影响，在经济全球化的大背景下，也需要充分评估国际形势以及跨国汽车寡头对我国技术、市场布局等可能带来的风险，并予以防范。

总体上，需把认真总结提炼我国在汽车发展过程中的经验和教训，与准确把握世界发展趋势和新时代国家整体发展需求和方向相结合，立足新时代中国特色社会主义基本国情，充分发挥我国在汽车发展方面的各种优势，并将之与现阶段

---

① 习近平. 立足当前，着眼长远 [C]// 习近平. 之江新语. 杭州：浙江人民出版社，2007.

汽车发展本质规律有机结合，探索出一条具有中国发展特色的汽车强国之路。

5.3 战略目标

新时代我国汽车发展的总目标就是要实现从汽车大国向汽车强国转变，力争到2035年左右建设成为中国特色汽车强国，汽车产业自主、可控、完善、协同、高效，对国家经济社会发展的支撑作用显著增强，汽车社会绿色、文明、便捷、智慧、共享，人人畅享美好汽车出行体验。

实现强国目标可分"三步走"：

第一步，到2025年，自主创新能力显著增强，掌握一批关键核心技术，优势领域竞争力进一步增强，产品质量控制能力逐步达到国际先进水平，汽车"四基"能力与体系相对完善，全产业链实现协同发展，构筑新型汽车产业生态，节能环保水平大幅提升，智能道路交通建设取得积极进展，汽车对经济和社会发展的支撑作用逐步凸显，汽车强国建设初见成效。

第二步，到2030年，建成自主创新的汽车研发体系，关键核心技术和应用达到世界领先水平，全产业链实现安全可控，在全球价值链中的地位明显提升，新型汽车产业生态基本形成，绿色、便捷、安全、智能、共享的汽车社会初步建成，汽车对经济和社会发展的支撑作用持续增强，汽车强国基本建成。

第三步，到2035年，形成创新引领优势，建成全球领先的汽车技术体系，新型汽车产业生态逐步完善，汽车社会全面实现协调发展，汽车对经济和社会发展的支撑作用大幅提升，中国特色社会主义汽车强国全面建成。

5.4 重点任务

我国汽车强国建设要准确把握新时代赋予的重大机遇，站在汽车产业和汽车社会发展全局的角度，充分总结历史发展经验教训，瞄准未来科技发展战略制高点，以问题为牵引，以需求为导向，围绕建设中国特色汽车强国的总目标，着力布局以下重点任务。

5.4.1 完善中国特色汽车强国的顶层设计

从汽车产业提质增效和汽车社会和谐发展的角度出发，立足基本国情，发挥独特优势，制定战略方向明确清晰，战略目标科学合理，战术措施高效可行的中国特色汽车强国顶层设计。顶层设计的制定需准确把握好改革引领、创新驱动，整体推进、重点突破，夯实基础、扩大优势，立足产业、统筹全局，深耕本土、面向世界，把握当前、着眼长远，识变应变、真抓实干，防范风险、注重协同等八个方面的辩证关系，做到进退有据，守成为上，在发展过程中始终做到螺旋式上升前进。另外，还需制定相应推进机制以及组建执行机构，以保障汽车发展按顶层设计方向持续推进。

5.4.2 构建自由开放竞争有序的市场环境

构建自由、开放、竞争、有序的市场环境，是汽车产业由大变强的核心任务，也是中国特色汽车强国建设的必由之路。一是市场"进得来"，应加速进一步放宽市场准入，取消汽车投资项目的审批制度，大幅简化机动车辆生产企业及产品准入流程，确保真正有实力、竞争力强的企业能大显身手。二是市场"出得去"，健全市场退出机制，加快淘汰落后和无效产能，坚决清理僵尸企业依法退出市场，对严重隐瞒产品情况或者提供虚假信息、存在重大质量及安全问题以及不具备售后保障能力的企业，依法强制退出。三是下大力气确保公平有序竞争，规范市场监管机制，严格执行车辆产品一致性核查、产品质量监督管理制度以及相关标准法规体系，健全社会监督和信息公开机制，加大对产品质量安全问题的监管和处罚力度，严厉惩处垄断和不正当竞争行为，促进有序竞争和诚信经营市场环境的形成。

5.4.3 推进政府管理体制机制的深度改革

加快推进汽车行业和汽车相关事项的管理体制改革，重点落实"放管服"改革要求，构建科学规范、运行高效的管理体系。一是促进汽车管理职能由多头管理向集中管理转变，建立协调沟通机制，加强各主要部门之间的协调。二是推进政府对汽车管理简政放权，提高政府管理效能，厘清政府与市场的边界，发挥市场在资源配置中的主导作用。三是政府管理重心转移，政府管理由事前向事中、事后转移，重视生产一致性、缺陷产品召回等事中事后监管。四是优化地方政府管理职能，明确车辆管理工作中的央地关系，调整中央政府和地方政府的利益边界，大力破除地方保护主义和区域贸易壁垒。五是加快国有企业管理改革进程，激发国有企业活力，破除制约国有企业发展的体制机制障碍，推进国有汽车企业产权制度、法人治理结构、考核制度等综合配套体系改革。

5.4.4 建立完善的法治化管理体系

法治化管理是实现汽车产业管理现代化和汽车社会可持续发展的必要手段，借助我国"依法治国"全面推进的东风，加快建立涵盖汽车产业和汽车社会发展完善的法治化管理体系。一是推动形成"有法可依，依法管理，严格执法"的汽车产业法治化管理制度。解决车辆生产管理环节法律依据不明晰、不充分等问题，建立车辆全生命周期各环节相关行政法规密切联系与有机衔接的法律法规体系。二是建立以安全、节能和环保法规为核心的汽车社会法治化管理制度。协调环境、能源、交通、贸易、金融、税收、产品质量、知识产权等相关领域立法、修法工作，依法规范和促进汽车产业和有关社会要素有序发展，形成汽车与有关社会要素协调包容、相互促进的良性发展局面。三是完善中国特色的汽车标准法规体系，加快建立和完善适应我国国情的汽车标准法规体系，积极推动我国企业参与国际标准的制定，尤其是在新能源汽车、智能网联汽车等新兴领域，积极推动中国标准成为世界标准。

5.4.5 搭建协同高效的新型自主创新体系

探索建立既能发挥市场作用，又能发挥国家战略动员和创新资源组织作用，既能够激发汽车行业自身活力，又能够实现汽车创新链各环节有效整合的新型创新体系，是抢抓新一轮汽车发展机遇的内在要求。一是优化国家对汽车研发投入的顶层设计和组织流程，提高财政支出投入效能，使政府财政资金原则上只支持共性基础技术、关键核心技术、前瞻性技术研发。二是大力激发汽车企业内在创新动力和活力，加大自主创新的税收减免等政策支持力度，大力加强知识产权保护，培育一批核心技术能力突出、集成创新能力强的创新型领军企业。三是鼓励汽车全行业协同创新，支持"产学研用"深度融合建立协同创新平台，围绕创新链、产业链进行部署，共同投入、成果共享，提升行业联合程度和协同创新效率。四是完善汽车行业创新的支撑体系，加强面向行业的创新资源平台建设，提升技术标准、测试评价等系统化服务能力，健全科技成果转化的中介服务机构及激励机制。五是国家统筹推进汽车人才队伍建设，推动汽车学科体系以社会需求为导向不断完善。

5.4.6 持续提升汽车发展国际化水平

国际化发展是我国汽车走向世界参与全球竞争的前提条件，也是汽车可持续发展的重要保障。坚持"引进来"和"走出去"并重，有助于提升我国汽车产业的国际竞争力和汽车社会可持续发展水平。一是坚持自主发展始终与国际接轨，汽车产业和汽车社会的管理方式、政策法规、技术发展等方面始终紧跟国际发展步伐，尤其是积极引导相关主体树立国际化发展的战略理念。二是加大"引进来"的水平。汽车产业方面加大引进、吸收、创新中吸收和创新环节的比重，进一步提高引资引智引技的质量水平，优先鼓励国外优势企业在国内设立研发机构和本地化创新，推动产业合作由以加工制造环节为主向合作研发、市场营销、品牌培育等产业链高端环节转移。二是夯实"走出去"的基础能力。完善境外投资管理制度和措施，强化企业"走出去"的法律保障，为企业"走出去"提供政策便利；鼓励行业组织推动建立汽车产业海外发展联盟，为企业提供政策法规、认证、国际合作等系统性服务能力，为企业"走出去"搭桥铺路。

5.4.7 打造引领未来发展的新型产业生态

协同、融合、高效、智慧的产业生态是中国特色汽车强国的重要内容。一是深入推进汽车全产业链协同和智能化转型升级。加强原材料供应链、整车制造生产链和汽车销售服务链深度融合，鼓励汽车企业推广新一代智能制造，推进汽车产业体系与"互联网＋"的深度融合，加快建立需求导向、用户导向的高效定制化产业链生态。二是积极打造全新移动出行服务生态体系。加快搭建汽车共享出行创新联盟，鼓励传统汽车企业与新兴汽车企业、互联网企业等合作，不断创新商业模式，引导汽车产业与信息通信、能源交通、材料环保、微电子业、地图产业等领域深度融合，支持汽车共享、智能交通等关联技术的融合与应用，共同打造开放、创新、高效的移动出行新生态环境。三是加快汽车与智能交通、智慧城市融合发展。搭建国家级新一代汽车与交通、城市融合系统创新平台，实施示范企业、示范工程、示范城市三位一体的综合示范。

5.4.8 统筹推进和谐汽车社会建设

绿色、便捷、文明、智慧、共享将成为新时代我国汽车社会的标志和特征，也是汽车强国建设的重要内容。一方面需加大对以汽车为核心引发的诸多矛盾的科学治理。加强汽车社会宏观管理和统筹协调，研究制定汽车、能源、环境、交通、城市等领域统筹发展的规划策略，实现汽车社会和谐发展。创新汽车产业和汽车社会管理政策，强化和重视需求侧政策管理，采用疏堵结合的方式，通过鼓励公共交通和共享出行、采用财税手段限制大排量汽车购买与消费等多元化方式，为社会提供更安全、更节能、更环保、更舒适的出行方式和综合解决方案，科学化解社会发展不协调的诸多矛盾。另一方面，加强汽车文化的舆论引导，培养良好的汽车使用意识和出行意识，营造绿色消费、文明出行的社会出行氛围，通过学校教育、驾驶培训、消费引导、媒体宣传等多措并举，倡导和鼓励社会公众绿色用车、低碳出行，培育中国特色汽车文化，全面提升中国汽车文化软实力，助力中国由汽车大国向汽车强国迈进。

第6章　加快建设汽车强国的措施建议

6.1　启动新时代汽车强国战略

建议由党中央、国务院提出"新时代汽车强国战略"，明确汽车强国战略在国家总体战略规划中的突出地位。以建设中国特色汽车强国为总目标，将汽车强国战略作为系统推进新时代我国汽车强国建设的指导方针和行动纲领，统筹推进汽车产业和汽车社会协同发展，围绕体制机制改革、特色市场环境搭建、自主创新体系建设、新型汽车产业生态、和谐汽车社会建设等汽车强国的重点任务，制定目标清晰、方向明确、措施得力的顶层设计。

6.2　成立汽车强国建设专门推进机构

建议成立由国务院领导担任组长的汽车强国建设领导小组，为常设国务院议事协调机构，负责对汽车产业和汽车社会发展的统一规划和统筹实施。目的是实现汽车强国建设的集中领导和有效协调，在集中领导的基础上需要大幅简政放权，将更多的权利交还市场自主调节。组织涵盖科技、经济、能源、环境、交通、通信、城市规划等不同领域的顶级专家成立汽车强国建设专家咨询委员会，为汽车强国建设提供决策支撑，专家咨询委员会定期和不定期针对涉及汽车发展的重大性问题为决策机构提供建议。组建国家汽车发展战略研究院，以此作为汽车发展的国家级智库，牵头开展滚动式、持续性的战略研究课题，就汽车强国建设的关键性或全局性的重大发展战略进行调查研究。

6.3 出台"关于汽车改革发展的若干指导意见"

建议出台"关于汽车改革发展的若干指导意见",着眼于汽车当前发展的全局性、核心性问题,统筹指导汽车及相关领域全面深化改革。一是加快汽车法治化改革进程,逐步完善汽车法律与标准体系。研究制定"道路车辆法",明确车辆产品总体管理思路和措施,以及各政府部门管理职责,有关部门依据"道路车辆法"对相关行政法规、部门规章予以修订或废止,形成以"道路车辆法"为核心,各环节相关行政法规密切衔接的法律法规体系。二是加快推进国有汽车企业改革,增强国有汽车企业的动力和活力。加快推进混合所有制改革、股权结构调整和考核机制转变,优化国有汽车企业管理机制,加快建立与市场经济相适应的经营决策、选人用人、业绩考核、收入分配等激励约束机制。

6.4 优化完善汽车税收制度

当前我国汽车税制对节能减排引导不够,并存在"重生产、轻消费"的问题,建议从税率、税种、税的结构等方面优化调整税收政策,建立"绿色发展、财权与事权相匹配"的税制制度,强化税收的导向作用。一是鼓励节能减排技术发展,将主要汽车税种与汽车的燃料消耗量挂钩,汽车消费税在依据排量设置差别税率的基础上,引入燃油经济性指标,对税率按照基准给予一定上浮和下调。二是优化汽车生产、流通、消费等环节税收结构和中央/地方税金分配结构,优化税制结构,减少来自购买环节的一次性税收比重,增加来自使用环节的税收比重。三是调整中央/地方税收分配关系,税收分配应逐渐向地方倾斜,建议消费税改为地方税,用于城市交通基础设施建设和环境污染治理,购置税改为中央/地方共享,以保证各级道路建设及维护资金的需要。

6.5 设立智能与绿色汽车重大专项

抓住汽车智能化和绿色化重大变革机遇,设立智能与绿色汽车重大专项,实现汽车领域核心和关键技术全面自主可控。智能与绿色汽车重大专项要以战略性、全局性、前瞻性、关键性技术需求为牵引,以智能汽车核心"零部件"技术、自动驾驶芯片技术、5G与V2X车联网技术、智能汽车计算平台技术、汽车专有云技术、汽车+AI技术、汽车群体智能技术和汽车智能安全技术、新型动力系统技术、汽车轻量化和绿色化技术、汽车系统集成技术、新概念汽车等为重点，为智能与绿色汽车做好技术储备，促进智能与绿色汽车在核心和关键技术上全面赶超世界先进水平。智能与绿色汽车重大专项资金来源可实施"市场反哺技术"战略，主要依托汽车产生的税收红利和新能源退坡财政资金，在确保一定专项财政资金投入的基础上，形成多元化的投入机制。

6.6　强化汽车人才培育，提升"车辆工程"为一级学科

新时代下汽车行业发展对创新型人才提出了迫切需求和更高要求，建议加快研究提升"车辆工程"专业为一级学科，优化专业方向，重塑课程体系，扩大人才规模，提升培养质量。鼓励高校设置面向不同院系招生的"汽车创新创业"辅修专业，创新汽车人才培养模式，扩大汽车人才培养规模，大力培养"实践创新、学科交叉、国际接轨、校企联合"的创新实践型卓越汽车人才。构建面向工程硕士和工程博士培养的产学研协同创新平台，推进产学研用协同创新，提升工程硕士和博士培养质量，支持高校、科研院所与汽车企业联合共建研究生培养和技术创新联盟，做大做强产学研对接平台。人才是成就一切事业的核心力量，特别是管理和技术方面的高端创新人才，非持之以恒的浇灌培育和高水平的物质精神给予而不可得，因此需要针对性地制定人才培养体系，建立培育、引进、自由流动等多渠道人才获得机制，以充分适应当前汽车发展的需要。

第 2 篇

中国汽车产业（企业）发展战略研究报告

第1章 意义和必要性

1.1 研究内容

改革开放40多年来，尤其是我国加入世界贸易组织（World Trade Organization，WTO）十多年来，我国汽车工业取得了快速发展，连续多年位居世界汽车产销第一，成为名副其实的汽车工业大国。但是，中国品牌汽车无论是技术创新能力、国际竞争力，还是产品的品牌影响力等方面都相对较弱。

我国是全球第二大经济体、全球最大的汽车市场和汽车工业大国，壮大和提高中国品牌汽车在国民经济中的地位和作用，是我国实现经济强国和汽车产业发展的必然选择。目前，对如何提高中国品牌汽车企业和中国品牌汽车产品竞争力方面虽然开展了一些研究，但缺少在汽车产业自主发展对国民经济发展的影响竞争力方面的研究，以及缺少中国品牌汽车发展战略对提高国家创新能力、实现两个一百年奋斗目标中的重要作用的研究。

本课题从分析我国汽车产业发展现状入手，阐明汽车产业及汽车产业自主发展在国民经济当中的重要作用，研究了技术进步对汽车产业的影响，进而分析了汽车产业自主发展对国民经济的影响。在此基础上，提出了促进中国汽车产业自主发展的对策建议。

1.2 发展汽车产业的必要性

广义的汽车产业，包括了汽车制造业和与汽车直接相关的工业和服务业。由于生产规模大，涉及范围宽，汽车产业既提供了很多直接的就业机会，又带动了很大比例的间接就业。

美国经济学家艾伯特·赫希曼认为，作为社会间接生产活动的典型代表，汽车产业具有显著特征，在整个国民经济体系中处于重要地位①。Veloso 和 Fuchs 对亚洲汽车市场总体产销情况进行深入分析后，认为随着全球经济一体化进程的加快，中国汽车市场将在全球汽车市场上占据重要地位，进而对全球的经济增长产生重大影响①。通过对目前世界主要汽车生产和消费强国的生产和消费现状进行分析，Zachary 认为亚洲将成为未来世界汽车市场主要增长点，而作为亚洲汽车生产和消费第一大国的中国汽车市场的发展潜力更是不容忽视①。

汽车产业是资本技术和劳动密集型产业，具有产量密集度大、科技含量高等特点。近年来，汽车产业已经成为我国国民经济的重要支柱产业，是拉动我国经济发展的重要力量，具体体现在以下几个方面。

第一，我国汽车产业的全球地位大幅提升。我国汽车产销量已连续十年位居全球第一，成为世界制造汽车大国，2018 年中国汽车销量占全球比重达 32.65%，较 2017 年占比提高 2.57%。跨国车企纷纷加快中国市场战略布局，深入本土化研发、丰富产品组合、下探渠道与价格。

第二，汽车产业是国家重要支柱产业。汽车产业是国民经济的重要支柱产业，具有大规模效应与产业关联带动作用，对经济发展和社会稳定具有突出重要作用。据有关统计，2014 年汽车产业创造税收占全国税收的 10% 以上，汽车产品零售总额占社会消费品零售总额的比重达 12.7%②。

第三，汽车产业是国家战略性竞争产业。基于全球节能减排大环境，新能源汽车成为全球主要汽车制造国竞相追逐的战略性新兴产业之一，从全球汽车技术发展趋势来看，预计 2030 年之后，全球将摆脱依赖石油的汽车时代，迎来基本单一或比较单纯的新能源汽车时代。

第四，汽车是全面建成小康社会的重要体现之一。随着我国经济稳步增长与城乡居民收入水平的提升，消费需求正从吃穿向住行转变，汽车产品正成为人们生活中的必需品，汽车社会已经到来。

第五，汽车产业是先进制造技术的重要载体。汽车制造业一直有"工业中的工业"之称，汽车产业基本都是全球先进的制造技术的积极创新者、推动者和运用者，在带动相关产业发展的同时，也提供了先进的生产方式和先进的管理方法，从而提高了整个制造业的生产效率。

第六，汽车产业安全问题日益突出。低碳化、智能化、绿色化正成为汽车产业技术的重要发展方向，但是我国汽车关键核心技术掌控不足，电子信息核心技术相对滞后，高端装备制造对外依存度较高，车辆数据及车辆使用者本身的各种信息安全问题也更加凸显。

---

① 转引自：张小宇，刘金全，由国俊. 我国汽车产量波动态势分区制度量与预测 [J]. 商业研究，2011，（10）：39-44.

② 中国汽车工业协会. 十三五汽车工业发展规划意见，2015-08-12.

　　由于汽车工业具有就业容量大、工业波及面广泛以及产业关联度高等行业特征，同时由于汽车产业投入产出率较高，汽车产业的发展可以充分带动其上下游产业的发展，对于促进国民经济的平稳、快速发展具有重要作用。同时，汽车产业的生产、消费、使用等阶段都是国民经济增长的重要影响因素。

第2章 现状与发展趋势分析

2.1 国内外现状对比分析

2.1.1 全球汽车工业发展形势与中国汽车产业的地位

1. 全球汽车工业发展形势

2017年，全球经济呈现企稳迹象，金融市场信心回升，大宗商品价格反弹，多数主要经济体货币对美元小幅升值，但实体经济依然脆弱，市场需求依旧低迷，宏观政策效力减弱，世界经济低增长高风险局面难有根本改观。2017年全球汽车产销量双双突破9 000万辆大关，分别为9 730万辆和9 680万辆，同比分别增长2.4%和3.09%。在发达经济体汽车市场中，美国车市再创历史新高，欧洲车市走势良好，日本车市继2015年后再度下滑。新兴市场中的金砖国家中，中国汽车产销再创全球新高，稳居世界第一；印度汽车销量同比增长9.49%。随着油价下跌、消费者购买力增强，全球车市将持续保持稳步增长的局面。

1）发达经济体汽车市场

2017年发达经济体复苏势头放缓，美国经济好于其他发达国家；欧元区政府负债率已开始下降，债务危机风险减小，但难民潮、英国脱欧公投等问题增加了欧洲经济的不确定性；日本经济政策效应衰减，经济增长动力进一步减弱。

（1）美国汽车市场。

2017年，美国新车销量同比下降1.58%，达1 758万辆。稳定的劳动市场、低利率、低油价、高消费者信心指数等大环境保持着高水准需求，支持销量持续走高。从各车种销量来看，乘用车同比上升21.4%，中重型载货车同比上升36.4%，从乘用车转向皮卡与SUV（sport utility vehicle，运动型多用途汽车）的需求仍在继续。而轻型载货车和中型载货车同比分别增长7.3%和3.5%，成为市场企稳发展的主要支撑和拉动力。

（2）欧洲汽车市场。

2017 年，欧洲新车总销量达 2 091 万辆，同比增长 3.88%。西欧主要国家销量均实现增长。德国汽车销量 381.1 万辆，同比增长 2.76%，其中乘用车新车注册量为 344.2 万辆，同比增长 4.5%，仍是西欧最大的乘用车市场。

2017 年，英国的销售市场受到冲击，销售汽车 295.5 万辆，同比下降 5.4%。为自 2012 年来首次下滑。英国柴油车 2017 年销售同比大幅下降 17.1%，是全年汽车销量下滑的主因。而替代燃料汽车销售则同比上涨 34.8%，全年销量约 12 万辆，约占整个汽车市场的 4.7%，高于 2016 年 3.3% 的市场份额。尽管 2017 年英国新车销量出现下滑，但总销量仍处于历史前列。

2017 年，法国汽车销量上涨 4.7%，至 210 万辆，其中增幅最大的是西雅特、丰田、斯柯达和起亚，增幅都超过了 10%。法国是继德国和英国后的欧洲第三大汽车市场，2017 年是法国汽车销量连续第三年呈强势增长趋势，2016 年增长 5.1%，2015 年增长 6.8%。2017 年 12 月法国汽车销量微降 0.5%。2017 年法国本土汽车制造商标致雪铁龙集团销量上涨 10%，包括此前从通用收购的欧宝销量，12 月总销量上涨 16%。不包括欧宝，12 月销量增长 3.3%。其中，2017 年标致销量增长 9.2%，12 月增长 6.6%，主要得益于 3008 和 5008 跨界车的上市。雪铁龙 2017 年销量同比增长 3.3%，但 12 月同比下降 2.3%。高档品牌 DS 2017 年销量下降 24%，但 12 月仅微降 0.3%。欧宝销量 2017 年同比增长 6.3%，但 12 月同比下降 5.6%。

2017 年，欧洲所有主要市场汽车销售强劲，如波兰、罗马尼亚、葡萄牙、捷克和西班牙等欧盟国家的销量延续 2015 年增长势头继续上扬，分别为 14.19%、12.52%、7.1%、3.81%、7.7%。

（3）日本汽车市场。

纵观 2017 年日本汽车市场，在遭遇到制造业的信任危机和数据造假的余波之后，相较于 2016 年，大多数品牌依然保持了少量的微增，只有本田、五十铃、三菱出现了少量降幅，雷克萨斯降幅比较明显。2017 年度，日本最畅销的品牌依然是丰田，以超过 155 万辆的表现，占据了日本本土接近 46% 的销量表现，可以说，丰田现在在日本本土已经成为寡头式的存在，日产、本田紧接其后，销量表现也很出色，这一点倒是和它们在中国市场的表现有些相似。

2）新兴经济体汽车市场

2017 年，新兴经济体总体反弹乏力，巴西、俄罗斯等国工业产值萎缩，增长前景不容乐观。得益于美联储加息步伐放缓，新兴经济体发展的外部环境有所改善，资本外流减少，汇率总体趋于稳定。

（1）巴西汽车市场。

2017 年，巴西汽车销售量为 223.94 万辆，比 2016 年增长 9.23%，这是该国汽车销售量连续四年萎缩后的首次增长。数据显示，2017年，巴西轿车和轻型商用车销售量为217.22万辆，比2016年增长9.36%。卡车销售量为5.2万辆，比2016年增长3.53%。大客车销售量为1.5万辆，比2016年增长10.66%。数据显示，2017年12月，巴西汽车销售量为21.26万辆，环比增长4.13%，同比增长4.05%。其中，轿车和轻型商用车销售量为20.48万辆，环比增长3.85%，同比增长2.98%。卡车销售量为6 174辆，环比增长12.34%，同比增长38.87%。大客车销售量为1 603辆，环比增长10.86%，同比增长72.92%。

（2）俄罗斯汽车市场。

2017年，俄罗斯乘用车及轻型商用车全年销量为1 595 737辆，年度同比增长11.9%，实现近5年来同比首次增长。2017年，俄罗斯汽车市场销量冠军企业是瓦兹汽车，其旗下拉达（LADA）品牌销量为311 588辆，同比增长17%。起亚位居第二，销量为181 947辆，同比增长22%。现代位居第三，销量为157 858辆，同比增长为9%。销量排名第四、第五位的为雷诺和丰田，年销量分别为136 682和94 238辆。

（3）印度汽车市场。

印度是全球第二大人口大国，约有13.4亿人，年轻人口比例也很高。2017年，印度新车销量达到401万辆，超过德国跃居世界第4位。有分析认为，印度到2020年将超过日本。新兴市场国家的汽车市场不仅在数量增长方面，在技术创新方面也正成为世界的主战场。英国调查公司IHS Markit预测，印度新车销量今后将维持年率近一成的增长，到2020年将超过日本，跃居世界第三位。印度汽车市场在10年的时间内扩大至2倍。其背后存在经济增长带来的收入增加。世界银行的数据显示，印度人均GDP 2016年达到约1 700美元，比2007年（约1 020美元）增加了约七成。

2. 中国汽车工业的世界地位

从产业规模看，自2013年以来连续4年中国汽车产销量超过2 000万辆，2017年中国汽车产销分别为2 901.5万辆和2 887.9万辆，同比增长3.2%和3%，稳居世界第一。中国在全球汽车制造业的市场份额已从2000年的3.5%提高到30.6%，是名副其实的世界汽车制造大国。随着产业规模的高速增长，中国汽车产业的国际地位有了实质性的提升，成为世界汽车工业的重要组成部分，并从根本上改变了世界汽车产业的格局，中国向世界汽车制造强国迈进的必要性和迫切性更进一步。

2017年在各细分市场，中国乘用车生产2 480.7万辆，同比增长1.6%，占全球乘用车总产量的34.8%。2005~2017年，中国乘用车产量以年均18.9%的增速持续提高，自2009年超越日本后，已连续8年位居榜首。中国商用车生产 420.9 万辆，同比增长 13.8%，占全球商用车总产量的 17%。其中，轻型载货车产量占全球轻型载货车总产量的比例由 2007 年的 8.6% 提升到 10.91%，且自 2005 年以来年均增速达到 7.4%。受统计口径影响，中国轻型载货车的产量低于美国[①]，居于全球第二位。2005~2017 年，中国中重型载货车的产量以年均 10% 的速度持续增长，2007 年超过日本后，已连续 10 年独占鳌头；客车产量占全球客车总产量的比例由 2013 年的 60.6% 上升到 62%。2003 年以来中国客车产量一直居世界首位，且自 2005 年以来年均增速达到了 7.1%，是世界客车的主要生产大国。

作为全球最大的汽车市场，中国虽已进入缓速增长期，但世界各大汽车巨头依然看好中国汽车市场，并在未来的布局中纷纷把中国汽车市场作为重点，或通过不断引进新产品，或通过继续投资建厂，还有的采取保守的协调经销商利润等各种方式来进一步挖掘中国市场的潜力，不断提升着中国在其全产业链战略布局中的地位。例如，为在全球竞争中冲顶冠军，大众更加倚重中国市场，并制定了新能源汽车在华市场的"三步走"发展战略。奔驰在继续保持平稳价格的同时，针对中国市场制定了新的经销商盈利点，包括售后服务、金融服务、二手车业务及融资租赁等。福特汽车还将在中国推出紧凑级轿车福睿斯的导航版、紧凑级 SUV 福特翼虎的中期改款车型、性能车新款福克斯 RS（rally sport，运动型汽车）、MPV（multi-purpose vehicles，多用途汽车）车型途睿欧、插电式混合动力MPV 车型 C-MAX Energi、蒙迪欧的中期改款和混合动力版车型等。通用压缩版的全球化版图中，中国再度成为其全球最大市场。雷诺看好中国市场未来的发展，并对其即将在华投产的新工厂充满信心。特斯拉超级工厂 2018 年正式落户上海。

随着中国汽车市场竞争的国际化，跨国公司不断加大对中国的新车投放力度，以突出其品质优势，"全球同步"在华推出新车已成为多数厂商的竞争策略；2017 年中国广州车展全球首发车型达到 47 款，而北京车展全球首发车型多达105 辆；2017 年跨国车企纷纷以国产化为标签抢占中国市场，高国产化率也成为衡量车型的标准之一。数据显示，2017 年排名前十的豪华品牌，除了雷克萨斯外，其余 9 个品牌均已实现或即将实现国产化。早期通过国产化在中国市场取得成功的豪华品牌三强——奥迪、宝马和奔驰似乎成了豪华品牌国产化的标杆，占据着中国豪华车市场 75% 的份额。而紧随其后的捷豹路虎、英菲尼迪、沃尔沃等豪华品牌，甚至连宾利、保时捷、法拉利等超豪华品牌也纷纷宣布国产或进入中国市场；中国企业在合资合作中的地位也在悄然变化，中方的话语权正在增强，从而更易实现以我为主，为我所用；此外，2017 年在中国召回的汽车突破 2 000 万辆，达到 2 004.8 万辆，涵盖国内外几乎所有的品牌，其中日系车占 53.21%，

---

① 美国 Light-duty trucks 分类包括 Ford F-Series、Dodge Ram 及 Chevrolet，每月厂商数据中包含部分 medium-duty trucks 的数据。

美系车占22%，德系车占8.17%，韩系车占5.86%；据统计，自2014年9月以来，国家发改委对一汽-大众销售有限公司、克莱斯勒（中国）汽车销售有限公司、奔驰公司与东风日产销售有限公司以及12家日本零部件和轴承企业进行了垄断处罚，至今收到的反垄断罚单金额超过了20亿元。2019年6月5日，沉寂了三年多的汽车业反垄断又掀波澜。国家市场监督管理总局发布消息称，对长安福特汽车有限公司（简称长安福特）实施纵向垄断协议依法作出处罚决定，对长安福特处以罚款1.628亿元。业内普遍认为，当前汽车产业纵向价格限制问题依然严重，特别是汽车零整比高，配件销售和售后服务价格高，隐性消费多等问题亟待解决。而由于法律法规之间的矛盾和执行部门的协调等因素，加剧了反垄断执行的难度。2016年3月，由国家发改委会同有关部门共同起草的《关于汽车业的反垄断指南》（征求意见稿）开始公开征求意见，但至今仍未最终落实。汽车业是重要的支柱产业，涉及产业链长，牵扯利益较多，所以很多规范性文件难以出台。而具体到怎么定义和解释汽车行业和商业活动是垄断行为，目前有较大分歧和不同意见。随着汽车反垄断相关政策及法规的出台，反垄断执法将进一步常态化、制度化，体现了中国汽车工业管理体制的不断完善和在世界汽车业地位的持续提升。

2.1.2　国内外汽车产业在本国经济中的地位和作用

随着我国汽车工业的高速发展，汽车消费、经济增长和社会发展问题已经成为业界普遍关注的问题。美国、德国、日本、韩国等汽车工业发达国家十分重视汽车产业在国民经济中的重要作用，保护和支持本国汽车工业的发展，使之成为国民经济的支柱产业。本章将对国外主要汽车发达国家进入汽车社会前后阶段汽车产业在其国民经济中的地位进行简要概述，进而为分析中国汽车产业在国民经济中的支柱性地位提供基础和参考依据。

1. 国外情况

1）美国

（1）汽车工业总产值比重逐年增加。

1980~2017年，美国汽车工业总产值占GDP的比例从0.97%提高到3.62%。2017年美国汽车制造业产值7 013亿美元，11大核心产业里，排名第8位，为GDP的增长做出了较大贡献。

（2）汽车工业发展带动就业人数增加。

汽车工业已经成为汽车发达国家推动就业的重要行业。汽车工业内部的一体化不断加强，对外部服务的需求越来越大。由于使用汽车而创造出就业岗位等因素，汽车工业对就业的拉动作用非常重大。就业人数的发展在很大程度上取决于技术和价格竞争能力，其中总增加值的高低和实现的生产率增长决定了就业岗位的数量。

从 1980 年到 1997 年，美国汽车工业的职工人数从 79.4 万人增加到 97.6 万人，年平均增长 1.2%。按照每个职工所创造的增加值计算，生产率年平均提高 2.8%。增加值的年平均增幅高出职工人数增长率 1.6%，对劳工市场产生了良好的影响。与产量变化相似，特别是在 20 世纪 80 年代期间，就业人数的发展也呈现出剧烈的波动。1992 年到 1997 年期间，职工人数明显增加，这不仅是因为产量的提高，而且还归结于附加值高的汽车在整个生产中所占份额的不断增加。

（3）汽车及其交通运输贡献突出。

汽车及其相关消费是美国运输消费的主力。与运输相关的总需求在美国国内总需求中所占比例，虽然从 20 世纪 80 年代初的 12.5% 下降到了 1996 年的 11.5%，但是其同期消费总规模却增长了 1.5 倍以上。

自 20 世纪 80 年代以来，美国运输业对国内消费的拉动作用，主要依靠的是个人和家庭消费支出的规模及其增长。从消费支出的比例看，1996 年美国运输消费中的个人消费占 67.8%，而私人投资支出和政府采购支出分别只占 15.8% 和 16.4%；而在 1980 年，这三者的比例分别是 68.2%、14.9% 和 16.9%。从消费支出的增长幅度看，1980~1996 年，美国运输领域的个人支出总规模增长了 1.5 倍，从 2 384 亿美元增长到 6 023 亿美元；同期私人国内投资和政府采购支出的增长幅度分别是 1.7 倍和 1.5 倍，分别从 521 亿美元和 591 亿美元增长到 1 401 亿美元和 1 465 亿美元。

在此期间，美国个人运输消费中的运输服务消费增长最快，共增长了 2.4 倍，购买汽车及其零配件的消费也增长了 2 倍，同期美国个人消费的燃油和润滑油则只增长了 40%。运输消费中的最大份额要数汽车及其零配件的支出了，1996 年它占美国个人运输消费总支出的 43%，运输服务和燃料支出分别占 36% 和 21%，而 1980 年这三项的比例分别是 37%、27% 和 36%。这反映了在美国家庭及个人轿车消费稳定增长的同时，各种相关的运输服务是交通运输消费中个人消费增长的热点。

汽车消费是拉动美国运输需求增长的关键。从综合运输各种方式的分布看，美国运输消费在运输方式方面的主要特点就是，无论是旅客运输还是货物运输，公路运输方式都占据了统治地位。

2）德国

（1）汽车行业是德国经济的重要支柱产业。

德国汽车工业是德国国民经济的主要支柱产业，汽车及相关产业为德国提供了 126 万个就业岗位，就业人数占德国工业的 13.1%、并提供了 1/4 的税收收入。

根据德国汽车工业协会（Verband der Automobilindustrie，VDA）统计，2004年德国汽车工业行业全年销售达 2 277.66 亿欧元，比上年增长了 9.1%；2005 年轿车产量为 535 万辆，增长了 3%，国内新车销量增加了 2%，达 334 万辆，柴油车出口增长 3.5%，达 380 万辆；2006 年更是再创新高，德国国内汽车生产厂生产量达到582 万辆，同比增长 1%。

（2）汽车出口比重较大。

海外市场对德国汽车工业日益重要。欧洲，特别是西欧，仍是德国汽车最主要的销售市场。德国汽车在欧洲汽车市场的占有率将近一半，柴油汽车表现尤为突出。在竞争激烈的高档车领域，德国汽车占 70%，大众公司在欧洲仍稳居第一。

（3）汽车工业的税收贡献巨大。

1994~1997 年，德国汽车工业的税收保持较高的水平，德国因生产和使用汽车而征收的税收收入约为 2 000 亿马克；而同期国家总税收只有不到 8 000 亿马克，占国家全部税收收入的 23.4%。

3）日本

（1）汽车工业增加值占制造业比重逐年增加。

1981~1997 年，日本汽车工业平均增加值占制造业增加值的 8.5%，是国民经济的支柱工业部门之一，加上其他 4 个重要经济部门，合计所占的总比率高达 58%。

（2）汽车工业对就业起到持续拉动作用。

日本在 1981 年至 1992 年间，由于生产规模的扩大和生产率提高，职工人数从 94.2 万人增加到了 115.2 万人，年平均上升 1.8%。生产的增长势头使得汽车工业在成功地实施合理化措施的同时，还增加了工作岗位。

（3）汽车工业带动税收不断增长。

日本从 1990 年至 1996 年间，通过征收购置和使用汽车税使得税收收入增长了 23%。在这个时期，这项税收占整个税收收入的比例不断上升。1996 年日本汽车税收收入约为 8 万亿日元，占国家全部税收收入的 9.3%。

此外，日本还征收公路使用费，在 1990 年至 1995 年间其从 12 780 亿日元增加到 17 440 亿日元，增长了 36.5%。

4）韩国汽车产业在国民经济中的地位与作用

（1）汽车工业的总产值和总增加值比重逐年增加。

韩国汽车工业在国民经济中占有重要地位。1987 年至 1996 年间，韩国汽车工业的总产值从 114 120 亿元增加到 487 330 亿元，年平均增幅为 17.5%。韩国汽车工业占制造业总增加值的 15.7%，是国民经济的工业支柱之一。

（2）汽车工业对就业拉动作用较强。

1981 年至 1996 年间，韩国汽车行业就业人数急剧增长，1996 年的职工人数几乎是 1981 年的 5 倍，年均增长 10.1%。

2. 国内情况

1）汽车工业总体规模[①]

2017 年中国汽车产销量分别为 2 901.5 万辆和 2 887.9 万辆，同比增长 3.2% 和 3%。其中，乘用车产销 2 480.7 万辆和 2 471.8 万辆，同比增长 1.6% 和 1.4%；商用车产销 420.9 万辆和 416.1 万辆，同比增长 13.8% 和 14%；新能源汽车产销 79.4 万辆和 77.7 万辆，同比增长 53.8% 和 53.3%。

2017 年我国汽车商品零售总额 326 618.18 亿元，占全国社会消费品零售总额的 15%，同比增长 10.2%。截至 2016 年底，我国机动车保有量达 2.9 亿辆，其中汽车 1.9 亿辆；机动车驾驶人 3.6 亿人，其中汽车驾驶人超过 3.1 亿人。2016 年新注册登记的汽车达 2 752 万辆，保有量净增 2 212 万辆，均为历史最高水平。2011~2016 年占比从 50.4% 提高到 66%，全国有 49 个城市的汽车保有量超过百万辆，18 个城市超 200 万辆，6 个城市超 300 万辆。2016 年，小型载客汽车达 1.6 亿辆，其中私家车 1.5 亿辆，占 92.6%，同比增长 15.1%。全国平均每百户家庭拥有 36 辆私家车，成都、深圳、苏州等城市每百户家庭拥有私家车超过 70 辆。

2）汽车工业在宏观经济中的地位和作用

汽车工业产业链长、覆盖面广、上下游关联产业众多，在中国国民经济建设中发挥着十分重要的作用。随着中国汽车产业的持续快速发展，汽车产业在国民经济中的重要地位也在不断加强，并成为支撑和拉动中国经济持续快速增长的主导产业之一。汽车工业增加值在全国 GDP 中所占比例由 1996 年的 0.85% 上升至 2015 年的 1.56%，年均增速达到 3.25%，见图 2-2-1。

同时，中国汽车工业的蓬勃发展也显著拉动了上下游关联产业发展。国家信息中心分析认为，汽车产业（包括零部件企业在内）和相关产业的就业比例关系是 1：7，即汽车产业每增加 1 个就业岗位，就会带动相关产业增加 7 个就业岗位。从汽车工业链来看，涉及诸多行业，往往带动 100 多个产业的发展。国务院发展研究中心对 2005 年我国 62 个部门的投入产出流量表进行了分析，结果显示，汽车制造业每增值 1 元，就可带动上下游关联产业增值 2.64 元。鉴于汽车对上游钢铁、石化、橡胶、玻璃、电子和下游金融、保险、维修、旅游、租赁、旅馆等产业的拉动作用，2015 年中国汽车工业对国民经济的综合贡献度在 5.7% 以上。随着汽车工业规模与产品技术的不断发展，汽车工业链条不断完善，汽车工业对上下游关联产业的拉动效应更为显著。

---

① 数据采自国家统计局年度报告。

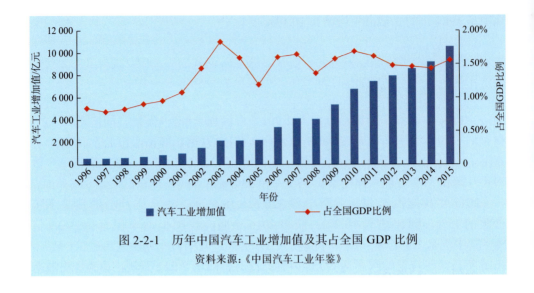

图 2-2-1　历年中国汽车工业增加值及其占全国 GDP 比例

资料来源：《中国汽车工业年鉴》

2.2　发展趋势

近年来，汽车行业深入贯彻新发展理念和党中央、国务院的决策部署，坚持稳中求进工作总基调，以供给侧结构性改革为主线，积极推进产业转型升级，深化创新，推动行业高质量发展。2018 年，全年汽车产销分别完成 2 780.9 万辆和 2 808.1 万辆，连续 10 年蝉联全球第一。行业经济效益增速明显高于产销量增速，新能源汽车发展势头强劲，中国品牌市场份额继续提高，实现了国内、国际市场双增长。

2.2.1　政策法规

近年来，国家相关部委及地方政府围绕汽车产业结构调整、汽车领域"三化"重点技术突破、绿色制造、新能源汽车推广、汽车行业管理及消费者权益保障等几个主要方面制定和出台了大量政策，这些政策和措施呈现以下几大特点。

第一，行业发展的顶层设计和方向。党的十八届五中全会提出的"创新发展、协调发展、绿色发展、开放发展、共享发展"成为汽车行业后续政策法规的顶层设计框架，而《"十三五"汽车工业发展规划意见》确定大力发展中国品牌、推动三化发展、实施创新驱动、深化管理改革等八项重点任务成为汽车业持续发展方向。

第二，制造业转型升级持续推进。为深入实施"中国制造 2025"，推动制造业转型升级，国家相继发布实施了《工业强基 2016 专项行动实施方案》《关于金融支持工业稳增长调结构增效益的若干意见》《智能制造试点示范 2016 专项行动实施方案》等政策，明确了 64 个智能制造试点项目，其中汽车领域有 5 个项目。相关部委组织实施了一批重大工程和项目，出台了五大工程实施指南；作为十大重点发展领域，节能与新能源汽车将在制造业转型升级中得到快速发展，智能网联汽车的自主研发体系及生产配套体系也将会被逐步建立。

第三，科技成果转化加快，科技创新规划明确方向。《实施〈中华人民共和国促进科技成果转化法〉若干规定》《促进科技成果转移转化行动方案》《交通运输部办公厅关于征集 2017 年度交通运输部科技示范工程立项建议的函》《关于组织推荐 2016 年国家技术创新示范企业的通知》等政策促进科技成果资本化、产业化，形成经济持续稳定增长新动力。国务院发布的《"十三五"国家科技创新规划》从七大方面对我国科技创新做了明确部署，同时也指出了汽车领域创新方向：突破新能源汽车电池、电机与电子电力、智能化、燃料电池、插电／增程式混合动力系统。

第四，绿色发展贯穿汽车生命周期，绿色制造成为行业必然选择。相关部委发布实施了《2016 年能源工作指导意见》《能源技术革命创新行动计划 2016-2030 年）》《绿色制造 2016 专项行动实施方案》《关于促进绿色消费的指导意见》《国家发展改革委办公厅关于切实做好全国碳排放权交易市场启动重点工作的通知》《国家绿色数据中心试点监测手册》《绿色制造标准体系建设指南》《绿色制造工程实施指南（2016-2020 年）》《工业绿色发展规划（2016~2020 年）》等一系列政策措施，将绿色发展从能源、制造、使用、监管四个环节贯穿汽车整个生命周期。面对日益严峻的能源、环境形势，汽车行业需把绿色制造作为一项系统工程，从全产业链落实绿色制造。

第五，规范管理加强行业发展调控力度，企业及产品准入管理渐成体系。《工业和信息化部关于进一步加强汽车生产企业及产品准入管理有关事项的通知》《缺陷汽车产品召回管理条例实施办法》《道路运输车辆技术管理规定》《关于修改〈机动车维修管理规定〉的决定》《关于修改〈道路运输车辆动态监督管理办法〉的决定》《2016 年推进简政放权放管结合优化服务改革工作要点》等，强化了汽车企业及产品事前、事中、事后的调控力度。《汽车动力电池行业规范条件（2017 年）》（征求意见稿），以及《新能源汽车生产企业及产品准入管理规定（修订征求意见稿）》，加上以前发布的商、乘、专用车等企业及产品准入管理规定，准入管理已渐成体系。

第六，维护消费者权益破除行业垄断。制定发布《关于促进二手车便利交易的若干意见》《关于促进二手车便利交易加快活跃二手车市场的通知》《关于在市场体系建设中建立公平竞争审查制度的意见》等，进一步维护汽车公平的市场流通秩序，建立公平公正的市场竞争和安全放心的消费环境，保护消费者权益，这是汽车市场迈向成熟的标志，也将切实推动我国汽车工业整体质量升级。

第七，油耗、排放法规再度升级，减排方案力推节能与新能源汽车。新修订的《乘用车燃料消耗量限值》（GB 19578—2014）明确到 2020 年乘用车平均油耗降至 5.0 升 /100 千米，《关于实施第五阶段机动车排放标准的公告》将排放提升重点落在 NO_x、PM 控制和排放里程提升方面，《汽车有害物质和可回收利用率管理要求》明确将对 6 种有害物质的含量限值以及可再利用率、可回收利用率等进行公告管理。国务院发布《"十三五"控制温室气体排放工作方案》，为推动我国二氧化碳排放在 2030 年前尽早达到峰值，鼓励发展低碳电网，提倡电力替代交通燃料，提高纯电动汽车和插电式混合动力汽车产销量，同时要求严格实施传统汽车燃料消耗量限值标准，多方面降低温室气体排放。

第八，新能源汽车推广进程加速并将纳入企业考核指标。以"国五条"为核心战略，从市场和创新导向、加快充电站建设、扩大应用比例、提升整车品质、完善补贴等五方面，指明 2016~2020 年新能源汽车的发展方向；《关于"十三五"新能源汽车充电基础设施奖励政策及加强新能源汽车推广应用的通知》将充电基础设施建设奖励与新能源汽车推广数量相关联，给出 2016~2020 年新能源汽车最低推广要求，2017 年以来，大部分省市已制定和发布了"十三五"新能源汽车的发展规划，"十三五"期间我国新能源汽车推广量将超过 200 万辆，市场规模将超过 500 万辆；《关于开展新能源汽车推广应用核查工作的通知》《电动汽车动力蓄电池回收利用技术政策（2015 年版）》等新能源汽车政策囊括产业、资金、充电设施等多方面，加速了新能源汽车的推广进程；根据《新能源汽车碳配额管理办法》（征求意见稿）、《企业平均燃料消耗量与新能源汽车积分并行管理暂行办法（征求意见稿）》，未来通过碳配额管理与积分管理等方式，企业新能源汽车的产销情况将形成市场交易体系并直接纳入考核指标。

第九，网约车分享经济模式的发展。国家出台了《关于深化改革推进出租汽车行业健康发展的指导意见》《网络预约出租汽车经营服务管理暂行办法》《网络预约出租汽车运营服务规范（征求意见稿）》、《关于网络预约出租汽车车辆准入和退出有关工作流程的通知》等，旨在提升网约车市场服务规范化，促进"互联网 +"出行的分享经济产业发展。

第十，智能网联汽车政策推动力度加大。随着"互联网 +""中国制造 2025"等一些国家重大发展规划逐步落地和实施，智能网联汽车的政策推动力度也在不断加大，一方面要求加快核心技术的研发与突破、智能车载设备的开发，另一方面加快形成法规及标准体系，目前智能网联汽车标准体系框架的制定已全面展开。

2.2.2 产业结构

受购置税优惠政策等促进因素影响，2017 年汽车销量累计增长率呈"直线上升"走势，总体呈现产销两旺发展态势。汽车行业重点企业（集团）继续稳居主导，市场集中度虽略有下降，但仍保持较高水平，据中国汽车工业协会提供，

2017 年，中国品牌汽车销量排名前十家企业依次为：上汽集团、长安汽车、东风汽车、吉利控股、北汽集团、长城汽车、奇瑞汽车、一汽集团、广汽集团、江淮集团，分别销售 282.22 万辆、166.28 万辆、148.48 万辆、130.52 万辆、127.01 万辆、107.02 万辆、58.88 万辆、57.15 万辆、51.02 万辆和 50.52 万辆，上述十家企业共销售 1 179.09 万辆，占中国品牌汽车销售总量的 79.76%。

2.2.3　商用车产销情况

2017 年，商用车在货车增长的拉动下，产销增速明显高于上年，产销再次回到 400 万辆以上水平，分别达到 420.9 万辆和 416.1 万辆，同比分别增长 13.8% 和 14%，增速分别高于上年 5.8 个和 8.2 个百分点。

分车型产销情况看，客车产销量分别完成 52.6 万辆和 52.7 万辆，同比分别下降 3.8% 和 3%；货车产销量分别完成 368.3 万辆和 363.3 万辆，同比均增长 16.9%，其中重型货车产销分别达到 115 万辆和 111.7 万辆，创历史新高，也是继 2010 年首次突破 100 万辆后，再次超过 100 万辆。

2017 年，新能源汽车产销均接近 80 万辆，分别达到 79.4 万辆和 77.7 万辆，同比分别增长 53.8% 和 53.3%，产销量同比增速分别提高了 2.1 个和 0.3 个百分点。2017 年新能源汽车市场占比 2.7%，比上年提高了 0.9 个百分点。

新能源乘用车中，纯电动乘用车产销分别完成 47.8 万辆和 46.8 万辆，同比分别增长 81.7% 和 82.1%；插电式混合动力乘用车产销分别完成 11.4 万辆和 11.1 万辆，同比分别增长 40.3% 和 39.4%。

新能源商用车中，纯电动商用车产销分别完成 20.2 万辆和 19.8 万辆，同比分别增长 17.4% 和 16.3%；插电式混合动力商用车产销均完成 1.4 万辆，同比分别下降 24.9% 和 26.6%。

2.2.4　乘用车产销情况

2017 年，中国品牌乘用车销量达到 1 084.7 万辆，同比增长 3%，占乘用车销售总量的 43.9%，比上年提升 0.7 个百分点。中国品牌乘用车销量自 2006 年首次超过 200 万辆，10 年来平均增长 16.9%，增速略低于外国品牌，市场占有率一直在 40% 左右。

中国品牌轿车共销售 235.4 万辆，同比增长 0.6%，占轿车销售总量的 19.9%，比上年同期提高 0.6 个百分点。

中国品牌 SUV 销售 621.7 万辆，同比增长 18%，占 SUV 销售总量的 60.6%，比上年同期提高 2.4 个百分点。近 10 年来，SUV 市场需求一直保持快速增长，年均增速达到 40% 左右，明显高于乘用车行业增幅，市场占有率逐年提升。

中国品牌 MPV 销售 172.8 万辆，同比下降 22.8%，占 MPV 销售总量的 83.5%，比上年同期下降 6.2 个百分点。销量排名前十位的 MPV 品牌中，有 9 款为中国品牌，市场表现继续好于外国品牌。10 年来，MPV 市场发生较大变化，以前高端商务用车为主流的市场逐渐缩小，取而代之的家用 MPV 正迅速扩大，尤其是2013 年以后，一些交叉型乘用车生产企业产品线上移，使得 MPV 品种更是呈现快速增长势头。但从 2017 年开始就已经进入负增长的 MPV 市场表现意味着虽然有持续的新产品投入，这个市场并没有被有效激活，短期内 MPV 很难成为像 SUV 那样快速增长的细分市场。可以预见的是，随着二胎政策的放开以及人们越来越注重家庭生活的社会特性，MPV 热将是大势所趋。

2017 年，中国品牌主导企业依然保持较高的市场占有率，上汽集团、长安汽车、东风集团、北汽集团、长城汽车、吉利控股、江淮汽车、奇瑞汽车、一汽集团和比亚迪汽车等排名前十位的中国品牌汽车中，上汽集团的中国品牌汽车销量超过 200 万辆，达到 282.5 万辆，占中国品牌汽车销售总量的 10.6%，长安汽车、东风集团、北汽集团和长城汽车的中国品牌销量均超过 100 万辆。10 家企业全年共销售中国品牌汽车 1 179 万辆，占中国品牌汽车销售总量的 79.8%。前十家企业共销售中国品牌乘用车 938.1 万辆，占中国品牌乘用车销售总量的 85.1%。前十家企业共销售中国品牌商用车 326.6 万辆，占中国品牌商用车销售总量的 80.6%。

中国品牌产品的综合质量水平与国际品牌产品的差距也以较大的加速度不断缩小。J.D.Power 中国新车质量报告显示，2012 年以来，中国品牌汽车产品质量持续提升，新车 PP100（问题数 / 百辆车）从 2003 年的 469 个锐减到 2016 年 112 个，与国际品牌 PP100 的差距由 2003 年的 191 个缩小至 2016 年的 14 个，见图 2-2-2。

图 2-2-2 中国品牌与国际品牌历年的新车质量问题差值

资料来源：J.D.Power 亚太公司

2.3　问题及质因分析

2.3.1　核心技术竞争力较弱

内燃机技术是传统汽车核心技术，汽车制造利润大部分产生于此。世界汽车零部件100强企业中有70%在中国设厂，在华投资的跨国汽车零部件企业超过1 200家。为了保持技术领先，这些企业多数采取独资形式，用对核心技术和关键零部件的控制，实现对汽车零部件产业链的控制，博世、电装、西门子等跨国公司的市场占有率达到60%。

在一系列市场刺激政策作用下，我国汽车市场延续了2009年以来的井喷式增长，为中国企业赢得了一定的发展空间和时间，但由于中国汽车工业起步较晚，基础差，品牌弱，尽管中国企业不断加强对研发中心、创新战略联盟等多种新能力建设的投入，但高水平的研发能力尚未具备，技术储备不足，人才队伍实力较弱，经验积累不够。另外，作为世界第一大汽车市场，中国企业承受着巨大的国际竞争压力。在国际金融危机带来的全球市场疲软，而中国汽车市场一枝独秀的大背景下，各大跨国公司更加重视中国的汽车市场，针对中国自主技术研发现状，不断调整产品投放策略，排挤中国研发企业。同时，虽然国内各大整车企业都在有意培养本国的供应商能力，但面对现阶段中国技术水平的现状及激烈的竞争，为快速取得投资回报，新产品核心技术仍主要依靠国外零部件商，发动机主要受制约技术如表2-2-1所示。

表 2-2-1　国内发动机受制约核心技术情况

领域	典型受制约技术名称	国外供应商	国内情况
汽油机	高压 GDI[1)	博世、德尔福、电装	在高压GDI技术方面，现阶段博世、电装等企业已推出200巴和250巴产品，同时国外研究机构在300巴研究领域已有较深入的研究，国内联电也在从事相关研究，但因缺少相关经验和积累，尚未形成可量产化应用的产品
	新型增压系统单涡轮双涡管 TC[2)] 和变排量 TC、电动 TC 等	霍尼韦尔、法雷奥等	目前国内天雁已有国产化传统涡轮增压能力，但新型增压系统单涡轮双涡管 TC 和变排量 TC、电动 TC 等新型增压技术主要掌握在霍尼韦尔和法雷奥等外资企业中，所有新型增压的应用只能高价采购外资企业，成本较高
	中冷 EGR[3)] 技术	博格华纳、皮尔博格等	国内无锡隆盛生产的汽油机用 EGR 主要为电磁阀式热 EGR，如五菱 B12 应用，新的应用趋势如日系和欧美均已开始应用电机式低压中冷 EGR，国内尚无供应商有成熟产品

续表

领域	典型受制约技术名称	国外供应商	国内情况
柴油机	燃油系统	博世、德尔福等	多数主机厂直接采用博世、德尔福的产品，不掌握核心技术
	VNT[4] 增压器	霍尼韦尔、博格华纳	国内公司如天力、天堰都在进行此方面的开发研究，并且也在进行相应的产品制造及测试，但针对乘用车小排量柴油机增压器基本处于初期研发阶段，还没有稳定的产品

1）GDI：gasoline direct injection，汽油直接喷射；2）TC：turbo charger，涡轮增压器；3）EGR：exhaust gas re-circulation，废气再循环；4）VNT：variable nozzle turbine，可变喷嘴涡轮增压器

资料来源：课题组收集整理

我国电动汽车虽然在产量和市场规模上全球领先，但技术积累较国际先进水平还有较大差距。电池核心技术的原创性不够，主要依靠仿制和跟随国外技术发展，正极材料、隔膜等产品一致性较差，批量生产能力与美国、日本等国的先进企业还存在较大差距。电控核心技术的成熟度有待提高，技术硬件和开发工具基本依赖进口，电机产业目前可满足车用要求，但一致性、可靠性与国际先进水平相比尚有差距，基于电机的动力系统集成度不高，测试标准及设备落后，缺乏自主、商业化的绝缘栅双极型晶体管（insulated gate bipolar transistor，IGBT）驱动器件。基础技术积累薄弱，原理性研发少，研发投入总体不足。

智能车方面，欧洲、美国、日本自 20 世纪 60 年代开始，立足于智能交通大领域，分别从交通信息化、车辆智能化的角度进行了大量的研究，并已形成大量产业化成果；进入 21 世纪，尤其是 2010 年以后，随着通信技术、电子控制技术、人工智能技术的快速发展，车辆网联化、智能化逐渐从 20 世纪的独立研究，逐渐走向融合型研究与应用，汽车更多地将通过连接，与环境协同，从欧洲、美国、日本各国制定的战略情况来看，这将是未来 20 年交通领域最重要的技术变革。在车载视觉、激光雷达、毫米波雷达等高性能传感器、汽车电子、电控系统、专用芯片等关键基础零部件领域，核心技术与产品主要被欧、美、日等国外企业掌握，我国核心技术远落后于世界先进水平。

2.3.2 国际化水平相对较低

从行业整体看，国际化发展进程缓慢，"走出去"仍处于较低水平；尚未形成国际一流水准的企业和品牌，进入世界 500 强的企业数量与汽车大国不相匹配；国际化运营模式与引资引智引技质量水平亟待提高。

我国汽车出口由于产品竞争力低、海外拓展能力弱、全球政治经济变动、汇率等因素影响出现了较大波动。2011 年汽车出口 85.0 万辆，占当年汽车产量的

比例仅为 4.61%，这表明我国汽车国际化水平极低，是中国汽车产业大而不强的典型标志之一。2012 年汽车出口达到历史新高的 101.5 万辆，2013 年汽车出口回落到 94.8 万辆，2014 年、2015 年汽车出口继续回落到 90.7 万辆和 73.5 万辆，同比下降 4.33% 和 18.97%，连续 3 年下滑。

2.3.3　法治化管理亟待加强

我国汽车工业已经历 60 多年的发展历程，产业实现了从无到有、从小到大的重大转变。改革开放以来，我国对汽车行业的管理也从计划经济模式逐步转向探索市场与政府共同发挥作用的管理模式。随着我国汽车产业的快速发展，与汽车产品密切相关的政府管理内容不断增加，从最初仅有企业项目审批和汽车产品安全准入要求，细化到了对企业生产什么产品、在哪里生产进行审批，同时对汽车产品的安全、环保、节能等方面实施准入管理。多年来逐步演变成多个政府部门按各自的职能分别对汽车行业进行管理，形成了中国特色的行政管理体系和监督制度。

据不完全统计，我国目前有十多个政府部门涉及汽车行业管理，部分事项由多个政府部门同时进行管理。例如，国家发改委和工信部都从事汽车项目管理；工信部、质检总局、环保部、交通部等都开展汽车产品准入管理工作。多个政府部门在管理上存在一定的重叠和交叉，甚至相互矛盾，致使管理的头绪繁多、部门间协调工作难度大、工作的效率下降、行政管理的成本很高。上述原因不但导致政策实施效果难以保证，而且严重妨碍产业持续健康发展。

2.3.4　新能源汽车政策设计有待进一步优化，示范推广考核体系缺失

新能源汽车国家标准不完善，很多车型在示范推广时需要用车单位与车辆生产企业对产品技术标准进行协商；缺乏充电接口、充换电模式等相关基础设施的建设验收标准，国标具体参数模糊、关键技术参数不统一。补贴政策逐步退坡，传统汽车的油耗、积分和新能源汽车的积分交易制度尚在建立之中，新能源汽车产业发展政策推力仍有待进一步优化衔接。

现有示范城市和区域，除推广目标外，缺乏以实际运营车辆和便利使用环境等面向市场的多维考核指标体系，同时缺少明确的对示范城市的奖励办法及标准，示范推广效果得不到有效保障。各地新能源汽车生产企业面对研发技术风险、产品市场销路、巨大建设投资等问题，仍处于观望状态，内在驱动力不够，对政策依赖性较强，"政府引导、企业为主体"的良性市场竞争环境还有待进一步优化。

2.3.5　尚未形成国家层面的智能网联汽车发展战略，信息产业与汽车融合层次较浅

汽车智能化、网联化已经成为欧、美、日的国家发展战略。欧盟、美国、日本均建立了各部门深入协同的组织推进体系。美国政府管理机构主要为联邦运输部，并成立了智能交通系统（intelligent transport system，ITS）联合项目办公室，组织并协同联邦公路管理局、联邦汽车运输安全管理局、联邦运输管理局、联邦铁路管理局、高速公路安全管理局、海事局等多家单位共同推进；日本则由内阁府负责，建立推进委员会，协同警察厅、总务省、经济产业省、国土交通省，共同推进；欧盟由欧盟委员会协同整个欧洲各国一体化发展。中国目前还缺乏国家层面的顶层设计，跨部门、跨产业沟通合作机制还未形成。

经过近 10 年的积累，以智能化、网联化汽车发展带动传统汽车产业、信息通信产业、电子产业的格局已初步形成。汽车产品不再仅是出行、代步的工具，已经逐渐成为信息互联互通的最重要的移动载体之一。不论是智能汽车、智能驾驶，还是车联网、智能交通、智能城市，信息技术，特别是移动互联技术将广泛应用。汽车行业的信息化技术与传统汽车技术的深入融合已经成为必然的发展趋势。中国虽有强大的互联网产业基础，但过分偏重销售和服务端，与汽车产业的结合尚停留在信息服务、后市场等领域，未能深入汽车智能化控制的层次。

2.4　风险分析

在政府、机构、企业等各方的共同努力下，我国汽车自主发展取得了令人欣喜的成就，未来将朝着更加健康强大的方向前进，但在此过程中，我们依然面临着诸多问题和障碍，需要我们齐心协力、排除万难去解决。

2.4.1　消费环境发生变化

在国内竞争日益激烈的汽车市场环境下，部分中国品牌汽车企业的竞争力虽有所提升，但整体竞争水平还不够高。中国品牌乘用车的价位段主要集中在 15 万元以下的中低端市场。2015 年，中国品牌乘用车价格在 15 万元以下的产品销量占自主销量的 98.1%，且 10 万元以下产品销量占比高达 78.1%。面对中低端的价格区间市场，中国品牌汽车企业正在面临新的消费环境变化带来的挑战。

随着国家经济的不断增长，国民收入不断提高，国家通过政策支持鼓励消费者使用汽车信贷购买汽车，所以汽车消费升级是不可逆转的长期趋势，越来越多

的消费者会选择购买价格更高的汽车产品。当前中国品牌汽车企业面临中高端汽车产品竞争力不足以及中高端汽车产品规划布局不足的双重尴尬，汽车消费升级将使中国品牌汽车企业的竞争压力进一步变大。

消费升级的同时，二手车消费也在被越来越多的消费者所接受。随着国家出台政策进一步支持二手车的流通，未来二手车将对新车购买产生竞争关系，尤其是对中国品牌汽车产品产生较大不利影响。当前中国品牌汽车主要集中在 15 万元以内的价格区间，随着越来越多的优质合资或进口二手车流入 15 万元价格以内的汽车市场，部分消费者会选择价格合适的合资或进口二手车，进而对自主新车潜在购买人群形成分流。

2.4.2 竞争环境更加复杂

在消费环境出现新的不利影响的同时，竞争环境也将进一步恶化。合资品牌汽车企业正在不断加大对 15 万元以下价格区间市场的产品投放力度，原有畅销产品的价格也在不断下探。2011~2015 年，合资品牌 10 万元以下产品数由 40 款增加到 46 款，10~15 万元价格区间产品数由 33 款增加到 55 款。近年来，国内 SUV 市场火爆，合资品牌汽车企业纷纷加速布局，以 A0 级 SUV 产品进军 10~15 万元价格区间，本田 X-RV、缤智，福特翼博，别克昂科拉等产品都取得了不错的销量。产品布局下探的同时，原有产品的价格也在不断下探。例如，雪佛兰科鲁兹、起亚 K3 等合资品牌汽车企业主销 A 级车的价格已经下探到 10 万元以内，凯越、捷达在 10 万元以内的价格也进一步下探（表 2-2-2）。中国品牌正在不断尝试品牌上扬，合资品牌又在不断价格下探，未来双方将在 10 万元左右价格区间展开更加激烈的争夺。这也从侧面反映了即使中国品牌汽车企业不向上走，合资品牌也会前来叫战的发展趋势。

表 2-2-2　四种汽车产品售价　　　　　　　　单位：万元

产品	2011 年款	2013 年款	2015 年款
雪佛兰科鲁兹	10.89	10.89	8.99
起亚 K3	10.28	10.28	9.68
凯越	9.99	9.69	8.69
捷达	8.88	8.28	7.99

资料来源：根据公开资料整理

合资下探带来竞争加剧的同时，中国品牌自身的竞争混乱也给我国汽车自主发展带来诸多问题和障碍。

首先，中国品牌汽车企业数量过多，竞争内耗，资源分散。近年来国内汽车产业不但没有产业整合、车企兼并的迹象，反而新增了更多的汽车企业。2005~2015 年的十年间，中国品牌乘用车车企数量从 28 家快速增长到 2015 年的62 家。在中国汽车市场规模快速发展的大背景下，2015 年有多达 15 家中国品牌乘用车车企年销量低于 1 万辆，34 家中国品牌乘用车车企年销量不超过 5 万辆，这些企业超过总中国品牌乘用车车企数量的一半，它们如何在成本、技术、质量和售后服务上具有保障和竞争力令人质疑。此外，车企数量过多，必然导致竞争内耗，产业资源过度分散，无法形成自主发展的竞争合力。在市场端，各车企虽相互独立，但皆是中国品牌阵容内的一分子，在消费者心智中具有相同的品牌标识，良莠不齐的发展现状不利于中国品牌的整体提升。

其次，部分中国品牌汽车企业"模仿借鉴、逆向开发"的发展模式不利于中国品牌向上发展，自主产品提升。在产业升级的大背景下，部分车企依然对自主设计研发、注重技术投入持怀疑态度，对尊重知识产权、严守法律法规存侥幸心理。在中国汽车产业发展的早期，初生的中国品牌汽车企业采取了"模仿借鉴、逆向开发"的发展模式，实现了中国品牌汽车企业的快速成长，但同时也在消费者心里留下了"抄袭仿造"的消极印象。近年来，主流中国品牌汽车企业逐渐意识到自主设计、正向研发对汽车自主长远发展的重要性，开始对造型、技术、质量等进行大量投入，但仍然有诸多中国品牌汽车企业沿袭"模仿借鉴、逆向开发"的发展模式。这与中国汽车自主发展的整体方向相违背，不利于中国品牌向上，自主产品提升。

2.4.3 政策环境存在不确定性

部分行业政策法规推行过严过快，不利于行业健康发展。汽车行业政策的推行要符合国家整体战略方向和要求，同时也要尊重行业发展的基本规律以及企业经营的实际状况。过快过严的政策法规推行，不利于我国汽车自主发展。此外，部分行业政策在没有进行充分试点试行的情况下就大面积实行，极有可能暴露严重的漏洞，会让投机者有机可乘进而损害整个行业的健康发展，如被国家严格查处的部分新能源汽车企业骗取国家补贴的事件。由于新能源汽车补贴政策过快的大面积推行，故无法充分检测实施过程中可能存在的具体问题，所以催生了骗补问题，扰乱了一个新兴产业的健康成长。

2.4.4 企业自主发展过程中存在的问题

（1）企业在基础、关键及共性技术研究能力和正向开发能力方面还较薄弱，计算仿真及模拟手段尚需进一步完善，试验研究开发平台有待提升。

（2）企业在新能源、车联网、物联网等新兴技术领域的研发人员，尤其是高水平领军人员依然紧缺。

（3）在研发管理机制、设计开发流程和知识库积累方面与国际先进水平存在差距。

（4）在产品上下协同研发、配合发展方面亟待强化；供应商开发和管理体系有待进一步完善和改进。

第3章　总体思路和目标

3.1　总体思路

中国品牌汽车是建成汽车强国的核心内涵，要以做强做优中国品牌汽车为主题，坚持自主创新，坚持产业转型升级，坚持完善合资合作，坚持深化改革。加快实现汽车产业发展方式的转变，加快实现由汽车制造向汽车创造的转变，由以国内市场为主向国内国际两个市场的转变，培育具有国际竞争力的汽车企业和品牌，用8~10年时间初步建成汽车强国。

3.2　发展原则

坚持自主创新。建立和完善汽车产业创新体系，加强对汽车相关的交叉学科技术、共性前沿技术的创新力量的培育，鼓励企业提升技术创新能力。加强汽车产业创新环境建设，鼓励产学研在基础研究、工程开发、产品开发上密切合作，完善创新成果传播和转化机制，促进提高创新效率。

坚持产业转型升级。优化产品结构，积极发展节能与新能源汽车；优化产业结构，建立以中国品牌汽车为主体的现代汽车工业体系；加快汽车产业"走出去"步伐，面向国内国际两个市场发展。

坚持完善合资合作。促进合资企业加强研发能力建设，减少对外资技术与产品的依赖，形成以合资企业自身为主的可持续发展能力，为做强中国汽车产业作出积极贡献。

坚持深化改革。加快汽车产业管理职能转变进程，促进完善汽车产业市场化机制；加快国有企业体制机制改革，促进提高国有企业国际竞争力，在建设汽车强国中发挥主体作用；扶持鼓励企业生产、销售新能源汽车，引导消费者购买、使用新能源汽车。

3.3　战略目标

力争经过十年持续努力，迈入世界汽车强国行列。

（1）关键技术取得重大突破。产业创新体系不断完善，企业创新能力明显增强。动力系统、高效传动系统、汽车电子等节能技术达到国际先进水平，动力电池、驱动电机等关键核心技术处于国际领先水平。到 2025 年，培育形成若干家进入世界前十的新能源汽车企业，智能网联汽车与国际同步发展；到 2030 年，新能源汽车骨干企业在全球的影响力和市场份额进一步提升，智能网联汽车进入世界先进行列。

（2）全产业链实现安全可控。突破车用传感器、车载芯片等先进汽车电子以及轻量化新材料、高端制造装备等产业链短板，培育具有国际竞争力的零部件供应商，形成从零部件到整车的完整产业体系。到 2025 年，形成若干家超过 1 000 亿元规模的汽车零部件企业集团，在部分关键核心技术领域具备较强的国际竞争优势；到 2030 年，形成若干家进入全球前十的汽车零部件企业集团。

（3）中国品牌汽车全面发展。中国品牌汽车产品品质明显提高，品牌认可度、产品美誉度及国际影响力显著增强，形成具有较强国际竞争力的企业和品牌，在全球产业分工和价值链中的地位明显提升，在新能源汽车领域形成全球创新引领能力。到 2025 年，打造若干世界知名汽车品牌，商用车安全性能大幅提高；到 2030 年，若干中国品牌汽车企业产销量进入世界前十。

（4）新型产业生态基本形成。完成研发设计、生产制造、物流配送、市场营销、客户服务一体化智能转型，实现人、车和环境设施的智能互联和数据共享，形成汽车与新一代信息技术、智能交通、能源、环保等融合发展的新型智慧生态体系。到 2025 年，智能化水平显著提升，汽车后市场及服务业在价值链中的比例达到 45% 以上。到 2030 年，重点领域全面实现智能化，汽车后市场及服务业在价值链中的比例达到 55% 以上。

（5）国际发展能力明显提升。世界汽车发展史上，年产销超过 2 000 万辆，唯有中国。达到千万级体量但国际市场占有率微乎其微，也唯有中国。产品质量和设计落后，海外管理和售后服务体系不健全，这三大硬伤让中国车企"走出去"道路坎坷。统筹利用国际国内两种资源，形成从技术到资本、营销、品牌等多元化、深层次的合作模式，企业国际化经营能力显著提升。到 2025 年，中国品牌汽车逐步实现向发达国家出口；到 2035 年，中国品牌汽车全球市场占有率达 6%~8%，在全球的影响力得到进一步提升。

（6）绿色发展水平大幅提高。汽车节能环保水平和回收利用率不断提高。到 2025 年，新车平均燃料消耗量乘用车降到 5.0 升 / 百千米以下、节能型汽车燃料消耗量降到 4.5 升 / 百千米以下、商用车接近国际先进水平，实施国Ⅵ排放标准，新能源汽车能耗处于国际先进水平，汽车可回收利用率达到 95%；到 2035 年，新车平均燃料消耗量乘用车降到 4.0 升 / 百千米以下、商用车达到国际领先水平，排放达到国际先进水平，新能源汽车能耗处于国际领先水平，汽车实际回收利用率达到国际先进水平。

3.4　发展路径

1. 加大研发投入

汽车企业是自主创新的主体，车企不能单纯依靠政府的资金补贴。汽车企业应该不断加强自主创新意识，加大研发投入力度，提高创新能力，才能缩小与跨国车企之间的差距。

2. 通过合作开发提高创新效率

随着汽车技术水平的快速提升，研发创新投入越来越高，以及车型的生命周期不断缩短，庞大的研发投入对于单一汽车企业而言负担很重。通过合作开发共性平台技术，可以减少技术层面的重复投入，有利于集合优势资源提高研发投入的效率，实现低成本的技术创新。

3. 打造具有国际水平的供应链

在零部件方面，要加强整零合作，整车骨干企业要培育战略性零部件体系，促进形成一批世界级零部件供应商，要能够为整车的动力多样化、轻量化、信息化发展提供有效解决方案和资源保证。在材料及器件方面，汽车产业要进一步与钢铁、有色金属、化工、纺织、电子电气等行业加强在相关标准、认证评价体系等方面的交流与合作，相关行业要紧紧把握汽车产品技术需求趋势，加快在车用超高强钢、轻质合金、碳纤维、高性能动力电池隔膜等材料，以及电驱动控制功率器件（IGBT）、高性能传感器、汽车专用芯片等方面形成竞争优势。

4. 促进汽车产业与信息产业的深度融合

汽车产业要加强与信息产业、人工智能产业融合，在制造领域，加快提升数字化制造能力，促进汽车制造技术水平提升，形成高水平的汽车装备产业；在产品领域，推动车联网、智能车辆和智能交通的发展。

5. 充分发挥行业协会作用，制定和实施汽车强国战略

行业协会代表业内企业的根本利益，其宗旨是提供服务、反映诉求、规范行为。行业协会应当针对我国汽车产业的具体内外部环境，集中行业优势资源，制定和实施汽车强国战略，以积极主动地解决中国品牌汽车发展中存在的问题，推进中国品牌汽车的健康发展。

第4章 重 点 任 务

4.1 全力支持行业自主研发体系的建设

强化自主创新体系建设，加强自主研发项目、自主研发成果市场转化的财税等支持力度。通过加大引技引智、深化产学研合作等，强化产业基础技术、关键技术、核心技术的攻关，夯实产业基础。

通过让企业承担国家专项研究的方式，实现国家专项资金和税收优惠重点扶持作用；支持中央汽车企业针对重点领域建立开放式国家级重点试验室，支持相关核心技术研究，按照建设费用的一定比例给予企业支持。

4.2 加快国有企业体制和机制的改革

全面贯彻落实中共中央、国务院《关于深化国有企业改革的指导意见》（中发 2015〔22〕号）的精神，加快研究制定汽车行业国有企业改革具体实施细则，释放改革红利，发挥汽车行业国有企业的领军作用：一是充分给予企业在高级管理人员选聘、业绩考核和薪酬管理方面的自主权；二是鼓励企业试行期权、股权等激励方式以吸引和留住骨干人才；三是优化对企业的考核机制，把研发投入、中国品牌推广费用视同利润。

（1）推动国有企业股份制改造继续深化。股份制改造作为转换体制机制的抓手，是国有企业改革的关键环节。今后要继续引入新的战略投资者，建立股份制企业，弥补国家所有权功能的缺位，在一定程度上强化企业的长期行为，提高国有企业高管的企业家素质与能力，逐步改变对国企高管"多把尺、多维度"的考核机制。

（2）继续改善国有企业公司治理结构。在公司治理等方面加强管理，减少企业核心管理人员对于职务的不确定感；在收入分配上要有新的举措，缩小自主体系与合资体系之间的收入差距，改变因企业性质不同而造成的收入差距，使重点国有企业内部形成相对和谐的收入分配格局，促进和保障中国品牌汽车事业的发展。对于掌握核心技术或海外归来的高端技术和管理人才，要形成内生的聘用机制，培养和留住核心人才，形成适合海外高级人才生存的机制和文化，提供高端技术和管理人才可以施展才能的平台。

（3）进一步明确中国品牌才是企业发展根本的理念。首先，一定要明确"自主"才是发展的根本，是企业的长远目标和利益所在，二者之间虽存在一定的博弈关系，但在集团战略规划制定时，要更多考虑到自主企业的发展，而不应是合资企业的短期利润，对于企业的激励和考核，也要侧重于企业自主创新能力的提升；其次，要明确企业竞争的关系，无论是自主企业还是合资企业，它们都是市场主体，应该符合市场竞争的规律，集团不应干预下属企业之间的竞争，竞争才是增强企业实力的最有效途径。

（4）要探索适合中国企业的本土化管理方式和方法。丰田、现代的成功在很大程度上源于各自的先进管理模式，如精益生产模式，垂直整合管理模式。当前中国已经成为全球制造中心，中国企业以较低的价格为世界各国提供具有竞争力的产品。部分中国企业，如华为、中集等企业，脱离了简单的低成本竞争，采用创新的方法降低产品成本，取得市场成功；上汽通用五菱充分利用当地的配套资源和通用的全球制造模式，生产出高品质、低成本的产品；比亚迪、吉利等企业的成本控制方法获得了一定成功，这些企业的运营管理方式和经验值得国有企业尤其是大型国有企业学习借鉴。

4.3 加强中国品牌汽车产业与相关产业的协调发展

4.3.1 积极发展相关产业

在大力发展中国品牌汽车的同时，采取多种办法，筹集公路、交通基础设施建设资金，改革城市交通投资体系；提高城市交通规划水平，提高交通设施水平，加强交通管理，提高公民遵守交通规则素质，发展大城市公共交通，发展智能交通系统。鼓励民间资本、私人资本投资中国品牌汽车租赁、停车场建设等汽车服务行业。

积极开发各种汽车用新材料，提高材料性能，不断降低中国品牌汽车自重；不断提高中国品牌汽车材料的回收率、回收再利用率，减少对环境的污染。石化行业应保证随着汽车排放水平的提高，相应足额供给符合要求的车用燃料；积极开发新能源，缓解对石油资源的压力。

4.3.2　实施产品质量工程规划

首先，应通过产业政策和管理体制改革驱动汽车工业健康发展，全面提升整个汽车工业的质量。其次，在国家政策的引导下，在国内外市场力量的推动下，通过自主汽车企业质量管理体系建设和企业的质量文化建设，不断提升中国品牌汽车企业质量。最后，在产业质量和企业质量提升的不断作用下，促进产品质量持续提升，实现由价格驱动向品质驱动及品牌驱动的转变。

汽车产业质量的提升，必须通过制定及实施具有科学性、系统性、规范性和可操作性的产业政策，以及严格性、实效性的管理体制，来保证汽车工业的发展质量。中国品牌汽车企业质量的提升，应是中国自主汽车企业持续改善质量管理方法，应不断提升战略管理能力和技术创新能力，形成长期的质量文化，变被动质量意识为主动质量意识，最终构建严格的企业质量保证体系。中国品牌汽车产品质量的提升，要以产业质量和企业质量为保证和前提，应从技术、管理等多个层面入手，全面提升汽车产品的可靠性、品质质量。同时不断提升客户满意度，逐步形成具有产品竞争力的优秀中国品牌。

4.3.3　发挥行业组织作用

在市场经济体制下，政府除对技术法规所涉及的内容进行合理要求外，应该把质量工作交给市场、企业和消费者，让市场竞争、用户选择去引导企业做好质量工作。

在提高汽车产品质量方面，可充分发挥行业协会的积极作用。行业协会是中介组织，它站在全行业的角度工作，既为政府分忧又为企业服务。例如，在规划行业发展、应对贸易技术壁垒、监控分析产品质量状况、共性技术攻关、标准体系和技术支撑体系建设等工作上，行业协会就能发挥重要作用。又如，在行业内的交流和合作方面，行业协会也能发挥很大作用。

在用户信息收集和反馈方面，行业组织也有很多工作可以做。例如，中国汽车工业协会、中国消费者协会、中国质量协会、国家市场监督管理总局缺陷产品管理中心可以建立一个联动机制，在认真收集、汇总、分析用户投诉的基础上，形成质量分析报告通报给企业，在消费者和汽车生产企业之间搭建一个合作的桥梁，对促进汽车产品质量的提升将非常有帮助。

4.4　加强政产学研用的全价值链协同配合

一方面，建立高校技术研发中心，掌握最前沿的基础技术。中国品牌汽车企业与国内高校合作建立技术中心，形成产学研合作模式，共同承担国家项目和其他重点项目，研究最前沿的新材料、新工艺等基础技术。另一方面，建立消费者研究基地，捕捉市场最前端的细微变化。此外，中国品牌汽车企业还可以同供应商建立联合开发技术中心，提升最前端的制造能力和水平，进一步提升零部件协同设计能力和全供应链技术水平。

4.5　加快企业"走出去"配套体系建设

4.5.1　稳步推进"走出去"进程

当前国际局势复杂多变，传统的单纯贸易型出口已不能继续，中国汽车产业需要准确把握"一带一路"倡议，通过转型升级开拓国际市场，将产品贸易与生产加工、投资服务有效衔接。建议国家进一步完善汽车产业"走出去"政策。全面贯彻落实国家"一带一路"倡议，加大金融支持企业"走出去"的力度，引导和推动国际产能合作。

加大推动中国品牌汽车"走出去"，就像推广中国高铁一样，帮助推广中国汽车产品。同时，建议国家"丝路基金"能够向汽车产业出口重点倾斜，将重点汽车项目纳入国家"丝路基金"的支持范畴，给予相应的资金支持。

4.5.2　健全完善"走出去"法律法规体系

通过完善"走出去"法律法规政策体系，促进中国品牌汽车企业"走出去"，提高中国品牌汽车企业的全球化经营能力。完善有利于汽车企业提高"走出去"水平的法律法规、制度和政策体系。

4.5.3　建立中国企业海外投资风险保障管理体系

政府通过海外投资保险制度及海外投资保护制度（如与东道国政府签订双边经济合作协议，避免双重征税协定等），建立中国企业海外投资的安全保障机制。为企业发展海外事业搭建相互学习、互通信息的平台。政府牵头，行业协会定期组织行业内的海外投资经验交流。成立"海外投资信息服务中心"，为企业提供投资国的政治、经济、社会、文化、法律，特别是与投资有关的政策、法规和知识产权等方面的信息咨询服务，降低单个企业海外投资的信息成本和风险。

4.5.4　加强对海外投资的研究与引导

政府在明确产业中长期海外发展战略的基础上，加强对产业海外投资的引导和促进，制定具体的行业海外市场战略，鼓励中国品牌企业开拓海外市场。例如，选择资源丰富、经济运行相对较好的重点国家和地区，充分利用当地吸引外资的优惠政策，积极地推动有条件的企业开展海外投资。

积极协调海外市场环境建设，择机参与有关国际贸易框架下的汽车产品认证体系，促进区域性成熟市场和新兴市场汽车贸易开放。

利用中央财税和国家的国际金融平台支持骨干企业境外投资建设整车及零部件研发和生产基地、品牌营销和服务网络，以及海外并购。

依托国家驻外机构和专业机构，建立海外市场和政策信息、产品认证等出口及海外事业发展的公共服务平台，建立国际化人才引进和交流平台。

4.6　加快推进汽车行业两化融合建设

汽车工业发展水平是一个国家工业化程度的集中体现，也是工业化和信息化融合起步最早、发展较快的产业之一。进入 21 世纪以来，信息化技术在汽车研发、生产、销售、服务、管理、产品和跨产业合作等各方面的结合和应用不断深入，提升了中国品牌企业的核心竞争力，推动了我国汽车工业体系的快速健全和完善，促进了汽车技术、流通模式的变革。同时，汽车产品作为信息技术重要的载体之一，推动了传感、网联、大数据、自动化、智能化、信息安全等信息技术的提升和普及。因此，应通过对汽车行业信息化和工业化融合工作的支持，推动汽车行业研发能力和管理水平提升。

4.6.1　实施汽车行业两化融合工程

建议将"汽车行业两化融合工程"列入国家专项计划：一是探索汽车行业新型制造模式和服务模式，实践具有中国特色的汽车行业两化融合发展道路；二是开展汽车行业信息化共性技术研发，支撑产品创新、管理创新和服务创新；三是推进具有行业特色和行业需求的信息化软件产品研发，为汽车行业信息化提供支撑；四是搭建产业共性服务平台，支撑产业链协同，推进中小企业信息化，促进产业集群式供应链的形成和产业集聚区域的发展；五是积极开展应用示范，发挥示范带头作用，营造信息化发展环境；六是培养既了解汽车行业又精通信息化的综合性人才。

进一步加强两化融合典型经验的宣传和推广。在推进汽车行业两化融合方面，政府有关部门应根据汽车企业两化融合应用情况，分类型树立两化融合标杆企业，对其进行资金补贴，并鼓励同类型企业之间借鉴学习。标杆企业确定原则是：不论企业大小、分布区域、业务范围，只要其两化融合的投入产出比高、软件选型适当、系统集成度高、覆盖业务范围大，能够起到标杆作用，均可立为标杆企业。对标杆企业的支持政策：标杆企业实施信息化项目补贴；有关部门组织对标杆企业的两化融合典型经验进行宣传及推广；优先对企业进行定性认定（如高新技术企业认定）。

4.6.2　加强工业行业两化融合基础建设

汽车企业的两化融合发展水平与国家的信息化基础设施建设水平息息相关。因此，建议国家应加快信息化基础建设的步伐。这些信息化基础建设的具体内容包括：加快云计算落地步伐；加快基础和管理标准制定步伐，建立行业信息化的标准规范；加快物联网基础建设步伐；培育与发展高质量的移动式无线条码扫描设备提供商，鼓励 RFID（radio frequency identification，射频识别）标签在金属零部件或金属包装物上的使用等。

4.6.3　支持行业建立信息化公共服务平台

汽车行业是全球资源配置环境下的专业化分工、社会化协作的产业群体，行业内竞争已经从企业的个体性竞争发展成为企业产业链乃至集群式供应链的竞争。国家应重视以现代汽车价值链为基础的现代汽车产业体系的发展，建议打造由行业统筹规划、政府引导的行业公共服务平台，承接企业业务流程的外包，开展 ASP/SaaS（application service provider/software-as-a-service，应用服务提供商/软件即服务）模式的资源服务，发展第三方信息化服务商，为汽车行业的产业链协同提供支撑，为零部件的信息化提供服务平台，推进规模较小汽车企业和零部件产业的信息化，从而促进汽车产业两化融合水平的提升。

4.6.4　加大对采用国产软件汽车企业的支持力度

如果没有汽车行业企业带动，国产软件企业生存压力将越来越大。对于企业信息化过程中采用国产软件的企业，建议项目投资适用《技术改造国产设备投资抵免企业所得税审核管理办法》，由实施信息化项目的企业提出申请，经主管税务机关逐级上报省级以上税务机关审核，准予抵免企业所得税。

4.6.5　支持企业加快培养两化融合复合型人才

国家应制定相关政策，鼓励大专院校等各类办学机构加快对工业化和信息化复合型人才的培养，设置专门课程和人才培养计划。重点是要放在企业一线信息化人才的培养和知识更新上，可采取与国外联合办学、人员交流等方式提高一线信息化人才的水平。加强与国际知名培训认证机构的合作，建立健全信息技术培训认证体系。鼓励有关中介机构、企业、事业单位举办各类信息技术培训班。

4.7 大力发展汽车零部件

4.7.1 提升汽车零部件产业的竞争力

在"中国制造2025"发展战略指引下，推进零部件产业顶层设计、优化产业结构、加强自主创新、营造良好的产业环境，强化零部件在汽车产业体系中的支柱地位，是中国汽车产业做强做大的必然选择。

（1）以专项规划为引领，加强产业规范化发展。将汽车零部件产业的发展上升到国家战略层面，全力推进零部件产业的转型升级和跨越式发展，构建零部件产业生态；树立培养全行业"工匠精神"的价值观念，以创新驱动转型，大力提倡和推进零部件先进制造和服务水平；持续加强研发能力建设和技术攻关，不断提升产品品质，推动新常态下零部件产业持续稳步健康发展。

筹建国家汽车零部件专项推进协调机构，采取市场经济与政府引导相结合的发展模式，建立统一、规范、高效的管理机制和体制，尽快完善汽车零部件市场运营、产品研发、产业布局、公共服务等相关政策法规，促进零部件产业的可持续发展。

制定汽车电子产业专项发展规划。主要包括以下几个方面。一是要确定重点支持的领域、重点突破的关键技术和重点产业化发展的电子零部件产品。二是要确定技术发展和产品开发政策，包括坚持引进消化和技术自主创新，搞好品牌建设；实施合资合作的联合技术开发，鼓励研发机构、生产企业与外国的技术机构和企业进行合资与合作；鼓励并支持汽车电子重点骨干企业通过引进技术、联合开发、消化吸收国外技术，逐步形成自主开发能力，建立自己的产品开发和科研机构；鼓励国内汽车配套体系基础较好的各种商用车、大客车和民族品牌乘用车企业配套使用本土企业产品。三是要确定促进汽车电子产业发展的投资政策，包括选择现有大型汽车工业基地建立汽车电子产业园或产业聚集地；选择研发实力较强的高校、研究所和大型企业集团建立国家级汽车电子工程研究中心及企业技术中心。四是要确定鼓励和扶持政策。建立技术和产业发展专项基金，增加政府补贴投入。对于汽车电子基础研究领域和共性技术研究领域，建议以国家资金投入为主，力求尽快取得关键技术突破。建议国家和地方政府对企业承担的汽车电子产业化项目给予适度的补助资金；对于企业实施扩大汽车电子生产规模、提高产品质量的技术改造项目，以高贷款贴息方式给予扶持，促进中国汽车电子产业规模的迅速扩大和产业水平的提高。通过优惠的税收政策，如采用减免一定比例的所得税、减免消费税、抵扣部分增值税、出口退税及专项基金补贴等方式，鼓励发展新技术和新产品，鼓励相关技术和产品的应用，尤其鼓励先进、环保和节能产品的开发、生产与应用，以推动具有自主知识产权的汽车电子产品的应用和产业发展。五是创造有利于产业发展的软环境。加强技术标准的研究和制定，建立汽车电子产品准入制度和汽车电子产品管理制度，加强对行业的宏观指导与监督管理，创造有利于汽车电子产业发展的政策法规和市场竞争环境。

（2）加强技术攻关，建立健全零部件技术创新体系。瞄准汽车零部件未来发展趋势，通过自主研发，技术引进、消化、再吸收，技术集成创新等方式，逐步完成零部件"轻量化、电动化、智能化、网联化"技术的储备、工程化技术的突破、产业化推广及规模应用。

加快建立和完善适应当前经济发展和零部件转型升级要求的技术创新体系。建设技术创新机制，发挥市场对科技资源的配置作用，加大政府引导力度，完善技术创新体系建设中的投入机制、运行机制、激励机制。鼓励整零企业协同创新，加强全产业链技术攻关，实现零部件"应用技术"与"平台技术"开发。以企业技术中心为载体，积极打造集零部件原材料、生产装备、模具等协同生产制造链，搭建零部件企业标准制定、技术开发、工程化应用、测试评价等协同平台，构建产学研用的联合创新服务平台。开展企业与高等院校、科研院所技术合作交流活动。针对零部件行业特点，提出关键技术和共性技术难题，组织联合攻关，鼓励汽车零部件研发技术联盟进行共享，加快实现科研成果的产业化转换。

（3）制定培育国内关键零部件企业提高技术研发水平、核心竞争力的扶植政策。国内零部件企业发展的关键在于技术创新。目前，包括德尔福、伟世通、博世、大陆集团在内的国际汽车零部件巨头悉数进入中国，并在中国建厂或建立研发中心。今后外资在国内汽车零部件市场的行业地位将更加凸显，外资将利用其先进技术和配套体系取得更多优势。内资企业抗衡外企的出路在于加大对研发的投入。但是，目前中国零部件企业平均研发投入只占销售收入的 1.4%，远低于国际平均的 6.6%。因此，建议国家有关部门提出重点支持研发的关键零部件产品目录，并对目录内的技术给予支持。

（4）建立国家级零部件核心技术竞争前沿性、基础性研发平台。目前中国本土零部件企业的产品开发大多还停留在模仿阶段，技术基础不牢固，不具备和整车同步开发的能力。因此，国家应在汽车产业技术创新中长期计划中，鼓励整车生产企业在零部件核心技术竞争前沿性、基础性研发方面，与科研机构和零部件企业合作，申请设立国家级研发项目平台，国家在研发投入上给予支持，与整车企业、科研机构、零部件企业签订合同，实现研发成果三方受益。

（5）创新整零关系，切实促进整零协同发展。积极发挥整车的引领与带动效应，深化整零合作深度，推进协同合作，实现效益最大化。构建整车及零部件企业的沟通交流平台，加强双方互信，提高供应链的协同效率与产品竞争优势。整车与零部件企业要形成利益共同体。整车企业要从零部件供应商管理，转变成供应商关系管理，从单项命令管理转变为双项协同关系。整车和零部件企业应摒弃"表里不一"的"合作"模式。零部件企业要深度参与整车新车型的全过程开发，积极融入整车研发、采购、生产、销售等各个环节，让零部件企业成为参与者甚至成为规则的共同制定者，实现共赢。零部件企业还应加强自身技术能力建设，秉承技术先行原则，保持对技术的系统性与前瞻性，以便能够在技术变革时适应新的市场发展，跟上整车企业的需求与节奏，给予整车企业技术支持，围绕整车企业建立融合研发、制造、销售和资本四大平台为一体的汽车产业基地，利益共享。

（6）科学产业布局，打造健康零部件产业生态。借鉴发达国家汽车产业布局发展经验，充分发挥产业集群优势，积极打造整车及核心零部件产业基地，加速全球零部件产业布局。

因地制宜大力推进全国汽车零部件基地建设，促进汽车零部件产业的集群化、集聚化发展，加强企业间协同分工协作。依托产业园区，可以为零部件企业提供良好的发展平台。同时大力推进政府、行业协会、科研机构、高校及社会服务企业等搭建零部件公共服务平台。面向汽车产业集群区域，组建国家级关键汽车零部件和重要元器件产业联盟，整合全国乃至全球的知名整车及零部件集团优势资源，共建前沿产品技术研发平台和产业化平台，突破核心零部件基础技术及关键瓶颈技术。

以主动姿态融入全球发展格局，依托"一带一路"的政策、交通、区域、文化优势，积极助推中国品牌零部件企业拓展海外市场，加强区域交流和合作，促进国内外零部件资源整合与全球布局。

4.7.2 规范市场秩序，营造公平市场竞争环境

积极引导汽车行业共同构建零部件制造及交易诚信体系，规范并维护零部件市场秩序。积极规范市场价格，规避"零利润"或"负利润"的恶性竞争，规避现有市场的垄断供货、关联交易、存兑或拖欠付款现象，构建更加公平竞争、互惠互利、透明规范的市场秩序。

构建长效监管机制，制定完善质量鉴定标准，强化汽车零配件市场主体监管，加大监督检查力度。全力以赴改变产品同质化、低质的负面形象，杜绝汽车零配件生产销售经营活动中出现的使用假冒伪劣零部件行为，提高售后服务水平，完善投资及营商环境，使市场环境更加法治化，更具有公平性。

4.7.3　加快汽车配套设施建设

建议国家出台相关政策鼓励中国品牌企业加快推进关键核心零部件的研发及产业化，集中优势开展自主研发，特别是加强与新能源及"智联化"相关的前瞻性先导技术研究，打造汽车产业自主研发的龙头企业及核心品牌。积极推进产学研合作，掌握新能源关键核心零部件研发技术，同时加强新能源汽车的推广应用，完善新能源汽车补贴政策，加快新能源汽车配套设施建设。

4.8　加强创新型人才队伍建设

4.8.1　健全完善创新体系

建立以企业为主体，市场为导向，政产学研用相结合的汽车产业创新体系，建设汽车产业联合创新中心和关键共性重大技术平台，重点突破一批制约汽车产业发展的核心和瓶颈技术；建立和完善符合国情、先进有效、统一协调的汽车标准法规体系，推进企业标准体系和标准自主化建设。

4.8.2　完善人才和知识产权保护体系

在全球汽车技术法规逐步走向统一的情况下，我国一方面要加强与国际标准化组织的协调，采取"追赶式"战略，另一方面应从国情出发，研究制定有利于我国汽车工业发展、适应我国资源特点与使用特点的具有中国特点的标准，并兼顾构筑自主技术壁垒的可能性。政府应该考虑把中国汽车工业的优势、优点、创新成果和中国的道路交通实际情况，以及中国的材料、技术的实际情况结合起来，在技术标准制定、产品质量检验检查、产品审批周期等方面，出台有中国特色的汽车工业标准，出台能够帮助中国汽车工业自主创新的，能够提高中国汽车竞争力的标准。

知识产权若得不到保护，则会挫伤企业知识创新的积极性，没有企业做出真正的创新活动，企业只能在低水平上大打价格战。加强知识产权保护，这不仅是出于应对国际层面对我国加强保护汽车知识产权的要求，更主要是为创新活动提供强有力的支撑，是尊重知识、尊重人才、尊重创新的表现。

4.8.3　构建汽车产业发展人才库

政府建立汽车产业发展人才库机制，积极吸纳国内外核心技术和管理人才，引导、鼓励核心人才服务于中国品牌的发展，对于到中国品牌企业的人才库的各类人才由政府给予国家专项津贴。实施更加开放的人才政策，大力吸引海外高层次人才回国（来华）创新创业，制定完善出入境和长期居留、税收、保险、住房、子女入学、配偶安置、担任领导职务、承担重大科技项目、参与国家标准制定、参加政府奖励等方面的特殊政策措施。

第5章　实施方案及措施建议

5.1　实施方案

5.1.1　成立建设和谐汽车社会及汽车强国领导小组

在国务院的领导下，由国家有关部委组织汽车行业共同研究制定和颁布实施《中国汽车产业强国发展战略》，以发展战略为指引，凝聚与汽车产业发展相关的核心资源和力量，促进形成建设和谐汽车社会和汽车强国的合力。

5.1.2　支持汽车企业"走出去"

利用国家财税和国际金融平台支持骨干企业进行更具战略意义和更深层次的海外参股和收购，促进提高汽车产业利用全球资源形成企业国际化经营的能力和水平，促进产品品牌和企业品牌在全球汽车市场的价值提升，为建设汽车出口（含海外生产、销售）大国创造条件。

5.1.3　支持技术创新

促进国家相关基础研究力量和资源向发展电气化、智能化汽车等前沿性技术研究方面倾斜，加大对汽车基础研究投入，以多种方式支持基础研究、共性技术研究的合作；以汽车产业每年部分税收增量建立汽车技术创新的国家专项基金，用于加大对汽车企业技术创新投入的支持。将研发投入达到 4% 的汽车企业视同高新技术企业，享受企业所得税减半的政策，进一步落实汽车研发费用税前加计扣除政策。

5.2 保障措施及建议

5.2.1 利用国家资源，提高汽车自主研发能力

建议国家出台加强汽车研发能力建设的实施细则，建立汽车研发能力建设专项资金，重点提升企业和产业联盟自主研发能力，支持的内容应当涵盖各类前沿性研究和创新能力建设，其中研究领域应当包括先进节能环保与新能源汽车技术研究、汽车安全技术研究、汽车制造工艺研究、汽车再制造技术研究等；能力建设领域应当包括整车及关键零部件的主要试验验证能力，如发动机性能试验室、发动机可靠性试验室、动力传动试验室、底盘试验室、电气试验室等。

对于投资规模较大、利用率相对较低的性能开发类设施，建立国家、高校和各相关企业股份投资的会员制模式，高校或检测中心等第三方承建并运营管理，为所有整车及零部件开发需求提供服务，会员优先。对于零部件级基地，可以充分利用供应商的能力，调动供应商的积极性和专长参与整车厂的开发，并建立相应的零部件性能及耐久测试设施，制定统一开发流程和试验、规范及标准，拉动供应商的优势方面资源纳入整车厂的开发体系。另外，可以考虑鼓励一些较大的研发设备专业制造商和运营商在国内投资建立相应的基础设施，同周边的汽车厂建立战略合作协议，作为第三方为任何有需求的厂商服务。

第一，明确汽车及相关产业的重点技术创新领域、阶段目标和重点任务，以及汽车技术创新人才培育计划、国家创新投入计划。

第二，建立汽车技术创新的国家专项基金。用于支持实施国家汽车产业技术创新中长期计划，加大对骨干企业的技术创新投入的支持力度。

第三，启动组建国家汽车动力电池研究院、智能城市实证试验等战略性、系统性的重大项目；强化有关国家重点实验室、电动汽车产业技术联盟等机构、组织的作用。

第四，建设创新环境。重点解决跨领域、跨学科的技术创新机制上的难题，改善汽车核心技术创新成果商业化条件；对新能源汽车等重大、前沿性的技术采取国家直接促进创新成果转移的措施。尊重和保护知识产权，建立和完善公平合理的知识产权和利益分享、技术成果扩散等相应的制度和操作规范、标准。

5.2.2 增加国有资本金预算，完善国有企业业绩考核制度

我国汽车企业的自主研发正处于"攻坚"的关键时期，处于平台开发的阶段，也是资金大量投入的时期。其研发费用一方面应计入利润，另一方面需要国务院国有资产监督管理委员会增加国有资本金推动企业的发展。特别是对发展速

度快、具有发展潜力的企业进行重点扶持，让我国汽车企业掌握核心技术，更好地塑造中国品牌。

当前对国企负责人的考核主要是企业的各项财务指标考核，如利润率、国有资产保值增值率等指标考核。由于国企尚未建立明确约束的国有产权委托代理关系，因此这种考核方式极易使负责人产生短期化的倾向，不愿意在新产品技术开发、基础研究上进行投入。这也是阻碍国企自主创新能力的一个重要原因。为此，要改变现有单纯追求效益的考核方式，将研发投入占销售收入比例、中国品牌产品销售比重等指标纳入国有汽车企业领导人的考核体系，引导国有企业加快自主创新的步伐和积极性，激励企业家的自主创新行为。建立企业自主研发和中国品牌的一把手责任制，视目标的完成与否进行奖励惩罚。

借鉴军工企业中将军工和民用分开考核的办法，将国企当前的财务指标考核分为企业总体财务报表和中国品牌的财务报表。其中中国品牌产品是指产品的主要知识产权（整车和核心关键总成）归中方所有。

考虑企业自主创新是个长期投入的过程，自主创新因结果的不确定性、过程的不可测度性、见效的长期性而难以考核，因此要研究建立科学的考评方式。例如，将研发资金投入视作利润，允许企业由于产品研发所造成的短期内的账目亏损现象，重点考察中国品牌销量、中国品牌营业收入等经济效益指标。

针对国有汽车企业的产品出口发展缓慢、数量较低的情况，国务院国有资产监督管理委员会对国企的考核应设立产品出口的量化指标。

5.2.3 设立品牌专项发展资金，完善产业发展引导机制

在整合现有政策资源和资金渠道的基础上，设立中国品牌汽车产业发展专项资金，建立稳定的财政投入增长机制，大幅度增加中央财政的资金投入，尤其是加大对核心关键技术的研发投入，着力支持重大关键技术研发、重大产业创新发展工程、重大创新成果产业化、重大应用示范工程、创新能力建设等，对实施节能与中国品牌汽车的技术创新工程给予适当支持，引导企业在技术开发、工程化、标准制定、市场应用等环节加大投入力度，构建产学研用相结合的技术创新体系。

5.2.4 政府采购向中国品牌倾斜

认真实施《党政机关公务用车选用车型目录管理细则》，充分发挥政府、行业及社会各界的作用，通过加大政府公务用车采购中国品牌汽车的比重，提高中国品牌在党政机关公务车的占比。同时，快速有效地推进汽车中国品牌的认定和评审工作，以使政府采购政策真正落到实处。建议进一步落实领导干部带头乘坐国产自主品牌汽车的各项措施机制。今后所有代表国家形象的车辆，如执法车

辆、礼宾车辆，应当全面选用中国品牌汽车。通过发挥公务用车的市场带动和引导作用，有效树立民族品牌的消费意识。加大政府采购向中国品牌倾斜，如赈灾、援外等项目采购的汽车产品应当以中国品牌为主。

建议出台新的政府公务车采购标准时，明确规定政府公务用车原则上只能采购中国品牌产品，在产品性能、功能上有特殊需求时，需求单位须向主管部门提交极为严谨和详细的需求申请，主管部门在综合考虑后给予批复和备案。

面对汽车市场消费不断升级，中国品牌汽车必须在汽车产品价格和级别上有所提升。建议政府出台相关支持政策鼓励或要求国家机关、企事业单位优先采购中国品牌车型，为中国品牌背书，形成良好的示范效应。

我国要发展成为汽车强国，就必须要有自己的国际品牌，而要打造中国的国际汽车品牌，就必须要改变当前的出口形态，重塑中国制造的国际形象。一方面要充分利用"一带一路"倡议，为中国汽车品牌"走出去"创造有利条件，减少门槛壁垒；另一方面建议在政策上给予引导，努力形成一种"高质量、有品牌"的出口，支持高质量的国产汽车品牌"走出去"，参与国际竞争。政府驻外部门要优先采用中国品牌，给当地顾客树立信心。

5.2.5 加快推进税费改革

通过税收体系改革，转变地方政府重投资、轻市场的区域汽车产业的发展模式，遏制汽车产业结构性产能过剩风险的发生。建议加快消费环节税收改革。首先，消费税的征收环节由生产环节调整为消费环节，由价内税改为价外税，并与购置税合并。其次，通过国家和地方共享税收的方式，改变地方政府只关注投资建厂而不注重汽车市场的现状，调动地方政府在治理交通拥堵问题上的积极性。

在税收激励政策方面，政府应针对中国品牌汽车产业人力资本、研发费用比例较高等特征，切实完善税收激励政策，重点在落实好现行各项促进科技投入、科技成果转化和支持高技术产业发展等税收政策的基础上，结合税制改革方向和税种特征，综合运用各种手段，从激励自主创新、引导消费、鼓励发展新业态等角度，针对产业的具体特征，制定流转税、所得税、消费税、营业税等支持政策，形成普惠性支持机制，激励社会资源发展中国品牌汽车产业。

1. 建议将现行消费税计税价格模式由价内税调整为价外税

我国现行消费税计税方式是价内税模式，即消费税税额包含在价格之中，作为价格的有机组成部分。与价外税相比，价内税将税额全部追加在应税对象的价格之内，同时不明确标明其所含税款，是一种隐蔽性较强的税收形式。在这种征税方式下，消费者是在完全不知情的情况下被动交税，无法准确了解自己是否负担了税款以及负担了多少税款，当然也无从领会政府的政策意图，这就在很大程度上削弱了引导消费、调节消费结构的作用。

因此，建议将现行消费税计税价格模式由价内税调整为价外税，在应税商品价格之外计算收取消费税税额。这种计税方式可以让消费者完全掌握自己所负担税款的具体税额，使消费者明确征税对其经济利益产生的不利影响，相应调整应税商品或服务的需求量和需求结构。

2. 建议将现行消费税征税环节由生产环节调整为消费环节

我国现行消费税的征收环节除了金银首饰消费税在零售环节课税外，其他消费税主要在生产、委托加工和进口环节。消费税不能像增值税那样形成环环抵扣、环环监督的链条，不能形成严密的监督制约机制，给偷、逃税以可乘之机。征收环节难以界定，厂商通常采取生产环节定低价、流通领域定高价的办法避税。尽管原则上税务部门针对这种情况在稽查过程中可以进行调整，但征收成本很高。一旦生产者或进口者逃避了消费税，就很难将其所偷逃的消费税从下一环节补征回来。因此，建议将消费税征税环节由生产环节调整为消费环节征收，可以避免这种情况的出现，增加财政收入。

同时，消费税改为消费环节征收，也可以增加地方政府的税源，降低地方政府出台不利于汽车市场发展政策的意愿，积极改善用车环境，为汽车产业的长远发展奠定基础。

3. 建议消费税和汽车购置税合并

车辆购置税源于车辆购置附加费，而车辆购置附加费是1985年制定的，目的是抑制车辆需求，是基于当时社会条件下市场供应严重不足、汽车进入家庭为当时政府观念和体制所不允许的情况制定的。为了理顺税费改革，2001年1月1日起车辆购置附加费改为车辆购置税。此时，汽车进入家庭已经成为鼓励政策。汽车作为新兴支柱和拉动经济起飞的产业，本来应该是鼓励和为其培育良好发展环境的，但由于当时中央财政吃紧，本来应该废弃的附加费以费改税的名义加以保留，成为多年来制约汽车产业发展的一大因素。

同时，从税收角度看，消费税和汽车购置税都是针对消费者购买汽车的同一行为作为征收基础，税款也最终转嫁给了消费者，这两种税款属于重复征税。鉴于此，建议合并消费税和汽车购置税，以经济手段促进汽车消费以及汽车行业的发展，使汽车制造业能够真正成为国民经济支柱产业。

4. 建议进一步完善消费税税率结构

我国现行的消费税自开征以来经过几次调整，在一定程度上提高了高耗能、高污染产品的税率。对于汽车业来讲，我国近年消费税政策调整方向是抑大扬小，但作用有限。虽然 2008 年 9 月实施了汽车消费税新政，但仍存在对小排量汽车鼓励不够、对大排量汽车抑制不足的情况。因此，建议进一步完善消费税税率结构，对高耗能、高污染产品要征收重税，取消小排量汽车消费税，降低中排量汽车消费税，通过税率结构的调整达到调节居民消费结构，以经济手段限制大排量车、鼓励小排量车和经济节能车的目的，并最终达到保护环境、实现经济可持续发展的目的。

5.2.6　加强部门协调，促进中国品牌汽车发展

建议成立由国务院领导牵头的领导小组或建立部际协调机制，统一领导中国品牌汽车发展工作，确立统一的中国品牌概念和发展思路，以及高效分工协作的推进方案。政府各部门按照各自的职能合理分工，分别牵头，其他的部门要支持、配合这些工作。

（1）面对二手车消费的竞争，建议国家继续实施购买 1.6 升及以下新车的购置税减半政策，或根据新车排量制定购置税优惠标准，同时可以考虑延续对达到"节能惠民"补贴标准的新车进行补贴的政策。

（2）完善新能源汽车补贴政策，国家和地方补贴资金及时拨付，消除地方保护，使企业生产、运营活动处于良性状态，稳定发展。适时推出碳积分交易制度，有效推动新能源汽车产业发展。

（3）建议国家出台汽车产业政策推动中国品牌汽车企业兼并重组，做大做强，同时制定明确的行业生产资质获取标准，加速不达标企业的退出，加严新企业的进入，严厉制止地方政府长期补贴当地不达标汽车企业。

（4）建议国家出台汽车产业知识产权促进和保护政策，支持和鼓励中国品牌汽车企业自主研发，获取专利，同时禁止中国品牌汽车企业肆意抄袭仿造、不尊重知识产权的行为。

（5）加大对优秀国产品牌的保护和扶持，为其营造更公平的发展环境，同时对外资品牌在中国过度发展予以适当调控。另外，部分外资品牌进入中国后在安全、环保等关键方面减配，对中国销售的汽车和本国销售的汽车实行双重标准，严重损害了中国消费者的利益。希望在行业监管和法规制定上做适当调整，加大力度对外资品牌利用各种手段伤害中国消费者利益的行为给予纠正。

（6）建议国家制定完善的产业法律法规和实施流程，从制度上保障各项法律法规和行业政策经历广泛征求意见、分阶段分范围试点试行到全面推广的过程。

（7）在某些地区，地方政府采取多种方式进行地方保护，严重阻碍了市场的公平竞争，不利于优秀的国产品牌进入其他地区市场，造成了人为的市场割裂。希望国家出台相关的政策措施，禁止地方保护，创造更加开放包容的市场环境。

（8）随着新能源汽车不断投放市场，因电池衰减产生的废旧电池会越来越多，这与国家发展新能源汽车产业的初衷相违背，建议国家在政策支持和法规约束方面推进动力电池回收产业链健康发展。

5.2.7 完善自主创新研发的激励机制

目前，中国汽车面临着复杂的国内国外竞争形势，中国汽车工业技术研发的自主创新也必须迈上新的台阶，支持汽车企业自主创新的政策也应进一步加强。在企业进行自主创新的同时，政府的激励政策也应适应时代发展，实行创新的激励政策，增强激励机制。

（1）引导企业加大技术研发的投入力度，实行创新的需求激励政策，加大鼓励自主创新的政府采购力度，免除企业的后顾之忧，促进自主创新的可持续发展。

实践表明，企业创新产品在市场导入期所面临的困难要大于研发阶段，而实行创新的需求激励政策，主要是政府通过税收和价格优惠、直接补贴等措施鼓励用户购买创新产品，以政府采购的方式直接购买创新产品，或者通过强制性标准和倾向性措施引导公众使用创新产品。另外，政府的需求激励政策能在创新产品的市场导入期帮助企业开拓市场，带动企业扩大生产规模，产生规模经济效应，有效降低成本，从而刺激创新活动，使企业进入可持续发展轨道。

（2）加大政府对企业研究开发的投入力度，支持技术创新。与国外相比，我国政府对企业技术研发的经费支持比例还比较低，目前我国大中型企业获得政府研究开发经费的支持占政府研发经费总投入的比重约为7%，而美国企业获得政府研究开发经费占政府总投放的比重超过30%。因此，政府加大对中国汽车产业科研经费的投入，对于增强自身实力至关重要。

（3）建立专项资金，鼓励和重奖汽车关键技术的自主创新项目。目前我国有被誉为中国汽车界"诺贝尔奖"的"中国汽车工业科学技术奖"，每年都会奖励企业及科研单位申报的技研项目，今后该奖项应继续向技术研发的自主创新倾斜，实行重奖，以资激励，而且奖励对象范围可以扩大，囊括企业、院校、科研机构及个人。针对汽车关键零部件和技术的空白及短板，政府需不失时机地组织发布汽车新技术的开发项目指南，针对每个技术创新项目，应设立专项资金进行鼓励和重奖。必要时，可组织包括企业、院校、研究单位甚至个人等高尖端人才组成"国家队"，攻克技术难关，最后对成为公共的技术专利进行共享，提升我国汽车工业的整体技术水平。

（4）建立自主创新风险分散机制，降低创新风险。由于汽车生产过程复杂、车型平台众多、产品寿命周期短，汽车的研发投入成本特别高，汽车企业的自主创新风险巨大，企业在创新决策过程中也会因为风险巨大而选择放弃自主创新。

因此，政府应着重考虑如何帮助企业主体尽可能地降低创新风险同时又能获得最大化的创新收益。借鉴国外先进经验，建立风险资本市场，引入风险投资机制，开发多种有效的风险投资工具，有利于构建有效的收益共享、风险共担的利益激励机制和风险约束机制。

（5）完善科技奖励制度，大力培养造就创新型科技人才。通过进一步完善科技奖励制度，可充分发挥科技奖励在引导科技发展方向和创新模式、激励和表彰科技创新人才、促进社会进步和国家发展方面的重要作用。对人力资源的投入是研发的最重要投入，应全方位优待核心技术员工，培养员工忠诚度，可积极推进产权制度改革，对骨干技术人员实施股权激励，吸引高端技术人才加盟。此外，自主创新的科研项目应适当坚持产学研相结合，可以更有利于高等院校高层次车辆专业人才培养环境的建立，以源源不断为汽车工业培养高素质的创新型人才。

（6）重视和激励非职务发明，充分利用民间的积极性、创造性，使之成为对中国汽车技术研发自主创新的有益补充。据报道，中国的专利发明中62%为非职务发明，非职务发明往往蕴含自主创新的精髓甚至具有核心的竞争力。支持自主创新技术的转化，不能以职务或非职务为标准，而应该以自主创新技术的先进性和对国家、企业及社会的重要性为准则。经过合理的、科学可行的技术评估后，国家应重视和出台立项资助试制转化政策，建立汽车技术研发自主创新的投资试制转化资金支撑机制，千方百计提升自主创新能力。

汽车产业的自主创新离不开政府的大量投入，特别是在基础研究、理论研究等领域，需要政府投入支持才能有效带动企业参与自主创新的积极性。

政府投入能够帮助企业分散创新成本、降低创新风险，中国品牌汽车企业的规模仍然偏小，创新投入相对有限，更加需要政府在技术创新领域给予更多支持。例如，在税收、补贴、创新奖励、产学研结合方面加大财政投入，通过所得税减免，设立自主创新奖励基金、技术人员奖励等方面支持企业自主创新研发活动，为企业自主创新创造良好的政策环境。

另外，政府也可以对企业的创新产品在市场销售上给予支持，通过税收优惠、直接补贴等鼓励消费者购买中国品牌的创新产品，同时加大政府采购对创新产品的支持力度，帮助中国品牌汽车企业开拓市场，增进汽车企业自主创新的可持续性。

第3篇
汽车技术发展战略研究报告

第1章 意义和必要性

1.1 战略意义

汽车技术是汽车产业可持续发展的核心驱动力，是推动汽车产业持续向前发展的战略支撑，是汽车产业国际竞争力的核心要素，是国家制造强国建设的重要组成部分。汽车技术发展在不同时期有不同的发展内涵，在不同发展阶段有不同的技术构成。作为汽车技术发展的基础，机械制造、发动机、材料研发等传统技术经过几十年、上百年的发展，已经日趋完善，逐渐发展成熟。近十年以来，随着信息化、网络化技术快速发展助推，以及建设生态文明倒逼的环保技术发展，汽车技术发展已经逐步从传统技术向节能化、信息化、智能化方向延伸拓展。

本报告放眼世界汽车技术发展大势，以节能汽车技术、新能源汽车技术、汽车网联技术为重点研究对象，同时关注汽车制造技术、轻量化技术等仍然起基础性、支撑性作用的汽车技术，从国际发展趋势和发展阶段、我国技术发展现状及与国外先进技术差距、问题及致因分析，提出我国汽车技术发展的总体思路、基本原则、发展目标、重点任务和政策建议。

1.2 必要性

大力发展核心关键汽车技术，是巩固汽车产业国民经济重要支柱地位的必然选择。中国汽车产销规模在过去 10 年间飞速增长，已连续多年稳居全球第一。汽车产业的产值和增加值连年攀升，并带动大量相关产业的快速发展，在国家经济增长中发挥了重要作用。当前中国经济进入"稳增长"，汽车产业成为少数可以有效提供增长支撑的产业之一，是重要的支柱产业。虽然我国坐拥全球最大的国内市场，但是如果汽车技术始终无法在核心关键领域取得突破，并形成竞争优势，我国也无法建成真正的汽车强国，更难以实现汽车产业与能源、环境友好的可持续发展，从长远来看，这势必动摇到汽车产业的支柱地位，对国民经济发展造成严重影响。

大力发展核心关键汽车技术，是汽车产业贯彻落实工业化与信息化深度融合的根本要求。规模庞大的汽车产业涉及面广、集成度高、资金技术人才高度密集，是未来我国两化深度融合的最强需求、最佳载体和最大平台，也是我国推进"中国制造2025"、建设制造强国的龙头和抓手，具有带动引领整个制造业抢占未来战略制高点的重要作用。正因如此，德国选择以汽车产业作为"工业4.0"的示范产业和突破口；美国、日本、韩国等未来制造业的发展蓝图中，汽车产业也都占据重要位置。信息化技术的全面介入及其与工业化技术的深度融合，使汽车技术有了全新内涵，也给汽车技术的发展提出了新的需求。

大幅提升汽车产品质量和技术水平，将推动汽车产业成为未来中国高端制造业输出的重要支点。中国未来的工业产品输出将从劳动密集型的轻工业制品逐渐向技术密集型的高端制造业产品转变。核电、高铁等的输出固然重要，但这类大宗的政府采购类产业受政治等因素影响较大，市场需求也存在不确定性，而汽车则是面向民生的高端制造业。作为产品价值、技术含量及品牌附加值均很高的产业，汽车是重要的大众消费品，其海外输出潜力不容忽视。当前，"一带一路"倡议正逐步夯实中国与沿线60多个国家的经贸基础，打开了广阔的市场空间。在不断进步的汽车技术支撑下，日益增强的汽车产业有望成为中国输出高端制造业的又一策略选项。

大力推进汽车技术的低碳化、信息化和智能化发展，成为我国城镇化进程的重要战略支撑。当前，中国开启了城镇化建设的新一轮浪潮，这要求居民的"移动能力"必须与之相匹配。不同于航空的"点"对接、铁路的"线"贯穿，汽车是唯一可以自由移动的交通运载工具，能够真正实现全"面"联通。这与未来中小城镇星罗棋布于若干中心大都市周围的城市集群规划相得益彰，有利于城市集群的优化布局和内外资源的顺畅流通，从而为中国城镇化进程提供有力支撑和可靠保障。在此前景下，汽车技术急需加快发展，持续完善产品性能和质量，并不断提升信息化、智能化程度，方能适应未来智能交通体系和智慧城市规划的需求，有效发挥自身在城镇化进程中的重要作用。

综上，汽车产业和技术的战略地位至关重要，建设汽车强国是建设制造强国的基础和关键，是事关中华民族伟大复兴和未来发展的核心利益。汽车产业必须承担起这样光荣而艰巨的历史使命，而各个关键领域的核心技术以及相应的自主创新能力，是必不可少的重要支撑。汽车产业的战略定位要求汽车技术必须加速发展，以提升产品竞争力，支撑产业由大变强，为我国经济和社会发展作出更大贡献。

第2章 现状与发展趋势分析

2.1 国内外现状对比

2.1.1 国际现状

1. 汽车节能技术不断优化

作为化石燃料的使用大户，汽车产业面临全球能源紧缺的严峻挑战。各国相继制定了日益严苛的油耗或燃效法规：到 2020 年，欧盟、美国、日本及中国分别要求新车油耗限值达到 45MPG[①]（约相当于 5.5 升 /100 千米）、20.3 千米 / 升（约合 4.9 升 /100 千米）、95 克的二氧化碳（约合 4.2 升 /100 千米）和 5 升 /100 千米，后续相关法规还将持续加严。法规不断升级倒逼汽车节能技术不断优化，全球主要车企都高度重视节能技术的研发，投入了大量的资金和人员，多种先进节能技术因此不断取得突破，并被日益广泛地应用在汽车产品上，显著降低了车辆平均油耗水平。当前，传统乘用车节能技术快速提升，商用车的节能性能也逐步提升。除技术维度外，世界各工业强国与强企正在更广泛的视角下，重视和推进汽车产业的低碳化发展，如在产品结构上倾向于车辆的小型化，又如已经逐步开始加强从全生命周期角度，规划和控制汽车及相关产业的碳排放。

汽车节能技术主要包括整车节能技术、传统动力优化、混合动力技术三大方面，其发展趋势如图 3-2-1 所示。整车节能技术作为共性技术，其重点在于低成本的应用。传统动力技术主要包括发动机和变速器技术，其未来都将得到持续改善，以达到进一步优化燃油消耗和废气排放的效果，而有效的集成与优化的匹配至关重要。混合动力技术节能效果显著，其中重混车型的节油效果有望达到 30% 以上，正在成为汽车技术的研究热点，其研发重点在于如何控制成本。

---

① MPG（miles per gallon，每加仑行驶英里数）。

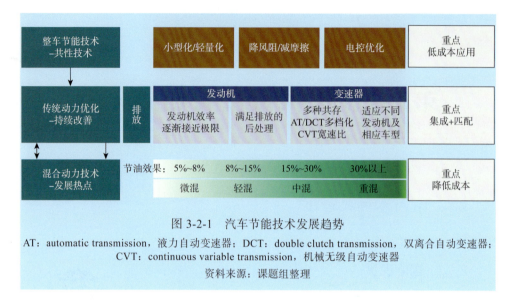

图 3-2-1　汽车节能技术发展趋势

AT：automatic transmission，液力自动变速器；DCT：double clutch transmission，双离合自动变速器；

CVT：continuous variable transmission，机械无级自动变速器

资料来源：课题组整理

　　总体来看，在整车节能技术的基础上，发展小型化及混合动力车型是实现乘用车节能的有效途径；而对于商用车的节能，则可通过动力总成升级优化，逐步发展混合动力，以及采用更多新型节能技术来实现。

　　在传统动力总成方面，内燃发动机的性能持续提升：通过进排气优化、燃烧优化、提高压缩比、结构优化、降低发动机内阻等技术的应用，汽油机热效率持续提升；高压共轨、排放后处理等高效清洁柴油机技术则在欧洲乘用车中得到了大量应用；各种代用燃料发动机技术也有提升，并在一定区域得到采用；而动力系统升级则是商用车节能的重要途径。自动变速器技术同样发展迅猛：AT、CVT、DCT 等多种自动变速器都有明显进步，美国自动变速器装备率已达 90%以上。AT、DCT 多档化和 CVT 宽速比趋势日益明显，高性能齿轮、轴承等共性关键技术不断提升。相比之下，钢带技术突破带动 CVT 变速器的适用范围扩大，尤其值得关注。

　　在混合动力技术方面，各国均逐渐将其视为满足未来节能法规的有效技术路线之一，而日本在该领域处于领先位置。目前，全世界已有多款混合动力车型投放市场，油耗水平相对传统车型都有较大程度的改善，代表车型如日本丰田普锐斯混合动力汽车，其油耗水平达到 4.3 升 /100 千米，明显优于同级别车辆。混合动力的核心技术包括专用发动机开发、机电耦合装置的设计与应用等。目前，国外已成功开发了多款适用于混合动力汽车的高效发动机，并已实现涵盖乘用车和商用车的产业化应用；而机电耦合方面，已有多种可行的技术路线，并应用在不同的整车产品上。不同技术路线和混合度的各种混合动力技术，具有不同的节油效果和成本代价，为企业提供了更多样的选择可能。

除以上技术外，大量共性节能技术的作用不容忽视。最主要的包括轻量化技术、低阻力技术和电子控制系统优化等。其中，轻量化材料在汽车上的应用比例、结构优化的设计水平以及相应的工艺水平不断提高，使全球汽车强企在过去20年间显著降低了其产品的平均重量。低风阻、减摩擦等技术的应用，一方面提高了传动系统的机械效率，另一方面降低了行驶阻力，也成为汽车节能的重要手段。而电子电器自身的节能化，以及车辆各系统的电控管理优化也逐渐成为研发热点。

节能技术的不断优化及产业化应用，使汽车产业新车油耗水平不断下降。例如，目前日本和欧洲乘用车新车平均油耗已分别达到 4.5 升 /100 千米和 5.27 升 /100 千米，代表了世界先进汽车节能技术的巨大潜力。

2. 新能源汽车技术快速发展

石油作为不可再生能源，从长期来看无法持续支撑车用燃料的巨大需求，且不可避免地存在碳排放等污染问题，为此寻找清洁的替代能源作为汽车动力，一直是各国努力探索的目标。新能源汽车因此得到高度重视，一些欧洲国家及车企甚至提出了到 2030 年或之后只销售新能源汽车的计划，日本各大车企也公布了逐渐降低传统动力汽车销售比例并最终停售的愿景。

新能源汽车代表着未来汽车的发展方向，其在全球范围内所占的比例正在迅速增长。新能源汽车"1+3+2"的技术发展体系如图 3-2-2 所示。"1"代表整车平台技术，作为新能源技术的综合载体，可基于传统汽车平台、传统平台的电气化改进以及开发电动车专用平台来实现。"3"代表动力电池技术、驱动电动机技术和电控技术（即"三电"），这三者是新能源技术的核心。其中最为核心的是动力电池技术，提高其能量密度和循环寿命是当前新源汽车领域研究的重中之重。"2"代表充电技术和智能技术，分别是新能源汽车发展的保障和未来发展方向。

从产品角度看，新能源汽车包括纯电动汽车、插电式混合动力汽车以及燃料电池汽车，其各自发展情况如下。

纯电动汽车当前发展较快，关键技术和性能指标持续提升，产业规模迅速增长，2015 年全球销量达到 43 万辆。近年来，纯电动汽车保持了较高的增速，各国相继推出代表车型。随着动力电池、驱动电机和电控系统等相关技术的进步，电动汽车的续驶里程、动力电池功率密度等关键指标逐渐得到提升，也推动了全球新能源汽车市场的稳步增长。代表车型如日本日产的 Leaf、美国特斯拉的 Model S 等，均已有较大的销量。从趋势上看，未来电动汽车将追求续驶里程、充电便利性与使用用途之间的均衡，其中动力电池及充电技术最为关键。

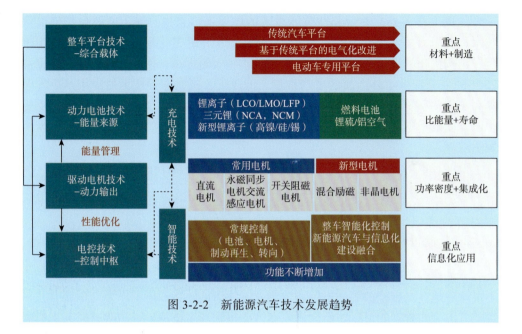

图 3-2-2　新能源汽车技术发展趋势

插电式混合动力汽车属于混合动力技术的一种类型，由于理论上以电能驱动为主，发动机只在纯电里程不足时起补充保障作用，故归入新能源汽车中。国外已对混合动力发动机、动力耦合装置、动力电池技术等关键技术进行了深入开发，已有一些成熟车型量产，并取得了一定的销量积累，代表车型包括美国通用雪佛兰沃兰达、日本丰田普锐斯插混版、德国宝马 530Le 等。欧洲在电机与电机控制器等关键零部件领域有优势，日本在混合动力系统开发及动力电池方面实力较强。目前，插电混动车型呈现纯电行驶里程增长、发动机热效率提高的发展趋势，降低汽车油耗的效果日益明显。

燃料电池汽车处于基础研发及小批量试营运阶段，2015 年乘用车全球累计销量约 500 辆。各汽车强国对于燃料电池汽车都有一定的研究，其中日本处于领先位置，其代表车型如丰田 Mirai 燃料电池汽车，续驶里程已达到 650 千米，可满足日常行车需求。相对乘用车而言，燃料电池商用车更易实现，现有技术的可靠性、经济性和便利性已满足商业示范运行需要，北美燃料电池公交车示范表明，燃料电池系统平均故障间隔里程已超过 5 万千米。当前，燃料电池电动汽车的研究和推进重点主要集中在提高燃料电池功率密度、降低燃料电池系统成本、延长燃料电池寿命、提升燃料电池系统低温启动性能，以及大规模建设加氢基础设施和推广商业化示范等方面。

3.汽车智能网联技术渐成热点

智能网联汽车作为相关技术的载体，在技术层面上也包括智能化与网联化两个方面：其中，汽车智能化技术是提高车辆安全性、经济性以及舒适性的主要技术手段之一，汽车网联化则是车辆全面接入网联环境以及提供在线信息娱乐服务的主要实现方式。两者并非各自孤立的存在，而是一个相互促进并互为依托的整体，全面网联化是未来高度智能化的有力支撑条件，而高度智能化则将使车辆在网联化后得到更大的正向收益。

网联化和智能化技术进一步细分，可分为车联网技术、自动驾驶技术、智能技术、车载信息娱乐系统等四个主要领域（图3-2-3）。车联网技术包括车内网、车载移动互联网、车际网等方面，是智能网联汽车的主要信息传输手段，其关键在于统一的通信协议以及足够的数据量。自动驾驶技术是智能网联汽车的核心，被认为是最具代表性的关键指标，可以表征智能网联汽车整体的发展水平，其重点在于先进传感器和控制决策的开发。智能技术是未来汽车智能化技术开发的制高点，是提升自动驾驶控制等级的重要支撑。而车载信息娱乐系统目前已有初步应用，仅为车内乘员提供资讯和娱乐，同时也作为可移动的信息节点，向云端输送各种信息，是未来智能网联汽车及其生态圈的重要一环。

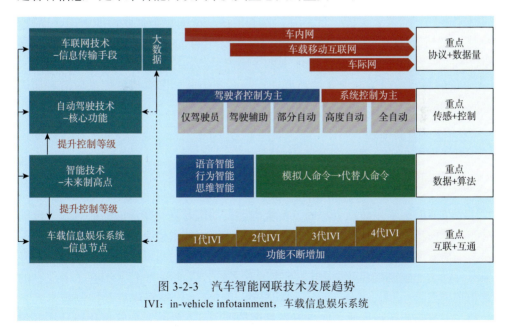

图 3-2-3　汽车智能网联技术发展趋势
IVI：in-vehicle infotainment，车载信息娱乐系统

在智能化技术方面，低等级的驾驶辅助技术已比较成熟，得到了较大范围的应用，各国正逐步推动高等级自动驾驶及相关技术的发展。美国对人车交互技术、系统安全及可靠性、自动驾驶系统开发、智能网联汽车测试评价方法及标准

等方面开展了研究。欧洲的研究重点在智能交通体系方面，辅助驾驶系统、无人驾驶等技术有较大进展。日本在自动驾驶系统的开发和智能交通系统构建方面取得了较大成果，在传感技术、驾驶员模型、自动驾驶系统的安全性等方面也进行了规划和研发。各国智能化技术发展以提高出行安全和行车效率为主要目的，以传感技术、信息处理、通信技术、智能控制为核心，车路、车车协同系统和高度自动驾驶成为现阶段各国发展的重点。

网联化技术主要可分为网联辅助信息交互、网联协同感知、网联协同决策与控制三个方面。美国在网联化技术领域目前处于相对领先的位置，正在全面推动汽车网联技术的安全性研究、移动性研究、网联车辆相关技术研究以及示范应用工程等多个方面的协同发展。欧洲在智能交通体系构建中，也把网络互联互通作为发展重点之一，在道路信息化建设、物流信息化管理等方面取得了较大进展。日本则将网联化技术整合到其智能交通体系研究中，主要对先进驾驶员监控技术、协同通信技术、网联汽车安全性及相关技术标准进行重点攻关。

纵观欧、美、日智能网联汽车发展情况，总体上各国对智能网联汽车技术规划较早，投入力度较大，目前已开始收到成效，在多个领域取得技术突破。同时，发达国家间在通信、网络及信息标准等领域有加强合作、融合发展的趋势，致力于共同构建智能网联汽车及相关的行业法规与技术标准，抢占未来的战略制高点。欧盟、美国、日本等国家和地区一流的整车企业，如通用、福特、奔驰、宝马、沃尔沃、丰田等已经实现了 L2 级自动驾驶产品的量产，部分车企已有 L3 级自动驾驶产品，预计未来 5 年内，各大汽车企业将会全面实现 L3、L4 级自动驾驶产品的商业化。对此，中国必须引起高度重视，积极应对、加快发展，把握汽车智能网联技术的难得机遇。

2.1.2 国内现状

1. 我国整体技术水平显著提升

汽车节能技术方面基本掌握了传统内燃发动机开发与制造的核心技术。汽油机的水平稳步提升，种类日益齐备；商用车柴油机技术也有较好的发展；完全掌握了手动变速器技术，部分本土零部件企业正在实现对自动变速器的突破。有多种混合动力车型陆续推出，2015 年我国有多款公告油耗为 4 升 /100 千米左右的混动车型已经上市，部分车型节油效果达 40% 左右。整车集成及控制技术明显提升，主流企业初步形成了底盘开发和调校能力。共性技术如轻量化设计、低阻技术等也有较大进步。工信部数据显示，在这些技术的支撑下，近年来国产乘用车平均油耗逐年下降，已从 2009 年 7.77 升 /100 千米降至 2012 年的 7.38 升 /100 千米，又降至 2015 年的 6.98 升 /100 千米。

我国新能源汽车发展迅速，纯电动及插电式混合动力汽车整体技术水平正在逐步接近国外同类产品。中国成为全球新能源汽车发展最为迅速的市场，多款纯电动、插电式混合动力车型相继推出，并得到了较好的市场响应。目前，纯电动及插电式混合动力汽车整体技术水平正在逐步接近国外同类产品，一些自主品牌的产品性能指标甚至已经与国外产品不相上下。在政策激励和技术进步的共同作用下，新能源汽车逐渐得到了一定的商业化推广，2015年销量首次突破总销量的1%，一跃成为全球最大的新能源汽车市场。同时，燃料电池汽车也在攻克关键难点中，初步形成了燃料电池动力系统技术平台和配套研发体系，并有燃料电池客车和燃料电池轿车样车相继开发完成。

在两化深度融合的大背景下，智能网联汽车逐渐成为国家重点发展的重要领域。部分汽车企业、高等院校和科研院所，在环境感知、人的行为认知及决策、基于车载和基于车路通信的驾驶辅助系统的研究方面，取得了积极进展，并开发出无人驾驶汽车演示样车。国内各大自主品牌产品已开始推出装备先进驾驶辅助系统、车载信息娱乐系统的产品。同时互联网企业开始涉足汽车领域，部分企业在信息技术方面具有国际竞争力，跨界联合使汽车技术有了进一步提升的助力。

总体上，我国汽车技术水平呈现稳步提升的态势，业已基本形成了自主研发能力，不断取得各领域的重点突破，初步掌控了部分关键技术，对前沿技术也有所布局。当然，与世界先进水平相比，我国汽车技术仍有不足，如自动变速器尚在攻关、汽车电子电器还有很大提升空间、整车集成优化能力需要进一步提升、新能源汽车技术无国际优势等。

2. 我国关键技术领域实现突破

整体技术水平的提升，与各关键技术领域的进步密不可分。其中，在先进动力总成、动力电池及驱动电机、燃料电池动力系统和整车轻量化等关键技术领域，近年来我国都在不同程度上取得了重大突破。

（1）发动机技术：气门正时、涡轮增压、缸内直喷等先进汽油机技术的应用比例不断提高，国内先进的乘用车用汽油发动机热效率已达到36%甚至更高，逐步接近国际先进水平，国产柴油机装备车型基本满足三阶段油耗法规。在现有发动机平台的技术升级有序进行的同时，适应四阶段油耗法规的全新发动机平台开发也在加紧推进，预计未来5年内我国发动机技术将实现全面升级。

（2）自动变速器技术：自动变速器一直是我国汽车核心零部件的短板之一，不过我国在自动变速器的关键零部件、控制及标定等方面持续开展重点攻关，已经取得了一定的实质性进展。目前国产手动变速器已接近国际先进水平，多档AT实现了小批量应用，CVT自主化能力初步形成，多档DCT技术研究已在加紧攻关。

（3）动力电池技术：我国已具备主流动力电池的大规模产业化基础。国内磷酸铁锂电池单体能量密度已达到 140 瓦时 / 千克，接近国际先进水平，其产业成熟度和规模国际领先。锂离子电池产业链已基本完备，镍钴锰三元材料锂离子动力电池单体能量密度在 130~220 瓦时 / 千克。快充电池已实现示范应用，正负极材料、电解液和隔膜实现国产化。

（4）驱动电机技术：我国已基本掌握了先进驱动电机设计及开发关键技术，自主开发的电机产品已经实现了与整车的产业化配套，功率密度、效率、电机控制器等关键技术与国际水平基本相当，电机峰值功率达到 2.8~3.0 千瓦 / 千克，系列化产品可覆盖大多数车用电机需求。规格化驱动电机及其控制系统产品已具备量产能力，并有个别产品实现出口。

（5）燃料电池动力系统技术：我国已初步掌握了燃料电池关键材料、部件及电堆的关键技术，基本建立了具有自主知识产权的车用燃料电池技术平台，质子交换膜、催化剂、炭纸、膜电极和双极板的关键技术指标接近国际先进水平，具备百辆级燃料电池汽车动力系统平台与整车生产能力，完成世界首例客车用氢-电系统台车碰撞试验。由自主研发的轿车和客车燃料电池动力系统功率密度、运行耐久性、低温启动性能都有较大突破。下一步将聚焦于应用方面，致力于解决技术开发不充分、产品实现能力不足、缺乏批量生产能力等问题。

（6）轻量化技术：在材料、制造工艺、优化设计等方面，我国都取得了一定成果，包括高强度钢、轻质合金、复合材料在内的轻量化材料已实现应用并逐渐扩大比例。高强度钢使用量已占到整车质量的 50% 左右，铝合金用量达到 6%~10%，镁合金也开始得到应用。面向轻量化材料的激光拼焊技术、内高压成型技术、超高强度热冲压成型技术等有一定推广。汽车轻量化结构优化技术已在设计阶段大量普及。

总体而言，我国汽车产业在若干核心技术领域取得了突破性进展，部分技术接近或达到了国际先进水平。当然，我国仍在诸多核心技术领域或单项关键技术上落后于人，如发动机新型燃烧技术应用不足、能量管理技术尚待突破，自动变速器尚待大规模产业化检验，电子电器关键零部件与核心技术多为外资掌控，混合动力技术尚需系统性整体提升，三元电池先进技术多由日韩企业把持，智能网联技术有待实质性突破，且关键部件还受制于人等。

2.1.3 国内外现状对比

1. 技术研发能力明显进步但仍存差距

经过几十年的努力，特别是改革开放以来的快速发展，我国汽车技术的自主研发能力已有明显提升，但是总体来看，与国外先进水平相比仍有一定差距。可以从科技人才、研发投入、知识积累等三方面进行对比分析。

从科技人才方面来看，随着汽车产业的蓬勃发展，国家及行业对汽车科技人才培养的重视程度日益提升，我国汽车科技人才的数量和质量都有很大进步，2006~2012年，汽车工程技术人员的人数及其在行业从业者总数中的占比连年增长，如表3-2-1所示。不断成长的汽车科技人才大军，成为中国汽车产业技术发展最重要的基础和动力。但是，由于汽车人才培育周期长、中国汽车产业快速发展起步晚，目前中国汽车产业的科研人员和工程师，仍然以中青年为中坚力量。与国外相比，经验丰富的资深工程师数量严重不足，整体人才结构偏向年轻化，经验普遍欠缺。而汽车产业和产品异常复杂，需要广泛而深入的积累，因此科技人才的差距仍是制约行业整体研发能力的突出问题之一。

表 3-2-1 中国汽车行业工程技术人员情况

年份	从业者人数 / 万人	工程技术人员 / 万人	工程技术人员占比
2006	185.5	22.0	11.9%
2007	204.1	24.5	12.0%
2008	209.4	25.4	12.1%
2009	216.5	26.7	12.3%
2010	220.3	31.1	14.1%
2011	241.7	35.5	14.7%
2012	250.8	37.3	14.9%
2013	340.0	42.2	12.4%
2014	350.5	47.6	13.6%
2015	360.0	49.3	13.7%
2016	483.0	69.1	14.3%
2017	630.0	95.7	15.2%

资料来源:《中国汽车工业年鉴》

从研发投入方面来看，中国汽车产业的研发投入总量连年提高，研发投入在营收中的占比总体上也呈增长态势。持续增长的研发投入有力地支撑和推动了自主品牌的发展，也表明自主品牌车企对提升研发能力、掌控核心技术的重视程度不断提高。但无论研发投入总量还是其占营收的比例，中国与汽车强国相比都还有一定差距，如表3-2-2所示。数据显示，全球主要汽车强企的研发投入占比大都在4%以上，投入额度在300亿元以上，如大众研发投入高达992.86亿美元，占比超过6%。显然，作为后发者，中国在研发投入方面还需要进一步加强。

表 3-2-2　2015 年中外车企研发投入情况对比

企业		营业收入 / 亿元	研发投入 / 亿元	研发投入占比
国内	一汽集团	3 951	62.4	1.58%
	上汽集团	6 704.48	83.71	1.25%
	长安汽车	667.72	25.63	3.84%
	比亚迪	800.09	36.75	4.59%
国外	大众	15 353.67	992.86	6.47%
	丰田	15 353.15	597.01	3.89%
	通用	9 886.83	480.21	4.86%
	福特	9 705.26	447.76	4.61%
	本田	7 892.54	356.91	4.52%

注：国外企业按 2015 年 12 月 31 日人民币 / 美元汇率 6.489 折算
资料来源：各大公司年报、社会责任报告等

从知识积累方面来看，目前多数主流自主品牌车企已经初步建立了较为完善的汽车技术基础数据库，既包括大量的技术参数与数据，也包括丰富的技术标准与规范等。同时也基本形成了较为完整的产品开发流程。此外，发明专利的申请数量也在逐年增长。知识积累为自主品牌不断提升技术水平和产品竞争力打下了良好的基础。但是必须清醒地认识到，我国汽车产业真正的技术积累不过 20 年，而西方汽车产业发展自工业革命以来已经有 100 多年的历史，双方的差距仍很明显。在知识积累方面没有速成的可能，唯有踏踏实实努力、点点滴滴沉淀，才能逐渐缩短差距、最终实现赶超。

总之，我国汽车技术研发能力虽然经历了快速发展，取得了明显进步，但是与国际先进水平相比，仍存在一定的差距，急需加大投入、加紧追赶。

2. 技术创新体系初步形成但有待改善

汽车技术既需要前瞻性的创新研究，更需要面向产业化的开发应用，因此多领域、多学科和多方面的协同创新至关重要，而分工明确、环环相扣的技术创新体系是支撑核心技术不断突破的动力源泉，也是把握历史机遇、实现后来居上的关键因素。

目前，中国汽车产业初步形成了包括政府、行业、企业以及高校等研究机构在内的技术创新体系。在国家层面，以"中国制造 2025"及相关落实文件为指导纲领，以不断完善中的汽车产业标准法规与政策体系为重要保障，以"互联网 +"和"大众创新、万众创业"营造创新环境，以国家科技计划和产业技术创新工程为支撑，围绕重大战略需求，逐渐形成创新体系；在行业层面，多行业的跨界合作与行业内的交流协同也呈现日趋紧密的态势，产业技术创新联盟和共性技术研发平台等新创新机制正在发挥越来越大的作用；在企业层面，创新主体地位得到充分肯定，加强技术攻关成为多数主流企业的共识；在研究机构层面，高等院校和科研院所的学术成果也有明显的增加。

相比之下，汽车强国的技术创新体系整体上仍领先于我国。例如，美国的USCAR（United States Council for Automobile Research，美国汽车研究委员会）创新平台，分为公共、行业和企业三级，通过合理的管理架构有效联通产学研用各方力量。德国的国家科技创新体系，通过政府的有效引导和行业组织、科技中介的纽带作用，广泛联通了科研系统、企业、高校等各方面资源，使技术从基础研究、应用研究到产业化研究真正连接成为一个完整的链条。

我国技术创新与成果转化还存在一些较为突出的问题，主要包括："产学研"创新主体定位不突出，创新资源分散重复，未形成稳定创新链；产业技术转化价值链的各个环节相对薄弱，甚至存在相互割裂、断档的情况，尤其是从基础研究到产业化之间的工程转化能力不强；专业化程度高、种类齐全的工程公司在技术创新中的作用被严重低估；缺乏具备核心零部件、模块、总成开发能力的供应商；各环节对自己的工作定位及分工认识不够清晰，彼此之间互动不足。为此，我国应积极借鉴汽车强国的先进经验，构建并不断完善新型的技术创新平台，真正打通产学研用之间的藩篱，有效支撑汽车技术的突破与应用。

总体来看，中国汽车技术创新体系虽初步形成，但仍存在明显短板，有待进一步完善。一方面，缺少各种专业化的工程公司和完整的零部件供应体系支撑，在高校学术研究与企业技术开发之间的衔接存在突出短板；另一方面，现有各方力量的分工还不够明确、协作也不够紧密，很多时候仍停留在形式化合作的层面。显然，加快构建完整的新型汽车技术创新体系势在必行，需求强烈而迫切。

2.2　发展趋势

2.2.1　呈现"低碳化、信息化、智能化"发展趋势

当下，新一代信息通信、新能源、新材料等技术与汽车产业加快融合，全球汽车技术进入了加速进步和融合发展的新时期，并呈现出"低碳化、信息化、智能化"发展趋势。

汽车技术的低碳化、信息化、智能化趋势既有各自的独特内涵，又有紧密的相互联系。低碳化代表着汽车产业不断降低能源消耗和污染物排放的技术趋势，

主要包括传统动力技术和传动技术的升级、新能源技术和混合动力技术的发展，以及汽车共性技术的进步等。低碳化最终指向的是节能汽车和新能源汽车产品。信息化代表着以网络、通信及电子技术为基础，信息技术不断在汽车产品上得到更多应用的技术趋势，这一趋势实际涵盖了信息技术在汽车产品和汽车产业链整体两方面的应用，包括车联网、基于网联的设计/制造/服务一体化等技术。智能化则代表着以车载传感器、控制器、执行器等装置为基础，实现车辆对复杂环境感知、智能决策、协同控制等功能的技术趋势，各级别的自动驾驶技术、人工智能在汽车上的应用都是这一趋势的表征性技术。信息化与智能化两大趋势实际上是密不可分的，两者共同指向高度信息化和高度智能化技术在汽车产业和产品的有效集成，基于充分网联的智能工厂和智能汽车是其最终的核心目标，如图 3-2-4 所示。

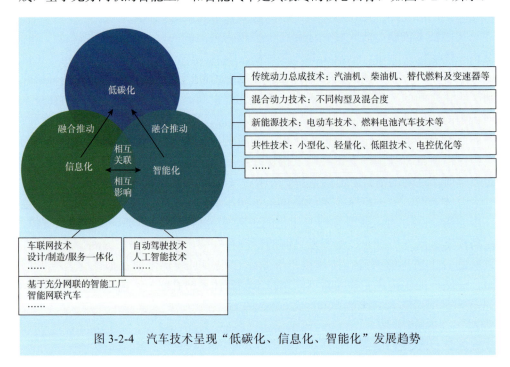

图 3-2-4 汽车技术呈现"低碳化、信息化、智能化"发展趋势

在汽车技术低碳化、信息化、智能化趋势下，各大汽车强国在汽车节能技术、新能源汽车技术、智能网联汽车技术等方面持续取得了较大的进展和突破。

2.2.2 新技术变革将带来整个产业结构重塑

科技变革背景下，汽车产业链和产业结构将发生变化，促使汽车的生产方式、产品形态、合作模式和商业模式等各个方面发生变革。这个转变过程，是以相关技术的进步为基础和支撑的，特别有赖于网联技术与汽车移动属性的有效结合。反过来讲，新的产业生态又将促进相关技术的深度融合和加速发展。

如图 3-2-5 所示，未来汽车将以传统汽车为基础，并由充分互联协作的智能制造体系打造而出，两者共同推动汽车产业的转型升级。同时，未来汽车将成为分布式、可移动的储能单元，在智能电网和智能家居中发挥重要作用，并构成智能电动车生态。此外，未来汽车还将成为智能交通体系不可或缺的组成单元，并带来汽车共享等全新商业模式，并由此构成新型的智慧城市。

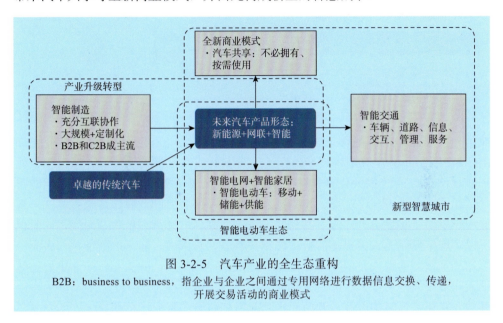

图 3-2-5　汽车产业的全生态重构

B2B：business to business，指企业与企业之间通过专用网络进行数据信息交换、传递，开展交易活动的商业模式

1. 生产方式

未来智能制造体系的突出优势和最大特点，就是通过充分网联与深度协作，实现大规模定制化的生产模式。在此格局下，原本泾渭分明的产业上下游关系渐趋模糊，线性的传统产业链将逐步演变成为网状的产业生态圈，分散的生产资源由"工业互联网"连接成为一个有机的整体，并可进行实时动态的调配，甚至可以实现全球范围内的优化组合，如图 3-2-6 所示。由此，汽车整零关系将被彻底重塑，掌握核心技术诀窍、具有质量保障能力的供应商，将成为满足消费者个性化需求的关键，并为众多不同领域、层级的合作伙伴提供定制化的零部件支持。

2. 产品形态

未来使用新能源、充分网联的智能汽车将成为所有汽车技术集成的载体，代表着全新的汽车产品形态和汽车产业的战略制高点。未来智能汽车将成为物联网的典型连接节点，是大数据等新兴技术的重要应用载体，成为智能交通的重要组

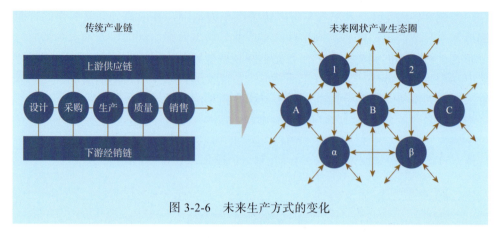

图 3-2-6　未来生产方式的变化

成部分，并作为基本的移动工具支撑智慧城市建设。汽车智能化带来的变化如图 3-2-7 所示。智能汽车将逐步由交通工具发展成为人类的伙伴，并从三个方面来实现汽车对人的最大化延伸。其一，帮助人，未来智能汽车将成为人类的帮手，如可以自己去找停车场、充电站、洗车店，甚至帮助订餐、订票；其二，解放人，主要是实现自动驾驶，其目的是节省驾乘者的体力、精力和时间，同时也可以实现车辆在无人情况下的自由移动；其三，理解人，未来的智能汽车将充分感知甚至预测驾乘人员的需求和情绪，提供伙伴式的对话和关心，从而更好地帮助人和解放人。最终，智能汽车将成为更高效、更便捷、更安全、更节能的自由移动方式和综合解决方案，并由此构建起绿色和谐的智能汽车社会。

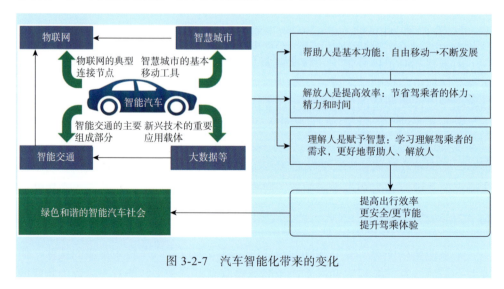

图 3-2-7　汽车智能化带来的变化

3. 合作模式

当前在全球范围内，外部"新"力量跨界进入汽车领域已成为趋势，特别是众多IT强企表现得非常积极。汽车产业的合作将不再局限于传统的整车企业和零部件企业，具备互联网思维和先进信息技术的IT企业也将参与并推动汽车产业发展，如图3-2-8所示。三方企业各有其核心优势，传统企业可以提供汽车产品和零部件，构成信息化、智能化技术的载体；IT企业则可提供车联网、大数据平台、智能技术等的支持。三大类企业开展跨界合作与竞争，将改变未来汽车产业的格局。

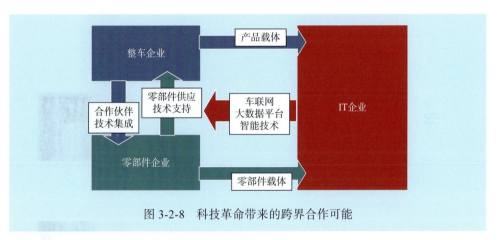

图 3-2-8　科技革命带来的跨界合作可能

4. 商业模式

信息化、智能化技术在汽车产品上的普及和应用，为诞生全新的商业模式创造了可能。其中，车联网和自动驾驶技术走向成熟，将有力推动共享经济在汽车领域的发展，而汽车共享也将为自动驾驶的智能汽车提供全新的使用模式和市场机会。预计汽车共享的程度将与自动驾驶技术的发展水平相匹配。实际上，汽车共享并不是新的概念，当前各种P2P（peer to peer，个人对个人）租车、拼车、专车、汽车租赁，甚至包括出租车等都带有汽车共享的性质；接下来，基于现有的自动驾驶技术，"人上车后自己驾驶、下车后车辆自动驾驶"的初级汽车共享模式已经可以应用；而未来具备完全自动驾驶能力的智能汽车，将使全天候的汽车共享成为可能，真正实现汽车使用的"理想主义"，即无须拥有、按需使用、随用随叫、随用随还。这种"轻拥有、重使用"的新型汽车文化将显著提高汽车的利用率，从而兼顾百姓用车需求和节约型汽车社会建设。

2.2.3　核心技术成为把握重大历史机遇的关键

全球新一轮科技变革引发的产业重构期和我国建设制造强国的关键攻关期形

成了历史性交汇，未来汽车产业和产品也将与现在大不相同，从而为后来居上创造了更大可能。为把握这一前所未有的战略机遇，我国汽车产业必须加紧部署，加大力度弥补硬性短板，加快行动形成多方合力。在这其中，掌控核心技术是至为关键的重要因素之一，如图3-2-9所示。

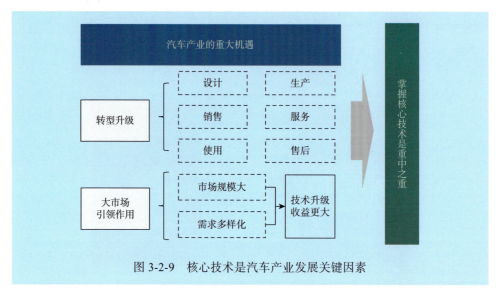

图 3-2-9　核心技术是汽车产业发展关键因素

中国汽车产业的发展机遇主要体现在两方面。第一，全球制造业向"智能制造"体系升级。汽车的设计、生产、销售、使用和服务全过程，包括相关的管理、维护、备件、回收与再利用、金融、保险以及信用等都可能完全不同，新的模式中孕育着无数种可能。第二，中国大市场的引领作用日益凸显，而在把握中国消费者的需求方面，本土企业具有先天优势。中国庞大的销量规模、复杂的使用环境、不断升级的法规标准和本土消费者对新技术（如智能互联等）的青睐，使中国成为全球最为复杂多样的汽车市场，而通过技术升级满足市场需求的收益也将更大。

巨大的机遇同时也意味着巨大的挑战，如何应对挑战、把握机遇成为中国建设汽车强国乃至制造强国的关键。掌控核心技术无疑是重中之重，未来汽车产业的竞争归根到底还是核心技术的竞争，如果不能加快弥补在核心技术水平与自主研发能力方面与国外的差距，我国汽车产业的整体竞争力将不可能进入世界先进行列。同时，在转型时期，大量"新"技术将与"旧"技术发生交融和组合，产生各种不同变化。这就需要我们既加强对传统技术的持续追赶，也关注对新兴技术的不断开拓。最终，通过汽车核心技术的有效掌控、有效融合，把握最大历史机遇，占据未来的战略制高点。

2.3　问题及致因分析

在过去的十几年里，中国汽车产业取得了辉煌成绩，我国汽车产销量已稳居世界第一多年，成为名副其实的世界汽车大国。但是我国汽车工业的起步是通过国家集中投资和全方位技术引进的方式实现的，这种发展方式也决定了我国汽车产业附加值低、盈利能力弱的特点。同时，由于工业基础薄弱，我国汽车产业发展多是"粗放式"的增长，汽车产业大而不强，要发展成为汽车强国面临诸多挑战，具体来说，面临以下几类问题。

2.3.1　研发投入长期不足且分散

我国汽车研发投入总量连年提高，研发投入在营收中的占比总体上呈上升趋势，并高于全国科技投入的平均水平，但与汽车强国的跨国公司相比，仍然有差距。2015 年我国主要整车研发企业的研发费用总额不及大众公司的 1/3。

2.3.2　核心技术有待持续突破

我国汽车产业"以市场换技术"的发展道路并不太成功，无论是零部件生产，还是合资企业的整车制造，核心技术和工艺均掌握在跨国公司手中。尽管近几年我国汽车产业的整体技术水平得到显著提升，关键技术领域也取得突破，但与国际先进水平仍有差距，核心技术方面掌握不足，有待持续突破。

节能汽车方面：燃烧系统、低摩擦、热管理系统技术相对落后，液力变矩器、双离合器、液压泵、电磁阀等核心零部件研发能力不足，低滚阻轮胎开发能力欠缺，能力管理技术水平低。

纯电动和插电式混合动力汽车：整车驾驶性能和振动与噪声（noise vibration and harshness，NVH）的控制还需进一步提升，整车可靠性控制以及成本控制也有待提升；混合动力专用发动机、高集成机电耦合装置、电机系统等核心零部件可靠性和成本控制方面也有一定差距，在整车及关键零部件的批量化生产、品质控制等方面还有待提升。

国产薄膜电容、电流传感器实现了规模化应用，功率密度为 5~8 千瓦 / 升，与国际先进水平有差距；在国外开展的下一代半导体器件研发方面，我国尚处于起步状态，需要注重进行高温电力电子等基础理论研究，在碳化硅半导体材料、功率器件和控制器等技术方面展开工程开发。

我国充电基础设施在功率模块、电子芯片、漏电保护器和安全防护等方面与欧美发达国家和地区尚有差距；充电接口和充电系统在兼容性方面存在不足、无线充电技术需进一步提升、充电基础设施与智能电网的互联互通方面还需要进一步验证。

智能网联汽车：我国部分高校、科研院所和企业在环境感知、人的行为认知及决策、基于车载和基于车路通信的驾驶辅助系统方面的研究开发取得了积极进展，并开发出无人驾驶汽车演示样车，但还需要进一步的设计开发。

2.3.3 知识积累不足，资深科技人才不足

我国汽车技术的知识积累时间短，基础薄弱与国外对比差距较大。技术知识的积累没有速成的路径，需要踏实地努力，逐步地沉淀，我国知识积累时间较短，需要长期持续地开展知识积累。

2.3.4 创新体系有待完善

关联度低：产学研相结合的程度偏低，大学和科研机构向企业进行成果转化率低，国家实验室等科技资源向产业界的开放程度低。

市场失灵：仅仅依靠市场力量，在大投入、投资回收期长、高风险的基础研究和重大关键共性技术领域的投入不足。

角色缺位：一是国家级、公立、非营利性汽车科研机构的长期缺位（非营利性科研机构是欧盟、美国、日本等发达国家和地区的三大科研支柱之一）；二是承担创新项目具体管理的专业机构/组织的缺位。

2.3.5 基础、共性和前瞻性研究有效供给不足

大学、非营利性科研机构、企业是构筑国外发达国家汽车科技创新体系的三大支柱，完全或主要由政府部门支持的非营利性机构在汽车相关的基础研究和开放实验室等公共服务平台等方面发挥重要作用，而我国体制改革中，科研院所都转化成了企业，从而导致汽车基础研究和前瞻性研究方面的供给明显不足，同时，从基础研究到产业应用技术研究的转化过程中，还存在成果转化率低的问题。

第3章 总体思路和目标

3.1 总体思路

紧抓机遇，以新能源汽车和智能网联汽车为主要突破口，以能源动力系统升级转型为重点，以智能化水平提升为主线，以先进制造和轻量化等共性技术为支撑，全面推进汽车产业的低碳化、信息化、智能化和高品质。

节能汽车、新能源汽车及智能网联汽车已被确定为我国汽车产业的发展重点。新能源汽车包括纯电动汽车、插电式混合动力汽车及燃料电池汽车，其中，动力电池汽车又处于关键地位。同时，汽车制造技术和轻量化技术作为两项共性基础技术，也具有重要价值。根据汽车各项技术的内涵、特点及相互关系，确定了以下 7 个汽车技术重点发展方向，形成 1+7 的技术发展体系（1 项总体技术 +7 项专题技术）（图 3-3-1）。

1. 节能汽车技术

在可预期的未来，传统内燃机汽车仍将占据汽车产品的主要份额，因此节能汽车是未来汽车产品的重要形态之一，也是汽车产业降低能源消耗、减轻环境污染、最终实现低碳目标的重要保障。

2. 纯电动汽车和插电式混合动力汽车技术

新能源汽车有助于国家能源结构调整，最终确保汽车产业的绿色和谐发展，代表了未来汽车的发展方向。当前，纯电动汽车和插电式混合动力汽车是已经产业化推广的两类重要产品，也是未来 10~15 年内新能源汽车逐渐成为汽车产品主流的关键所在。

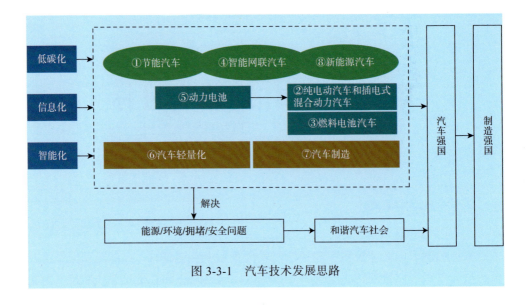

图 3-3-1　汽车技术发展思路

3. 燃料电池汽车技术

燃料电池汽车具有零排放、零污染的特点，是氢能清洁能源应用的重要领域之一，代表着人类能源结构"脱碳入氢"的发展方向。

4. 智能网联汽车技术

智能网联汽车是新一轮技术变革和产业重构背景下，打造全新智能汽车生态圈的核心，也是实现汽车产业与技术转型升级的重要支撑。

5. 动力电池技术

支撑纯电动汽车和插电式混合动力汽车的核心是动力电池，其技术进步和性能水平直接决定新能源汽车的续驶里程、使用寿命、成本等关键指标，是新能源汽车普及推广的关键要素。

6. 汽车轻量化技术

减轻车辆重量意味着在汽车行驶过程中可直接节省大量能量，同时汽车行驶过程中所受到的阻力也与车辆重量相关。作为共性基础技术之一，汽车轻量化是有效降低能耗及排放的重要途径。

7. 汽车制造技术

作为节能汽车、新能源汽车、智能网联汽车的共性基础，汽车制造技术是有效打造未来汽车产品的前提。同时，汽车制造过程中的低碳化、信息化、智能化技术应用，也是未来汽车技术发展的重要方向。

我国应沿着上述 7 个重点发展方向，加快推进相关关键技术的不断进步，以最终解决能源、环境、拥堵与安全问题，支撑中国汽车产业向着强国目标不断迈进。

3.2　发展原则

1. 战略引领、稳步推进

发展汽车技术、实现核心技术突破是一项长期而艰巨的工程，汽车强国都有本国的汽车技术发展战略，以期引领汽车产业拥有持续的核心竞争力、长期占据优势的竞争地位。我国更应该制定合理的汽车技术发展战略，发挥中国政府强大的组织能力，把握制造强国的战略机遇，分步骤、有计划地提升汽车产业技术，实现核心技术的突破。

2. 市场主导、政策引导

核心技术在研究开发时期需要良好的政策环境和资金支持，国家应通过制定引导性的政策，将政产学研等社会各方资源结合在一起，同时充分发挥市场的资源配置作用，引导企业和机构进行核心技术的突破。

3. 创新驱动、开放合作

在加快推进我国汽车产业技术发展的过程中，要坚持创新驱动，采用自下而上的方式，凝聚产业界的科技创新需求，整合国家优势的创新资源，推动产学研联合攻关和关键核心技术突破。在推动创新的过程中，要坚持开放合作的原则，合纵连横，利用好国际国内创新资源，推动汽车产业技术融合创新。

4. 重点突破、协调发展

发展汽车技术是一项体系庞大的系统工程，依据技术路线图，选择重点领域和环节，加强核心技术攻关，在关键技术方面率先取得突破。同时，也要认识到汽车电子、动力总成、轻量化、安全、NVH 等共性关键技术对汽车发展的重要性。汽车技术水平的全面提升需要依托共性技术的发展，一定要做到统筹兼顾、协调发展。

3.3 发展目标

3.3.1 战略目标

在制造强国战略的指引下，在《汽车产业中长期发展规划》的部署下，结合全球汽车技术"低碳化、信息化、智能化"的发展趋势，依据"战略引领、稳步推进，市场主导、政策引导，科技支撑、创新驱动、开放合作，重点突破、协调发展"的原则，按至 2030 年的 12 年间（3~5 个车型研发周期），选取最能体现主要领域持续进步的表征性指标，提出我国汽车技术发展的战略目标，如图 3-3-2 所示。

图 3-3-2 汽车技术发展战略目标

1. 节能汽车技术

推动汽车低碳化方向发展进程，通过技术进步和重点产品的推广，汽车产业碳排放总量先于产业规模，在 2028 年率先达到峰值。

2. 新能源汽车技术

在稳步提升的新能源汽车技术支撑下，新能源汽车逐渐成为市场上的主流产品，汽车产业初步实现电动化转型。

3. 智能网联汽车技术

智能网联汽车技术不断发展，产生了一系列原创性科技成果，并得到了有效普及应用，使我国在该领域能够逐渐引领全球趋势。

4. 技术创新体系

培育并完善汽车技术创新价值链，使技术创新体系基本成熟，使我国汽车产业持续创新能力具备国际竞争力。

3.3.2　发展目标

1. 节能汽车技术发展目标

到 2020 年，乘用车新车平均燃料消耗量降至 5.0 升 /100 千米，商用车新车燃料消耗量接近国际先进水平，节能汽车年销量占比超过 30%。掌握混合动力、先进内燃机、高效变速器、汽车电子等汽车节能关键核心技术。

到 2025 年，乘用车新车平均燃料消耗量降至 4.0 升 /100 千米，商用车新车燃料消耗量达到国际先进水平，节能汽车年销量占比达到 40%。提升动力电池、驱动电机、高效内燃机、先进变速器、商用车混合动力技术等核心技术的工程化和产业化能力，形成从关键零部件到整车的完整工业体系和创新体系。

到 2030 年，乘用车新车平均燃料消耗量降至 3.2 升 /100 千米，商用车新车燃料消耗量同步国际领先水平，节能汽车年销量占比达到 50%。重点开展新型燃烧、低摩擦、废热能量回收等前沿节能技术的前瞻研究。

2. 纯电动汽车和插电式混合动力汽车技术发展目标

2020 年，初步建成以市场为导向、企业为主体、产学研用紧密结合的新能源汽车创新与产业体系。纯电动汽车和插电式混合动力新能源汽车年销量占汽车行业总销量的 7% 以上；打造明星车型，进入全球销量排名前十；动力电池、驱动电机等关键系统达到国际先进水平。建设大于 1.2 万个充换电站，大于 500 万个充电桩，建立若干个具有一定规模的无线充电试验示范区域，完成商业化实用性验证。

2025 年，形成自主且完整的产业链，纯电动汽车和插电式混合动力新能源汽车年销售占汽车行业总销量的 15% 以上；自主品牌纯电动和插电式混合动力汽车产品技术水平与国际同步，拥有在全球销量进入前五的一流整车企业，动力电池、驱动电机等关键系统实现批量出口；建设大于 3.6 万个充换电站，大于 2 000 万个充电桩，完成纯电动汽车和插电式混合动力汽车、融合风光发电的智能电网的整体联网区域试点，无线充电技术完成较大规模示范。

2030 年，新能源汽车自主产业链进一步完善，纯电动汽车和插电式混合动力新能源汽车年销量占汽车行业总销量的 40% 以上；自主品牌纯电动汽车和插电式混合动力汽车在国内市场占绝对主导地位，主流自主企业的关键技术国际领先，培育具有国际领先水平的零部件企业。建设多于 4.8 万个充换电站，多于 8 000 万个充电桩，全面实现纯电动汽车和插电式混合动力汽车、智能电网与智能社区的联网运行。

3. 燃料电池汽车技术发展目标

发挥产学研用联动优势，突破关键技术瓶颈问题，建立健全氢能燃料电池产业链，实现燃料电池汽车的大规模产业化发展。

2020 年，实现氢能及燃料电池汽车的规模化示范运行，示范车辆达到 5 000 辆；2025 年，实现氢能及燃料电池汽车的推广应用，商用车达到万辆规模，乘用车规模达到 5 万辆；2030 年，实现氢能及燃料电池汽车的大规模推广应用，燃料电池汽车规模超过百万辆。

4. 智能网联汽车技术发展目标

到 2020 年，初步形成以企业为主体、市场为导向、政产学研用紧密结合、跨产业协同发展的智能网联汽车自主创新体系。初步建立智能网联汽车标准法规体系、自主研发体系、生产配套体系，掌握乘用车及商用车智能驾驶辅助系统关键技术，制定中国智能网联汽车数据安全技术标准。DA（汽车驾驶辅助）、PA（部分自动驾驶）、CA（有条件自动驾驶）新车装备率超过 50%，网联式驾驶辅助系统装备率达到 10%。启动智慧城市相关建设，汽车交通事故减少 30%，交通效率提升 10%，油耗与排放分别降低 5%。

到 2030 年，基本建成面向乘用车与商用车的自主智能网联汽车产业链与智慧交通体系。建立较为完善的智能网联汽车标准法规体系、自主研发体系、生产配套体系及产业群，掌握自动驾驶系统关键技术，拥有供应量在世界排名前十的供应商企业1家；实现汽车全生命周期的数字化、网络化、智能化，基本完成汽车产业转型升级，智能网联汽车实行国家信息安全强制认证。汽车DA、PA、CA、HA（高度自动驾驶）/FA（完全自动驾驶）新车装备率达80%。汽车交通事故减少80%，普通道路的交通效率提升30%，油耗与排放均降低20%。

5. 动力电池技术发展目标

到2020年，为动力电池技术提升阶段。新型锂离子电池实现产业化。能量型锂离子电池单体比能量达到350瓦时/千克，能量功率兼顾型动力电池单体比能量达到200瓦时/千克。动力电池实现智能化制造，产品性能、质量大幅度提升，成本显著降低。

到2025年，为动力电池产业发展阶段。能量型电池单体比能量达到400瓦时/千克以上，动力电池产业发展与国际先进水平接轨。

到2030年，为动力电池产业成熟阶段。新体系电池实现实用化，电池单体比能量达到500瓦时/千克以上，成本进一步下降。动力电池技术及产业发展处于国际领先水平。

6. 汽车轻量化技术发展目标

通过轻质材料的广泛应用，以及轻量化结构设计的深入和轻量化制造的研究与推广，提高汽车先进高强钢、超高强钢和轻质材料的使用量。

到2020年，强度600兆帕以上的AHSS（advanced high strength steel，先进高强度钢）钢应用达到50%，铝合金单车用量达到190千克，镁合金单车用量达到15千克，碳纤维有一定使用量。

到2025年，第三代汽车钢应用比例达到白车身重量的30%，铝合金单车用量达到250千克，镁合金单车用量达到25千克，碳纤维使用量占车重的2%。

到2030年，2 000兆帕级以上钢材有一定比例应用，铝合金单车用量达到350千克，镁合金单车用量达到45千克，碳纤维使用量占车重的5%。

7. 汽车制造技术发展目标

2020年之前，汽车制造技术国际竞争力进一步巩固；实现后工程不良品率比2015年下降25%，全员劳动生产率年均增长7.5%，单位GDP能耗水平比2015年下降20%。

2025年之前，汽车制造技术自主创新能力大幅提高，节能与新能源汽车制造技术能够引领世界发展；实现后工程不良品率比2015年下降45%，全员劳动生产率年均增长 6.5%，单位 GDP 能耗水平比 2015 年下降 35%。

2030 年之前，汽车制造技术达到国际先进水平；初步进入世界汽车制造强国阵营；实现后工程不良品率比 2015 年下降 65%，全员劳动生产率年均增长 6.5%，单位 GDP 能耗水平比 2015 年下降 50%。

3.4 发展路径

汽车技术涉及要素广、关键领域多、相互影响强、发展变数大，因此，必须准确识别关键技术领域及其相互关系，才能有效指引汽车技术的重点攻关和全面推进，最终顺利实现前述的总体发展目标。下面根据 1+7 技术体系进行发展路径的描述。

3.4.1 节能汽车

节能汽车技术主要包括发动机技术、传动系技术、整车技术、混合动力技术等方面。在节能乘用车方面，需要大力发展节能汽油机乘用车和混合动力乘用车降油耗技术。提高发动机热效率、优化动力总成及整车匹配、降低传动损失、减少整车能量损耗是提高汽油乘用车燃油经济性的主要方向。发动机专用化、混合动力系统效率提高是改善混合动力汽车燃油经济性的主要发展方向。在节能商用车方面，提高柴油机热效率、降低整车能量损耗和混合动力是研究的主题。

3.4.2 纯电动汽车及插电式混合动力汽车

纯电动汽车方面，为了实现续航里程和低能耗的发展目标，更好地满足用户使用需求，需要持续提高动力电池能量密度和电驱动系统效率，开发专用电动化底盘平台，以减少整车能量损耗、降低整车整备质量和成本。

在插电式混合动力汽车方面，应优化混合动力系统构型，开发与车辆传感、导航信息、地理信息和智能交通系统相结合的整车预测控制技术，提高动力系统的集成设计能力，实现电驱动系统效率提升和整车能耗降低。

为了促进纯电动汽车和插电式混合动力汽车的推广应用，充电速度需要不断提高，大幅度缩短充电时间；并且使车辆、充电设施及智能电网实现互联互通，提高充电的方便性，促进纯电动汽车和插电式混合动力汽车大规模应用后的电力资源合理利用。

3.4.3 燃料电池汽车

燃料电池汽车总体发展路径是通过 3 个五年的技术研发、示范考核和领域推广，开展燃料电池关键材料技术、电堆技术、系统集成与控制技术、动力系统开发技术以及制氢储氢运氢等基础技术研究，掌握燃料电池汽车的设计与集成技术，完善包括燃料电池电堆及关键材料、燃料电池系统及核心部件、燃料电池汽车及关键零部件、氢能供应基础设施在内的完整的技术链与产业链，实现构建面向未来的清洁、低碳、高效燃料电池汽车研发和应用体系的整体发展目标。

3.4.4　智能网联汽车

加速发展感知、定位、通信技术，并且以之为主要基础支撑，同步发展多源信息融合技术，与整车控制相结合，实现智能系统整车的协同控制。推进智能网联汽车相关标准的出台，尽早布局核心零部件的基础研究、开发和生产，占领智能网联汽车这一新领域的制高点。以智能网联汽车需求为出发点，推动智能网联汽车相关其他领域的基础研究、技术开发和产品开发；推动道路交通等设施向信息化和智能化发展，为智能网联汽车营造合适的生态环境。

3.4.5　动力电池技术

为了满足我国新能源汽车发展的需求，需持续提高动力电池比能量，降低成本。主要的实现方式包括提升现有体系电池的技术水平，加大新体系电池的研发，提升关键材料及关键装备水平，着力提高电池的安全性、使用寿命和品质的一致性，加速动力电池标准体系建设和电池回收再利用技术研究。

3.4.6　汽车轻量化技术

汽车轻量化是材料技术、制造技术与结构设计技术集成的综合工程，包括轻质材料的应用、新的制造技术和工艺，以及先进的结构优化或设计方法。体现在产品结构、材料和制造的三个方面，即大力推进高强度钢、铝合金、镁合金、工程塑料、复合材料等在汽车上的应用。加大对应高强度钢板的包括成形、焊接等制造技术的投入。研究铝合金、镁合金、复合材料等汽车部件的生产工艺技术，研究不同材料部件的连接技术，推进商品化应用，就乘用车产品而言，按汽车结构组成上分解轻量化的次序是车身、底盘、动力系统、油箱和电池等附件。相比而言，车身是最大最重的汽车部件，是在整车上部的大总成，是轻量化汽车部件的首选，车身轻了，作为承载车身的底盘系统也就不需要那么强，可以设计得小一点，车身底盘轻了，动力需求也小了，动力系统可以小型化，油箱和电池等附件也可变小或变少，从而就实现了越来越轻的良性循环。

3.4.7　汽车制造技术

为了实现制造技术的发展目标，满足高品质汽车生产的需求，需要在传统制造技术、新材料制造技术、新总成及零部件制造技术、智能化制造技术等方面实现快速提升。

传统制造技术是汽车制造的基础,大部分零部件采用传统技术制造,进一步提高传统制造技术水平是提高汽车品质的基本需求。随着汽车轻量化设计的逐步推进,新材料的应用种类和应用量将逐步提升,新材料制造技术的重要性也将逐渐显现。随着新能源汽车的发展,新总成和零部件对制造技术提出了新的需求和挑战,是未来汽车制造技术发展的重要方向之一。同时,随着信息化和智能化的发展,定制化等商业模式的出现会使我国汽车产业对智能制造的需求更加迫切。

第4章   重点任务

基于我国汽车技术发展的战略目标，统筹考虑国内外汽车技术差距、国家经济社会发展需求及传统产业与新兴产业的融合发展，围绕重点突破基础技术、逐步掌控关键核心技术、新能源汽车技术与国际接轨、全面实现信息化与智能化的基本思路，分别研究并确定了节能汽车、纯电动汽车和插电式混合动力汽车、燃料电池汽车、智能网联汽车、动力电池技术、汽车轻量化技术和汽车制造技术等七个领域的重点任务。

4.1   节能汽车

为应对日益严峻的能源环境挑战，全球汽车节能水平不断提升。我国乘用车和商用车新车油耗虽持续下降，但与国际水平仍有差距，长期存在核心技术掌握不足、先进技术研发滞后等问题。

目前乘用车发动机以汽油机为主，多采用气道喷射和可变气门正时技术。燃烧系统、低摩擦、热管理等技术相对落后，汽油机有效热效率普遍低于36%。AT、CVT、DCT、AMT、MT等多种变速器同步发展，在多档化、高效化、自动化等方面依然存在差距，液力变矩器、双离合器、液压油泵、电磁阀等核心零部件研发和生产能力依然不足。整车风阻系数在0.32~0.36，低滚阻轮胎开发能力欠缺，能量管理技术应用尚处于初级阶段。混合动力乘用车产销规模依然较小。

商用车发动机以柴油机为主，替代燃料发动机份额很小。商用车柴油机以电控共轨、增压中冷产品为主，同时已掌握可变增压、废气再循环等技术。柴油机有效热效率普遍在42%~43%。国内厂商具备变速器开发和生产能力，效率约为92%~95%。商用车低风阻、低滚阻、能量回收技术应用较少，整车油耗相对较高。客车混合动力技术较为成熟，但是载货车混合动力技术研发和应用很少。

从前述的我国汽车技术总体发展目标看，在未来发展预期内，每年都有2 200~3 000万辆以内燃机为主要动力系统的新车大规模投放市场，因此加快提升汽车节能技术整体水平、加大优于当期油耗水平的节能汽车占比，对我国汽车产业节能减排具有重要作用。

节能汽车技术领域的重要任务如下。

4.1.1　先进内燃机燃烧机理研究

建立燃烧基础研究平台，以提高发动机燃烧效率为中心，开展燃烧规律的相关影响因素研究，精益燃烧系统方案。探索高压缩比燃烧、稀薄燃烧、低温燃烧等高效率燃烧模式，为产品开发提供技术平台保证。

4.1.2　自主控制系统开发

随着汽车智能化、信息化进程的加快，对控制系统软硬件的自主开发需求日益提高。目前，国内自主整车多采用国外供应商的控制系统软硬件，在提升品牌形象、实现差异化竞争等方面严重制约着自主产品发展。在现有主要基于脉普（MAP）控制的基础上，大力开展基于模型、具有神经网络自学习功能的控制及车载诊断（on-board diagnostic，OBD）策略，同步开发相应的电子控制器硬件，实现电子控制系统的自主掌控。

4.1.3　全可变气门技术

通过对全可变气门技术（voriable valve actuation，VVA）特征的分析，研究并提出全可变气门系统的结构及控制方法，规避现有专利，最终实现在整机上的商品化应用。

4.1.4　废热能量回收技术

发动机废热能量超过总能量的 30%，因此废热能量回收是目前最具潜力的发动机节能技术，国外已处于整车验证阶段。加强废热能量回收核心零部件技术研究，包括热电材料、换热器、膨胀机、工质泵等，尽快实现产业化。重点开发汽油机热电回收技术和柴油机朗肯循环回收技术。

4.1.5　发动机热管理技术

通过结构优化、电动附件应用和控制系统升级开发，逐步提高发动机热管理水平，实现油耗的降低。

4.1.6　变速器自动化、高效化及核心零部件技术

为实现节能效果的不断提升，变速器多档化、自动化、高效化等技术的研究需要持续开展，同时对自动变速器的液力变矩器、离合器、液压油泵、电磁

阀、液压阀体、高效执行机构等零部件进行重点研究，攻克制造工艺难题，实现产业化。

4.1.7　低摩擦技术

深入研究摩擦机理，研究材料、结构及表面技术对摩擦的影响。重点开展摩擦材料的基础特性、涂层、配合、润滑脂特性等多方面的研究。

4.1.8　增压器与应用技术

创新增压理念，提高增压器结构设计和制造技术水平，探索集成发电及电动功能的机电耦合增压器技术，提升整车动力性、经济性和驾驶性。

4.1.9　先进燃油喷射系统研究

燃油喷射系统是发动机的核心部件，也是最重要的系统，对发动机燃烧放热过程起着关键性作用。因此，需大力发展高压喷射、多次喷射、可变速率喷射技术，提高行业工艺和精密制造水平，实现产业化应用。

4.1.10　48 伏系统开发

研究 48 伏电机及其控制器一体化技术，开发高度集成的电机总成［比功率 ≥ 1.5 千瓦 / 千克，集成式功率单元功率密度 ≥ 11 千瓦 / 升（含散热器）］；研究 48 伏电机与传动系的集成技术，实现 12%~15% 的整车节油效果。

4.1.11　混合动力发动机技术

针对混合动力发动机工况特点，需要开发专用的燃烧系统，以实现常用工况效率的最高化，降低整车油耗；针对频繁起停的工作条件，需要进行起停控制策略开发，以降低排放和油耗，提高可靠性。

4.2　纯电动汽车和插电式混合动力汽车

发展纯电动汽车和插电式混合动力汽车是我国汽车产业缓解石油压力、实现环境友好、促进转型升级的重大任务，目前在整车、关键零部件和充电基础设施等重要技术领域都取得了较大进展。

在整车方面，我国纯电动和插电式混合动力汽车部分产品的动力性和经济性等性能指标已与国外公司产品不相上下，整车驾驶性能和振动与噪声的控制还需进一步提升，整车可靠性控制及成本控制也有待提升；混合动力专用发动机、高集成机电耦合装置、电机系统等核心零部件可靠性和成本控制方面与国外先进水平相比还有一定差距，在整车及关键零部件的批量化生产、品质控制等方面也有待提升。

在驱动电机方面，基本掌握了先进的电磁设计技术，驱动电机的功率密度、效率等技术指标与国际水平基本接近，峰值功率密度 2.8~3.0 千瓦 / 千克，效率 ≥ 93%，最高转速达到 12 000 转 / 分钟。电机控制器的焊接式封装技术已基本掌握，国产薄膜电容、电流传感器实现了规模化应用，功率密度为 5~8 千瓦 / 升，与国际先进水平有差距；在国外开展的下一代半导体器件研发方面，我国尚处于起步状态，需要注重进行高温电力电子等基础理论研究，在碳化硅半导体材料、功率器件和控制器等技术方面展开工程开发。

在充电技术和设施方面，我国研发了交流慢充、直流快充等关键设备和运营平台，建立了充换电设施试验检测环境；国内无线充电技术研究取得了长足进步，已有产品样机，处于装车试验阶段；电动汽车与电网互通技术、与外界环境的通信技术研究已初步开展。与国外相比，我国充电基础设施在功率模块、电子芯片、漏电保护器和安全防护等方面尚有差距；充电接口和充电系统在兼容性方面存在不足，无线充电技术需进一步提升，充电基础设施与智能电网的互联互通方面还需要进一步验证。

伴随着 2015 年 12 月巴黎气候大会的历史性突破，全球进入低碳发展新时期，新能源汽车将呈现加速发展，因此必须尽快完善我国新能源汽车产业链，促进纯电动和插电式混合动力汽车的大规模普及。

纯电动汽车、插电式混合动力汽车技术领域重点任务如下。

4.2.1　低成本、高效率混合动力总成开发技术

研究新型混合动力系统构型，开发高效率、高集成度、高性价比的机电耦合机构；研究机电耦合机构和电机的集成技术，开发结构紧凑、可靠性高、平台通用性好的新型混合动力总成。

4.2.2　动力电机与底盘集成技术

研究轮毂 / 轮边电机与底盘集成技术、线控转向和线控制动技术，开发专用化分布式驱动底盘平台；研究一体化底盘运动控制技术、分布式驱动整车控制技术及协调式制动能量回收技术。

4.2.3　纯电动汽车动力系统集成及其控制技术

研究动力电机与逆变器及减速器一体化集成技术，开发高集成度、高效率、

低成本的纯电动汽车动力系统；研究动力电池与车身地板一体化集成技术，提升动力电池系统能量密度，开发高安全、低成本的纯电动汽车专用底盘平台。

4.2.4　高性能动力电机技术

研究新型高速、高效、高功率密度电机的设计与工艺技术，液冷与密封技术、高压安全及防护技术，以及电机铁芯、永磁体、漆包绕组等材料技术，开发高性价比的电机产品及其关键零部件。

4.2.5　新型电机控制器技术

研究车用高温大电流碳化硅芯片技术、低感/高密度碳化硅模块封装技术、高温高频驱动技术及碳化硅电机控制器集成技术，开发电机控制器用大电流碳化硅芯片、高效/高密度碳化硅模块和电机控制器产品。

4.2.6　先进充电技术

研究无线充电技术、大功率快速充电技术，以及智能化、高效率双向充放电技术，研究车载能源与可再生能源发电系统、电网相融合的协调控制和智能管理技术。

4.2.7　整车智能能量管理技术

基于智能交通系统、导航信息和地理信息，开发基于路径规划的插电式混合动力汽车整车预测能量管理技术，开发基于路径规划的纯电动汽车续驶里程预估技术；基于车辆传感和车辆定位技术，开发纯电动汽车和插电式混合动力汽车智能驱动控制技术，提高动力系统工作效率和制动能量回收率。

4.2.8　纯电动汽车和插电式混合动力汽车整车控制技术

开发基于驾驶员意图识别、动力系统工作效率最优且工况适应性强的动力系统模式管理和驱动扭矩分配策略，提升整车驾驶性和经济性；开展整车功能安全和故障诊断技术开发，提升整车安全水平；开发基于 AUTOSar 和 ISO26262 要求的整车控制策略软件平台。

4.3　燃料电池汽车

燃料电池汽车具有零排放、续驶里程长、燃料加注快的典型特点，是未来汽车行业发展的重要趋势之一。同时，发展氢能燃料电池汽车，对改善能源结构、发展低碳交通具有非常显著的意义。

国际上，欧、美、日等已基本完成性能开发验证，逐步进入氢能及燃料电池产业化阶段，我国经过多年研究，取得了不小进步，但在系统功率密度、寿命及成本控制等方面，相较国际先进水平仍有一定差距。

车用燃料电池技术发展方向逐渐明确，除了燃料电池材料、电堆、系统、整车动力系统以及氢能基础设施等各产业链技术的进一步成熟、性能进一步提升外，其主要趋势表现为燃料电池的模块化和系列化、燃料电池汽车动力系统混合化、车载能源载体氢气化和来源多样化、燃料电池汽车运行规模化等。

燃料电池汽车技术领域发展重点如下。

4.3.1　新型燃料电池核心材料

新型燃料电池核心材料及燃料电池过程机理研究，包括低铂或非铂催化剂、高强度固体电解质膜、低成本气体扩散层、耐腐蚀长寿命超薄双极板等新材料过程机理、制备工艺及部件产品的研究与开发。

4.3.2　先进燃料电池电堆

基于高性能低成本膜电极（membrance electrode assembly，MEA）技术，研究燃料电池电堆传热传质、结构设计及流体仿真技术，开发高比功率、长寿命、低成本的先进燃料电池电堆产品，并形成一致性保障批产制造能力。

4.3.3　关键辅助系统零部件技术

加强空压机组件、氢气喷射与再循环泵等关键辅助系统零部件研发。开发小型化、低功率、快速响应空气压缩机，提高燃料电池系统效率与功率密度；研究高流量控制精度氢气喷射与宽适应范围循环装置，提高氢气利用率，改善系统经济性。

4.3.4　高性能燃料电池系统

开展高性能燃料电池系统性能设计、零部件集成技术及系统控制技术等关键技术研究，开发以高功率密度、长寿命为特征的分别适应于燃料电池乘用车及燃料电池商用车的系列化燃料电池系统产品。

4.3.5　创新燃料电池动力系统

深入研究以燃料电池及动力电池共同驱动的燃料电池动力系统技术平台，开发燃料电池系统、动力电池和驱动电机等关键部件的匹配与控制技术，形成创新的燃料电池动力系统技术与产品平台。

4.3.6　制氢、运氢、储氢及加氢基础设施

开发高效、低成本分布式制氢技术，加大可再生能源制氢比例；发展多种氢气储存运输形式；开发高质量储氢率、高体积储氢密度、低成本车载储氢容器及瓶阀等关键零部件；完善加氢站布局规划，为燃料电池汽车示范及批量推广提供基础设施条件。

4.4　智能网联汽车

伴随着移动互联网、智能化技术的快速发展，智能网联汽车已成为全球汽车产业的发展重点。根据各大汽车公司发布的计划，到 2025 年智能网联汽车将实现大规模商业化的推广普及，因此智能网联汽车已进入实用化的竞争发展阶段。纵观国外智能汽车发展历程和现状，都是以提高出行安全和行车效率为主要目的的。以传感技术、信息处理、通信技术、智能控制为核心，车与路、车与车协同系统与高度自动驾驶已经成为现阶段各国发展的重点，也已成为市场竞争制胜的关键因素。

从行业技术水平来看，目前欧、美、日在智能网联汽车技术领域形成了三足鼎立的局面。美国的重点在于网联化，其通过政府强大的研发体系，已快速形成了基于 V2X 的汽车产业化能力；欧盟具有世界领先的汽车电子零部件供应商和整车企业，其自主式自动驾驶技术相对领先；日本的交通设施基础较好，自动驾驶方面技术水平也在稳步推进。我国的优势在于快速发展的通信产业、完整的全球卫星导航系统和世界第一的汽车产销量水平，这些为我国智能网联汽车的发展奠定了良好的基础。

我国部分高校、科研院所和企业在环境感知、人的行为认知及决策、基于车载和基于车路通信的驾驶辅助系统的研究开发方面取得了积极进展，并开发出无人驾驶汽车演示样车。但我国发展智能网联汽车依然存在一些问题，如尚未形成国家层面的智能网联汽车发展战略、智能网联汽车领域的基础技术还十分薄弱、自主零部件企业非常弱小、行业缺乏有效协同研发机制、信息产业与汽车融合层次较浅、智能网联汽车标准法规及测试能力建设落后较多。

智能网联汽车技术发展重点如下。

4.4.1　智能网联汽车环境感知系统搭建

研发可适用于行人穿戴 / 手持电子终端的行人传感与车载接受系统；开发基于视觉的乘员状态检测系统及基于听觉的车辆机械健康监测系统；实现深度学习

算法模型优化，开发 GPU/FPGA（GPU：graphics processing unit，图形处理器；FPGA：field programmable gate array，现场可编程门阵列）嵌入式软件；研制产业化激光雷达器件。研发基于可量产化传感器的多传感器时空融合技术，突破复杂交通路况下多类交通参与者动态行为预测、态势感知；研制支持高度自动驾驶的智能域控制器，开发自动驾驶 2~4 级的高可靠产品。

4.4.2　智能电动汽车集成控制技术

建立系统动态能量方程并开展基于动态能量交换的系统耦合机理分析，建立以最小能耗为控制目标的集成控制方法和能量管理子系统架构。开展多源传感信息融合的建模与算法研究，开展集成控制架构和集成控制方法研究。建立基于模拟仿真软硬件和实车一体化的测试验证平台。开展可持续发展的智能驾驶功能模型库搭建和车载以太网规范设计。

4.4.3　车载 V2X 无线通信技术的应用

开展网络层和应用层协议研究，以及标准制定；搭建各汽车厂商之间能够实现互联互通的 V2X 无线通信系统；研发各类主动安全预警或效率类应用算法；实现 V2X 无线通信与高精度导航、定位融合的部分自动驾驶应用。

4.4.4　智能网联汽车信息安全检测与防护关键技术

基于"端-管-云"架构开展车载网络异常状态识别、车载无线通信漏洞探测、车载传感器网络可信构造、车载信息伪装与泄露等关键技术研发；针对智能网联车辆的不同等级设计信息安全保护框架和防护机制。基于智能网联汽车信息安全模型、检测机制和防护体系研发不同防护等级的安全网关产品；通过不同典型应用场景进行安全网关产品的示范运营并实现产业化。

4.4.5　机器视觉深度认知技术

研究深度学习等人工智能理论在视觉认知领域的应用，实现在各种环境条件下可行驶区域识别、交通规则识别、移动障碍分类与识别、地标分类与识别。分别建立有监督学习、无监督学习及基于深度学习的跟踪技术，对复杂道路场景实现高精度的车辆、行人、非机动车、车道线等目标的检测和跟踪，为自动驾驶系统提供场景信息作为决策控制依据；进而可通过视频对没有特别标记或标记错误的道路提出符合交通规则的行驶行为建议。

4.4.6　云网一体化技术研究及应用

实现物理、虚拟网络设备统一管理；研究以虚拟网络设备作为隧道端点技术；

研究云数据中心内虚拟网络服务链技术；优化云平台网络东西向网络流量。自顶向下搭建一个可演进的、开放、共享的产业生态环境。建立车辆通信终端标准、数据平台接口与协议标准、网联数据规范、公共服务标准与规范、应用平台接口与权限标准，以满足智能网联汽车信息安全的需求。

4.4.7 智能网联汽车测试评价体系与测试环境建设

研究智能网联驾驶功能的测试方法和技术，制定科学完整的智能网联汽车测试评价标准；建设符合中国区域特色的智能网联汽车专用试验场；建设智能网联汽车示范区；研究智能网联汽车功能、性能、运营模式、基础设施等。研究建成我国智能网联驾驶标准体系框架与关键技术标准。重点推动 V2X 互联协议、自动驾驶等级认证、信息安全规范等标准的研究。

4.4.8 动态高精度地图综合研究

全面收集地理、气候、道路、车辆和行人的实时动态数据，包括位置、交通及预测信息等，在静态高精度地图基础上，实现驾驶外部环境的真实、详尽和实时表达。研究基于北斗和机器视觉的高精度定位技术，高精度地图数据、高精度定位位置数据及多传感器观测数据的存储管理及融合处理，以及在复杂道路工况及恶劣天气下的试验、测试和评价。

4.5 动力电池技术

动力电池是新能源汽车的核心总成，关系到新能源汽车的动力性、经济性、续驶里程及安全性等。目前动力电池仍然是制约新能源汽车规模普及应用的关键技术瓶颈之一。

动力电池的关键技术为电芯，我国动力电池关键材料基本上实现了国产化，形成了上下游相对完整的产业链，但材料的总体技术水平与国外还存在一定差距，尤其是高性能动力电池正极材料及高端隔膜方面；国内开发的锂离子电池单体单个技术指标与国外先进水平相当甚至更优，但产品性能、安全性和寿命等综合指标还有待提高。我国缺乏动力电池制造相关的自动化生产技术、高精度制造装备及品质保证技术，导致电池产品的安全性、一致性、制造成本较国外还有一定差距；在电池管理系统开发及系统集成方面投入较少，系统级别的可靠性、安全性还有待进一步提高；动力电池测试评价及标准体系方面以法规测试验证为主，缺少机理层面的测试分析标准。

动力电池的发展仍以保证电池可靠性和安全性，提高电池比能量、比功率，降低成本为主要目标。实现现有锂离子电池的性能升级，研发新型锂离子电池和新体系电池，提升动力电池智能制造水平，研发动力电池回收再利用技术，是目前动力电池主要的发展方向。

动力电池技术发展重点如下。

4.5.1 动力电池新材料新体系

开展锂硫电池、全固态电池、金属空气电池等下一代电池技术的研究。研究开发具有良好导电性和稳定性的正极材料。制备高安全性、高稳定性、循环性能好的金属合金负极。开发高电导、宽化学窗口和高热稳定性的新型液态电解质、聚合物固体电解质和无机硫化物固体电解质。研究新体系电池设计及制备工艺。

4.5.2 动力电池安全性及长寿命技术

探究电池热失控机理、热失控诱因和电池最大产热来源，开发具有针对性的安全技术，显著提高电池单体安全性。研究高比能量电池寿命失效机制。研究抑制正负极材料及电极结构劣化技术。研究新型正负极材料体系电池的长寿命电化学匹配技术等。

4.5.3 动力电池设计及仿真技术

研究电池单体设计开发技术。基于电化学模型，研究电池单体电、热耦合仿真技术及寿命、安全性仿真技术。开展电池单体及电池系统在全寿命周期下的整车等效使用仿真技术研究。

4.5.4 动力电池及其关键材料产业化技术研究

开发新型高比能量动力电池关键正负极材料制备技术，进行新型动力电池产业化技术研究、智能制造技术研究。

4.5.5 动力电池系统及控制技术

研究电池成组和电池控制等技术。研究动力电池不一致性演化机理和控制方法。从电池单体、电池模组、电池包几个层面开展机、电、热安全设计研究，构建电池管理系统的安全策略，基于系统安全思想，对热失控原理、过程和防控方法开展系统性研究，开展基于整车需求的电池包设计、电池系统安全性在线监测、安全策略集成、安全性测试验证等。

4.5.6　动力电池测试分析技术及标准体系

研究动力电池关键材料、单体电池的测试评估技术，研究电池老化过程中的电池性能衰减机理、研究电池热稳定性的表征技术、研究动力电池安全性测试评价方法等。完善动力电池尺寸规格、电性能、可靠性及安全性、电池回收利用等标准体系。

4.5.7　动力电池梯级利用及资源回收技术

研究电池可靠性、安全性评估技术，以及电池使用寿命预测技术。建立电池编码制度及相关数据监测系统。研究梯级利用电池结构设计及管理系统开发。建立废旧电池分级梯次利用系统。研究专用拆解及相关材料回收设备；测试-拆解-深度破碎技术；金属元素复杂溶液提纯与循环利用。

4.6　汽车轻量化技术

汽车行驶时要克服四种阻力，其中的三种（滚动阻力、坡度阻力和加速阻力）与重量成正比，按使用环境，市区行驶有 92%、郊区行驶有 55%、高速路行驶有 30% 的阻力与重量相关。因此，汽车减重（轻量化）也是节能减排的重要举措。一般说来，汽车每降重 10%，可节油 6%~8%。按欧洲和中国的汽车油耗评价方法，对于乘用汽油车，每降低 100 千克，最大有节油 0.39 升 /100 千米的潜力。

综合考虑汽车的尺寸和主要性能，用整车轻量化指数来比较，我国乘用车与日系相差 11.8%，与韩系相差 7.9%，与美系相差 3.3%。与合资品牌相比，自主乘用车有 4.9% 的轻量化空间；自主商用重型自卸车比国外偏重约 15%，载重质量利用系数偏小 13%；牵引车的整备质量降低和挂牵比提升都有较大潜力。

从材料方面，首先是高强钢及铝合金、镁合金及碳纤维复合材料等轻质材料在汽车上的应用比例有差距。由于在原材料、模具、成形和焊接上的技术不足，在自主汽车上大于 550 兆帕的高强钢用量较少。受成本和技术的限制，国外乘用车单车平均用铝量超过 150 千克。我国不到 100 千克；单车镁合金用量欧洲为 9.3~20.3 千克，北美为 5.8~26.3 千克，我国不足 1.5 千克。碳纤维复合材料也已在国外的商品车上应用（如宝马 I3），在我国几乎为零；在结构设计与优化方面仍有余地，通过部件结构尺寸与形貌的设计优化去除冗余重量、关注部件厚度减薄和轴类件的空心化、尺寸紧凑化和部件集成化；多种材料合理组合，合适的材料用在合适的部位；加强对轻量化材料和部件工艺研究和制造技术研究。

汽车轻量化技术发展重点如下。

4.6.1　轿车车身的轻量化

方向之一是全铝车身；方向之二是钢铝混合材料车身；方向之三是以碳纤维为主的非金属车身。需要解决的问题是铝合金材料的制造，铝材／复合材料的性能测试与评价，铝材／碳纤维车身的性能（强度和安全等）模拟，模具的制造技术和不同材料的连接技术。

4.6.2　轿车动力传动的轻量化

方向之一是铝合金、镁合金或铝镁合金的气缸体或缸盖、变速器壳体等；方向之二是空心曲轴和空心凸轮轴、空心驱动轴等；方向之三是非金属（玻纤／碳纤维复合材料、工程塑料）齿轮、罩盖、机油盘、进气管、传动轴等的轻质材料的应用。

4.6.3　底盘轻量化

方向之一是线控转向和线控制动；方向之二是悬架部件中的空心稳定杆、高强钢／碳纤维复合材料弹簧、铝或复合材料（副车架／控制臂／减振器壳体）等；方向之三是陶瓷／碳纤维复合材料制动盘、碳纤维复合材料／镁合金车轮。

4.6.4　高强钢的材料与工艺提升

钢仍是汽车材料的主体，成本低于铝镁合金。加强国产汽车用钢的研究，特别是高强度钢和超高强度钢等新钢板品种，其具有更高的强度和较好的成形性，有减重性和安全性的双重优势，是汽车中承重和碰撞结构安全用件的主体。在品种和质量上进行突破，建立材料标准，建立材料性能数据库，为汽车研发的结构设计、性能分析与模拟提供支撑。进行差厚板、车身梁类部件辊压成形技术的研究与应用。

4.6.5　轻质材料的部件制作工艺研究

突破铝板（5系／6系／7系）的制造技术，形成批量生产能力，建立汽车铝板的材料标准，研究并建立和积累铝板的材料性能数据，摸索汽车铝冲压件成形与回弹及热处理特征，掌握模具制作技术，降低铝的材料成本。

提高镁合金的性能，突破镁的防腐性；扩大镁合金在汽车上的使用范围，降低成本，提高在座椅骨架、仪表板横梁等方面应用的普及率；突破镁合金在车轮上的应用。

结合汽车应用中的具体部件与结构，研究铺层方向、层数、工艺及树脂等对碳纤维复合材料的（强度、刚度等）性能的影响，降低纤维成本，提高制件效率，以满足汽车生产节拍的需求。

开展薄壁铸铁和薄壁铝合金铸件的制作技术研究，结合拓扑、尺寸、形状及形貌优化，实现精细化产品结构，降低重量，提高性能。

4.6.6　汽车轻质材料典型部件的标准化、系列化研究

统计分析汽车不同类型、不同级别车辆的典型部件的结构与工艺特征，建立汽车专用铝型材，并将其系列化，供给不同的汽车生产厂及不同级别的车型，完善辊压成形技术，根据汽车不同的部件，实施辊压型材标准化、系列化，以实现大批量生产，降低成本。

4.6.7　复合材料工艺及高效制备

加大超轻复合材料、车身用碳纤维复合材料、覆盖件用高性能工程塑料的材料及成形工艺研究，尤其是碳纤维复合材料，针对具体的汽车部件，研究结构、铺层、制作工艺及关键装备开发与应用。

探索其他轻质材料的研发及其在汽车上的应用，尤其是环境友好型材料，追求从材料的生产、部件的制作，到汽车在用户中的使用，最后再到报废回收利用的整个生命周期内的节能减排，对环境没有污染。

4.6.8　轻质材料汽车部件的设计与工艺模拟技术

车身的性能模拟，尤其是碰撞的安全模拟，对于钢制的并以点焊为主要连接形式的车身结构而言，技术较为成熟；但对于铝制、钢铝混合或复合材料的车身而言，既缺少材料性能的数据，也缺乏新的连接方式的模型简化、边界条件等相关的模型方法、计算与试验经验的修正与比对等成功案例的积累。

在传统静载工况下的拓扑优化技术的基础上，以保证车体结构抗撞性为前提，进行满足多碰撞工况下的车身结构轻量化拓扑优化技术的研究与应用。

4.7　汽车制造技术

目前我国已建立起具备大工业生产特征的较完整的工业体系，骨干车企新建厂制造技术应用水平接近国际先进水平，自主品牌新建厂制造技术应用水平接近合资公司水平。但整体水平极不均衡：老工厂制造技术普遍落后于新工厂，自主品牌汽车制造技术平均水平低于合资品牌汽车水平。制造技术自主开发能力薄

弱，基础工艺研究滞后，工艺技术创新体系不健全，关键制造装备仍然依赖合资或进口，先进汽车制造装备、生产线重复引进的现象严重。

从未来发展看，随着信息技术、网络通信技术、数字化技术、人工智能技术的发展，世界制造业由手工操作模式逐步向机械化制造、自动化制造、智能化制造模式转变。针对现状与发展需求，我国汽车制造应重点围绕以下三方面实现转型升级。

一是实现新能源汽车关键装备的突破发展。以驱动电机为例，我国自主开发的永磁同步电机、交流异步电机等已经实现了整车配套，功率覆盖 200 千瓦以下新能源汽车电机动力需求。在高性能新结构电机制造工艺方面，我国只有少数电机供应商在开发样件，而国际上已经开始批产；高端试验和关键生产设备、检验设备基本依赖进口；自动化生产线短板明显；我国驱动电机产业链不够完善，在电机控制器方面，我国电动汽车市场处于初步发展阶段，电动汽车电机控制器行业尚未形成清晰、稳定的市场竞争格局。

二是促进现有汽车制造技术和装备的优化升级。例如，铸造、锻造、涂装是汽车制造过程中三大高能耗、高污染的专业领域，我国每吨铸件的能耗比日本、德国、美国高出 1 倍，比英国也高出 20%。我国现行的铸造车间粉尘排放标准比德国低很多。我国锻压中频加热炉、热处理炉应用技术接近国际先进水平，但在能源利用效率、可靠性等方面还有差距。国内汽车涂装平均能耗是国际先进水平的 2 倍左右。汽车涂装的 VOC（volatile organic compounds，可挥发性有机溶剂）排放水平也很不均衡，乘用车车身涂装的 VOC 排放量在 10~60 克 / 米^3。

三是推动汽车产业向智能制造全面转型。汽车制造商应重点突破加工工艺数字化技术和生产线数字化与装备集成技术，构建标准化平台，将原材料供应链、整车制造生产链和汽车销售服务链三段融合，实现向数字化、智能化、智慧工厂的逐级转型。

汽车制造发展重点如下。

4.7.1　轻量化车身制造技术

超高强板复杂零件高性价比冷成形技术；超高强板复杂零件高性价比热冲压技术；铝、镁合金车身覆盖件制造技术；低成本碳纤维复合材料覆盖件制造技术；超高强钢车身框架零件热态气胀-淬火技术；铝合金车身结构件热态内高压成形技术；铝、镁合金复杂薄壁结构件压铸成型技术；钢／铝、铝／铝、铝／镁、镁／镁连接技术。

4.7.2　轻量化底盘制造技术

高强度钢零件内压成形技术；铝合金底盘结构件热态内高压成形技术；高性能铝合金汽车结构件挤压铸造技术；铝、镁合金零件半固态压铸技术；高强度铝／

镁合金件锻造及热处理技术。

4.7.3 动力总成精密制造技术

发动机全工序制造误差流建模与质量控制技术；加工工艺大数据分析与机床、刀具状态管理技术；高性能发动机核心零部件（涡轮增压器、直喷喷油器、高压共轨）制造技术。

4.7.4 新能源汽车电驱动系统制造技术

高效率、高功率密度、高性价比驱动电机制造技术；高可靠性、高功率密度、高性价比驱动电机控制器制造技术；高转速、低噪声、高性价比减速器和变速器制造技术。

4.7.5 数字化制造及优质制造技术

数字化制造技术：加工工艺数字化技术；生产线数字化与装备集成技术；数字化物流技术。优质制造技术：毛坯精密制造（精密锻造、精密铸造等）技术；充分考虑质量、成本、效率的尺寸公差设计技术；基于误差流分析和大数据分析的质量检测和控制技术；大批量生产零件质量提高与质量稳定性保证技术。

4.7.6 3D打印技术

汽车尾气处理用高性能蜂窝陶瓷的激光选区烧结制备及性能调控技术；激光3D打印整体成形汽车喷油嘴技术；3D打印成形碳纤维复合材料技术；3D打印缸体、缸盖技术；3D打印工装模具技术。

4.7.7 智能制造技术

汽车智能制造标准与技术体系；汽车智能制造车间传感物联网络与大数据平台技术；面向个性化定制的柔性制造系统规划与集成技术；虚拟现实与增强现实及其混合现实技术（VR/AR/MR）；汽车制造过程与工艺大数据技术及其应用；汽车制造智能综合管控技术；工业机器人技术及其在汽车智能制造中的应用；传感器技术。

4.7.8 绿色制造技术

节能减排铸造技术（真空压铸、挤压铸造等工艺及装备）；节能减排锻造技术（冷锻、温锻、热精锻等少无切削工艺及装备技术）；节能减排的涂装技术（无磷前处理技术、无前处理技术；干式喷漆室技术；低温、室温固化涂料技术；涂装替代技术、免涂装技术等）。

第5章　实施方案及措施建议

5.1　实施方案

5.1.1　加快推进落实《汽车产业中长期发展规划》中提出的八大工程

贯彻落实《中国制造 2025》和《汽车产业中长期发展规划》目标，组织汽车行业专业力量，加快制订"创新中心建设工程""关键零部件重点突破工程""新能源汽车研发和推广应用工程""智能网联汽车推进工程""先进节能环保汽车技术提升工程""汽车＋跨界融合工程""汽车质量品牌提升工程""海外出口工程"等八大工程实施方案，加快推进汽车产业中长期规划落地。

5.1.2　制定实施"市场反哺技术战略"

以巨大市场带来的新增税收红利每年定额安排一定创新资金，设立节能与新能源汽车创新基金，持续反哺和支持我国汽车技术竞争优势的形成。

汽车产业规模的快速壮大，带来了巨大的包括税收在内的红利，为国家支持汽车产业技术进步奠定了雄厚的经济基础（取之于汽车产业，用之于汽车产业）。

同时，我国汽车企业长期处于技术竞争的劣势地位，以及汽车产业的可持续发展问题（与能源、环保、交通的协调发展）都急需开展大规模、系统性的技术创新行动计划。

汽车产业产业链长、关联度高、就业面广、消费拉动大，是国民经济重要的支柱产业，也是国家间竞争的焦点性产业之一，国家财政资源应聚集汽车这一国民经济的引擎产业，大力支持产业技术创新。

5.1.3　创建国家创新中心的网络

推进国家汽车产业创新中心的筹建，整合和新建相结合，打造"1+N"形式的网络化、矩阵式的非营利机构——国家汽车产业联合创新中心，增强对汽车基础研究和前瞻技术研究的供给。择优支持产业技术创新联盟，充分发挥其在有效连接政、产、学、研等方面的创新网络和组织作用。参考国际经验，打造专业机构，在创新项目立项、评审、管理、验收等环节，突出权威性、专业性、专职化，并切实反映产业界创新需求。

5.2　保障措施及建议

汽车产业规模大，关联行业多，且是众多产业技术创新的集合体。有效编制实施汽车产业技术路线图，推动汽车产业由大变强，必须发挥制度优势，动员各方面力量，完善政策措施，建立灵活高效的实施机制，营造良好的发展环境。

5.2.1　成立国家汽车强国建设领导小组

建立由国务院领导任组长、有关部门参加的国家汽车强国建设领导小组，建立组织协调工作机制，统筹考虑汽车与国民经济发展、社会生活环境和相关产业间的关联和协调发展。下设若干工作组，具体负责发展战略、产业规划、技术创新、相关政策研究制定、专项实施等重大问题的组织协调。制定国家战略，系统规划，统筹部署，协同推进。

5.2.2　创新方式充分发挥财政资金的引导和杠杆效应

实施"市场反哺技术"战略，在巨大汽车市场带来的新增税收红利中，每年提出一定额度或比例的财政资金，设立国家汽车产业创新发展基金，持续反哺和支持汽车产业创新，直到汽车技术领先优势的形成和巩固。

以财政资金为引导，吸引大型企业、金融机构及社会资金参与，以市场化机制筹建国家汽车产业投资基金，发挥资金的规模效应，聚焦投向汽车电动化、智能化等汽车战略领域。

5.2.3　组建国家智能网联汽车创新中心

组建国家智能网联汽车创新中心，整合优势资源，开展前瞻性技术研究和产业化共性关键技术开发，使之成为产业技术攻关和引领产业相关技术发展的重要力量。支持并形成跨专业、跨行业、跨区域的共性技术众创平台。

5.2.4　多措并举培育优势领域与领跑者企业

结合在小排量乘用车及部分商用车方面的优势，持续培育和推动汽车优势领先的形成和进一步巩固。在节能、新能源、智能网联汽车方面，在税费、金融、重大创新项目等方面，给予领跑者企业一定的政策倾斜。

5.2.5 建立基于车辆能效的奖惩体系

在现有的 CAFC（corporate average fuel consumption，企业平均燃料消耗量）油耗管理制度中，加快推进落实与油耗 / 碳排放相关的奖惩制度；基于节能与新能源汽车的能效、技术成熟度，形成稳定的促进低碳技术发展的绿色税制，形成长期、稳定的导向。

5.2.6 加快国有汽车企业管理和考核体制改革

推进国有汽车企业机制和体制改革，建立更加适应市场经济的产权结构、决策机制、人才机制、分配机制，加快推动国有汽车混合所有制改革。完善企业业绩考核制度，在现有考核体系中，大幅增加对自主创新和产品出口的考核力度。

5.2.7 建立高品质汽车产品管理体系与技术标准体系

形成引导高品质汽车发展的管理体系。完善准入和公告管理，逐步形成宽进严出的准入政策；完善"三包"实施细则，强化汽车召回管理；加强油耗、环保、安全等生产一致性监管；形成完善的汽车技术标准体系和汽车品质评价体系。加快在汽车电动化、智能化方面的标准的编制。

第4篇
汽车政策法规发展战略研究报告

第1章 意义和必要性

1.1 定义及研究内容

1.1.1 相关定义

1. 政策法规

本报告将与汽车相关的政府政策、标准以及法律和法规统称为汽车政策法规。某些情况下，本报告将我国的国家标准、行业标准和国外的技术法规统称为标准法规。

2. 产业政策

产业政策是政府为了实现一定的经济和社会目标而对产业的形成和发展进行干预的各种政策的总和。产业政策一般以各个产业为直接对象，保护和扶植某些产业，调整和整顿产业组织，其目的是改善资源配置，实现经济稳定与增长，增强国际竞争力，改善与保护生态环境等[①]。

3. 标准

根据《中华人民共和国标准化法》中的定义，标准是指农业、工业、服务业和社会事业等领域统一的技术和管理要求。《中华人民共和国标准化法》将标准分为国家标准、行业标准、地方标准和企业标准四级。同时按标准的性质，又把国家标准、行业标准分为强制性标准和推荐性标准，强制性标准必须执行，推荐性标准自愿采用。

---

① 长谷川启之，梁小民，刘朝.经济政策的理论基础 [M].北京：中国计划出版社，1995：205.

4. 法律和法规

法律是由国家制定、认可并由国家保证实施的，反映由特定物质生活条件所决定的统治阶级（或人民）意志，以权利和义务为内容，以确认、保护和发展统治阶级（或人民）所期望的社会关系、社会秩序和社会发展目标为目的的行为规范体系[①]。法规是国务院和地方人大制定的规范性文件，包括国务院制定的行政法规，地方（省级、较大的市、经济特区所在的省或市）人大及其常委会制定的地方性法规，以及民族自治地方的人大制定的自治条例和单行条例等[②]。

法律和法规的区别在于：①两者的制定主体不同，《中华人民共和国立法法》规定，我国法律由全国人大及其常委会制定，而法规由国务院和地方人大制定；②两者的效力不同，法律的效力高于行政法规，行政法规的效力高于地方性法规。

1.1.2 研究内容

本报告首先对我国和发达国家的汽车产业政策法规现状及未来发展趋势进行分析，借鉴国外经验，对目前我国政策法规存在的问题进行梳理，指出现行政策法规在战略引导、产品准入、自主品牌发展、标准法规建设、智能网联汽车发展等方面存在的不足。再在结合我国国情的基础上提出了政策法规战略的发展原则、目标及路径。最后，根据我国汽车强国建设道路中遇到的关键性政策法规问题，提出了当前应该解决的法治化等八个方面的重要任务，以及相应的实施方案。

1.2 必要性

我国汽车产业大而不强，既有产业、社会层面的原因，也有政策法规层面的原因，其中政策法规层面的原因是主因。实施汽车政策法规战略的目的，就是要解决这些问题，保障我国汽车强国建设。

1. 政策法规能够在一定程度上弥补市场调节失灵，实现汽车产业的资源优化配置

一方面，汽车市场存在诸如外部性、信息不对称、不完全竞争等失灵的领域，仅靠市场调节，无法避免垄断、过度竞争、不正当竞争、生态破坏和环境污染、基础设施投资不足等现象的发生和蔓延。从各国推行汽车政策法规的历史经

---

① 张文显. 法理学 [M]. 北京：高等教育出版社，2007.
② 资料来源：《中华人民共和国立法法》.

验来看，政策法规能够在一定程度上弥补市场经济的这些缺陷。

另一方面，市场调节存在一定的盲目性、滞后性，因此不可避免地存在巨大的资源浪费。通过政策法规的控制和调节，能够在一定程度上避免资源闲置和浪费，实现产业资源的优化配置和有效利用，促进产业结构优化升级，提高企业对资源的利用效率。

2. 产业政策是"后发国家"加快追赶汽车强国的重要手段

汽车是技术密集产业，具有投资大、人才密集、技术创新成果多等特点，同时又处于相对开放的市场竞争环境中。经过百余年的发展，国际汽车产业已形成了由先发国家优势企业把控的寡头垄断局面。对于后起国家来说，在汽车产业发展初期，一方面面临技术和人才的制约，无法与外国企业进行竞争；另一方面面临汽车产业投资巨大、回收期长的问题，单纯依靠市场调节无法在短期内迅速集中资金进行大规模投资。在这种情况下，产业政策就成为国家贯彻经济发展战略的有效工具。日本、韩国在本国汽车产业发展进程中，都通过实施产业政策，保护和扶持本国企业，加强技术创新，使汽车产业快速实现结构优化，在短短几十年的时间里就跻身世界汽车强国之列。

3. 标准法规在保障安全节能环保等社会公共利益的同时，也促进了汽车技术进步

主要国家都在安全、节能、环保等方面制定了相应的标准法规，这些标准法规对汽车的设计、技术、制造等提出要求，倒逼汽车企业提高自身的研发和技术能力，以满足严格的标准法规要求。例如，欧盟以 EC（European Commission，欧洲委员会）技术指令和 ECE（Economic Commission of Europe，欧洲经济委员会）技术法规为基础，形成了一套完善的汽车产品型式批准制度，并消除了各成员国之间的汽车产品贸易技术壁垒。日本自 1951 年起陆续根据《道路运输车辆法》制定了一系列汽车安全、环保技术法规及配套标准，并逐步加严。

4. 法律的实施能够有效规范汽车行业，建立公平开放的竞争环境

首先，用法律这一强制手段规范汽车企业的生产和经营活动，要求汽车企业承担应有的社会责任，能够减少汽车市场的不公平竞争，保护消费者的合法权益，有利于更好地发挥市场机制作用，加速汽车企业的优胜劣汰，促进汽车产业结构调整。

其次，相关法律的实施能够缓解由汽车普及带来的社会矛盾，如环境污染、交通事故等，保证汽车产业可持续发展。以日本为例，日本政府通过制定和实

施《道路运输车辆法》、《大气污染防治法》、《噪声控制法》、《节能法》、《机动车NO$_x$·PM法》和《机动车回收利用法》等相关法律，建立了一整套车辆监管体系，对缓解汽车普及带来的环境污染、交通事故、能源消耗等矛盾起到了至关重要的作用。

发达国家经验表明，虽然企业是产业发展的主体，但政府出台的政策法规对汽车强国的建设也发挥了不可替代的作用。尽管政府的政策法规会出现失灵的情况，但并不代表政府不应该对产业发展进行干预，实施政策法规的关键是找到适合本国国情的方式方法。作为汽车后起国家，尽管我国已经实施了一系列政策法规，但某些政策法规已经不能适应汽车产业的发展。当前我国需要进行系统的政策法规设计，为我国汽车产业加快追赶，并最终实现"汽车强国梦"创造良好的制度环境。

第2章　现状与发展趋势

2.1　国内外现状对比分析

2.1.1　我国汽车产业政策法规现状

1. 汽车产业政策的政策目标、管理体制及政策体系

现阶段，我国"汽车产业政策"一般是指，由2004年国家发改委报经国务院批准发布的《汽车产业发展政策》，以及为落实、修订、补充《汽车产业发展政策》而制定的一系列汽车产业相关政策组成的政策体系。

1）现行汽车产业政策的主要目标

2004年《汽车产业发展政策》发布后，我国汽车产业政策的取向由"引进外资，满足需求"向"自主发展，调整结构"转变。2010年以来，汽车电动化趋势愈发明显，发展新能源汽车逐渐成为重要战略取向。现行汽车产业政策目标可以概括为以下几个主要方面。

（1）形成具有较强国际竞争力的企业和品牌。到2020年，打造若干世界知名汽车品牌，商用车安全性能大幅提高；到2025年，若干中国品牌汽车企业产销量进入世界前十。

（2）汽车企业研发能力和技术创新能力持续提高，新能源汽车、动力电池及关键零部件技术整体上达到国际先进水平。

（3）汽车产品节能减排水平大幅提升。到2025年，新车平均燃料消耗量乘用车降到4.0升/百千米、商用车达到国际领先水平，排放达到国际先进水平，新能源汽车能耗处于国际领先水平，汽车实际回收利用率达到国际先进水平。

（4）培育具有国际竞争力的零部件供应商，形成从零部件到整车的完整产业体系，实现全产业链安全可控。

（5）新能源汽车实现产业化发展，到2020年，纯电动汽车和插电式混合动

173

力汽车生产能力达 200 万辆、累计产销量超过 500 万辆。到 2020 年，培育形成若干家进入世界前十的新能源汽车企业；到 2025 年，新能源汽车骨干企业在全球的影响力和市场份额进一步提升。

（6）形成良好的汽车消费、使用环境，培育健康的汽车消费市场，有效保护消费者权益。

（7）新型产业生态基本形成。到 2025 年，智能网联汽车进入世界先进行列；重点领域全面实现智能化，汽车后市场及服务业在价值链中的比例达到 55%以上。

2）现行汽车管理体制

我国汽车相关管理涉及多个政府部门，整个管理体制非常复杂，可谓"九龙治水""齐抓共管"。

从汽车全产业链和汽车产品全生命周期来看，我国现行汽车管理内容主要包括技术创新、投资项目、生产企业及产品准入、进出口、注册登记、汽车营运、道路交通、配套服务（金融、维修、保险等）、汽车报废回收利用等。

从参与汽车相关管理的政府部门来看，我国中央政府层面涉及汽车管理的有国家发改委、工信部、质检总局、环保部、公安部、交通部、科技部、财政部、商务部、工商总局、税务总局、海关总署等 10 余个政府部门，如表 4-2-1 所示。

表 4-2-1　汽车相关管理部门及职能

部门	主要职能
国家发改委	境内汽车投资项目核准和备案，境外投资项目审批，调控投资规模和结构，拟定高技术产业发展战略和政策，组织开展反价格垄断调查
工信部	提出汽车产业发展战略和政策，提出汽车工业发展和自主创新规划、政策建议并组织实施；汽车产业发展规划制定和实施；车辆生产企业及产品准入管理
科技部	国家科技计划（专项、基金等）体系中重大汽车高新技术项目支持政策制定、申报审核及执行过程监督管理
财政部	汽车财税政策制定及项目审核监管
质检总局（含国家认监委和国家标准委）	负责汽车强制性产品认证、产品质量和标准化管理、汽车召回、进出口商检等
环保部	汽车污染防治，汽车企业项目立项时的环保评价，在用车环保检验
公安部	机动车登记，车辆交通安全管理，车辆年检
交通部	道路运输市场监管，拟定机动车营运安全标准，指导营运车辆综合性能检测管理，指导出租汽车、汽车维修行业管理，制定公路行业规划

续表

部门	主要职能
商务部	外资项目审批，汽车及关键零部件进出口管理，汽车报废拆解，汽车和配件流通管理
国家工商行政管理总局	汽车市场监管，汽车市场反垄断及反不正当竞争执法，流通环节汽车质量监管，汽车及配件商标注册管理
国家税务总局	汽车生产、销售、使用及回收环节税收征管
海关总署	汽车产品进出口监管，加工贸易及保税、监管，进出口数据统计工作，参与进出口相关政策制定
国家机关事务管理局	负责中央国家机关公务用车管理，指导下级政府公务用车工作，公务用车改革有关工作
人民银行	货币政策，信贷政策，汇率政策等
中国银行保险监督管理委员会	汽车金融公司等金融机构监管与汽车保险监管

资料来源：根据公开资料整理

3）现行汽车产业政策体系

现行汽车政策体系主要包括如下几个方面：创新激励、行业规划、投资和准入管理、节能减排、产品责任、进出口、新能源汽车推广、流通与消费、金融保险、回收利用等，如表 4-2-2 所示。

表 4-2-2   现行汽车产业政策体系

政策版块	主要政策文件
创新激励	《关于深化中央财政科技计划（专项、基金等）管理改革的方案》（国务院，2014 年） 《关于深化体制机制改革加快实施创新驱动发展战略的若干意见》（中共中央、国务院，2015 年） 《产业技术创新能力发展规划》（工信部，2016 年）
行业规划	《节能与新能源汽车产业发展规划（2012—2020 年）》（国务院，2012 年） 《中国制造 2025》（国务院，2015 年） 《"十三五"国家战略性新兴产业发展规划》（国务院，2016 年） 《汽车产业中长期发展规划》（工信部、国家发改委、科技部，2017 年）
投资和准入管理	《企业投资项目核准和备案管理条例》（国务院，2016 年） 《企业投资项目核准和备案管理办法》（国家发改委，2017 年） 《政府核准的投资项目目录（2016 年本）》（国务院，2016 年） 《汽车产业发展政策》（国家发改委，2004 年） 《外商投资产业指导目录》（商务部、国家发改委，2017 年修订） 《新建纯电动乘用车企业管理规定》（国家发改委、工信部，2015 年） 《道路机动车辆生产企业及产品准入管理办法》（工信部，2018 年） 《中华人民共和国认证认可条例》（国务院，2003 年） 《强制性产品认证管理规定》（质检总局，2009 年） 《道路运输车辆燃料消耗量检测和监督管理办法》（交通部，2009 年）

续表

政策版块	主要政策文件
节能减排	《中华人民共和国大气污染防治法》（全国人大，2015 年修订） 《中华人民共和国节约能源法》（全国人大，2007 年修订） 《乘用车企业平均燃料消耗量核算办法》（工信部，2013 年） 《乘用车企业平均燃料消耗量与新能源汽车积分并行管理办法》（工信部、财政部、商务部、海关总署、质检总局，2017 年） 《关于开展机动车和非道路移动机械环保信息公开工作的公告》（环保部，2016 年）
产品责任	《缺陷汽车产品召回管理条例》（质检总局，2012 年） 《家用汽车产品修理、更换、退货责任规定》（质检总局，2012 年）
进出口	《中华人民共和国加入世界贸易组织关税减让表修正案》（全国人大常委会，2016 年） 中国与部分国家协定税率表 《关于支持科技创新进口税收政策管理办法的通知》（财政部等，2017 年） 《鼓励进口技术和产品目录》2016 版（商务部，2016 年） 《关于促进汽车平行进口试点的若干意见》（商务部等，2016 年） 《关于进一步规范汽车和摩托车产品出口秩序的通知》（商务部、工信部、海关总署、质检总局、国家认监委，2012 年） 《国家汽车及零部件出口基地管理办法》（商务部、国家发改委，2012 年）
新能源汽车推广	《国务院办公厅关于加快新能源汽车推广应用的指导意见》（国务院，2014 年） 《关于节约能源使用新能源车船车船税优惠政策的通知》（财政部、国税总局、工信部，2015 年） 《关于 2016-2020 年新能源汽车推广应用财政支持政策的通知》（财政部、科技部、工信部、国家发改委，2015 年） 《关于免征新能源汽车车辆购置税的公告》（财政部、国税总局、工信部，2014 年）
流通与消费	《中华人民共和国反垄断法》（全国人大，2011 年） 《中华人民共和国道路交通安全法》（全国人大，2011 年修订） 《中华人民共和国道路交通安全法实施条例》（国务院，2004 年） 《中华人民共和国道路运输条例》（国务院，2012 年修正） 《机动车维修管理规定》（交通部，2016 年） 《汽车维修技术信息公开管理实施办法》（交通部，2015 年） 《汽车销售管理实施办法》（商务部等，2017 年） 《二手车流通管理办法》（商务部等，2005 年）
金融保险	《汽车金融公司管理办法》（银监会，2007 年） 《汽车贷款管理办法》（中国人民银行，2004 年）
回收利用	《报废汽车回收管理办法》（国务院，2001 年） 《汽车产品回收利用技术政策》（国家发改委、科技部、环保总局，2006 年） 《电动汽车动力蓄电池回收利用技术政策（2015 年版）》（国家发改委、工信部、环保部、商务部、质检总局，2016 年）

2. 汽车标准管理体制及标准实施情况

1）我国汽车标准法规基本情况

1989 年 4 月，《中华人民共和国标准化法》开始实施，将标准分为国家标准、行业标准、地方标准和企业标准四级。同时又按性质把国家标准和行业标准分为强制性标准和推荐性标准。在我国，汽车产品强制性国家标准相当于国外的汽车技术法规，然而在 WTO 文件中，标准与法规是两个完全不同的范畴：标准具有自愿性，法规具有强制性，因为标准本身缺少管理文件，即使是强制性标准，也不能等同于技术法规。

2）我国汽车标准管理体制

目前，我国汽车新产品安全、节能、电动车等领域的强制性国家标准制定由全国汽车标准化技术委员会归口管理，秘书处设在中国汽车技术研究中心（标准化研究所），负责组织制定汽车行业强制性标准、推荐性标准和行业标准，并对 ECE/EEC[①]技术法规进行转化；汽车行业标准由工信部负责管理，并由汽标委归口；机动车排放和噪声标准因涉及环境污染，由环保部负责组织制定；机动车运行安全技术条件因涉及在用车控制管理，由公安部交通管理局负责组织制定；车辆电磁兼容 EMC 标准由全国无线电干扰标准化技术委员会负责制定。地方标准由各省、自治区、直辖市质检部门负责。

我国汽车强制性标准在制定与管理上不统一，在一定程度上阻碍了汽车产品技术水平的提高。全国汽标委负责的标准，制定机构主要由分标委下属的各个标准工作组具体开展，其工作机构和方式，与 ECE 汽车技术法规和全球汽车技术法规的机构类似，如图 4-2-1 所示。

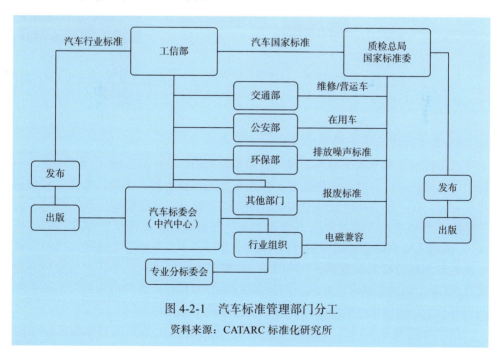

图 4-2-1　汽车标准管理部门分工

资料来源：CATARC 标准化研究所

---

① EEC：European Economic Community，欧洲经济共同体。

　　我国汽车强制性标准工作起步于 1990 年初期，1995 年开始逐步实施。汽车强制性标准体系主要以 ECE/EEC 体系为参照，包括安全、环保、节能、防盗等方面，安全标准按照主动安全、被动安全和一般安全划分（图 4-2-2）。中国汽车标准的制定程序主要包括预阶段、立项阶段、起草阶段以及征求意见阶段、审查阶段、批准阶段、出版阶段等。

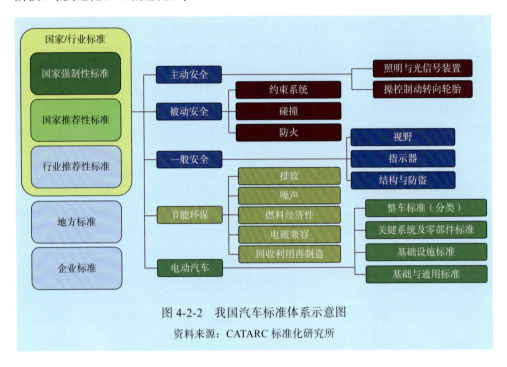

图 4-2-2　我国汽车标准体系示意图

资料来源：CATARC 标准化研究所

3）我国汽车标准实施情况

　　汽车标准贯穿于汽车准入管理、在用车管理的各个环节。准入管理涉及多个部门不同的汽车产品准入管理制度，在用车涉及注册上牌、年检、维修、报废回收等方面。各个环节均以政府管理规定配以相关标准来实施管理。

　　汽车产品准入方面，包括工信部实施的《道路机动车辆生产企业及产品公告》、国家质检总局监督实施的"汽车 CCC 认证"[①]、交通部实施的《道路运输车辆燃料消耗量检测和监督管理办法》、环保部实施的"机动车环保信息公开制度"，以及个别地方政府针对汽车产品设置的"小目录"。各种准入制度要求申报的内容相近，但侧重点略有不同，采纳标准的范围也不尽相同。

　　在用车管理方面，公安机关交通管理部门根据《中华人民共和国道路交通安全法》及其实施条例、《机动车登记规定》等，配以国家标准 GB 7258《机动

[①]　CCC：China compulsory certification，中国强制认证。

车运行安全技术条件》、公安行业标准 GA801-2008《机动车查验工作规程》、GA 802-2014《机动车类型术语和定义》、GA 36-1992《中华人民共和国机动车号牌》等标准，开展机动车登记上牌、在用机动车检验、事故车检验等管理工作。

在用车维修方面，《机动车维修管理规定》自 2005 年 8 月 1 日起施行。同时，配套制定了一系列标准对维修行业的准入条件和维修质量进行了规定，如国家标准 GB/T16739-2014《汽车维修业开业条件》、GB/T18189《摩托车维修业开业条件》、GB/T18344《汽车维护、检测、诊断技术规范》、JT/T816《机动车维修服务规范》等。

3. 现行汽车政策法规实施效果评估

政策法规的实施对我国汽车产业快速发展发挥了重要作用，近十余年以来，我国汽车产业在产销规模、研发创新、节能减排、新能源汽车等方面均有长足进步。

1）汽车产业规模快速发展，成为国民经济重要支柱

我国于 1980 年开始逐步放开私人汽车消费限制。进入 21 世纪以来，我国还陆续实施了"清理不合理汽车收费和费改税""改革汽车流通制度""汽车下乡""节能惠民工程""小排量汽车购置税优惠"等一系列汽车消费激励政策，逐步释放出汽车消费潜力。市场需求的快速增长，有力拉动了汽车产业规模扩张。2009 年以来，我国连续 8 年成为全球第一大汽车生产国和最大单一新车市场，汽车相关产业税收占全国税收比、从业人员占全国城镇就业人数比、汽车销售额占全国商品零售额比均连续多年超过 10%。

2）形成了完善的、具有一定国际竞争力的零部件配套体系

加入 WTO 后，我国政府通过实施《构成整车特征的汽车零部件进口管理办法》等政策措施，有效地抑制了跨国汽车公司散件进口组装的生产模式，有力地促进了汽车零部件本地化投资。主要跨国汽车公司均已在我国布局发动机生产，世界主要零部件企业也已在我国投资建厂。同时，我国本土也涌现出一批优秀的汽车零部件企业。目前，我国国产零部件已经能够支撑绝大部分乘用车和几乎全部商用车的本地化配套需求，并实现了大规模出口。

3）培育出一批具有一定竞争优势的自主品牌汽车企业

我国政府采取利用合资合作提高自主发展能力和条件的发展思路，有针对性地采取了合资企业股比和数量限制、产销一体化、整车与发动机一体化、鼓励发展合资自主品牌、鼓励合资企业自主开发等政策措施，较为有效地避免了外方对合资企业的过度控制，在很大程度上保障了合资中方在合资企业经营发

展中的平等决策权和利润分配权，也促进了合资企业的技术外溢。乘用车领域，2016年我国自主品牌市场份额为43.2%。商用车领域，我国自主品牌占据市场绝对主力。国内陆续涌现出了长安、长城、吉利、比亚迪、奇瑞、江淮、上汽通用五菱、北汽福田、东风商用车、宇通等一批具有较强竞争力的自主品牌汽车企业。

4）新能源汽车产业化取得重要突破，市场培育初见成效

我国有关政府部门围绕新能源汽车技术创新、推广应用、消费环境建设等方面，出台了包括技术研发、购车补贴、税费优惠、充电基础设施建设奖励、商业模式创新奖励等一系列政策措施。在多项政策综合推动和引导下，我国新能源汽车产业化成果显著。2016年我国新能源汽车产销规模均超过50万辆，居全球第一位。商业模式持续创新、日趋丰富，衍生出融资租赁、网约租赁，以及城市微公交等汽车共享新模式。动力电池、驱动电机、电控系统等关键零部件发展迅速，主要企业技术能力、生产能力、售后服务能力水平持续提升。

5）国产汽车燃油经济性和尾气排放控制水平显著提升

我国陆续发布实施了《乘用车燃料消耗量限值》《轻型汽车燃料消耗量试验方法》《轻型商用车辆燃料消耗量限值》《汽车燃料消耗量标识》等一系列国家强制性标准，以及《乘用车企业平均燃料消耗量核算办法》《乘用车企业平均燃料消耗量与新能源汽车积分并行管理办法》等管理政策，初步建立起比较完善的汽车燃料经济性管理体系。同时，还陆续颁布了六个阶段的汽车污染物排放控制标准，先后采取机动车环保型式核准制度和机动车环保信息公开制度对机动车污染物排放进行严格管理。在政策、标准及市场竞争的共同作用下，汽车行业平均燃料消耗量和单车大气污染物排放量逐年下降。

尽管产业政策有力促进了我国汽车产业的发展，但一些政策制定修订不及时、部分内容不合理，以及法治建设滞后等也导致了我国汽车产业目前仍存在一些问题和不足。

1）自主品牌发展滞后，主要国有汽车企业集团过度依赖对外合资合作

自主品牌发展虽然取得很大成绩，在主要自主企业在产销规模、核心技术、盈利水平、国际化水平方面等与国外主流汽车跨国公司仍存在很大差距。由于体制机制上的原因，主要国有汽车集团长期依靠合资企业维持经营发展，合资企业贡献了大部分的汽车产销量、产值、利润等，而在自主品牌发展方面迟迟没有取得重大突破。

2）产业结构调整进展缓慢

长期以来，政府虽然实施严格的汽车企业准入管理，但缺乏退出机制，即

《道路机动车辆生产企业及产品公告》内汽车生产企业几乎有进无出，导致我国汽车生产企业数量众多。截至 2017 年，《道路机动车辆生产企业及产品公告》内整车生产企业数量仍远高于汽车发达国家，多达 200 家，按汽车企业集团分大约有 70 家。

3）企业违法违规成本低，个别细分市场恶性竞争

对于汽车生产企业的违法违规行为，受制于现行监管方式和手段，汽车产品大吨小标、非法改装、数据造假、倒卖合格证等违规生产现象屡禁不止，甚至在部分细分市场还出现了"劣币驱逐良币"的现象。

2.1.2　典型国家汽车产业政策法规现状

1. 欧、美、日发达国家汽车战略

1）欧盟

（1）战略背景。

汽车产业是欧洲经济的支柱性产业，同时也面临着来自日本、韩国、美国等国家汽车产业的激烈竞争。为保证欧洲汽车产业的竞争力并实现可持续发展，推动形成强大、具有竞争力的汽车工业，拉动就业，欧盟于 2010 年 4 月启动 CARS 21 高级工作组，并于 2012 年 6 月向欧盟委员会提交了《欧盟汽车工业竞争力及可持续发展报告》，为欧盟的汽车产业发展制订了 2020 年远景计划。

（2）主要任务和措施。

一是加强业务改善，发展新能源汽车。改革现有体制，制定新的法规，加强监管，提高工人在汽车行业的就业能力。构建汽车制造商、汽车供应商、地区联盟及协会共同参与的信息平台，加强业务交流。发布清洁能源车辆及节能车辆鼓励措施，发展新能源汽车。

二是开拓国际市场。努力借助对外贸易政策，通过多边谈判及双边合作对话等方式进一步促使新兴市场国家扩大开放。积极参与制定国际技术标准，同时将欧盟内部市场规则与标准向外部推广，以降低其汽车产业参与国际竞争的规制成本。

三是降低二氧化碳排放。改进汽车技术，提高新车的燃油效率。通过立法、采用新的测试方法、税收引导、财政补贴和开发替代性燃料等手段来减少汽车的二氧化碳排放量。

四是部署新交通解决方案，建设替代燃料基础设施。促进替代性燃料工业发展，开发替代性燃料基础设施。部署电动交通，通过标准、法规约束和充电基础设施建设，加强电动交通的广泛应用。设定创新框架，并推动建设智能交通系统。

　　五是减少污染物排放及降低噪声。修订驾驶循环及试验规程，并制定控制实际驾驶污染物排放的其他程序。审核车辆噪声排放立法，改进排放的测定，解决车辆噪声排放。

　　六是支持研发与创新。提供财政支持，推动产学研交流合作。重点支持环保技术、道路安全技术、新能源技术、生物能源开发、电动汽车技术等领域的创新和突破。

　　2）美国

　　（1）战略背景。

　　20 世纪 60 年代之后，美国制造业向日本和西欧转移，造成产业结构弱化和空心化。2008 年金融危机进一步引发了美国的失业与经济衰退，进而对制造业造成了更严重的破坏，各大公司汽车濒临破产。面对金融危机挑战和新一轮科技革命，美国提出了以"再工业化"为主线的一系列发展战略。

　　（2）主要内容。

　　以重振制造业、降低失业率作为经济复苏的突破口，美国意图通过"再工业化"战略催生出新的生产方式，促进产业转型升级，提升实体经济竞争力。美国主要汽车政策文件及主要内容如表 4-2-3 所示。

表 4-2-3　美国主要汽车政策文件及主要内容

战略名称	发布时间	主要内容
再工业化战略	2009 年	为了推进"再工业化"战略，相继出台的法律政策有《重振美国制造业框架》《美国制造业促进法案》《先进制造伙伴计划》《先进制造业国家战略计划》《制造创新国家网络计划》等
美国创新战略	2009 年、2011 年和 2015 年先后发布 3 个版本	2015 版指出要发展先进汽车：突破在传感器、计算机和数据科学方面的发展，把车对车通信和尖端自主技术投入商用，加速先进汽车技术开发和部署应用。增加 2016 的汽车技术研究财政预算，提高无人驾驶汽车的性能和安全标准
美国电动汽车普及大挑战蓝图	2013 年	到 2022 年生产每户美国家庭都能负担的插电式电动汽车，降低消费者拥有成本；关键技术领域成本降低及性能提升，并具体细化到电池、电驱动系统、车辆轻量化等具体目标；高效的气候控制技术；完善的充电基础设施
智能交通系统战略（2015~2019 年）	2014 年	通过开发更好的车辆防撞系统、性能指标及其他预告系统、合作性安全系统，打造更加安全的车辆及道路；通过建立系统构架和标准，应用先进的无线通信技术实现汽车与各种基础设施及便携式设备的通信交互，促进交通系统信息共享等

资料来源：根据公开资料整理

3）日本

（1）战略背景。

当前，日本汽车产业发展面临能源环境制约、人口增长和收入增加、老龄化、城市拥挤和小城市人口减少、消费者价值观变化等新形势，急需寻求解决方案。2014 年 11 月，日本经济产业省公布《汽车产业战略 2014》，指导汽车产业转型升级。

（2）主要内容。

日本《汽车产业战略 2014》主要包括四大战略，即全球化战略，研究开发及人才战略，系统战略，双轮车、公共汽车、卡车、叉车及运输车辆机械战略，如表 4-2-4 所示。

表 4-2-4　日本《汽车产业战略 2014》主要内容

战略	主要内容	具体措施
全球化战略	构建无障碍市场	通过经济合作网提高出口能力；实现海外生产据点资金的最合理流动；导入相应的规定、评价制度对日本车进行合理的评价；构建组织架构解决日本企业与当地政府之间的纠纷
	构建先进的充满活力的国内市场	提高国内市场活力；加速新一代汽车的普及；推进创新内燃机的研究开发
研究开发及人才战略	构建产研、产学、产学研的合作体制	在构建产学研合作体制时，以领先世界的德国为标杆；提高产学间技术人才的流动性
	和汽车零部件材料产业的共存共荣	强化汽车零部件材料生产厂家的竞争力；重新构建战略性沟通交流；实行扎根地区的汽车零部件材料战略
系统战略	应对环境、能源制约	促进 V2H（vehicle to home，电动车与住宅相互供电系统）的普及；车载蓄电池循环利用
	应对人口增加、城市过密、老龄化等问题	从技术上进行优化，保障安全性和可操作性；与国际标准对接，密切关注欧美等国家的标准；政府和汽车行业密切合作；根据需求做出商业模式和现行制度的调整
	解决社会、自然灾害等问题	一方面，日本道路老化问题日益严重；另一方面，汽车上获取的信息对自然灾害（如地震）的解决变得十分重要。为此，日本政府提出要提高半导体产业的竞争力，研究高级化半导体技术，提高汽车产业竞争力，解决上述问题
双轮车、公共汽车、卡车、叉车及运输车辆机械战略	双轮车战略	日本针对双轮车市场制定了三个目标：国内销售量恢复到 100 万台；占世界市场份额超过 50%；提高使用者文明意识
	公共汽车战略	构建更高效的开发-生产体制，促进公共汽车的开发普及并拓展新需求；提高公共汽车环报性能和安全性能；推进车辆规格向国际标准靠拢；为 2020 年东京奥运会、残奥会进行公共汽车研发和普及

续表

战略	主要内容	具体措施
双轮车、公共汽车、卡车、叉车及运输车辆机械战略	卡车、叉车、运输车辆机械战略	提升卡车等的形象；促进新生代车辆的替换；促进物流领域的标准化；物流的效率化、高级化；海外拓展

资料来源：根据日本《汽车产业战略 2014》整理

2. 欧、美、日发达国家汽车产品准入管理制度

发达国家对汽车产业的管理主要是管产品，通过专门立法，授权主管部门制定技术法规，并按照有关法律、技术法规，对汽车产品的设计与制造实施监管。欧、美、日等汽车工业发达国家和地区的管理体系非常完善，其他许多国家和地区多以欧、美、日，特别是欧洲的汽车产品管理体系为参照，以提高自身管理水平，如俄罗斯和独联体国家、澳大利亚、印度，以及西亚、中东、东盟等地区的国家。

发达国家对汽车产品的管理一般包括三个管理环节：一是生产前准入，通过型式批准或自我认证，确定企业能够设计、制造符合法规要求的汽车产品；二是生产过程监管，主要通过生产一致性监管，确保相应企业实际生产的所有汽车产品符合法规要求；三是缺陷产品召回，针对生产前准入和生产过程监管未能发现和有效解决的产品缺陷，由相应企业实施召回并改正有关缺陷，保障汽车产品使用过程中的安全、环保、节能性能。由于生产过程监管和缺陷产品召回是对生产前准入的延伸和补充，因此，通常将上述三个管理环节统称为"准入管理"。准入管理主要包括两种类型，一是以欧洲和日本为代表的汽车型式批准，二是以美国等为代表的自我认证。虽然各国准入管理的方式不同，但核心都是通过立法的方式对汽车产品全生命周期进行管理。

2.1.3　中外汽车政策法规比较

一直以来，我国汽车行业管理主要依据政策文件和行政手段。与欧、美、日等发达国家和地区相比，我国没有专门的汽车管理法律，而且相关法律的规定较为笼统，政府各部门管理范围模糊，管理方式重事前审批，轻事中事后监管。

中国与发达国家各主要管理环节的政策法规对比见表 4-2-5。

表 4-2-5　中外汽车政策法规比较

管理环节	发达国家	中国
制度体系	建立起科学完善的法律体系，有专门的汽车管理法律，覆盖汽车全生命周期	缺少汽车管理专门法律，相关法律规定笼统、片面，行政法规不能覆盖汽车全生命周期
生产企业和产品准入	并未针对车辆生产企业设立特别的投资和准入管理；从安全、环保、节能角度出发，实施严格的产品准入管理；大部分国家的主管部门为一个，管理权责明确，边界清晰	有专门的汽车投资项目审批管理和生产企业准入管理；产品准入管理包括《道路机动车辆生产企业及产品公告》管理、机动车辆及安全附件强制性产品认证、机动车环保信息公开、道路运输车辆燃料消耗量达标车型管理，交叉重复问题突出
标准法规	均根据相关法律的授权建立了涵盖安全、环保、节能等方面的系统的技术法规体系	尚未建立技术法规体系，主要通过技术标准来体现，但技术标准中缺少管理性内容，须依赖政府部门出台的行政文件才能有效实施
生产一致性	规定了生产企业是生产一致性的责任主体，设置有效的监管手段和严厉的违法处罚措施	生产一致性检查执法权不明确，监管手段和处罚措施严重受限
在用车管理	普遍建立了强制性检查维修制度（I/M制度）；建立起完善的在用车改装监管体系，有效满足消费者多样化需求	正在探索建立 I/M 制度，目前不允许进行在用车改装
车辆产品回收利用	出台了明确的报废车辆处理的相关法规，形成了报废车辆回收、拆解、再利用的完整体系，相关主体责任明确	发布多项管理法规及激励政策，多数文件均不具备法律的强制约束力，很多规定过于原则化，实施情况不佳

资料来源：根据公开资料整理

2.2　发展趋势

2.2.1　我国汽车政策法规趋势分析

1. 加强战略引导

中央改革精神要求充分发挥市场对资源配置的决定性作用的同时，也强调要更好地发挥政府的战略引导作用。我国政府对产业发展的干预将由短期、具体的行政措施向长期、宏观的战略引导转变。近几年，国家多个领域陆续发布了中长期的战略纲要等汇集多方共识形成的宏观性、引导性文件。具体到汽车领域，工信部等三部委已就汽车制造业的发展制定了着眼于 2025 年的发展规划，国家发改委也在研究智能汽车发展相关的指导性文件。

2. 建立法治化管理体系

党中央全面依法治国战略部署为汽车管理改革指明了方向。近年来，汽车法治问题再次成为有关政府部门和产业界关注热点。相关部门已就汽车法治问题达成基本共识，充分认识到了法治的必要性，并陆续向全国人大、国务院提出针对汽车管理的立法建议。《汽车产业中长期发展规划》中明确提出："深化改革汽车产业管理体制，强化法治化管理，建立健全适合我国国情和产业发展规律的法制化、集约化、国际化管理制度。"

3. 建立全国统一的产品准入制度

我国汽车产品多头、重复准入问题近年来已经引起党中央、国务院有关方面的关注，中编办已经会同有关部门对我国汽车产品重复准入问题进行了调研，并进行了多轮沟通。随着全面深化改革的推进和落实，我国有望逐步解决汽车产品多头、重复准入问题，建立起全国统一的产品准入制度。

4. 实施税制改革

税制改革是全面深化改革的重要组成部分。党的十八届三中全会以来，党中央、国务院多个文件提出"深化税收制度改革，完善地方税体系""落实税收法定原则"等要求。目前，有关政府部门已经启动了汽车相关税收的改革和立法研究工作。

5. 加快国企改革进程

国有企业是发展中国特色社会主义市场经济的中坚力量，也是汽车产业的重要主体。党的十九大明确提出要完善各类国有资产管理体制，改革国有资本授权经营体制；要深化国有企业改革，发展混合所有制经济；要推动国有资本做强做优做大，培育具有全球竞争力的世界一流企业。这些要求同样适用于汽车领域国企改革。

6. 加强对新能源和智能网联汽车的政策引导

我国有关政府部门和企业已经充分认识到了发展新能源汽车和智能网联汽车的战略性意义。目前，已经初步建立起了比较完善的新能源汽车政策体系。智能网联汽车方面，国家制造强国建设领导小组成立了车联网产业发展专项委员会，将做好国家层面的顶层设计和统筹规划，营造有利发展环境；国家发改委正在研究制定《智能汽车创新发展战略》。预计新能源汽车产业政策体系将进一步优化，智能网联汽车产业政策体系将逐步建立。

2.2.2　发达国家汽车政策法规趋势分析

1. 继续从战略上对汽车产业的发展进行引导

发达国家将汽车产业作为重要载体，非常重视战略规划对汽车产业的引导作用，不断根据产业发展的现状和趋势，制定并实施针对汽车产业或以汽车产业为重点的中长期发展战略，为本国汽车产业的发展指明方向。当前，发达国家战略引导的重点领域主要集中在智能网联汽车、新能源汽车等方面。

2. 不断优化和完善准入管理制度

尽管发达国家已经建立了健全、完善的汽车产品准入管理制度，但是其仍在不断地优化和完善这些制度。以欧盟为例，欧盟于 2007 年发布新的 2007/46/EC 机动车型式批准指令。2009 年又正式发布 EC 661/2009，撤销汽车产品型式批准制度中 50 项安全和环保零部件单项技术指令，并增加具有先进安全技术的部件和装备，提出了新的技术要求。2014 年，欧盟又对整车型式批准框架性技术指令做出修改，加严了对某些车辆的要求。

3. 主动调整有关政策法规，以适应汽车产业的电动化和智能网联化趋势

电动化方面，欧、美、日等国家和地区纷纷出台了政策发展措施，推动新能源汽车产业的发展，法国、德国、荷兰、印度等多个国家已经发布了"禁售燃油汽车时间表"，美国陆续有十余个州采用加利福尼亚州零排放汽车法案。智能化方面，美国先后出台了《关于自动化汽车的初步政策声明》《美国自动驾驶汽车政策指南》等一系列政策支持自动驾驶汽车发展，部分州政府也通过了允许自动驾驶汽车上路测试的法规。德国也自 2013 年起相继批准博世、戴姆勒等公司在德国高速公路、城市交通和乡间道路等多种环境中开展自动驾驶汽车的实地测试。未来，发达国家将会进一步调整现有政策法规，鼓励本国发展新能源和智能网联汽车，以期在新一轮的产业竞争中占据领先地位。

2.3 问题及致因分析

2.3.1 我国汽车政策法规存在的问题

1. 汽车强国建设缺乏政策法规顶层设计

我国没有一部着眼长远发展（如 10 年、20 年），对汽车强国建设进行顶层设计的战略文件。目前，还有很多体制机制问题制约汽车产业发展，迫切需要进一步深化改革。由于国家层面缺少明确、清晰的战略定位，没有各方一致认同的战略方向和目标，我国汽车产业相关主体仍处在"单打独斗""各自为战"的状态，政府和企业间、企业和企业间有效沟通协商不够，未能形成发展合力，不利于我国汽车产业把握机遇实现由跟随向赶超的转变。

2. 汽车生产管理环节行政法规缺失

从汽车全生命周期来看，汽车产品生产环节对汽车产品安全、环保、节能水平和质量品质起决定性作用，汽车生产管理记录的相关产品技术参数、配置、检测报告等信息和材料，也是后续各环节监管的重要依据。但我国在汽车生产管理尚无明确法律依据，导致有关部门在面对非法改装、生产不一致等问题时，执法监管受限，也无法采取有威慑力的处罚措施。同时，企业退出机制也不完善。

3. 自主品牌发展缺乏明确、系统的政策支持

在汽车产业发展初期，我国政府采取利用外资战略，有效地解决了国内汽车供给不足的问题，也促进了我国汽车产业的快速发展。但外资的进入，也大幅挤占了自主品牌汽车的市场空间。在这一过程中，我国陆续发布了一系列政策措施，对自主品牌发展予以支持，但这些政策比较分散，缺乏系统性，也没有更加直接、有力的支持措施。

4. 标准法规建设存在突出问题

一方面，我国尚未建立技术法规体系，仍以强制性国家标准替代技术法规，但强制性标准须依赖配套的政府管理规定才能有效落实，其制定主体、文件内容和性质均不同于国外的技术法规。另一方面，我国汽车标准升级过分追求速度，而忽视了产业发展和技术进步的客观规律，多项汽车标准达到甚至超越发达国家水平，给起步相对较晚、技术储备有限的自主品牌企业带来沉重压力。

5. 智能网联汽车发展缺乏顶层设计

智能网联汽车涉及汽车、通信、电子、交通等众多行业，我国相关政府部门对整个智能网联汽车产业生态的形成和发展尚未达成一致，纷纷站在各自角度提出思路、措施，具体推进工作难以落实。另外，目前我国针对智能网联汽车的政策法规还在建立之中，仅靠现有政策法规难以引导和规范智能网联汽车发展。

2.3.2　致因分析

1. 法治建设因素

1）缺少统筹汽车管理的专门法律

目前，我国没有针对汽车的专门法律，缺少高位阶法律对汽车管理进行顶层设计。有关政府部门大多依据一般性法律中的相关条款，自行制定部门规章等管理文件，并分头实施，容易导致上下游监管环节缺少有效衔接，同一监管环节多头管理或管理缺失。

2）现行相关法律规定缺乏针对性

当前，《中华人民共和国行政许可法》《中华人民共和国道路交通安全法》《中华人民共和国大气污染防治法》《中华人民共和国节约能源法》《中华人民共和国产品质量法》《中华人民共和国循环经济促进法》《中华人民共和国标准化法》《中华人民共和国消费者权益保护法》等法律为汽车管理提供了法律依据，但这些法律均为一般性法律，每部法律只涉及汽车管理的部分环节、部分领域，汽车只是这些法律众多管理内容的一小部分，相关规定大多非常原则、笼统、片面，授权指向不明，难以指导具体的车辆管理工作。

2. 行业管理体制因素

1）车辆管理体制不合理

长期以来，我国汽车管理主要依靠行政手段，相关管理职能分散在国家发改委、工信部、质检总局、环保部、公安部等10余个相关部门，产生的结果是多头管理、政出多门、难以形成监管合力。有关部门间的职能交叉重叠至今未能有效解决，且部际沟通协调机制尚不完善、沟通成本高。

2）重点环节交叉重复管理问题突出

在产品准入环节，我国同时存在《道路机动车辆生产企业及产品公告》、汽车CCC认证、环保信息公开、商用车油耗准入等多项政府管理措施。管理内容多有重复，企业需要多次、重复申报，增加企业人力、财力和时间成本。同时，由于国产产品与进口产品市场准入制度不统一，一旦两个制度在未来改革调整中出现明显差异，也会引发管理公平性的问题。

3）事中、事后监管能力建设滞后

改革开放以来，我国汽车产业规模高速增长、市场主体持续增多，产业结构也更加复杂。但相比于产业的快速发展，受制于法治化建设滞后，有关政府部门的执法人员、经费配置严重不足，无法保证企业和产品准入后日常审查和监管工作的开展，直接导致实地核查次数减少、产品抽查比例和频次降低等问题。

3. 标准因素

1）标准管理职能交叉

我国汽车管理涉及多个政府部门管理，一些政府部门从各自管理要求出发发布相关技术标准，这些标准有些要求重复，有些要求把控不一。另外，有些关键零部件如轮胎、制动片、非金属制品等的标准，不在汽车行业归口或未充分听取汽车行业主管部门意见，其技术要求和体系建设与汽车行业的要求有一定差距。标准管理职能的交叉，造成企业应对标准的过程中重复性工作增加，同时造成了资源浪费。

2）标准化工作流程过于烦琐

当前标准化管理程序过于复杂，工作周期太长，标准发布时间基本要延迟制定完成时间 1~2 年，标准一发布即过时，难以适应汽车产业发展和管理的要求。由于目前国家标准的管理体制，标准立项周期长、发布后过渡时间短，企业疲于应付，直接影响了标准的时效性和可操作性、实施效果，甚至对企业正常的技术创新产生不利影响。

4. 国企体制因素

1）国有企业人事任命和激励机制不完善

一方面，国有企业尚未建立职业经理人制度，也没有形成市场化选人用人和激励约束机制，企业负责人主要对上级负责，过分重视国有资产的保值增值和任期内的经营业绩，对长期、持续的投入缺乏动力。另一方面，企业治理结构仍不完善，内部制衡机制尚未有效形成。另外，行政化的人事任命和考核机制导致国有企业高层管理人员薪酬受到严格约束，难以发挥经济激励对管理人员积极性、创造性的调动作用。

2）国企考核过于注重短期经营效益

政府监管部门对国有企业的考核分为年度经营业绩考核和任期经营业绩考核，主要是对国有企业保值增值提出了明确的要求（主要考核利润总额和经济增加值），对自主品牌和技术创新引导不够。不少国有企业只满足于达到考核目标要求，缺乏对企业长远发展的战略性思考，忽视了自主研发和体系能力的提升，对企业长期持续发展带来严重不利影响。

5. 创新因素

1）财政科研资源配置不合理

当前我国财政科研经费缺乏有效统筹，多部门、多渠道分配有限资源，导致科研经费分散使用，科研项目重复设置。同时，在科研项目分配上，"撒胡椒面，分蛋糕、抢课题"等现象十分突出。不同科研机构、高校和企业之间也缺乏协调合作机制，实验室和科研装备共享不够，固定资产重复购置、利用效率很低。

2）技术创新链条不完善

现有汽车产业创新链未有效打通从基础理论的研究、核心技术的攻关、产品的实现一直到规模化应用的全流程，导致有些科技成果转化为生产力的周期比较长，效率也不高。创新链存在割裂，多数高校和研究机构的创新成果不具备产业化条件。另外，我国有关知识产权保护的各项法规、制度不健全，知识产权保护的执法也不到位。

6. 税制因素

1）汽车税制结构不合理，未能充分发挥其导向作用

我国对汽车产品征收的税种较多，对汽车生产、流通和使用环节主要征收增值税、消费税、企业所得税、车购税、车船税、燃油消费税等，前三种税收在总额中占绝大部分。从各环节税负来看，我国汽车购置环节税负相对较重，使用环节税负相对较轻。一方面加大了购车成本，抑制了汽车内需；另一方面，汽车使用环节的低税负导致消费者忽视使用成本，不利于汽车的节约使用。

2）未基于燃料消耗量征税，不利于引导节能消费

我国汽车税收对节能减排引导力不足。一是现行汽车消费税、车船税以发动机排量设置税率，排量结构设置也不够合理，使企业片面降低排量而对提高节油技术重视不够，可能导致排量降低而油耗增加。二是计价征收和固定税率征收的车辆购置税等，对节能减排、新能源汽车、自主创新等引导不够。

3）央地税收收入不均衡，诱发地方政府"重生产，轻消费"

我国汽车相关主要税种都是在生产企业所在地征收，消费和使用环节地方政府税收收入有限。这种税收体制导致地方政府具有投资冲动，有保护本地企业的内在动力。这种不合理的税收制度导致的后果是：一方面，地方政府对汽车工业发展热情高涨；另一方面，诱发地方政府限制汽车消费和地方保护。

7. 市场竞争因素

1）地方保护影响新能源汽车产业发展

由于地方保护问题的存在，我国新能源汽车市场出现了以行政区划为界的区割市场。不少地方在新能源汽车推广工作中出台了形式各样的地方保护措施。市场割裂限制了企业立足全国进行的资源合理布局，也使得原本由市场选择决定的产品和技术路线被政府以行政手段强行干预。

2）管理理念落后，报废汽车回收拆解产业发展相对滞后

国家政策对汽车回收拆解企业实施总量控制和以地级市行政区划限定报废车源的政策，导致各地报废汽车回收企业资质成为稀缺资源，竞争很不充分。多数报废汽车回收拆解企业的设备设施、技术水平非常落后，车主交车也很不方便，大量报废汽车流入"黑市"或被直接丢弃。

3）政策法规滞后制约产业升级

当前，汽车共享、电子商务、融资、租赁等后市场新业态、新商业模式迅速发展，有关部门尚未建立起适应新时代要求的监管理念和监管体系，抑制了产业发展和竞争的活力。二手车交易市场准入、税收、产权登记、评估检测、监管等管理政策法规体系不完善，不利于市场发展。在用汽车改装在国内有很大需求，但在国内发展面临制度障碍，导致行业发展无序。

第3章　总体思路和目标

3.1　总体思路

　　基于我国汽车产业政策法规发展现状和问题，借鉴发达国家的发展经验，深入贯彻落实"创新、协调、绿色、开放、共享"发展理念，全面推进汽车产业治理体系和治理能力现代化。以汽车产业管理法治化为核心，构建以法律为基础、符合国际惯例的汽车法治化管理体系；以市场化为方向，厘清政府与市场的边界，转变政府职能，充分发挥市场在资源配置中的决定性作用；以标准化为引领，坚持适合国情与国际接轨相结合，推动汽车产业注重质量和品牌建设，不断向中高端迈进；以创新为动力，破除一切制约创新发展的思想障碍和制度藩篱，调整一切不利于汽车产业创新发展的生产关系。

3.2　发展原则

　　坚持依法治车的原则。法治是发展的可靠保障，必须强化法治观念和思维，坚持以法治精神引领汽车产业治理，健全法律法规体系，立足汽车全生命周期，提高汽车管理的系统性和协调性，切实提高依法治理能力，把汽车产业发展纳入法治轨道。

　　坚持全面深化改革的原则。全面落实党中央做出的全面深化改革的重大战略部署，加快转变政府职能和简政放权，全面梳理汽车产业管理体系存在的问题，改革和破除一切不利于汽车产业发展的行政管理、财税和国企等方面的体制机制问题。

　　坚持稳定性、连续性和适时性相结合原则。汽车政策法规的制定和实施，必须保持其严肃性和权威性。而又需根据发展的不同阶段去适时修改、补充或制定新的相关政策法规，应注意保持与原政策法规的承继和衔接关系。

坚持符合国际惯例的原则。要在认真总结我国发展现状及问题的基础上，充分参考借鉴发达国家一切好的管理制度和经验，使汽车产业及相关领域法律政策法规的制定，既符合我国国情，又符合国际通行做法。

3.3　发展目标

3.3.1　战略目标

形成系统完备、科学规范、运行有效的汽车管理体系，全面实现汽车产业治理能力现代化。建立起以安全、环保、节能等公共利益为重点，覆盖汽车全生命周期的国家车辆法治化管理体系，形成公平开放、全国统一、竞争有序、激励创新的政策法规体系，国家汽车管理职能实现集约化，完全消除汽车各环节重复、交叉管理问题，政府依据全国统一的产品管理制度和技术法规体系规范相关主体活动，并严格执法。

3.3.2　发展目标

1. 2020年

（1）建立科学完善的汽车法律法规体系。初步建立覆盖汽车全生命周期的法律法规体系，为理顺汽车管理体制，实现政府对汽车全生命周期依法监管提供制度基础。

（2）理清汽车产业各政府部门的汽车管理职能，同一监管环节多头管理或管理缺失问题得到有效缓解，全国统一的产品准入制度初步建立，事中事后监管力度大幅加强。

（3）建立起科学合理、符合我国国情和国际惯例的标准法规体系，为我国汽车产业技术进步和国际化发展奠定基础。

（4）建立起以企业为主体、市场为导向、政产学研用相结合的汽车产业创新体系，创新环境更加优化。

（5）政府职能基本完成向监管和仲裁的转变，市场主体的准入退出制度更加完善，形成以产品和服务水平为导向的淘汰机制，汽车市场规范有序，反垄断执法常态化机制有效建立，汽车税制和国有汽车企业改革取得初步成效。

2. 2025年

（1）汽车管理融入社会治理体系。实现汽车管理制度与安全、环境、能源、质量、交通、环保、城建等相关领域一般性管理制度有效衔接，汽车与相关社会要素实现协调包容发展。

（2）职能科学、权责法定、执法严明、公开公正、廉洁高效、守法诚信的汽车管理体制基本建立，有效避免管理越位、缺位和错位。

（3）我国汽车产品技术创新的成果有效反映到国际标准法规中，优势特色技术领域标准实现国际化，中国汽车标准品牌得以创建。

（4）分工明确、协同高效、开放共享的汽车产业自主创新体系更加完备，形成适应创新驱动发展要求的制度环境和政策法规体系，汽车产业创新活力和创造潜能被充分激发。

（5）统一开放、竞争有序的现代汽车市场体系基本形成，监管体系更加健全，执法更加严格，汽车税制和国有汽车企业改革取得决定性进展。

3. 2030年

（1）汽车产业及相关领域全面树立起诚信守法意识，建立起以企业自律为基础、业内互律为补充、社会监督为保障的汽车社会共治体系。

（2）建立起一个政府部门统筹负责汽车全生命周期监管，其他相关部门在职责范围内予以配合的管理体系，取消汽车生产企业准入制度，大幅提高汽车执法监管的协调性和衔接性。

（3）我国汽车标准在技术标准领域的国际话语权提高，主导部分国际核心标准法规的制定，在国际上体现中国标准法规的特色。

（4）汽车产业创新的制度环境、市场环境和文化环境更加优化，监管机构体系完善，执法监管能力和效能显著提高。

（5）汽车产品和相关服务要素自由流动、有序竞争，汽车产业资源配置效率和公平性显著提高，汽车税制制度和国有汽车企业体制更加科学完善。

3.4　发展路径

坚持"法治保障、市场主导、标准引领、创新驱动"的发展路径，持续完善我国汽车产业政策法规体系。

（1）法治保障。全面推进汽车管理从"产业政策＋行政管理"向"法治化＋市场机制"转变，坚持汽车安全、环保、节能"三性"统一管理原则和汽车全生命周期管理原则，按照先补重点管理环节法律依据的短板，再统筹汽车全生命周期监管顶层设计，最后做好与相关领域法律法规协调衔接的"三步走"。

（2）市场主导。坚持使市场在资源配置中起决定性作用，尊重市场决定资源配置的规律和企业的市场主体地位，调整各类扭曲的政策和制度安排，完善公平竞争、优胜劣汰的市场机制。明确政府管理的内容、边界和重点，避免管理越位、缺位和错位，做到该管的管住管好，不该管的坚决不管。

（3）标准引领。厘清技术法规和标准体系的不同功能定位和不同法律地位，并与发达国家接轨，从法律层次上保证中国的标准法规体系符合国际惯例。充分发挥我国自主品牌汽车企业的积极能动性和技术优势，从参考借鉴到逐步参与，最终影响和主导国际先进技术法规和标准体系的制定。

（4）创新驱动。一方面，把破解制约创新驱动发展的体制机制障碍作为着力点，加快体制机制创新，构建激励创新的价值导向和文化氛围，增强汽车产业的自主创新能力。另一方面，要用创新的思路和方法解决全面深化改革体制机制过程中遇到的问题。

第4章 重点任务

4.1 推进汽车产业法治化管理

（1）建立科学完善的汽车法律法规体系，为理顺汽车管理体制，实现政府对汽车全生命周期依法监管提供制度基础。

（2）建立起全国统一的产品准入制度，加强事中、事后监管。

（3）将汽车管理融入社会治理体系，实现汽车管理制度与安全、环境、能源、质量、交通、环保、城建等相关领域一般性管理制度的有效衔接，推动汽车与相关社会要素协调包容发展。

（4）通过科学立法和严格执法引导有关主体全面树立守法诚信意识，建立起以企业自律为基础、业内互律为补充、社会监督为保障的社会共治体系。

4.2 建立科学的行业管理体制

（1）构建一套职能科学、权责法定、执法严明、公开公正、廉洁高效、守法诚信的汽车管理体制，建立起公平、开放的市场环境，真正树立企业的市场主体地位。

（2）明确由一个政府部门统筹负责汽车全生命周期监管，其他相关部门在职责范围内予以配合，大幅提高汽车执法监管的协调性和衔接性。

4.3 完善标准法规体系

（1）参考引用国外技术法规和先进标准体系，建立我国对应的标准法规体系，引导我国产品满足国际技术标准和法规的要求。

（2）积极参与国际技术法规和国际标准的制定、修订工作，将我国的产品和技术特点反映到国际标准法规中，提高我国汽车产业的国际话语权，使我国逐步主导国际核心标准法规的制定。

4.4 完善技术创新环境

（1）形成适应创新驱动发展要求的制度环境和政策法律体系。激励创新的政策法规更加健全，知识产权保护更加严格。

（2）建成分工明确、协同高效、开放共享的汽车产业自主创新体系。促进人才、资本、技术、知识自由流动，实现原始创新、共性基础研究、应用技术开发、科技成果转化、产业化服务的有效衔接和资源高效配置。

4.5 推进国企改革

中央和有关地方研究建立汽车产业国有资本投资运营公司，加强对国有汽车企业的改革和整合。完善国有汽车企业负责人考核制度。改革人事制度，由董事会进行市场化选聘经营管理人员。有计划、有步骤地将主要汽车国企改组为混合所有制企业。

4.6 推进汽车税制改革

（1）研究汽车税改整体方案，建立以节能减排为基本导向的汽车税制。汽车税制由"抑制购买，宽松使用"转变为"宽松购买，节约使用"。

（2）借鉴发达国家绿色税制的实施经验，将燃料消耗量指标引入我国汽车税制。

（3）针对中央、地方税收收入不均衡的问题，调整消费税和车辆购置税的收入归属及征管权。

4.7 建立公平开放的竞争环境

（1）完成政府职能向监管和仲裁的转变，只作为市场的裁判员。完善市场主体准入退出制度，形成以产品和服务为核心的淘汰机制。

（2）加强汽车领域价格垄断、经营者集中、滥用市场地位等反垄断执法，尽快制定和出台有关的实施指南，有效遏制汽车销售流通、售后服务等重点领域的垄断行为。

（3）加强维护市场秩序，提升汽车销售和售后服务等重点领域的监督执法力度，引导行业诚信经营。

4.8　加快汽车后市场建设

（1）深化汽车流通领域全链条体制改革。改革新车、二手车、报废汽车流通体制，提高流通效率。

（2）促进维修行业转型升级。建立汽车配件的社会化、多渠道流通网络，保障消费者的自主选择权。

（3）推动汽车共享，提升使用效率。提前规划设计，以制度建设促进发展；引导绿色环保出行；加快汽车金融保险和租赁发展。

第5章　实施方案及措施建议

5.1　实施方案

法治化管理方面。以现行《道路机动车辆生产企业及产品公告》管理、汽车CCC认证等准入制度框架为基础，借鉴发达国家汽车产品准入管理制度，尽快制定有关法律法规，建立全国统一的产品准入管理制度。突出企业责任主体地位，大幅强化事中、事后监管，将监管的重心从"管企业"向"管产品"转移；启动"道路车辆法"研究制定工作，统筹考虑汽车全生命周期各监管环节，在法律层面进行顶层设计。"道路车辆法"应充分考虑汽车智能化、网联化发展趋势，在汽车行驶权、驾驶权、责任判定等方面重新进行制度设计和规定；协调环境、能源、交通、贸易、金融、税收、产品质量、侵权责任等相关领域立法、修法工作，依法规范和促进汽车相关产业和有关社会要素有序发展，尽量消除或缓解外部环境因素对汽车产业发展的制约，形成汽车产业与相关产业、有关社会要素协调包容、相互促进的良性发展局面。

行业管理方面。由中央和国务院层面协调推进有关政府部门汽车管理职能整合，确定一个部门为汽车管理的主要部门，其他有关部门在职责范围内予以配合和提供支持；从制度设计层面，取消汽车生产、销售环节的各种地方性准入，并强化对地方政府越权和失职的问责、追责力度。

标准法规方面。修订《中华人民共和国立法法》，赋予技术法规以法律地位，将技术法规作为管理产品的具有法律效力的法律文件。同时，修订《中华人民共和国标准化法》，明确标准的法律地位，梳理国家标准、行业标准、团体标准、地方标准以及企业标准的各自定位和作用，加强标准的执行和监督机制；加强部门之间技术法规和标准出台的交流机制，由国务院牵头或委托国家标准行政主管部门建立部际强制性国家标准或技术法规的交流协调机制，对涉及各主管部门的强制性国家标准或技术法规，通过开展部际联席会议共同讨论或各部委技术支持机构共同推进的形式来制定；积极参与国际法规工作，不断提升我国法规标准采用国际法规的比重；研究签署《1958年协议书》。

技术创新方面。建设多个第三方的国家级汽车产业技术创新中心，加大研发投入力度，实施国家汽车技术创新工程，突破制约产业发展的关键共性技术和前瞻性技术；加大国家自然科学基金、科技重大专项、重点研发计划、技术创新引导专项（基金）和基地和人才专项等中央财政科技计划（专项、基金等）对汽车关键核心技术、基础技术的研发和产业化的支持力度，着力突破低碳化、信息化、智能化整车及零部件核心技术；进一步提高普惠性财税政策支持力度，出台国有汽车企业研发投入和自主创新业绩考核办法；引导民间资金和其他社会资金投入，鼓励地方加大投入，支持种子期、初创成长型中小企业和战略性新兴汽车技术产业加快发展；切实加强知识产权保护，加快完善知识产权保护的法制、政策和体制，营造良好的知识产权法制环境、市场环境和社会环境。

国企改革方面。完善国有汽车企业负责人考核制度，将自主创新能力建设情况、自主品牌销量情况、新能源汽车发展情况和企业中长期战略推进情况等纳入国有汽车企业负责人绩效考核体系；有计划、有步骤地将主要汽车国企改组为混合所有制企业。探索在大型国有汽车企业集团的子公司开展混合所有制试点，总结成功经验后进一步扩大试点。鼓励员工收购国有企业股份，支持国有企业之间交叉持股；探索组建国有汽车产业资本运营管理公司，由政府管企业变为政府管资产，资产运营管理公司根据市场原则自主选聘职业经理人，用市场化手段激发企业管理者和员工的积极性和创造力。

税制改革方面。将汽车税制从制造端向消费端转移，由"抑购买，宽使用"转变为"宽购买，节约使用"。一是减少购买环节税收比重，增加使用环节税收比重，如减征车辆税，将其加到消费税中征收；二是借鉴发达汽车国家绿色税制实施经验，将燃料消耗量/能耗指标引入汽车税制实行分级征收，引导消费者购买低油耗、小排放、轻量化车型；三是调整中央和地方之间的汽车税收分配关系，将消费税、车购税由中央税改为地方税或中央/地方共享税，促进城市交通基础设施建设和维护，加强车用移动污染源治理。

竞争环境方面。通过调整汽车业税制结构、转变地方补贴资金使用方式、取消地方设立的产品目录或备案，以及地方标准、出台实施新能源汽车积分管理办法和强化国家标准权威等方式，建立统一的新能源汽车市场；取消报废汽车回收企业总量控制，提高准入和退出安全、环保法规标准条件，同时明确地方不得设置限制和分割区域的相关条件；依据《中华人民共和国反垄断法》和《关于汽车业的反垄断指南》等，持续对新车销售、配件流通供应、售后维修服务等重点领域价格垄断行为加强监管；扩大企业不诚信经营行为信息的公示范围，对企业实施信用分类管理，鼓励建立第三方诚信评价平台系统，归集评价口碑上线公开，倒逼企业诚信经营。

汽车后市场方面。大力发展汽车电子商务和在线信息服务，促进节约型、共享型汽车流通网络建设;鼓励企业借助互联网开展汽车分时租赁等新型服务模式,对新能源汽车和小排量汽车共享实行优先、免费停车等市政管理方式;制定完善的服务标准,进一步规范引导网络预约出租车行为,提升服务水平;适当提高燃油消费税和城市拥堵区域停车费用,引导节约使用汽车;研究制定"汽车消费信贷管理条例",促进汽车消费信贷的规范化、法治化发展。

5.2 保障措施及建议

1. 加强组织协调

成立汽车强国建设推进小组,形成由国务院领导人牵头、相关部委积极参与的工作机制。

2. 推进大部制改革

推进大部制改革,促进职能整合。适当合并相关部门,扩大整合部门的业务管理范围,最大限度地避免由我国目前汽车相关部门过多带来的职能交叉、政出多门、多头管理等问题。

3. 科学配置优化行政资源

适当增加有关政府部门和执法监管机构人员配置,建立健全相关人员聘用、培训、考核、奖惩、问责制度,加强执法队伍内部监督检查。合理增加执法经费财政预算,切断执法监管有关部门、技术机构与执法对象间的利益联系。

第 5 篇
新能源汽车发展战略研究报告

第1章　引　　言

随着全球经济的持续发展，能源和环境问题日益突出，降低车用化石能源消耗、减少汽车二氧化碳及各种污染物排放，是全球应对能源和环境问题的最重要举措之一。新能源汽车是汽车工业发展的时代产物，从国家层面讲，美国、德国、日本等汽车工业较为发达的国家也以不同形式阐述了本国的新能源汽车发展计划及技术路线图，如日本先后发布的《新一代汽车战略 2010》和《EV·PHV指导方针》，美国的《电动汽车普及大挑战蓝图》，德国联邦政府的《国家电动汽车发展计划》等，这些计划为本国的新能源汽车发展起到了明确的技术引领作用。欧洲、美国、日本、中国的各大汽车集团，先后发布了各自的新能源战略与车型产品。

作为我国战略性新兴产业之一，发展新能源汽车是解决日益突出的环境污染问题、实现我国汽车产业结构调整和转型升级、实现汽车强国的必由之路。我国政府高度重视新能源汽车的技术和产业发展，习近平总书记指出"发展新能源汽车是我国从汽车大国迈向汽车强国的必由之路"[①]。先后发布的《节能与新能源汽车产业发展规划 2012-2020》《中国制造 2025》等一系列战略规划和推进政策，为我国新能源汽车发展指明了方向。近年来，在国家、地方的积极推动下，新能源汽车及相关基础设施建设取得了重大进步。截至 2015 年，我国已经跃居新能源汽车产销第一大国，2016 年和 2017 年均保持了领先优势，保有量突破 100 万辆。2018 年新能源汽车产销量突破 125 万辆。我国新能源汽车发展历程如图 5-1-1 所示。

尽管新能源汽车的产业化和市场优势已经初步形成，但仍然存在大而不强的潜在风险，面临严峻的国际竞争压力。

因此，在新能源汽车的快速发展、技术链、产业链、产业生态及全球竞争格局即将形成的关键时刻，以世界汽车强国为目标，结合中国国情和国际竞争发展态势，研究我国新能源汽车发展战略，是推动我国实现汽车强国战略的迫切需求。

---

① 习近平：发展新能源汽车是迈向汽车强国的必由之路，http://auto.people.com.cn/n/2014/0526/c1005-25066662.html，2014-05-26.

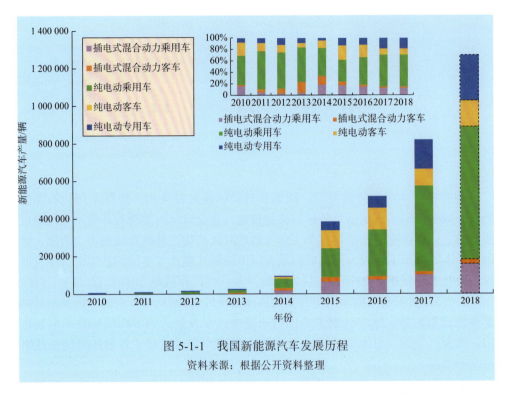

图 5-1-1 我国新能源汽车发展历程
资料来源：根据公开资料整理

　　本研究报告内容涵盖：插电式混合动力汽车、纯电动汽车、燃料电池汽车和太阳能电动汽车。

第2章　插电式混合动力汽车

2.1　国际发展现状与趋势

2.1.1　现状分析

插电式混合动力汽车成为各大汽车公司应对日益严格的油耗与排放法规，以及成为提高产品竞争力的重要技术路线选择。包括奔驰、宝马等在内的老牌汽车巨头们都纷纷制定了全系列车型插电化、混动化的战略。

美国汽车企业中，通用汽车专注长里程插电式混合动力汽车的开发，雪佛兰沃兰达纯电行驶里程达到116千米，综合续航里程高达768千米，百千米综合油耗仅0.9升。福特汽车2025年插电式混合动力汽车/混合动力汽车/电动汽车占70%。2018年上半年推出插电式混合动力车蒙迪欧（美国称为Fusion）Energi。福特汽车计划到2020年其在全球市场上销售的新能源汽车数量占其年度总销量的10%~25%。根据福特规划，未来新能源车将以插电式混动及混动技术为主。

欧洲汽车企业全面提出插电化战略，甚至制定了燃油车退出时间表。从2017年起，宝马集团新开发车型全面电气化。宝马集团在华投放的新能源汽车产品包括BMW i系列在内，共有5个系列9款车型：i系列、X1、X5、5系、7系等，以插电式混合动力车为主。计划在2025年之前，将全球电动车及插电式混合动力车的销量比例提升到15%~25%，而中国市场作为重要的新能源车市场也在大力推进中。戴姆勒奔驰导入多款插电式混合动力汽车。目前，奔驰在中国市场已经引入了3款插电式混合动力车：S500 eL、GLE500e、C350 eL，这三款插电式混合动力汽车的纯电续驶里程约30千米。到2020年，奔驰将有10款相关电动产品推出，也会陆续引入中国市场。大众集团布局在华"三步走"战略。第一，逐步引进国产插电式混合动力汽车；第二，引入电动汽车；第三，引入MEB（modular electrification toolkit，模块化电气化工具）平台，导入定制化电动汽车。此外，大众与江淮建立合资企业已获批准，共同生产廉价电动车。

日韩企业凭借混合动力优势发展插电式混合动力乘用车。丰田汽车2018年推出插电式混合动力汽车。丰田将企业未来规划分为短期、中期和长期三个阶段。短期目标是提高内燃机燃效，扩充 HEV（hybrid electric vehicle，混合动力汽车）车型；中期目标是加快推进插电式混合动力汽车车型；长期目标是在 2050 年消除发动机车型，使混合动力汽车和插电式混合动力汽车车型占总销量的 70%。现代起亚集团在华主攻新能源汽车。北京现代在 2016 年公布了名为"NEW"的新能源汽车战略，2016~2020 年打造四大新能源汽车平台，推出 9 款新能源汽车产品。东风悦达起亚计划在 2020 年前，推出 6 款新能源车型。研发中心的扩建将为现代汽车集团在华新能源汽车等产品的投放提供保障。雷诺-日产联盟早前一直倡导发展纯电动车技术，为了加强对这一技术的展开，雷诺-日产联盟将与新控股的三菱汽车共同合作并打造出成本更低、更加环保的共享平台。未来将在共享平台上打造纯电动车型和基于三菱欧蓝德技术的插电式混合动力汽车车型。此举有望进一步降低三个品牌未来对于新能源汽车的研发成本，提升市场竞争力。

美国《科学与工程指标 2018》报告指出，R&D 经费支出反映了经济体提升科学技术能力的意愿，这种意愿反过来又能够推动创新。2000~2012 年，中国 R&D 经费以 18% 的年平均增长率高速增长，远远超过美国 4% 的水平。从图 5-2-1 可以看出，我国科技研发经费投入力度不断加大，已成为世界第二大科技研发经费投入国。图 5-2-2 列出了主要国家的发明专利申请和授权数量对比。可以看到，我国国内发明专利申请和授权数量皆大幅增加。我国科技创新持续发力，加速赶超跨越，实现了历史性、整体性、格局性重大变化，重大创新成果竞相涌现，科技实力大幅增强。在由科技大国向科技强国迈进的辉煌征程里，汽车工业也应由大变强，把握契机，实现跨越。

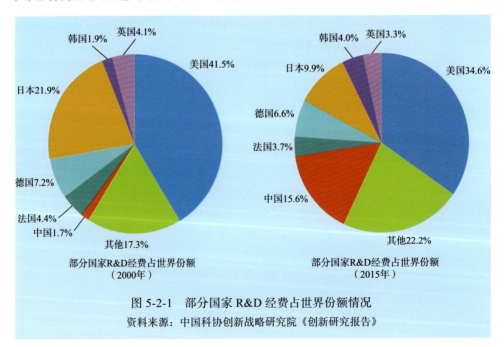

图 5-2-1　部分国家 R&D 经费占世界份额情况
资料来源：中国科协创新战略研究院《创新研究报告》

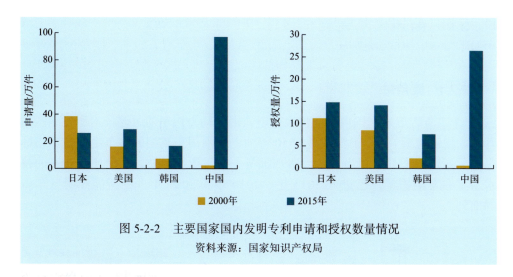

图 5-2-2　主要国家国内发明专利申请和授权数量情况

资料来源：国家知识产权局

2.1.2　趋势分析

插电式混合动力汽车方面，呈现以下发展趋势。

1. 多种插电式混合动力技术路线并存，并各具特色

从系统构型看，并联、混联、四驱和串联等构型的车型均在市场受到认可，但没有绝对的优势。

如果按照纯电续驶里程来划分，则分为以丰田普锐斯为代表的短里程插电式混合动力乘用车，以及以通用雪佛兰沃兰达为代表的长里程纯电动乘用车两类，前者可以称为节能型，后者可以称为增程型。从发展趋势来看，增程型插电式混合动力技术路线成为主要厂家的选择，纯电续驶里程呈现不断延长的趋势，长纯电续驶里程插电式混合动力乘用车逐渐占据市场主要份额。

2. 混合动力专用发动机性能显著提升

混合动力专用发动机趋于向高压缩比、高热效率、一体化及轻量化发展。目前丰田的发动机的热效率已经超过 40%。本田 Accord 混合动力发动机完全是匹配混合动力工况与混合动力驱动系统设计与优化的。

3. 机电耦合总成集成度更高

混合动力机电耦合结构更加紧凑，功率控制单元趋向集成，动力性能和安全性水平更加优秀；混动工况下油耗不断降低。

2.2　国内技术进展

2.2.1　乘用车

"十二五"以来，国内企业加大插电式混合动力汽车的关键技术研发和产品开发，比亚迪秦/唐、上汽荣威 e550 等插电式乘用车车型的整车主要技术指标与国际先进水平基本相当，并已实现批量上市（图 5-2-3）。其中比亚迪秦的技术水平和车型销量，已进入 2015 年、2016 年和 2017 年世界新能源明星车型的前列。

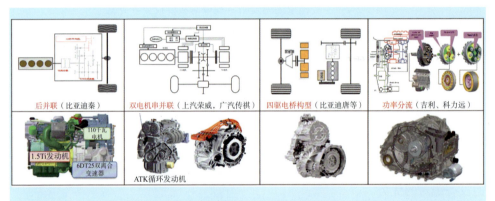

图 5-2-3　国内主要企业的插电式混合动力乘用车构型

资料来源：根据公开资料整理

2.2.2　商用车

商用车方面，国内自主掌握了插电式混合动力汽车多能源动力系统整车控制、高功率电机系统、混合动力自动变速箱、增程式辅助功率发电单元等关键技术，双电机串并联、AMT（automated manual transmission，电控机械自动变速箱）并联等不同技术路线具有不俗的市场表现，尤其是在公交车领域应用效果最好。目前，我国插电式混合动力公交车在综合性能和产业化应用方面均处于世界领先地位。并培育出了宇通、金龙等插电式混合动力公交车骨干企业。

我国形成的独具特色的双电机串并联混合动力系统、串联式混合动力系统及 AMT 并联式混合动力系统，混动状态节油率最高可达 40%，插电式混合动力公交车综合节油率超过 50%。

2.3 技术差距对比分析

2.3.1 总体技术比较

在乘用车领域,我国当前技术水平与国际先进水平差距甚大。主要表现为在混合动力发动机、机电耦合装置、电机系统等核心零部件及混动系统集成方面存在一定差距,插电式混合动力模式下的动力输出平顺性、节油效果、整车NVH等整车性能以及产品可靠性和耐久性尚待进一步提高。混合动力专用发动机技术落后,目前国内混合工况下的燃油经济性普遍为 6 升左右,而国际先进水平已经达到 4.3 升 /100 千米。目前,在实际运行过程中插电式混合动力乘用车油耗过高的问题,仍然是制约国际竞争力的关键。

2.3.2 技术路线比较

以日本丰田、本田为代表的整车企业主推节能型插电式混合动力汽车,即纯电里程较短,运行模式以混合为主。美国和中国都是采用增程型技术路线,即纯电里程长,通常超过 50 千米,中国下一步目标是 70 千米以上,运行模式以 CD(charge depleting,电能消耗)/CS(charge sustaining,电能维持)为主,用纯电工况满足城市代步需求,混合工况满足车辆长途出行或高速运行需求。以丰田为代表的 ICE(internal combustion engine,内燃机)汽车发展模式和中国特色的纯电汽车发展模式分别见图 5-2-4 和图 5-2-5。

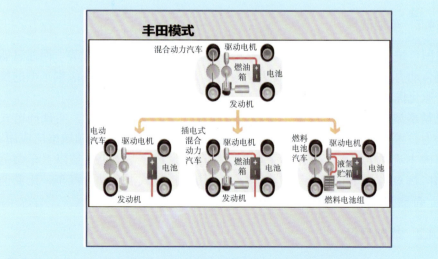

图 5-2-4 以丰田为代表的 ICE 汽车发展模式

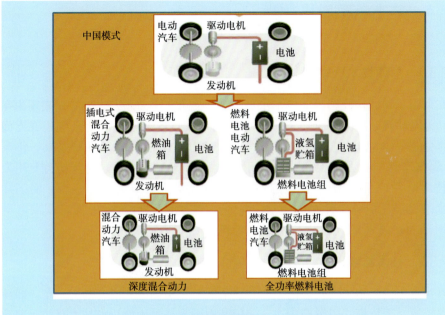

图 5-2-5　中国特色的纯电驱动发展模式

2.4　发展战略目标与展望

2.4.1　车型选择

我国传统内燃机乘用车在微型和紧凑型车方面具有市场竞争优势,而通过插电式混合动力系统的应用可提升高级别乘用车竞争力,从而带动高级别车型的技术和产业化优势的提升。

以紧凑型及以上车型规模化发展插电式混合动力乘用车为主,实现插电式混合动力技术在私人用车、公务用车及其他日均行驶里程较短的领域推广应用。目前国内主流插电式混合乘用车企业的产品逐步形成,基本上覆盖以上车型范围,如广汽 GS4 插电式混合动力汽车、吉利帝豪插电式混合动力汽车、比亚迪秦 100、奇瑞艾瑞泽、上汽荣威 e550 和荣威 e950 等。

2.4.2　战略目标

2020 年目标:插电式混合动力汽车的纯电动行驶加速性能接近传统车水平,

开发出结构紧凑、传动效率高的机电耦合装置，掌握整车控制核心技术，混合动力模式油耗相比传统车型节油 25%。以插电式混合动力乘用车 A 级以上为例，混动模式下油耗不超过 5 升 /100 千米（工况法），纯电续驶里程达到 80 千米，纯电驱动时百千米电耗不大于 13 千瓦时，排放水平必须满足国Ⅵ标准。

2025 年目标：插电式混合动力汽车产品性能达到国际先进水平，机电耦合装置性能持续提升，集成化程度提高，整车控制技术的自主化率提高，混合动力模式油耗相比 2020 年水平降低 5% 以上。以插电式混合动力乘用车 A 级以上为例，混动模式下整车油耗不超过 4.5 升 /100 千米，纯电续驶里程达到 80 千米，纯电驱动时百千米电耗不大于 11 千瓦时，排放水平必须满足同期标准要求。

2030 年目标：插电式混合动力汽车产品性能持续保持国际先进水平，开发出节油效果更优、全工况适用、平台通用好的混合动力总成，混合动力模式油耗相比 2020 年水平降低 10% 以上。以插电式混合动力乘用车 A 级以上为例，混动模式下整车油耗不超过 4.3 升 /100 千米，纯电续驶里程达到 80 千米，纯电驱动时百千米电耗不大于 10 千瓦时，排放水平必须满足同期标准要求。

第3章　纯电动汽车

3.1　国际发展现状与趋势

3.1.1　纯电动汽车整车技术进展分析

美国、日本、欧洲主要以发展纯电动乘用车为主。美国的纯电动乘用车市场主要份额是大型车，如特斯拉公司的 Model S 和 Model X 等。日本纯电动乘用车企业主要以日产 Leaf 和三菱的 iMiEV 为主，日产聆风仍然是全球销量最高车型，目前累计销量已经超过 30 万辆，美国是主要市场。欧洲纯电动汽车以德系车型为代表，包括大众 E-Golf、宝马 i3 等。从 2017 年起，欧洲的纯电动乘用车市场开始加速发展，欧洲汽车制造商亦加速在中国市场布局纯电动乘用车。

从国际发展趋势来看，纯电动汽车方面，多在车身结构上进行了重新设计或全新开发，部分车型采用电池箱体与底盘一体化的设计方案。采用轻量化材料有效减轻了车体重量，并对悬架、转向、电动附件进行了重新匹配，提高了整车 NVH 性能及可靠性。采用全新设计的仪表及中控屏幕，人机交互和信息化程度得到很大提高。十分注重电池包的安全性设计，提高电池包的安全性。电池的能量密度在逐步提高，但并不一味追求续驶里程的提升，电池的可靠性依然是首要考虑因素。

3.1.2　关键零部件

1.电机与电机控制器

国际上电动汽车驱动电机当前仍然是永磁电机和非永磁电机并存。由于永磁电机具有效率高、功率密度高、功率因数大等优点，越来越多的电动汽车趋向于采用永磁电机驱动系统，但仍然有不少车型采用感应电机。目前先进的驱动电机功率密度可达 4 千瓦 / 千克。

从控制器来看，国际先进水平控制器的功率密度为 12~16 千瓦 / 升。近年来随着以碳化硅和氮化镓（GaN）为代表的第三代宽禁带功率半导体技术及产品快速发展，国外企业（特别是日本和美国）不断推出碳化硅电力电子集成控制器或充电机产品样机。全碳化硅功率半导体控制器的功率密度比硅基半导体（IGBT等）控制器提升数倍以上，国外某些碳化硅控制器产品样机已处于装车试运行状态。

2. 动力电池与电池管理系统

中、日、韩、美、德等国是目前锂离子电池研发、产业化及国际标准化的主要参与者和推动者。总体来看，美国在原始创新方面优势明显，日本在技术方面领先，韩国在产值方面最大，中国在产能方面最大。韩国在锂离子电池基础研发、原材料、生产装备及电池产业化技术等方面投入巨大，进展迅速，建立了相对完整的锂离子电池产业链；日本拥有世界上先进的锂离子电池基础材料和装配制造研发及产业化技术。目前美国、日本等均将开发 350 瓦时 / 千克的动力电池作为 2020 年的攻关目标。

基于新材料和结构的高比能动力电池技术已经成为各国竞争焦点。在美国、日本、韩国、欧盟等国家和地区的科技规划及重点企业战略规划中，高性能电池材料、高性能锂离子动力电池、高性能电池包、电池管理系统、热管理技术、电池标准体系、下一代锂离子动力电池、电池梯级利用及回收技术、电池生产制造技术及装备等都是被重点关注的内容。国外电池生产企业采用高效、全自动、人员非接触式的生产方式，行业合作模式也发生变化，极片制造、单体电池和模块制造逐步形成更加明显的分工。

3.1.3　基础设施与充电技术

1. 美国

美国已经启动了多项充电设施建设规划。2009 年 10 月，美国国家能源部启动了大规模充电基础设施完善项目"EV Project"，2013 年发布《电动汽车普及大挑战蓝图》，力图在未来 10 年内，使美国成为世界上第一个能够生产每户家庭都能负担得起的插电式电动汽车的国家，同时该蓝图提出要发展充电基础设施建设，其中的《工作场所充电计划》目标是在未来 5 年，使工作场所的充电设施数量增长 10 倍。截至 2017 年，美国已经建成充电桩数量达到 7 万个。

此外，美国启动了超级快充（extreme fast charging，XFC）支持计划，提供数亿美元支持与快充技术相关的动力电池材料、电力电子等技术的研发。

2. 日本

日本制定了《下一代汽车战略 2010》发展规划，其中"国家、地方政府及产业界合作共同推进充电基础设施建设"是日本推进的总体思路。截至 2015 年初，日本全国充电桩数量已超过 4 万个（包括家用充电桩），超过了传统加油站数量（3.4 万个），其中主要的充电桩为家用充电桩，数量近 3.7 万个。

日本电动汽车快速充电器协会（CHAdeMO）标准快充桩是日本直流快充桩的代表。目前全球已有 38 个国家超过 341 个机构加入 CHAdeMO，包括能源公司、整车企业、充电设施企业等，CHAdeMO 快充桩在日本和全球的数量也分别达到了 3 087 和 5 735 个。CHAdeMO 充电回路示意图见图 5-3-1。

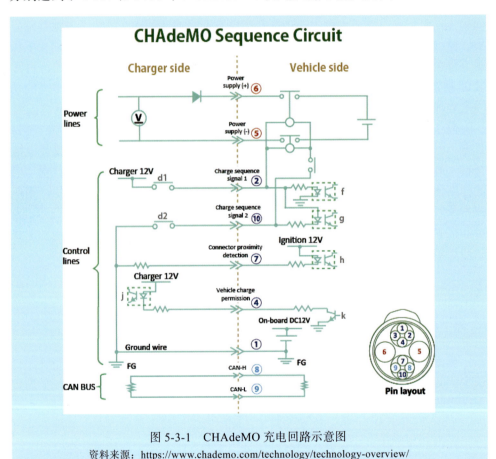

图 5-3-1　CHAdeMO 充电回路示意图
资料来源：https://www.chademo.com/technology/technology-overview/

3. 欧洲

欧盟在 2010 年发布的《清洁节能汽车发展战略》中提出，发展充电基础设施的战略是推动欧洲统一的标准，实现所有的电动汽车在欧洲任何地方可以无障碍充电，要求成员国在 2020 年建设合理数量的充电设施，建议最少达到平均十辆电动车共用一个公共充电桩，2017 年 11 月以后新建的公共充电站要兼容支持多种标准充电。

欧洲汽车企业保时捷、奥迪、大众集团、宝马集团、戴姆勒股份公司和福特汽车公司共同宣布成立合资公司"IONITY"，旨在开发、建设一个大功率充电（high power charging，HPC）网络，为整个欧洲的所有电动汽车提供全面支持。其目标是建立 350 千瓦以上的大功率充电网络，在 2020 年以前建成约 400 个 HPC 充电站，为远距离出行提供便利，解决纯电动乘用车临时补电的问题。

3.2　国内技术进展

3.2.1　整车

中国在纯电动汽车方面的发展模式与美国等国家不同，美国、日本等主要是在乘用车领域，而中国则是优先发展公共服务领域，以公共服务领域纯电动车型应用带动整个纯电动技术和产业化链发展，从而带动私人乘用车的发展。

1. 乘用车

纯电动汽车是我国新能源汽车的主要类型之一。国家自"十五"以来，在电动汽车项目研发中投入巨额资金，对纯电动汽车予以支持，我国的纯电动乘用车技术取得重大进展，车辆整体技术水平接近国外公司产品，部分产品性能指标已与国外公司产品不相上下，续驶里程、可靠性、安全性、动力性水平不断提高，经济性和综合效益水平持续优化，具备了商业化推广条件。

2. 客车

纯电动客车整体技术水平达到国际领先，开发出覆盖 6~12 米的多种纯电动公交车型，大电池容量长续航里程、使用钛酸锂电池快充、双源无轨及快速换电等多种能源供给技术独具特色，通过关键部件通用化、总成配置模块化、机电接口标准化实现了新能源客车的共享平台技术开发，在高效电驱动系统、动力电源热电集成和管理技术、城市公交示范应用技术方面取得了重大进展；此外，我国众多的专用车企业正在开发从微型到中型的各类纯电动物流车及纯电动环卫用车，车辆性能、可靠性、安全性不断提升。

3.2.2 关键零部件

1. 驱动电机及其控制器

我国驱动电机系列化产品，功率范围满足从乘用车到大型公交车的需求，峰值功率密度达到 2.8~3.0 千瓦 / 千克，接近国际先进水平，驱动电机效率与国际先进水平基本相当。

电机控制器的功率密度达到 5~8 千瓦 / 升。一批企业已掌握 IGBT 模块封装技术，个别领先企业具备了 IGBT 的开发能力；成功开发出具有自主知识产权的直接冷却碳化硅混合功率模块、新型间接冷却膜电容组件和高功率密度电机控制器样品，功率密度达到 10 千瓦 / 升、最高效率达到 98%。

2. 动力电池与电池管理系统

我国已基本掌握了磷酸铁锂、锰酸锂、三元材料前驱体、石墨负极材料、钛酸锂负极材料、电解液和 PP/PE 隔膜、电池单体研发及制造等核心技术，技术水平与国外水平基本相当；动力电池正极材料、负极材料、电解液和隔膜实现了国产化，并且开始进入国际动力电池生产企业供应体系，如正极材料企业杉杉、负极材料生产企业贝特瑞已经为 LG、三星 SDI 等国际顶尖动力电池生产企业供货。

传统能量型动力电池单体比能量 2020 年达到 300 瓦时 / 千克；新型能量型电池单体比能量达 400 瓦时 / 千克，实现装车应用；探索出单体比能量达到 500 瓦时 / 千克以上的动力电池新体系，取得原创新成果和核心知识产权。高功率、长寿命动力电池单体比功率达到 1 500 千瓦 / 千克，循环寿命达到 10 000 次。富锂锰基正极仍是焦点，目前容量达到 300 毫安时 / 克左右，循环性明显提升；容量 250 毫安时 / 克左右的富锂锰基正极循环达到了 1 000 次，但电压衰减问题仍有待解决。

3.2.3 充电基础设施

我国已经成为全球充电桩保有量最高的国家。根据充电促进联盟的统计信息，截至 2017 年 3 月，公共类充电桩 156 192 个，其中交流充电桩 55 117 个、直流充电桩 38 757 个、交直流一体充电桩 62 318 个。截至 2017 年 3 月，联盟内成员整车企业总计上报私人类充电桩 77 615 个，交流充电桩 77 607 个，直流充电桩 8 个。

3.3　技术差距对比分析

相对于日产、宝马、特斯拉等国际一流纯电动生产企业，国内企业纯电动产品在形成标准化生产的规模效应，在整车及关键零部件的批量化生产工艺、质量控制及成本控制方面还有待提升。由于基础设施不健全，商业化推广缓慢，产品应用率低等原因，产品性能的市场验证不足，电池性能衰减控制能力、整车可靠性有待提升。

在新产品开发上，国内绝大部分电动车都是基于传统车型底盘改制开发，缺少全新设计的一体化电动底盘，整体性相对落后；在轻量化新材料应用方面，我国轻量化设计技术相对落后，轻量化新材料（碳纤维材料、纤维增强复合材料、耐蚀镁合金材料等轻合金材料）应用有限，而国外电动车，如宝马 i3 已大量使用碳纤维轻质材料。

3.4　发展目标与展望

以中型及以下车型规模化发展纯电动乘用车为主，实现纯电动技术在家庭用车、公务用车、租赁服务及短途商用车等领域的推广应用。

3.4.1　预期目标

2020 年目标：纯电动汽车产品综合性能进一步提升（图 5-3-2），驱动电机、电池等关键零部件性能进一步提升。纯电动乘用车以发展紧凑型及其以下车型为主，续航里程应达到 300 千米左右。以典型 A0 级小型纯电乘用车（整备质量 1 200 千克）为例，法规工况电耗小于 12 千瓦时 /100 千米；公交客车法规工况整车电耗小于 3.5 千瓦时 /100 千米·吨。

2025 年目标：纯电动汽车产品综合性能达到国际先进水平，新型锂离子动力电池得到批量应用，轻量化技术进一步提升。乘用车以发展中型及以下车型为主，实现先进驱动方式（包括集中式和驱动式），续驶里程仍保持 300 千米左右，典型的小型纯电乘用车（整备质量 1 200 千克）法规工况在 2020 年基础上降低 10%，以典型纯电动 A0 级整车为例，整车质量降至 1 150 千克以下，综合工况续驶里程 400 千米左右，电耗小于 11 千瓦时 /100 千米；公交客车法规工况整车电耗小于 3.2 千瓦时 /100 千米·吨。

图 5-3-2 动力电池技术发展趋势

资料来源：根据公开资料整理

2030 年目标：纯电动汽车产品综合性能持续保持国际先进水平，应用新电池体系，实现高效、高性能驱动方式。续驶里程达到 500 千米以上，在乘用车和短途商用车上实现大批量应用。乘用车典型小型纯电动车（整备质量 1 200 千克）法规工况在 2020 年基础上降低 10%，A0 级纯电动乘用车整车整备质量降至 900 千克以下，综合工况续驶里程达到 500 千米（使用新体系电池），法规工况电耗小于 10 千瓦时 /100 千米。公交客车法规工况整车电耗小于 3.0 千瓦时 /100 千米·吨。

3.4.2 实现目标的差距和障碍

为实现纯电动汽车的发展预期目标，重点在底盘及动力系统、电热安全管理与设计技术等方面，国外在新能源汽车底盘与动力系统一体化与平台化等方面发展趋势明显，而我国缺少全新设计一体化电动底盘。同时，我国在动力系统、系统集成、轻量化等方面也与国际先进水平存在较大差距。

第4章 燃料电池汽车

4.1.1 技术现状

从国际燃料电池电动汽车发展现状看，全球主要汽车公司基本完成了燃料电池电动汽车的性能研发阶段，整车性能已能达到传统汽车水平，解决了示范中发现的核心技术问题。今后的研究重点集中在提高燃料电池功率密度、延长燃料电池寿命、提升燃料电池系统低温启动性能、降低燃料电池系统成本、规模建设加氢基础设施和推广商业化示范等方面。

燃料电池商用车的可靠性、经济性和便利性满足了商业示范运行需要。在北美多个城市开展的公交客车示范表明，燃料电池客车整车、动力系统和燃料电池系统的可靠性都达到了商业化推广需求（燃料电池系统平均故障间隔里程超过5万千米），燃料电池叉车、物流车等领域的示范和应用跟踪数据也表明燃料电池系统的耐久性超过1万小时。

燃料电池乘用车的性能接近用户接受的水平。丰田公司的Mirai燃料电池汽车，完成单次氢燃料补给仅需约3分钟，续驶里程达到650千米，完全能够满足平常的行车需求。2015年在全球量产车用最佳发动机评选中首次出现了燃料电池发动机，标志着这一新技术商业化的开始。

燃料电池功率密度不断提高，能够满足车辆动力性要求。以本田FCX Clarity为例，与上一代FCX相比，动力系统功率密度有了很大提高。新型燃料电池堆的最高功率提升至100千瓦，与本田开发的上一代燃料电池堆相比，体积功率密度提高50%，重量功率密度提高67%。

各国氢能基础设施与车辆同步实施，超前部署满足商业化发展需要。日本、韩国、美国等纷纷制定了各自的加氢站建设规划，以配合燃料电池电动汽车的推广应用。日本在名古屋、东京、大阪和福冈四个城市之间建造了100座加氢站，在2025年前扩大到1 000个，到2030年计划建成覆盖全国的加氢站。韩国到 2015 年已经建设了 13 座加氢站，预计到 2020 年建设 168 座加氢站。美国计划于 2017 年建成至少 84 座加氢站，达到单站日产 500 千克以上的氢气产量。

4.1.2　发展趋势

车用燃料电池技术发展方向逐渐明确，各大汽车厂商继续进行新一代燃料电池技术的研发，目标是降低制造成本和提高可靠性与耐久性。燃料电池汽车技术发展的趋势表现如下。

（1）燃料电池模块化和系列化。为了便于提高可靠性和寿命，并降低成本，燃料电池发展出现模块化趋势。单个燃料电池模块的功率范围被界定在一定的范围之内，通过模块的组装，实现不同车辆对燃料电池功率等级的要求。

（2）燃料电池汽车动力系统混合化。在目前的燃料电池汽车动力系统中，已经不再采用最初的动力方案，而是采用燃料电池系统与动力蓄电池混合驱动的方式。这种混合动力驱动方案最早被我国科技人员采用，可有效提高燃料电池的寿命、降低车辆成本，已被国际广泛采纳。

（3）车载能源载体氢气化，来源多样化。经过对各种能源载体的比较和考核，基本摒弃了基于车载各种化石燃料重整制氢的技术途径，更多地采用了车辆直接储存氢气的方案，储存方式以高压气态为主；而氢气制取在制氢站完成，采取了基于本地资源特点的多种制氢途径。

（4）燃料电池汽车产业联盟化。在汽车制造行业，燃料电池技术通常是自己研发，但目前燃料电池汽车产业发展正在突破这种常规发展模式。目前，汽车整车生产企业与燃料电池生产厂家加强了技术整合。汽车整车生产厂商与燃料电池生产企业的合作共赢成为燃料电池汽车发展的一种重要模式。

4.2　我国氢能燃料电池汽车技术发展现状

在国家"十五"电动汽车重大科技专项、"十一五"节能与新能源汽车重大项目、"十二五"电动汽车关键技术与系统集成重大项目的支持下，通过产学研联合研发团队的连续攻关，我国的燃料电池电动汽车技术研发取得重大进展。燃料电池汽车初步实现商业化，实车燃料电池寿命达到 5 000 小时，在我国上海、江苏、北京-河北、广东、辽宁等不同气候条件地区开始运营。60 千瓦燃料电池电堆工程样件体积功率密度达到 2.1 千瓦 / 升，最大工作点效率 50%，正在开发功率密度 3.1 千瓦 / 升的 100 千瓦电堆。截至 2017 年底，约 700 辆燃料电池轻客、物流车、中大型客车交付用户，20 辆燃料电池轿车交付运营商。

基于燃料电池轿车和客车动力系统技术平台，开发出 3 款燃料电池客车、5

款燃料电池轿车。具备了百辆级燃料电池汽车动力系统平台与整车生产能力和进入国际市场的竞争力。先后在北京奥运会、上海世博会、全球环境基金与联合国发展计划署（GEF/UNDP）共同支持的燃料电池城市客车商业化示范、新加坡青奥会、美国加利福尼亚州等活动中和区域进行了示范运行。中国燃料电池汽车发展技术路线与国际对比见图 5-4-1。

图 5-4-1　中国燃料电池汽车发展技术路线与国际对比

资料来源：根据公开资料整理

4.3　关键技术与瓶颈

要成功实现燃料电池汽车的商业化，采用的燃料电池动力系统必须在性能、寿命和成本等方面达到能够与传统内燃机汽车相当的水平，并且与其他可替代技术相比具有一定的竞争力。与美国能源部的车用燃料电池技术目标相比，现阶段燃料电池寿命与成本是困扰车用燃料电池发展的主要问题。

4.3.1　功率密度提升技术

功率密度是车用燃料电池的动力输出指标，它对燃料电池动力系统的小型化、轻量化及成本影响最大，该指标是乘用车最重要的技术指标。

4.3.2　耐久性提升技术

寿命是燃料电池动力系统实现车用的基本指标，是商用车的首要发展目标。目前普遍认可的要求是在性能衰减 10% 水平下运行 5 000 小时（轿车，相当于 20 万千米）。国内相关企业氢燃料电池的稳定寿命还在 3 000 小时左右，而国际先进技术已经可以达到 5 000 小时以上。

优化电堆及系统结构，强化燃料电池的管理，也是提高电堆耐久性的有效措施。UTC（United Technologies Corporation，联合技术公司）示范运行的大型客车已经成为车用燃料电池系统寿命考核的典型案例，截至 2015 年 6 月，其在没有更换任何部件与实际路况条件下运行超过 19 000 小时。另外，由于车用环境的复杂性，包括 -30~40℃ 的环境温度变化、不同运行路况变换及空气中多种杂质的存在等，都对电堆寿命有非常大的影响。因此，建立不同环境条件下电堆寿命与其结构及系统设计之间的相关性，实现对电堆结构及系统设计的优化，保证电堆良好的运行状态，有利于电堆寿命的延长。

4.3.3　低成本技术

成本是车用燃料电池动力系统开发的导向性指标。根据美国能源部估算，车用 80 千瓦燃料电池系统成本平均为 53 美元 / 千瓦（年产 50 万台前提下），其中，燃料电池电堆为 26 美元 / 千瓦。从成本敏感性因素分析来看，膜电极的功率密度、贵金属铂的用量及膜成本是决定成本的关键因素。降低成本的主要技术路径，首先是提高电堆的电堆密度，通过研究电堆的传质机理，开发优化电堆水管理模型，并引导电池关键材料的设计和开发。其次，双极板也是影响电堆成本的重要因素，开发更为廉价的金属材料以及简化表面改性涂层技术是降低双极板成本的主要研究方向。同时也要看到，在目前的车用燃料电池系统成本中，燃料电池电堆的成本为 26 美元 / 千瓦，辅助系统关键部件的成本为 27 美元 / 千瓦，空气压缩机、氢气循环系统、增湿器的成本是关键因素，开发自增湿燃料电池技术，简化系统设计，可以避免或减弱对增湿器和氢气循环系统的依赖。

4.3.4　氢气储存问题

我国使用的压力为 35 兆帕的碳纤维缠绕金属内胆气瓶（Ⅲ）的储氢密度为 3.9%，通过提高压力到 70 兆帕可使储氢密度达到 5%；而采用碳纤维缠绕塑料内胆气瓶（Ⅳ）（瓶用储氢密度可以进一步提高到 5.5%）。我国在Ⅳ瓶[①] 方面尚没有技术，在 70 兆帕的Ⅲ瓶[②] 方面仅有研发成果，没有产品。另外，目前正在探讨

---

① 指碳纤维缠绕塑料内胆气瓶。
② 指碳纤维缠绕金属内胆气瓶。

和研发的另一条值得重视的路径是有机液态储氢，国内有一定的研究基础，但缺乏示范考核。

总体上，我国燃料电池关键材料和核心零部件薄弱，如燃料电池用电催化剂、质子交换膜、炭纸等关键材料的开发多停留在实验室和样品阶段，空气压缩机和氢气回流泵等关键部件没有产品供应，严重影响到我国车用燃料电池电堆技术的开发进程。

4.4 发展目标

4.4.1 总体目标

从全球发展氢能燃料电池汽车的愿景来看，各国都强调保障国家或地区的能源安全，以及减少碳排放、抑制气候变化。对于我国，还要解决城市交通机动化带来的环境污染问题，实现汽车产业从大到强的战略。

我国氢能燃料电池汽车发展的愿景是：到 2030 年实现百万辆氢能燃料电池汽车上路行驶，到 2050 年与纯电技术共同实现汽车零排放。

具体来讲，就是抓住能源革命的历史机遇，与纯电动汽车协调发展，通过能源的低碳清洁化和动力的高效电动化，以车用能源来源的多元化保障能源供应安全、以能源利用的零排放改善生活环境质量、以分布式低碳能源的应用应对全球气候变化，实现汽车产业从大到强的转变。

参照国家已经发布的科技与产业发展战略，我国氢能与燃料电池汽车阶段性发展目标如下。

2020 年，实现氢能及燃料电池汽车技术规模化示范运行。基本掌握高效氢气制备、纯化、储运和加氢站等关键技术；基本掌握低成本长寿命电催化剂技术、聚合物电解质膜技术、低铂载量多孔电极与膜电极技术、高一致性电堆及系统集成技术，突破关键材料、核心部件、系统集成等关键技术。示范车辆达到 1 万辆。

2025 年，实现氢能及燃料电池汽车技术的推广应用。以城市私人用车、公共服务用车的批量应用为主，优化燃料电池系统结构设计，加速关键部件产业化，大幅降低燃料电池系统成本。商用车达到万台规模，乘用车规模达到 10 万台。

2030 年，实现氢能及燃料电池汽车的大规模推广应用。大规模氢的制取、存储、运输、应用一体化，加氢站现场储氢、制氢模式实现标准化和推广应用；完全掌握燃料电池核心关键技术，建立完备的燃料电池材料、部件、系统的制备与生产产业链。燃料电池汽车规模超过百万台，氢气来源的 50% 为清洁能源。

4.4.2　氢燃料电池汽车技术路线图

1. 燃料电池乘用车技术路线

2020 年为燃料电池乘用车正式进入产业化的关键节点。在这一阶段，最高车速 180 千米 / 时，最低冷启动温度达 -30℃的性能指标；车载储氢方面，实现低成本 70 兆帕车载储氢瓶的国产化，提升续驶里程达到目前燃油汽车的水平；寿命接近 20 万千米，成本控制在 30 万元；在燃料电池轿车、轻型乘用车或轻型货车领域逐步开始产业化。

2025 年为燃料电池乘用车正式动力系统性能持续提升的过度节点。在这一阶段，通过提升燃料电池发动机额定功率、优化动力系统能量管理策略，逐步验证并改进燃料电池系统及整车动力系统性能，动力性、经济性、耐久性、环境适应性及成本均逐步改善。其中最高车速大于 180 千米 / 时，与内燃机汽车相当；环境适应性继续提高，寿命提高到 20 万千米；同时整车成本控制在 20 万元左右。

2030 年为全功率燃料电池乘用车达到产业化要求的关键节点。在这一阶段，通过 100 千瓦级高功率密度燃料电池系统的应用，动力系统功率来源完全由燃料电池系统提供。续航里程大于 800 千米，寿命提高至 30 万千米，完全达到产业化指标；同时成本进一步控制在 15 万元以内，实现大规模普及应用。

2. 燃料电池商用车技术路线

2020 年为燃料电池商用车批量推广的关键节点。在这一阶段，实现耐久性达到 40 万千米、续驶里程达到 500 千米、成本不高于 150 万元的整车性能指标。以额定功率为 60 千瓦级的燃料电池系统为主动力，配合功率型动力电池，推广燃料电池-动力电池电电混合动力商用车。实现整车 -20℃冷启动，满足绝大多数地区冬季的正常使用。在燃料经济性方面，中国典型城市公交工况下氢气消耗率小于 7.0 千克 /100 千米。

2025 年为燃料电池商用车动力系统性能持续提升，整车成本持续下降，实现大规模推广应用的节点。在这一阶段，通过提升燃料电池系统额定功率、优化动力系统能量管理策略，逐步提升燃料电池系统及整车性能，动力性、经济性、耐久性、环境适应性及成本均逐步改善，整车与传统车寿命相当。在燃料经济性方面，中国典型城市公交工况下氢气消耗率小于 6.5 千克 /100 千米。续驶里程达到 600 千米，整车冷启动温度低于 -30℃，整车寿命达到 80 万千米，同时整车成本低于 100 万元。

2030 年为燃料电池商用车全面达到产业化要求的关键节点。在这一阶段，通过 150 千瓦级高功率密度燃料电池系统的应用，动力系统可靠性持续提升，可靠性超过传统车。通过量产燃料电池商用车，提升整车性能，降低成本。在燃料经济性方面，中国典型城市公交工况下氢气消耗率小于 6.0 千克 /100 千米。续航里程超过 600 千米，整车冷启动温度低于 −40℃，寿命提高至 100 万千米，达到全面产业化指标要求，同时整车成本进一步控制在 60 万元以内。

第5章　太阳能电动汽车

5.1　国际进展与发展趋势

近年来，光伏电池的成本不断降低，转化效率不断提高。晶体硅光电池转化率达到 15%，单晶硅光电池转化率是 23.3%，砷化镓光电池是 25%，而特制的砷化镓光电池已达 35%~36%。此外太阳能光伏电池使用寿命也大大增长，光伏电池可用 30 多年。

太阳能光伏发电技术的应用越来越广泛，光伏发电在国内外的发展前景乐观。随着光伏发电技术的发展，太阳能电池在汽车上也有了广泛的应用。随着薄膜电池技术的发展，其在汽车上可以利用的面积也大大增加，可以为汽车提供可观的能量。而考虑到电动汽车的发展受到续驶里程的限制，可以使光伏系统充分利用能源，为电动车增加续驶里程。因此，在电动汽车上使用车载光伏系统有良好的应用前景。

5.2　太阳能电动汽车开发情况

太阳能电动汽车通常分为两类：全驱动电动汽车和辅助驱动。全太阳能驱动电动汽车通常为 F 赛车应用。

辅助驱动类型的太阳能电动汽车通过在车身铺设光伏电池板，为电动汽车提供辅助补充能量。典型应用车型包括丰田 Prius 插电式混合动力、Aptera 2、Audi A8 和 Mazda 929。主要采用太阳能车顶来实现车辆在烈日下停泊时给通风系统供电，实现车内的换气和通风。

5.3　存在问题与发展展望

太阳能是可再生、可持续性发展的战略能源。太阳能电动车通过转换装置把太阳辐射能转换成电能利用，不但能大幅度减少能源的消耗，降低成本，而且非常环保。可以说，太阳能电动汽车是最理想、最清洁、最有发展前景的永不枯竭的绿色可持续应用的汽车。

虽然太阳能汽车拥有诸多的应用优势，但就目前而言，太阳能作为一个辅助的动力系统是可行的，而要实现完全依靠其作为动力，还有很长的一段路要走。制约太阳能电动汽车发展的瓶颈就是光电转换效率的问题。按照目前的转换效率计算，一辆轿车的有效太阳能光伏电池面积约为 6 平方米，平均日发电量约为 2 千瓦时。一般一辆可满足电动汽车电动源使用的电源能量，大约需 70 平方米的太阳能光伏电池陈列板。目前太阳能电动汽车尚属概念车，因为太阳能的不稳定性、分散性（强烈时大约 1 千瓦 / 平方米）以及太阳能光伏电池的能量密度小、太阳能收集装置转化效率低、成本高等，目前还无法广泛推广应用。

第6章　发展展望与建议

根据《节能与新能源汽车技术路线图》最新预测，2030 年中国新能源汽车销量将达到汽车总销量的 40%，保有量达到 8 000 万辆（图 5-6-1）。我国成为当之无愧的世界新能源汽车大国，但是如果要实现新能源汽车的强国之路，仍存在诸多的挑战，需要从国家顶层设计方面实现创新和变革。

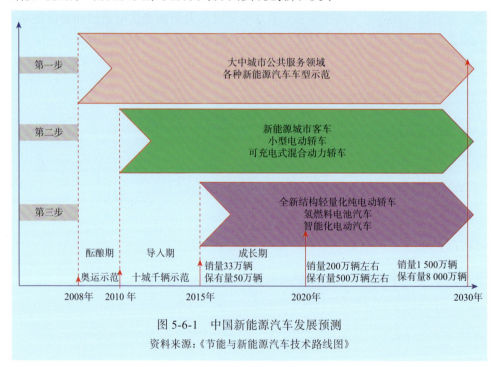

图 5-6-1　中国新能源汽车发展预测

资料来源:《节能与新能源汽车技术路线图》

6.1　聚焦中高级别车型的新能源技术突破

随着 2015 年我国首次超过美国成为世界第一新能源汽车大国，在 2016 年、

2017 年我国继续保持了第一的领先优势，2018 年我国新能源汽车产销均超 125 万辆，同比增长 60%。2019 年 7 月 2 日，在 2019 世界新能源汽车大会上，全国政协副主席、中国科学技术协会主席万钢表示：我国新能源汽车预计 2020 年实现年产销规模 200 万辆目标。这与 2012 年国务院发布的《关于印发节能与新能源汽车产业发展规划（2012—2020 年）的通知》是一致的，当时提出的目标是：到 2015 年，纯电动汽车和插电式混合动力汽车累计产销量力争达到 50 万辆；到 2020 年，纯电动汽车和插电式混合动力汽车生产能力达 200 万辆、累计产销量超过 500 万辆，燃料电池汽车、车用氢能源产业与国际同步发展。

商用车方面的优势较为明显，而新能源汽车强国的主要着力点在乘用车方面。截至 2018 年，新能源汽车的发展逐渐呈现了与传统汽车的优势领域契合度高的现象，如微小型轿车、紧凑型 SUV 是自主品牌乘用车的优势领域，在新能源乘用车领域已经呈现这样的趋势。这与通过新能源汽车技术发展实现汽车强国的方向偏离。

因此，国家应从政策和国家研发计划层面引导企业在乘用车技术相对落后的中高级别乘用车领域增强研发力度，实现该领域在新能源汽车方面国际领先，带动传统汽车发展。

6.2　优化新能源汽车补贴政策

从 2009 年开始，中国实施的新能源汽车补贴政策，在新能源汽车发展的两个初级阶段起到了非常重要的推动作用，促成了我国成为世界第一新能源汽车生产和销售大国，培育了一批骨干企业，形成了较为完备的新能源汽车产业链布局和产业化基础。随着我国新能源汽车步入发展期，单一的购买补贴政策已经不能适用于现阶段新能源汽车技术推动的发展需求，带来的"骗补"等现象正说明了这一点。

因此，新能源汽车政策亟待优化。从目前单一的购买补贴向多元化优惠政策体系发展。推行新能源汽车积分政策、用户使用补贴、税费减免等正向鼓励政策与征收拥堵费、排污费等惩罚政策相结合的多元化政策组合方式，补贴方式由事前补贴向事后补贴方式转变。

6.3　出台新能源汽车残值评估与回收规范

中国汽车技术研究中心预测，到 2020 年底，中国报废的动力电池将达到 20 吨以上。退役电池的梯次利用和回收问题成为后电动汽车市场必须面对的难题。

二手新能源汽车目前尚未评估标准，其二次销售和回收利用的技术标准和管理规范缺失。2018 年，动力电池回收和梯次利用的技术路线和标准尚不明晰，为新能源汽车产业化的可持续发展带来了巨大挑战。

因此，从国家层面，应该尽快出台和制定动力电池和电动汽车残值评估、梯次利用和回收的相关的标准和规范，并且建立新能源汽车产业、可再生能源发展等多领域协调机制，以及国家、地方联动的管理体系，明确管理归口部门，切实落实回收方面的提前布局。

6.4　建立完善新能源汽车安全防控和管理系统

我国新能源汽车形成 100 万辆的规模，仅用了大约 3 年时间，产业化推广发展速度，远远超过了技术匹配与升级的速度。很多安全性技术尚待应用和验证。新能源汽车安全监控、预警和处理机制尚待完善。

因此，需要完善新能源汽车安全性标准，加强安全性管理和监控，并协调消防等多部门共同建立新能源汽车的安全性事故应对方案。

6.5　建立国家统一基础设施管理平台

基础设施的充分良性发展是保证新能源汽车大规模发展的基础。我国已经成为充电基础设施保有量最高的国家，但是目前的利用率还是比较低，还不能实现对新能源汽车发展的支撑。目前存在充电接口和协议兼容性问题，新旧国标过渡问题，以及布局、规划与电网发展的协调性问题，新的商业模式有待进一步探索。充电设施后期的安全性缺乏监督与监管。

因此，建议建立国家充电基础设施管理部门，形成统一的平台，实现充电和结算的互联互通、共享和互用，提升对未来新技术的兼容性，并与可再生能源发电平台一体化规划。

6.6　培育国际新能源汽车零部件龙头企业

动力电池、驱动电机与控制器等是新能源汽车的核心零部件，其技术水平直接决定了新能源汽车电驱动系统的综合技术的优劣。经过十几年的研发与产业化发展，我国在动力电池和驱动电机方面取得了较大进步，动力电池在正负极材料等方面已经取得了国际领先，单体电池方面也培育出宁德时代新能源科技有限公司等新能源国际动力电池企业。但当前我国企业在自动化生产设备、电池成组技术等方面，与国际先进水平相比仍然有较大差距。

因此，建议国家成立国家动力电池等核心部件平台，设立专项支持，推动核心部件核心竞争力提升，培育大型国际零部件企业，骨干企业的市场份额占50%以上，实现全球供货。

6.7　加快新技术的开发与产业化运用

随着新能源汽车行业的快速发展，新技术层出不穷，市场对产品的需求多样化，要求各项目单位紧盯行业发展动态，夯实新能源汽车的理论基础，深入研究新能源汽车系统的关键技术，开展新技术的应用和整车性能优化升级。

6.8　开展新能源技术专利布局

针对专利壁垒问题和行业竞争态势，各单位需积极探索新型技术路线，占据技术发展的制高点，提前进行专利布局，避免在关键技术上受制于人。例如，面对国际上无线充电、大功率充电技术的兴起，应着力突破国外专利技术壁垒，按照"电动化+智能化+网联化+绿色能源"不可逆转的趋势，加强技术融合顶层设计和关键共性技术部署，推动新一轮产业技术升级。

6.9　加快布局新能源汽车产业链建设

对于纯电动整车项目后续产业化应用，在项目攻关中有意识地建立和培养有国内自主的供应商，完善核心部件供应链，促进产业化应用工作。

6.10　提高行业研发投入

在新材料、控制技术、零部件与整车测试等方面，我国需要加大研发投入，加强产学研的通力合作，推动关键零部件的国产化进程，提高产品的性能和在市场中的竞争力，国家层面应增加专项研发资金和加大对行业的政策支持力度。

6.11　继续加大对动力电池的支持力度

当前动力电池企业面临原材料涨价、主机厂降价和国家补贴退坡等诸多压力，盈利水平下降，推广高比能动力电池应用的难度增大。对此，建议国家继续加大对动力电池研发及产业化的支持力度，提高动力电池产品的安全性、动力性和耐久性，引导主机厂与动力电池企业之间加强协作配合，以更有效地促进高比能动力电池在电动汽车上的验证及应用。同时建议动力电池企业及早制定产品发展路线图，提高动力电池正向设计开发能力，确定高比能电池的技术指标要求，加大高比能电池考核验证的投入。

6.12　加大对基础研究的支持力度

下一代动力电池技术，如固态电池和锂硫电池，目前在世界范围内形成了研发热潮。新型材料、新工艺和新装备的研发是掌握下一代高比能动力电池技术的关键，建议国家加强对相关基础研究工作的支持力度，以期占领动力电池发展的技术制高点，引领动力电池技术发展的方向。持续增加对氢燃料与燃料电池科技创新和人才培养的投入比例，加强技术战略研究，制定专门的资本投入引导政策，加大对氢燃料与燃料电池领域的投资强度。

6.13　加快新技术研发与革新

碳化硅半导体的商用化发展和关键技术研究的突破，为永磁电机系统的高功率密度、高效和高速研究带来了新需求和新挑战。在驱动电机方面，为适应碳化硅半导体应用的系统要求，研发相应的材料和部件，降低成本，提高系统效率；进一步提升电机调速范围，研发匹配的高性能控制软件及其算法；攻关新工艺和智能化设备，降低制造成本；加快产品集成设计，提高集成度。加大研发投入和产业上下游的联合，推进半导体器件和微电子器件的产业化进程。在碳化硅芯片方面，我国需要加大研发投入，在设计技术、外延材料、关键工艺、关键装备、生产线等方面加大投资力度，吸引更多的优势企业投入该行业，推动第三代宽禁带半导体产业化。在国产化驱动芯片方面，建议加强产、学、研的通力合作，国家层面增加投资和设置专项研发资金，将国内研发的芯片逐步推向产业化，以期实现芯片的国产化。

6.14 优化新能源汽车激励政策

燃料电池汽车整车购置补贴国家政策持续到 2030 年，2025 年前不退坡，同时提高整车和燃料电池系统的市场准入门槛，扶优扶强，加强国际竞争力。尽快建立基于碳排放的化学燃料"积分制"，形成化石燃料工业升级的倒逼机制，同时建立氢燃料指导价格体系，开放氢燃料市场准入，加速氢能社会建设。

第6篇
汽车智能控制与网联研究报告

第1章 引　　言

随着新一轮科技革命和产业变革的兴起，以传统燃油技术形式和单纯以交通工具为主要属性的汽车正在被新兴科技取代或颠覆。汽车设计、研发、制造以及使用全过程中的新技术、新模式、新业态不断涌现，汽车的低碳化、电动化、智能化、共享化等"新四化"发展趋势加速，汽车与通信信息、互联网、平台经济等的交叉融合也愈加紧密，汽车正向着未来智能交通的重要组成部分和智慧城市的核心要素的趋势发展。

当前，全球汽车产业正处于深度变革时期，智能汽车成为汽车产业发展新的战略制高点。作为汽车与信息技术两大产业创新融合的代表，智能网联汽车是新一轮科技革命和产业变革背景下的新生事物，其发展不仅能在产业层面带动汽车、电子、通信、互联网等领域的技术创新和转型升级，孕育经济增长新动力，还能通过与智能交通系统的结合，在社会层面带来一系列深远影响，包括提升交通安全与交通效率、促进节能减排、提升服务效率、改善社会治理等。

第2章　发展意义和必要性

　　我国发展智能网联汽车和智能交通具有重要的战略意义。从汽车产业的视角来看，智能网联汽车将大幅度减少道路交通事故发生，提高交通效率和舒适性，节约能源和减少排放；智能网联汽车还将促进形成新型现代服务体系，改变人们拥有、使用汽车的模式及汽车社会的发展形态。引领汽车产业生态及商业模式的全面升级与重塑，对提高汽车社会发展水平具有重大意义。而以更高、更长远的视角来审视，智能网联汽车集多项将对全球经济和人类生活产生重大影响的技术于一身，将推动相关产业协同创新和产业化，为中国占据科技创新制高点、为中国经济增长提供重要引擎；智能网联汽车将在新型城市智慧交通系统的构建中发挥关键作用，成为智能交通系统、智慧城市、物联网的核心要素；智能网联汽车还将成为未来国家信息安全的重要节点。因此，应从国家战略的高度研究大力推动智能汽车及智能交通的发展。

2.1　定义及研究内容

2.1.1　基本定义

1. 智能汽车

　　智能汽车是指搭载先进的车载传感器、控制器、执行器等装置，并融合现代通信与网络技术，实现车与X（车、路、行人及互联网等）智能信息交换、共享，具备复杂环境感知、智能决策、协同控制等功能，可实现"安全、高效、舒适、节能"行驶，并最终可实现替代人来操作的新一代汽车。

　　从广义上说，能够部分或完全替代人操作的汽车就是智能汽车。"智能汽车"主要侧重于汽车的智能化发展层次，即汽车是否具有先进的感知、信息处理能力和一定层级的自动驾驶能力。智能汽车的三个特征是平台化、智能化、网联化。

一是平台化。智能汽车是兼具可扩展性和开放性的软硬件平台。可扩展是指可根据用户需求和习惯对整车的导航、娱乐、识别等功能进行调配扩充；开放是指 IT 企业、整车厂商等都可在平台上直接开发软硬件系统。

二是智能化。智能汽车能够自主获取和分析车内外信息，为驾驶者提供辅助驾驶决策或进行自动驾驶决策及操控处理。

三是网联化。智能汽车能够通过车际网、车载移动互联网与外界人、物、环境实现信息交互，进而成为未来智能交通网络系统中重要的信息交互和功能结点。

按技术路线的不同，智能汽车可以分为自主式和网联式。自主式智能汽车依靠摄像、雷达等车载传感器感知车辆周边环境，并由车载计算设备决策、控制车辆行为；网联式智能汽车可以通过通信与网络技术，更全面地获取周边车辆与环境信息并进行决策，以实现各交通要素间的信息共享与控制协同。

细分来看，汽车智能化等级可划分为 4~5 个层次，国际上广泛认可的是美国高速公路安全管理局与美国汽车工程师协会的划分方式，如表 6-2-1 所示。

表 6-2-1　汽车智能化等级的划分

智能化等级		名称	定义
美国高速公路安全管理局	美国汽车工程师协会		
0	0	无自动化	完全由人操作汽车，行驶过程中可以得到系统的预警辅助
1	1	驾驶支援	对方向和加减速中的某一项操作提供控制辅助，其他驾驶操作都由人进行
2	2	部分自动化	对方向和加减速中的多项操作提供控制辅助，其他驾驶操作由人进行
3	3	有条件自动化	由无人驾驶系统完成所有驾驶操作，但在特定环境下根据系统请求，驾驶员需进行适当操作辅助
4	4	高度自动化	由无人驾驶系统完成所有驾驶操作。在特定环境下，由驾驶员决定是否接管车辆控制
	5	完全自动化	在所有的道路、环境条件下，由无人驾驶系统全时完成所有驾驶操作

资料来源：根据公开资料整理

2. 无人驾驶汽车

无人驾驶汽车是能够感知周围环境，自主决策到达目的地路线并实现智能控制的汽车，是智能汽车发展的终极阶段。谷歌公司认为，无人驾驶汽车是指通过汽车搭载的摄像机、雷达传感器和多线激光雷达等传感设备来"观察"周围环境和其他车辆，并使用精确动态地图匹配导航的汽车。"无人驾驶汽车"明确提出汽车全面自动化的目标，即汽车能够在无人操作的前提下完成驾驶任务。

3. 车联网

车联网是以车内网、车际网和车云网为基础，按照约定的通信协议和数据交互标准，在车与 X（车、路、行人及互联网等）之间进行无线通信和信息交换的信息物理系统，是能够实现智能交通管理、智能动态信息服务和车辆智能化控制的一体化网络。"车联网"的内涵较广，既包含信息互联共享和商业模式创新，又涉及汽车产品本身的智能化及汽车智能制造等方面。

4. 智能交通系统

智能交通系统是利用先进的信息、通信、控制技术把车辆、道路、交通参与者等交通要素紧密结合起来，以解决交通事故、拥堵、环境污染及能源消耗等问题为目的的、具有智能化特征的现代交通系统。智能交通系统不仅仅是一个交通管理系统，它是由 ATMS（advanced traffic management systems，先进交通管理系统）、ATIS（advanced traveler information systems，先进交通信息服务系统）、AVCSS（advanced vehicle control and safety systems，先进车辆控制与安全系统）等应用系统组成的。

智能交通系统强调交通系统的整体构建，包含了路网和通信基站等基础设施建设、道路交通管理，以及相关信息服务等，同时还包含了交通运载工具——车辆及交通的参与者——人的相关系统和技术。而汽车是智能交通系统的核心要素，汽车智能化其实是实现交通系统智能化的关键。

2.1.2 智能汽车与智能交通系统、车联网的相互关系

智能汽车与智能交通系统、车联网之间有紧密的相关性，如图 6-2-1 所示。

智能汽车属于智能交通系统的重要组成要素，二者与车联网之间有交集，分别是智能网联汽车、协同式智能交通管理系统与信息服务。此外，车联网还能够为驾乘人员提供丰富的车载信息服务，并服务于汽车智能制造、电商、后市场服务等各个环节。

唯有充分互联基础上的信息实时交互、大数据分析与高速云计算，才能保障智能汽车真正拥有充分的"智能"，因此，互联是智能汽车逐步发展完善的必然方向。智能汽车从自主式开始起步，目前正逐步向"自主式＋网联式"相融合的"智能网联汽车"方向发展，这也是智能汽车、智能交通系统、车联网三者的交集。

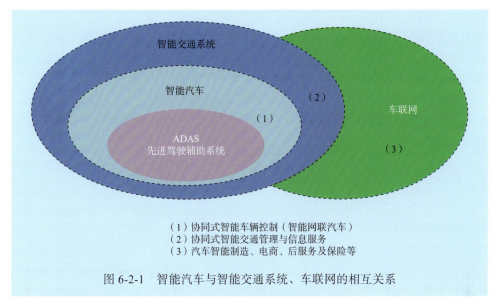

（1）协同式智能车辆控制（智能网联汽车）
（2）协同式智能交通管理与信息服务
（3）汽车智能制造、电商、后服务及保险等

图 6-2-1　智能汽车与智能交通系统、车联网的相互关系

新一轮科技革命的核心就是互联网将以前所未有的广度和深度融入人类社会的方方面面，形成包括传统互联网、物联网等在内的"万物互联"新时代。智能网联汽车不仅将成为物联网不可或缺的组成部分，更极有可能构成电脑和手机之外的全新的智能网联终端，使人类出行更安全、更节能、更环保、更便捷，其重要性难以估量。

2.2　发展的必要性分析

秉承"创新、协调、绿色、开放、共享"的理念，发展智能网联汽车不仅能有效解决道路安全、交通拥堵、能源短缺、环境污染等问题，而且有利于汽车产业的转型升级，同时对电子、通信、软件、互联网、交通等产业集群都具有重要意义，代表了未来汽车技术和产业的发展方向和战略制高点。

2.2.1　重要性

1. 推动经济增长和效率提升

汽车产业作为国民经济的支柱产业之一，其自身规模大、带动效应强、国际化程度高、资本技术人才密集，必将成为新一轮科技革命及中国制造业转型升级的重要产业。智能网联汽车代表了未来汽车产业的发展方向，将给汽车设计开发、生产制造、销售及服务等各个环节带来根本性变革和汽车产品形态的全面升级。麦肯锡公司在其发布的《展望 2025：决定未来经济的 12 大颠覆技术》研究报告中，指出智能汽车排名第六，并预估其在 2025 年的潜在经济影响为 2 000 亿~19 000 亿美元。英国咨询机构 IHS 预测，智能汽车将在 2025 年左右走进寻常百姓家，2035 年销量将达到 1 180 万辆，占同期全球汽车市场总销量的 9%。此外，未来智能网联汽车如果结合智能交通系统的建设，将会提高全社会的运输效率，对我们的国民经济、生产生活产生重大影响。

2. 全面提升交通安全

出行安全和交通拥堵是人们最为切身感受的由汽车带来的社会问题，目前，我国道路交通事故年死亡人数仍高居世界第二位，遏制道路交通事故高发、降低交通事故伤害仍然任重道远[①]。大中城市堵车现象也日益普遍和严重，在这些方面，智能网联汽车和智能交通系统可以提供很好的解决方案。研究表明，在智能网联汽车的初级阶段，通过智能驾驶辅助技术即可减少 50%~80% 的道路交通安全事故，而随着 V2X 通信技术的应用以及汽车自身智能化水平的提升，到智能网联汽车的终极阶段，即全工况自动驾驶阶段，则有望实现零伤亡乃至零事故。

3. 助力向绿色高效汽车社会转型

随着我国快速进入汽车社会，汽车交通安全、燃油消耗、交通拥堵、环境污染等负面社会问题日益突出，汽车产业可持续发展面临严峻挑战。作为未来多种新技术应用载体的智能网联汽车，是智能交通系统的重要环节，是构建绿色汽车社会的核心要素，将为汽车产业有效解决能源和环保问题提供全新的途径，包括车辆智能运行状态下降低 10% 的油耗及排放、智能网联对新能源汽车使用的提升和促进、智慧交通模式下的能耗节省与排放降低、全新商业模式下汽车利用率的显著提高等。从而使汽车产业能够在能源和环保的约束下满足国计民生的需求，最终构建起和谐健康的汽车社会。

4. 攸关国家信息安全

相对于传统汽车，智能网联汽车在给消费者带来使用便利的同时，也会带来新的安全隐患。智能汽车的操作系统可能遭到黑客的入侵与干扰，窃取个人隐私，甚至可能直接远程控制车辆。更进一步，如果汽车的芯片、控制系统、操作系统等关键技术被国外企业把持，在极端情况下可能会威胁到国家信息安全。一旦路上行驶的汽车都被黑客控制，将会使整个交通瘫痪甚至出现更严重的问题。

---

① 国家安全监管总局、交通运输部《道路安全运输发展报告 2017》。

因此，我国应着力突破汽车操作系统、汽车级芯片等关键技术，建立自主可控的技术体系和产业体系，加强智能网联汽车使用安全和信息安全方面的管理。

2.2.2 战略意义

1. 为建设制造强国、实现智能制造提供强有力的战略支撑

在新一轮科技革命的浪潮下，全球制造业向大规模定制化生产即"智能制造"的方向全面升级的态势日趋明显。在此背景下的汽车产业转型升级，将是汽车制造和汽车产品两个体系并行互动、同步实现智能化的过程。汽车"智造"将与智能汽车互为依托、互相促进，共同支撑汽车产业整体上迈进未来全新的智能境界。因此，智能汽车将不仅仅是新一代汽车产品，也是个性化需求和数据的收集终端和交互平台，更是全新的智能制造体系及产业价值链的核心环节，其快速有效发展将为中国汽车产业乃至整个制造业的转型升级提供战略支撑。

2. 为解决能源、环境等难题，构建面向未来的健康汽车社会提供全新可能

当前能源短缺、环境恶化等汽车所引发的社会问题，对产业未来发展的制约作用日益突出。其中，能源是整个国民经济的基础和保障，也是汽车产业长期面临的最根本问题。环保则与百姓生活息息相关，是当前最严峻的社会问题之一。这意味着中国汽车产业必须走更节能、更环保之路。

作为未来多种新技术应用载体的智能网联汽车，将为汽车产业有效解决能源和环保问题提供全新可能，助力健康有序发展的汽车社会的构建。

3. 在未来城市智能交通体系建设中发挥关键作用

当前我国正在大力推行城乡一体化进程，预计将有众多新的都市圈及新型城市、城镇陆续出现，这正是前瞻规划城市建设、系统筹谋新型交通体系的历史良机。在这一进程中必须充分考虑智能网联汽车不可或缺的重要作用，并以此需要为出发点，引导智能网联汽车及其配套体系的同步发展。

智能网联汽车作为最重要的组成部分之一，在新型城市智慧交通系统的构建中发挥关键作用，即有效而系统地加强车辆、道路和使用者三者之间的联系，形成一种保障安全、提高效率、改善环境、节约能源的综合运输系统。

4. 引领汽车产业生态及商业模式的全面升级与重塑

在以往的历次工业革命中，汽车产业及产品都是技术进步的重要应用载体，

在智能制造时代也必将如此。未来的汽车将从"配备电子的机械产品"向"配备机械的电子产品"转变，成为安全、舒适、可便捷移动的智能互联终端，即实现车辆的全面智能化、网联化。同时，汽车产业庞大的用户群体、多种多样的使用环境，也将衍生出具有重要商业价值的大数据，从而影响产业链条的重组、价值实现方式的转变和商业模式的创新。由此整个汽车产业，将发生空前深度和广度的变化。在这一巨变过程中，智能汽车作为未来的汽车产品形态，将处于中间枢纽和核心环节的地位。

例如，具有自动驾驶能力的智能汽车，有可能使全天候的汽车共享成为可能，实现汽车使用的"理想主义"，即无须拥有、按需使用、随用随叫、随用随还。这种"轻拥有、重使用"的新型汽车文化将显著提高汽车的利用率，使得兼顾百姓用车需求和节约型汽车社会成为可能。因此，智能汽车不仅是汽车产品的未来形态，更将引领汽车产业生态及商业模式的全面升级与重塑。

5. 代表未来汽车产业技术发展方向和战略制高点

当前业界普遍认为电动化（以节能与新能源为方向）、网联化（以互联、交互等为代表）、智能化是未来汽车技术的发展方向，新能源汽车和智能汽车将成为中国汽车产业未来发展的两大战略机遇。

其中，智能网联化更能代表未来汽车技术的发展方向和战略制高点，智能汽车可能是更大的机遇，理应在国家战略高度上给予最高重视。因为与只涉及动力问题的新能源汽车相比，智能汽车更是未来智能制造模式下的产物，代表着汽车设计开发、生产制造、销售及服务等各个环节的根本性变革和汽车产品形态的全面升级。同时，两者的有效结合也将产生相互促进的积极作用，如在汽车智能技术及智能交通系统的支持下，电动车辆可以更好地控制自身的续航里程及充电时机，从而为突破电动汽车"里程焦虑"提供新的解决方案。

6. 成为我国追赶发达国家的重要突破产业之一

追赶发达国家仍是我国今后相当长一段时期内面临的艰巨任务。智能汽车技术特征及其产业体系有别于基于传统工业制造技术所建立的体系，具有增长快、规模大和新兴性三个特点，这也是世界成功实现追赶的国家选择突破产业的重要原则。因此，智能汽车产业将成为新时期我国追赶发达国家的重要突破产业之一。

第3章 现状与发展趋势分析

3.1 国内外现状对比分析

3.1.1 国内外智能汽车发展现状

1. 欧洲智能网联汽车发展战略

欧盟委员会从 1984 年至 2020 年间的 8 个框架计划都将智能网联汽车产业相关领域的发展纳入其规划内且大力支持其相关技术的研究,并取得了极高的成就。历届框架计划之中,欧洲偏重于欧洲一体化、网络互联互通、辅助驾驶系统、无人驾驶四个方面。2014 年启动的欧盟第八框架计划"Horizon2020"也在进行中。欧盟希望通过欧洲各相关国家的协同建设,建立欧洲的合作式智能交通系统 C-ITS,通过各国统一进行车联网基础设施建设和技术部署,以及自动驾驶车辆的技术研发进展应用,希望以车-路-人协同的智能汽车与智能交通系统融合方式解决跨境的高效率智能交通问题。

欧盟于 2014 年修改了《维也纳道路交通公约》,以避免原有的"驾驶员必须在任何情况下对车辆实施控制"的规定限制自动驾驶车辆的推广使用。此外,欧盟各国都在推动本国关于自动驾驶法律法规的制定、修订。2015 年 2 月,英国交通部发布了自动驾驶车辆的发展规划书,自 2015 年起自动驾驶车辆上路测试并计划 2017 年启动国内立法,力争 2018 年底完成国际法规的修订。在 2020 年之前,进行在限定区域的自动驾驶(级别 4)技术等层面的验证试验,之后计划从 2023 年开始投入商业运作,预定从 2025 年开始,将会实施技术难度比一般道路和普通速度更高的高级自动驾驶的验证试验。德国汽车工业协会 2014 年以来积极推动修改道路交通法规,允许使用 3 级自动驾驶系统。瑞典计划将 2 级自动驾驶技术列入法规,并积极推动允许自动化程度更高的车辆上路行驶。欧盟于 2015 年 4 月发布《欧洲自动驾驶智能系统技术路线》,提出欧洲发展自动驾驶三步走的战略,计划利用 15 年左右的时间实现私家车的完全自动驾驶。

2. 美国智能网联汽车发展战略

2010年，美国交通运输部提出《ITS战略研究计划：2010-2014》（*ITS Strategic Research Plan*，2010-2014），这是美国第一次从国家战略层面提出大力发展网联技术及汽车应用，也是无线通信技术、信息技术快速进步的产物。美国智能交通系统正式进入新的阶段。2011年10月11日，美国交通运输部开始主持研究、测试"网联汽车技术"。2012年5月22日，美国交通运输部最新研究肯定其具有安全性的潜力优势，由此，美国正式拉开了规模进行网联汽车研究与应用部署的序幕。基于车车、车路通信的网联汽车已成为美国解决交通系统安全性、移动性、环境友好性的核心技术手段。美国智能交通系统联合项目办公室目前正在推进的项目中，绝大部分都与网联化技术相关，涉及网联汽车的安全性应用研究、移动性应用研究、政策研究、网联汽车技术研究、网联汽车示范应用工程等多个维度。具体项目如表6-3-1所示。

表 6-3-1　美国交通运输部推进的智能交通系统相关项目

分类	项目	研究内容
安全性	基于车车通信的安全应用	1. 研究 V2V 典型应用场景，确定功能、性能及有效性指标 2. 研究 V2V 美国、欧洲兼容性，确定网络安全与基础设施共性需求 3. 开发基于 V2X 的主动安全应用产品 4. 研究有效的 HMI（human machine interface，人机接口）技术 5. 调研政策和法律法规需求 6. 开发和评估商用车、大卡车、大客车的 V2V 安全应用
安全性	网联汽车安全应用测试验证	1. 研究设备和集成要求，保证通信一致性、安全性和消息完整性 2. 通过 3 000 辆网联车辆实地测试，验证 V2V 和 V2I（vehicle to infrastructure，汽车与基础设施）有效性 3. 通过试验评价技术和应用的性能
安全性	基于车路通信的安全应用	1. 选择、开发和评估车路协同安全应用 2. 基础设施规划和政策研究
移动性	交通数据获取和管理研究	1. 概念、标准、工具和协议的测试 2. 数据的捕获和管理示范应用 3. 宣传和技术推广
移动性	动态移动应用研究	1. 研究新的数据源和通信方法，以管理和运营交通系统 2. 开发新的数据集成、转化应用程序，为旅行者和系统运营商提供更多实时交通信息
政策	联网汽车政策和体制研究	1. V2V 和 V2I 系统的信息安全政策 2. 通信分析和频谱政策 3. 互操作性和标准政策 4. 数据访问和使用要求 5. 政策兼容性与国际兼容性
网联汽车技术研究	标准研究	1. 建立全球统一的网联汽车标准 2. 构建车辆和基础设施标准化需求，使安全和效率最大化

续表

分类	项目	研究内容
网联汽车技术研究	人因研究	1. 研究使驾驶员分心导致交通事故的干扰因素与性能指标 2. 开发一体化策略，使驾驶员选择性地注意人机界面的危险性提示，减轻驾驶员的驾驶压力
	核心系统	建立一个可信的、安全的数据交换系统架构
	认证	1. 认证政策、认证过程实施和监管的研究 2. 设备组成、人机界面等技术认证研究
	测试场地	1. 在多个地区建立试验场，便于测试 2. 建立开放的试验场便于私人进行测试 3. 对原有实验场进行改建或升级作为以后试验场建立的模型
网联汽车示范工程	网联汽车示范应用项目	1. 车车 / 车路安全、数据、环境、路况和天气、移动性验证 2. 信息安全管理与认证 3. 网联汽车应用开发与测试验证 4. 效果评估与影响分析

资料来源：美国交通运输部《ITS战略研究计划：2010-2014》

　　2013年，为推动自动驾驶车辆的应用和研究，美国高速公路安全管理局发布了第一个关于自动驾驶汽车的政策"Preliminary Statement of Policy Concerning Automated Vehicles"。该政策制定了美国高速公路安全管理局在自动驾驶领域支持的研究方向，主要包含以下三个方面：①人为因素的研究；②系统性能需求开发；③电控系统安全性。具体如表6-3-2所示。

表6-3-2　美国高速公路安全管理局支持的自动驾驶领域研究方向

研究领域	分类	研究内容
人为因素	人车交互	人车交互研究，保证车辆安全驾驶
	合理的车辆控制功能分配	1. 人车控制优先级划分与设计 2. 人车控制切换方法研究 3. 人车接管车辆控制方法研究
	驾驶员接受度	影响驾驶员接受度的因素研究（报警频率，报警声音，自动驾驶系统可靠性、有效性等）
	驾驶员培训	评价Level2、Level3自动化等级车辆对于驾驶员培训方面的需求
	人因分析工具	开发人机因素、系统性能测试与评价的工具（仿真、测试车辆等）
电控系统安全性	系统安全及可靠性	1. 自动驾驶汽车电控系统功能安全设计 2. 冗余研究，研究高安全性自动驾驶系统所需冗余的硬件、软件、数据交互、基础设施等需求 3. 自动驾驶汽车认证需求及流程研究
	网络信息安全	1. 抗黑客攻击的能力研究 2. 网络系统潜在风险研究 3. 网络安全对系统性能的影响研究 4. 网络信息安全系统的认证方法研究

续表

研究领域	分类	研究内容
自动驾驶系统性能需求	功能需求	1. Level2、Level3 等级系统概念与功能要求 2. 驾驶员行为数据、交通事故数据分析与典型场景提取
	自动驾驶系统约束与边界	1. 不同自动驾驶系统约束研究 2. 自动驾驶系统性能指标研究
	测试评价方法及标准	1. 开发 Level2、Level3 类系统道路测试 / 仿真测试方法 2. 开发自动驾驶系统客观性能测试方法及评价指标

资料来源：美国高速公路安全管理局《关于自动驾驶汽车的主要政策说明》（*Preliminary Statement of Policy Concerning Automated Vehicles*）

2014 年，美国交通运输部与智能交通系统联合项目办公室共同提出《ITS 战略研究计划：2015-2019》（*ITS Strategic Research Plan*，2015-2019），提出了美国智能交通系统未来 5 年的发展目标和方向，这是《ITS 战略研究计划：2010-2014》的升级版，美国智能交通系统战略从单纯的汽车网联化，升级为汽车网联化与智能化（自动化）的双重发展战略。2015 年，美国交通运输部发布《ITS 战略研究计划：2015-2019》，明确了实现车辆网联化、加速汽车智能化两大核心战略，第一个战略重点以近年来全美在车联网的设计、测试及规划方面取得的重大进展为基础，第二个战略重点确定了围绕新兴自动化相关技术的研发与运用的智能交通系统项目。提出了智能交通系统的愿景、目的、使命以及五大战略主题和六大项目类别，具体如表 6-3-3 所示。

表 6-3-3　美国发展智能交通系统的战略规划

主旨	内容
愿景	改变社会的移动方式
目的	引导智能交通系统项目与美国交通运输部找到将交通服务融入一系列其他公共机构及服务中的途径，同时支持智能交通系统项目与美国交通部与私人部门携手合作，创造新的产业与经济机遇
使命	开展研发及教育活动，促进信息与通信技术的应用，使社会更加安全有效地移动
五大战略主题	1. 通过开发更好的车辆防撞系统、性能指标、商务车安全措施及以基础设施为基础的合作性安全系统，打造更加安全的车辆及道路 2. 通过探索管理方法和战略，提高系统效率，缓解交通压力，增强交通流动性 3. 通过对交通流量、车辆速度及交通拥挤的优化管理，解决车辆及道路问题，达到降低环境影响的目的 4. 推动智能交通系统的技术进步与创新，持续开展探索性研究，全面促进技术研发与运用，从而满足未来交通需求，推动创新 5. 通过建立系统构架和标准，应用先进的无线通信技术实现汽车与各种基础设施及便携式设备的通信交互，促进交通系统信息共享
六大项目类别	1. 车联网项目活动重点在于系统的运用与最终部署，同时还会关注车联网技术的研究与测试进展

续表

主旨	内容
六大项目类别	2. 自动化项目活动重点关注自动道路车辆系统及相关技术的研究 3. 新兴功能项目方案重点关注新一代交通系统 4. 企业数据项目活动重点关注如何有效运用智能交通系统技术从车联网汽车、公共交通、商用车、基础设施及联网用户的移动设备收集信息，同时保护用户的隐私 5. 互通性项目活动重点在于继续开展互通性研究，以确保各种设施与系统之间的有效连接 6. 加快部署项目活动：随着新智能交通技术及系统不断融入市场产品中，智能交通系统项目必须解决相关的试用与运用问题

3. 日本智能网联汽车发展战略

日本智能网联汽车的战略路线为：在 2018 年之前，首先在高速公路上，在驾驶员负担行驶安全责任、任何时候都能够实施运行操作的前提下，实现由汽车自动进行加减速及变换车道等操作，使得驾驶员的驾驶体验更为轻松；在 2018 年之后，在发展自动驾驶系统的同时，实现在一般道路上的阶段性自动驾驶，并且提高各项预防功能的等级；到 2030 年之前的某个时间点，有可能实现不以驾驶员承担责任的自动驾驶，在行驶过程中可以实施二级任务（如通过智能手机的操作确认邮件）。

日本在具体项目课题上制定出了详细的发展规划。在自动代客泊车方面，在 2017 年之前，开发出必要要素技术及系统整体，进行国际标准化的填充。从 2017 年起，将会从可以实施的方面着手，在实际的停车场进行验证试验，并且通过这种方式促进相关企业形成共识。到 2020 年左右，专用车辆（可以用于自动代客泊车的车辆）和专用停车场将会同时投入使用，在旅游景点的汽车租赁服务以及业务用汽车租赁业务方面，将会导入民间的自动代客泊车服务；在"最后一公里"项目中，确立的目标是在 2017 年之前开发出必要要素技术及系统整体，在 2018 年之前成功实施测试平台上的验证试验。

日本在地图、通信、社会接受性、人体工程学、功能安全、安全装置、认知技术、判断技术八大重要领域也有详细的工程表，包含的具体内容如表 6-3-4 所示。

表 6-3-4　日本 SIP Adus® 项目确定的八大重要领域详细内容

领域	各领域包含的内容
地图	1. 共享与用途（确认可以进行自动驾驶等）相关的认识 2. 共享与规范（必要的预读取信息的内容、结构、精度、国际协调等） 3. 商务模式（事业负责人、基础地图的配备、更新［频率、方法（探头信息的活用等）］、实证驾驶、国际竞争力、日程等）的确立

续表

领域	各领域包含的内容
通信	1. 共享与用途相关的认识 2. 共享与规范（想要获取的预读取信息的内容、安全装置、通信方式、通信机器）相关的认识 3. 商务模式（事业的负责人、实证驾驶、国际协调、日程）的确立
社会接受性	1. 促进国民对于自动驾驶的用途、功能与极限等有关知识的理解 2. 配备与自动驾驶的用途有关的中立性信息 3. 与国民的关心事项（事故时的责任的应有状态与伦理性问题等）相关的研讨
人体工程学	1. 人体工程学的基础研究（驾驶员的驾驶准备状态的指标化） 2. 研讨驾驶员监控的基本要件与评价方法 3. 研讨 HMI 基本要件（驾驶转让手续、与周围交通的疏通方法、提高车辆系统的理解程度的方法、评价方法） 4. 研讨第二任务的允许范围
功能安全	1. 研讨故障与性能极限时、误操作与误使用时的（事先）检测方法、安全确保要件（包括功能退化） 2. 应对修订 ISO26262 与 SOTIF 等的开发程序的国际标准化
安全装置	1. 配备安全装置的评价方法、评价环境（试验台）、国际标准化 2. 应对安全装置开发程序的国际标准化 3. 共享安全装置相关信息（攻击信息等） 4. 研讨安全装置技术
认知技术	1. 配备产业与教育可以共享的驾驶影像数据库 2. 开发革新性认知技术 3. 研讨应满足的最低限度的性能基准及其试验方法
判断技术	1. 配备产业与教育可以共享的、普通驾驶员的驾驶操作与事故的数据库 2. 研讨针对活用人工智能的对策（开发机械学习算法的评价方法、人才培养等）

*SIP-Adus，又被称为 Strategy Innovation Planning of Automated Driving for Universal Services，是自 2014 年起，日本以政府牵头推进的自动驾驶技术的研发和应用项目

2014 年，为推进《世界领先 IT 国家创造宣言》中提出的"车辆自主式系统与车车、车路信息交互系统的组合，以及在 2020 年开始自动驾驶的试用"的目标，日本内阁府制定了《SIP 自动驾驶系统研究开发计划》，计划制定了四个方向共计 32 个研究课题，旨在推进政府和民间协作所必要的基础技术以及协同式系统相关领域的开发与实用化。SIP 自动驾驶系统研究课题内容如表 6-3-5 所示。

表 6-3-5　日本 SIP 自动驾驶系统研究课题内容（部分）

一级	二级	三级
自动驾驶系统的开发与实证	先进的动态地图	1. 交通管制等交通管理信息 2. 车辆、行人等交通状况信息 3. 周边建筑物等的行驶道路环境信息 4. 详细的道路信息 5. 信息组合及结构化 6. 面向卫星定位的基础评价

续表

一级	二级	三级
自动驾驶系统的开发与实证	智能交通系统预测信息生成技术	1. 以信号信息等为代表的动态交通管理信息的获取 2. 通过路侧传感器和车车通信等手段获取高精度、高可靠性交通状况，通过行人通信终端把握行人的动态和静态的状况、实现对行人的移动辅助 3. 道路有效利用指南信息的获取
	传感技术	1. 车辆环境识别传感器性能提升 2. 高性能的图像识别系统的开发与实际验证 3. 全天候车道线识别技术 4. 完全自动驾驶和实现整体最优化的交通管制系统
	驾驶员模型	通过包含交通受限者的驾驶员的行为分析，生成驾驶员模型
	安全性提升技术	1. 通信系统的信息安全 2. 车辆系统的信息安全 3. 自动驾驶系统的安全性、可靠性保证
基础技术改进	安全效果估算及国家数据库建设	交通事故死伤人数减少效果估算方法的开发
	微观和宏观的数据分析	微观、宏观连动仿真系统的开发
国际合作的建立	国际标准化	1. 推广自动驾驶系统的国际合作活动 2. 自动驾驶系统的国际趋势调查
	自动驾驶系统接受度	1. 对驾驶员和自动驾驶系统的作用和界面的研究 2. 社会接受度建设研究
	国际打包出口体系	研究运输管理服务和基础设施的一揽子出口
下一代都市交通的发展	地区交通管理的升级	1. 基础设施的发展和区域支持交通安全活动 2. 道路的有效利用 3. 天气异常和灾害支持系统
	下一代交通系统的开发	新一代的公共道路交通系统的开发
	无障碍交通改善和普及	交通限制者的移动支援系统开发

4. 中国智能网联汽车发展现状

1）政府部门推动政策措施

围绕智能网联技术，近两年来国务院和各个部委联合出台了一系列规划，全力推进智能网联汽车在政策、研究项目、标准、测试示范等方面的发展。在产业方面，传统汽车企业、互联网企业、通信企业多产业高度协同，形成智能网联汽车利益共同体，推动智能网联汽车创新中心、产业基地等跨产业的协同。

2）以整车企业为代表，智能化技术奋起直追

目前，国内一汽、长安、上汽、广汽、吉利等汽车品牌已开始在量产车上装

备 ADAS 产品，并积极进行更高级自动驾驶技术及产品的开发，但核心技术主要来自国外零部件供应商。国内供应商也开始在 ADAS 前装市场供货，但整体实力尚存差距。近两年，我国多家互联网企业也纷纷进军汽车行业，如百度与多家车企联合开发自动驾驶系统，阿里巴巴与上汽联合推出"互联网汽车"，华为在ADAS、车联网、LTE-V 甚至自动驾驶领域积极投入研发，蔚来、乐视、威马等新生代车企也纷纷把智能网联作为新车型的亮点。

3）以通信企业为代表，网联化技术逐步占据优势

中国在通信等行业拥有一批具有世界影响力的企业，如华为、大唐等，掌握了国际先进技术以及标准的话语权，已经形成自主知识产权的 LTE-V 技术，并实现在智能驾驶系统中的应用。2017 年 9 月，中国智能网联汽车产业创新联盟正式发布《合作式智能交通系统 车用通信系统应用层及应用数据交互标准》。该标准属于中国汽车工程学会的团体标准，是国内第一个针对 V2X 应用层的团体标准。同时华为在 5G 技术方面的布局发展迅速，我国已在 2019 年 11 月 1 日实现 5G 商用。

4）高校、科研院所、测试示范区蓬勃发展

清华大学、吉林大学、国防科技大学、北京理工大学、北方车辆研究所等部分高校和科研院所在环境感知、行为认知及决策、基于车载和基于车路通信的驾驶辅助系统的研发方面取得了积极进展，并研制出无人驾驶演示样车，部分ADAS 技术已进入产业化推广阶段。上海、重庆两示范区已经对外开放，为车企提供智能网联汽车测试服务，北京、长春、武汉等示范区也即将建成。

3.1.2 国内外智能网联汽车发展现状对比

汽车智能网联技术引发的国际上新一轮的科技竞争日益白热化。目前，欧、美、日正在逐步引领构建有利于智能网联汽车市场发展的政策法规环境，大规模开展自动驾驶汽车测试评价方法研究与测试场建设，全面推进智能网联汽车的技术发展。奔驰、福特、丰田、沃尔沃等世界顶级汽车制造商分别开展了不同等级的自动驾驶汽车的技术研发工作。同时，以美国的 Google、Apple、Intel等公司为代表的 IT 产业巨头也纷纷进入汽车自动驾驶技术领域。国外智能网联汽车发展动态具体总结如下。

1. 欧、美、日自动驾驶技术已确立先发优势

欧、美、日等发达国家和地区经过近 10 年的国家支持，已基本完成了 V2X通信及控制的大规模道路测试评价，并从国家标准法规方面提出了 ADAS 系统强制装配时间表，现已进入产业化及市场部署阶段。从美国法律对无人驾驶持续

宽松，到谷歌无人驾驶开源平台的建立再到高通芯片的集成，以及通用、苹果等无人驾驶汽车的研发，美国已形成先发优势。

2. 人工智能技术得到广泛应用

以深度学习为代表的人工智能技术在智能网联汽车上正在得到快速应用，在环境感知领域，深度学习技术已凸显出巨大的优势，正在以颠覆性的速度替代传统机器学习方法。深度学习方法需要大量的数据作为学习的样本库，对数据采集和存储提出了较高需求。同时，深度学习技术也存在内在机理不清晰、边界条件不确定等缺点，需要与其他传统方法融合使用以确保可靠性，且目前也受限于车载芯片处理能力的限制。

3. 自主式智能与网联式智能技术加速融合

网联式系统能从时间和空间维度突破自主式系统对于车辆周边环境的感知能力。在时间维度，通过 V2X 通信，系统能够提前获知周边车辆的操作信息、红绿灯等交通控制系统信息以及气象条件、拥堵预测等更长期的未来状态信息。在空间维度，通过 V2X 通信，系统能够感知交叉路口盲区、弯道盲区、车辆遮挡盲区等位置的环境信息，从而帮助自动驾驶系统更全面地掌握周边交通态势。网联式智能技术与自主式智能技术相辅相成、互为补充，正在加速融合发展。

4. 自动驾驶全产业链合纵连横加速布局

在车企产业链布局方面，欧、美、日多方合作成为这个阶段智能汽车发展的一个主要的特征。在车企产业技术进展方面，DA-PA[①] 级智能网联汽车已经进入规模化应用阶段；CA（conditional autopilot，有条件自动驾驶）级智能网联汽车已经具备充分技术储备；HA/FA[②] 级智能网联汽车正处于大规模测试阶段。在无人驾驶技术发展早期，在美国还没有允许无人驾驶上路的情况下，内华达州就开始先行一步，荒凉的 66 号公路成为无人驾驶汽车的天堂，再到城镇 M-City 建立，从软件到硬件，从算法到芯片再到数据，欧、美、日在无人驾驶全产业链中步步为营。

5. 加速推进智能网联汽车法律法规进程

具体表现为：①测试层面简化自动驾驶许可程序。欧、美、日通过的自动驾驶车辆立法与提出的自动驾驶车辆立法草案中，从测试许可要求来看，均进一步

---

① DA（driver assistance，驾驶辅助）；PA（partially autonomous，部分自动驾驶）。
② HA（highly autonomous，高度自动驾驶）；FA（fully autonomous，完全自动驾驶）。

明确了许可条件，简化了许可流程。②事故层面明确自动驾驶车辆责任归属。美国自动驾驶立法规定，车辆在被第三方改造为自动驾驶车辆后，车辆的原始制造商不对自动驾驶车辆的缺陷负责，除非有证据证明车辆在被改造为自动驾驶车辆前就已存在缺陷。③立法层面推动完全无人驾驶等前瞻性领域立法。2016年以来，美国已有15个州在路测法案基础上继续开展立法探索，美国加利福尼亚州议会2016年1月审议通过法案，授权 ContraCosta 运输管理机构实施完全无人驾驶汽车的试点项目，测试完全无人驾驶汽车，德国和日本也开展相关立法研究。

国内智能网联汽车发展的动态总结如下。

1. 产业发展处于起步阶段

我国智能网联汽车产业整体发展处于起步阶段。从产业链条看，芯片、传感器、车载操作系统等产业链高端环节竞争力较弱甚至缺失，且各环节相对独立、协作较少，缺少系统整合。从产品类型看，智能网联汽车产品种类少，多为入门级，局限于自动泊车、远程控制、车道偏离预警等辅助驾驶功能。从技术发展看，智能化技术还较为分散、单一，集成化水平不高；网联化技术仍然以实现服务娱乐、用车辅助等功能为主。从应用进展看，整体处于技术研发阶段，离示范推广、大规模应用还有较长距离。

2. 部分关键技术取得突破

"十二五"期间，我国在复杂交通环境感知、行驶目标识别、驾驶员特性建模、复杂车辆动力性建模、车辆控制算法等领域进行了研究，取得了阶段性成果。国家自然科学基金支持的"以环境感知、人的行为认知及决策为重点的无人驾驶汽车项目"取得阶段性成果，完成了原理样机从北京到天津的无人驾驶实车试验。在863计划支持下，清华大学联合一汽、东风、长安等企业，在可实用化的智能汽车技术方面开展了大量的基础研究和原理样机的研制、实车路试；自适应巡航控制系统（adaptive cruise control，ACC）、行驶车道偏离预警系统（lane departure warning system，LDW）、行驶前向预警系统（forward collision warning，FCW）等正在进行产业化。部分汽车企业通过开发 Telematics 为主的互联网应用实现娱乐和舒适智能控制，如比亚迪的云服务、上汽的 inkaNet3.0 车联网系统等。

3. 跨界合作取得明显进展

百度、阿里巴巴、腾讯、乐视、小米等国内互联网巨头纷纷推出造车计划，与汽车企业开展深度合作，以整合发挥汽车企业拥有的大规模制造能力、汽车后服务网络资源，以及互联网企业在智能控制系统、软件开发、地图导航、电商平台等领域的突出优势。例如，北汽集团与乐视共同打造智能汽车生态系统，富士康与腾讯等开展"互联网＋智能电动车"领域合作，奇瑞汽车、易到用车和博泰集团共同出资打造"互联网智能汽车共享计划"，长安汽车与华为公司在车联网、智能汽车领域开展协同创新等。与此同时，车联网和智能交通系统的快速发展，也推动了汽车产业和电子信息产业加速跨界融合。

4. 相关领域企业积极布局

在汽车行业，传统汽车企业加快推出智能汽车产品。上汽集团的荣威 350 实现了信息检索、实时路况导航、股票交易和社群交流等互联应用。东风汽车的风神 ECS 概念车能够提供智能化服务、智能化驾乘体验及更高的安全性，以及基于 3G 的网络接入服务。华晨汽车的中华 AO 概念车应用一键式操作系统、智能汽车信息管理系统等全数字系统。长安汽车的 inCall3.0+T-BOX 已实现语音控制、远程控制、手机互联等功能。

在互联网行业，BAT（百度、阿里巴巴、腾讯）等加速向智能汽车领域渗透布局。2014 年，百度进行 Carnet 车载智能平台的研发，可将用户的智能手机与车载系统结合，实现"人、车、手机"间的互联互通。阿里巴巴与上汽集团合作打造"互联网汽车"。腾讯入股四维图新，推出"路宝"盒子。

3.1.3 智能网联汽车的发展趋势

1. 自主式和网联式加速融合，向全工况自动驾驶迈进

自主式、网联式两种技术路径各有优劣势。目前自主式不能充分模拟人体感觉，大规模应用成本较高，且缺少城市环境的全方位扫描；网联式无法实现人车通信，需要较大的基础设施投资。两种方案均不能完全满足全工况无人驾驶的需要。未来，自主式和网联式将走向技术融合，以提供安全性更好、自动化程度更高、使用成本更低的解决方案。

2. 更高级别驾驶辅助技术逐渐成熟并加快产业化步伐

自适应巡航控制、车道偏离警示等驾驶辅助系统已产业化应用，可自动判断前后车距、车道等，帮助驾驶员设定车速，确保车辆在设定的车道范围内行驶。随着传感、通信、决策、控制等技术的发展，更高级别的驾驶辅助系统将逐步成熟并实现大规模产业化。预计高度自动化驾驶系统和全自动驾驶系统将分别在 2020 年、2025 年实现应用。

3. 互联网和IT企业与汽车企业的跨界融合成为新常态

汽车作为新型智能终端，正成为各大互联网企业争夺用户的入口。国外，苹果公司发布了 CarPlay 车载系统；谷歌成立了 OAA（Open Automotive Alliance，开放式汽车联盟），并发布 AndroidAuto。国内，百度联合钛玛公司推出基于汽车后装解决方案的 CarLife；腾讯入股四维图新并推出基于 OBD 接口的"路宝"B2C 产品；阿里巴巴与上汽集团签署战略合作协议，计划在"互联网汽车"和相关应用服务领域展开合作。

汽车制造企业也在加快与互联网企业的融合。汽车整车厂商、专用设备供应商、应用软件开发商、电信基础运营商等跨界合作、融合发展，共同推进智能网联汽车应用的创新。公共车载信息服务平台化、无线通信技术标准化、智能车载终端通用化趋势逐步确立，进一步打开了智能网联汽车应用开发的广阔空间。

智能网联汽车的发展，要求新一代信息技术与传统汽车加快融合，给了互联网与 IT 企业巨大的施展空间。未来，互联网企业和 IT 企业将在研发、制造、销售、后服务等汽车产业各个环节发挥自身在智能技术、互联网技术等方面的优势，推动智能网联汽车产业链的重构。

4. 基于互联网的电商化和共享化模式创新日趋推进

互联网的引入将促成汽车产业的电商化和共享化，变革汽车产业的传统商业模式。一方面，电商模式被引入汽车的销售环节。2012 年，奔驰公司已通过京东平台销售 Smart 品牌汽车。2014 年，汽车之家实现线上全款购车、线下提车；二手车电商也在如火如荼地发展。另一方面，"轻拥有、重使用"成为汽车使用的新思路。滴滴专车、神州专车、易到用车和 Uber 等公司努力打造 P2P 汽车共享商业平台，戴姆勒集团的 Car2go 也已经在重庆进行试点，开启了汽车共享化时代。

3.2   智能交通系统国内外发展现状及对比

3.2.1   智能交通系统的发展现状

1. 交通基础设施智能化

目前交通基础设施智能化发展趋势主要体现在以下几个方面：①更加注重交通基础设施状态的实时精准感知；②注重基础设施状态信息、环境信息、系统运行信息的互联互通和高效安全传输；③注重交通基础设施状态信息精确定位和信息可视化表达；④注重对交通基础设施服役性能的实时监测和评估；⑤注重交通基础设施的网络化监测和管理。

我国交通基础设施智能化经过多年发展，部分技术已达到国际先进水平。然而，由于受到发展起步晚、系统集成能力有限、成果转化力度不足等制约，与国际先进水平仍存在一定差距：国家干线公路网基础设施的联网监测管理、基于 BIM+GIS（BIM：building information modeling，建筑信息模型；GIS：geographic information system，地理信息系统）技术的基础设施全寿命周期管理尚处于起步阶段，交通基础设施数据的快速精准和安全可靠传输、高精度定位等技术还有待提高。

2. 载运工具智能协同

载运工具智能协同主要体现在车辆智能网联与车路协同两个方面。

国际上十分重视运用信息化、智能化技术手段建立高效、安全的道路交通运输体系。美国 2009 年启动了 IntelliDrive 计划（后更名为 Connected Vehicle），开展协同式智能交通系统研究。2012 年，美国运输部、美国公路交通安全管理局会同密歇根大学开展了由 3 000 辆车参与的车路协同系统应用试验，美国车辆智能网联与车路协同技术研究已向以车车/车路通信下的智能网联车路协同为特征的阶段发展。欧洲从 2008 年开始组织协同式系统的路上测试，启动了面向 2020 年的 DRIVEC2X 项目，开展协同式智能交通技术研究，将车车、车路协同扩展到交通参与者及基础设施，拟在芬兰、法国、德国、意大利、荷兰、西班牙和瑞典 7 个测试点部署协同系统，形成一个欧洲范围内统一的 C2X（car to X，车联万物）技术测试环境。日本的 VERTIS（Vehicle，Road Traffic Intelligence Society，道路、交通、车辆智能化推进协会）、VICS（vehicle information and communication system，信息通信系统）和 ETC（electronic toll collection，电子收费）都具有车路信息交互的特征，从 Smartway 项目开始，日本进入了系统研究协同式智能交通系统的新阶段。

我国在智能网联车路协同方面的研究起步较晚。"十五"和"十一五"期间，国内在汽车安全辅助驾驶、车载导航设备、驾驶人状态识别、车辆运行安全状态监控预警、交通信息采集、车辆自组织网络等方面进行了大量研究，基本掌握了智能汽车共性技术、车辆运行状态辨识、高精度导航及地图匹配、高可靠信息采集与交互等核心技术。部分高校和研究机构围绕车路协同开展了专项技术研究，如国家科技攻关计划专题"智能公路技术跟踪"，国家 863 计划课题"智能道路系统信息结构及环境感知与重构技术研究""基于车路协调的道路智能标识与感知技术研究"等，取得了阶段性成果。

目前载运工具智能协同发展趋势主要体现在以下几个方面：①载运工具之间、载运工具与基础设施的高效协同，成为改善交通安全、提升交通系统运行效率的重要手段；②交通系统实现大规模网联，引发了交通服务模式的变革。

我国在这方面的研究一直处于跟踪阶段，缺乏系统性的研究。与欧、美、日相比较，技术差距明显：一是车辆运行状态联网感知、网联车辆协同管控与智能驾驶服务技术体系不完备，重点车辆行驶监测、预警及服务一体化装置缺乏；二是对开放式移动互联系统车辆安全接入认证、智能车路协同集成测试与评估等基础共性关键技术的研究不足；三是缺乏对车路协同技术和装置进行系统测试认证的标准规范与相应的基础设施。

3. 交通运行监管与协调

交通运行监管与协调是保障交通系统高效运转的重要基础，正朝着多模式整合、智能化管控、城市群协同等方向发展。

准确把握综合交通系统供给与需求的时空分布规律，是实现交通运行监管与协调，有效提升综合交通系统运行效率的基础。以美国为代表的西方发达国家非常注重通过多方式整合提升交通出行效率，注重综合交通系统的协同与一体化，以最大限度实现综合交通系统整体效能提升，建立多模式网络下城市和城市群多种出行方式的供需平衡，实现多模式交通网络的衔接、协调和整合。

伴随着道路交通流、交通系统优化等基础理论的快速发展，发达国家在城市交通信号控制技术和控制系统研发等方面的研究取得了丰富的成果。城市道路交通控制由单个交叉口信号配时优化逐步向干线协调、区域网络动态控制方向发展。随着信息采集、通信、计算机技术的不断进步，国外开始从大范围路网层面研究交通流均衡分配方法和实现技术，并相继制定了交通信号控制机及其接口标准化通信协议。

英国、荷兰、日本等发达国家建立了国家级路网管理中心，对公路实施网络化管理并提供丰富的信息服务功能。美国各州都已经建设了路网管理中心，并已启动了全国性实时交通管理系统的建设工作。城市群综合交通系统是一个处在动态变化中的庞大复杂网络，现有的研究正在由静态分析向动态辨识转化，谋求利用实时动态分析技术，结合在线数据和智能交通环境下的态势推演系统，实现城市群综合交通运输系统运行态势的实时智能分析。

目前交通运行监管与协调的发展趋势主要体现在以下几个方面：①城市综合交通系统正逐步经历由被动适应交通需求发展向主动式供需平衡的转变，注重综合交通网络的协同与一体化；②城市交通控制向信息化条件下主动式智能控制方向转变；③交通系统仿真技术向高精度实时动态交互式仿真方向发展。

在交通系统供需理论与优化方法方面，我国已有研究主要局限于以道路网络为主体的单一交通网络，以及以道路交通流为主的单一交通方式，对复杂交通环境下城市和城市群多模式交通网络供需机理仍然处于探索阶段，多模式城市综合交通系统主动控制能力和协同运行效率提升尚缺乏关键技术支持。

在城市综合交通系统管控技术方面，我国在基础理论模型、控制技术等方面取得了长足的进步，但在多模式综合交通系统的主动控制、智能控制、协同控制等方面尚缺乏关键技术支撑；尚缺乏具有自主知识产权的综合交通系统测试平台，难以实现针对城市土地利用形态调整-交通基础设施更新-交通管理措施实施-交通政策影响的集成分析。

在区域综合交通运输系统协调运行方面，我国尚缺乏保障区域运输网络可达性与可靠性的动态评估及态势推演系统，亟待研制城市群综合交通系统协调运行和决策支持平台；尚缺乏实现支撑各层级多主体业务协同的关键技术支撑，未能实现区域定制化交通信息的协同发布。

4. 区域综合运输服务与安全风险防控

随着移动通信网络和手机的普及，欧美国家开始基于手机基站数据对宏观交通需求进行分析。移动互联网的高速普及产生了海量庞杂、异质多源、大尺度时空关联的交通数据，蕴含着能够描述复杂交通系统运行态势、可靠性及安全风险的信息。通过海量数据分析人因选择及操作行为、交通系统态势演化规律、运输网络安全风险评估及预警的技术和方法等将是国际未来交通系统态势分析研究的重点。大数据时代的来临为交通科学研究与实践带来了前所未有的机遇和挑战，将给传统交通工程学基础理论带来革命性的影响。美国、欧盟、日本大力支持本国的大学、企业、科研机构研发符合大数据特征的交通态势研判及安全风险辨识技术。

世界各国均通过政府干预、科技研发及综合性的措施努力提升道路交通的安全性。交通事故的发生是若干因素综合作用的结果，需综合考虑人为因素、道路因素、环境因素、车辆因素的影响。发达国家高度重视交通事故成因分析、时空演化规律、预测方法、风险行为决策和干预策略等方面的研究，如美国运输统计局（The Bureau of Transportation Statistics，BTS）建立的死亡事故分析报告系统（fatality analysis reporting system，FARS）和事故总评系统（general estimates system，GES），建立了国家事故分析机构，研究各种影响因素与交通事故之间的作用关系，对改善交通安全起到了重要作用。加拿大、日本等国家也建立了类似的国家道路交通事故研究机构，支持交通安全新理论、新技术、新方法的研究。我国在交通违法信息采集、执法装备、交通事故致因分析及建模、交通安全调控和道路交通事故仿真等方面开展了研究和工程应用，取得了一批成果，对改善我国的道路交通安全状况起到了一定作用。未来世界各国对道路交通安全的研究主要集中于人因规律、事故分析、交通安全技术三个方面。尤其是基于人因规律的交通安全理论已引起了美国、澳大利亚、英国等国家的高度重视，驾驶人的个性、行为、感知、态度等对交通安全的影响将是未来研究的重点。

3.2.2 新一代智能交通系统的技术特征

1. 交通系统要素成为信息网络交互单元

宽带移动通信和专用短程通信（dedicated short range communication，DSRC）的技术成熟和应用成本下降，使得智能交通系统中的智能终端、车辆、基础设施之间能够实现低成本和高可靠的互联，参与交通的人、车辆、设施成为宽带网中可以相互交换信息和相互作用的单元。从而在控制系统中应用的很多宏观控制策略都可以应用到交通系统中，只不过基础设施和车辆的物理约束将是系统的边界条件。发达国家近几年来热门的合作式智能交通系统或互联车辆（connected vehicle）都是这个方面的具体应用之一。

2. 传感器技术充分发展及应用

传感器技术的发展使得对车辆状态及其周边环境的描述更加清晰和完整，特别是图像识别技术和76~79吉赫兹雷达技术的应用，使得车辆可以在复杂环境下将高速行驶车辆前方和侧面的车辆、行人、障碍物等识别出来，配合定位技术和安全辅助驾驶技术，可以大大提高车辆行驶的安全性，还可以避让行人。同时，传感器技术的发展还为自动驾驶系统的开发提供了支撑。

3. 新一代信息技术为智能交通提供了应用环境

带有全球定位系统芯片的智能手机和车辆在使用交通信息服务系统时，自己也成为交通信息的提供者，也就是所说的众包模式。智能手机和车载设备的定位数据直接传送到汽车服务商或信息服务商的信息中心，处理后得到道路拥堵信息，并发回给系统内的车辆用户和智能手机用户。这样就形成了不依赖于政府管理部门的道路交通信息采集和服务系统，如国际上的 TomTom、中国的高德和百度，以及各大电信运营商等都开始了这类服务。可以说新一代信息技术为企业和个体用户提供了不受制于政府的智能交通应用环境。

4. 大数据管理和处理技术充分应用

通信技术、传感器技术及智能手机的发展，使得交通系统中采集的数据量成百上千倍地增长，但获取成本却大大下降。智能交通系统名副其实地成为具有大数据特征的系统。通过大数据管理和处理技术的应用，可以更加准确地描述交通系统，更加有针对性地为出行者提供个性化服务，更加高效地应对突发事件。

5. 自动驾驶技术逐渐走向成熟

欧洲、美国、日本从智能交通系统的起始阶段就开始自动驾驶技术的开发，1997 年在美国加利福尼亚州的圣地亚哥、2000 年在日本的筑波分别组织了大规模的自动驾驶技术的展示。在这之后，发达国家的相关研发虽然没有中断，但是研发和应用的重点转移到车载安全辅助驾驶技术上。近几年随着专用短程通信技术、传感器技术和车辆控制技术的日趋成熟，自动驾驶技术进入实用化指日可待，这将大大改变道路交通的运行和管理模式。

3.2.3　智能交通系统未来的发展趋势

1. 自动驾驶系统

20 世纪 80 年代，欧洲、美国、日本在智能交通领域展开研究，也推动了无人驾驶技术的实用化进程。通过一系列演示试验，无人驾驶技术的可行性及实用性已被验证。谷歌的自动驾驶汽车于 2012 年已获得美国内华达州机动车辆管理部门颁发的驾驶许可证，部分车辆厂商也宣布在未来数年推出无人驾驶汽车。在国内，2011 年由国防科技大学研制的无人驾驶汽车红旗 HQ3 从长沙上高速，自行开往武汉，行程 286 千米，自主超车 67 次，平均时速 87 千米 / 时，是一次成功的试验。

2. 大数据与智能交通

大数据是继云计算、物联网之后 IT 产业的又一次颠覆性革命。智能交通系统的交通数据来源广泛、形式多样，包括动态的交通流数据、静态的道路基础数据、交通气象信息等。如何从海量交通数据挖掘潜在有价值的信息，成为智能交通系统充分发挥作用的关键。因此，借助于大数据技术解决交通问题，是智能交通系统的内在需求和新技术发展的必然趋势。

3. 生态智能交通系统

车辆的尾气排放已成为大气污染的一个主要原因。国外发达国家已相继提出基于智能交通系统的交通节能减排体系及实施项目，如美国的 IntelliDrive、日本的 Smartway、欧盟的 EcoMove 等，其目标在于减少环境污染和国家能源消耗，实现交通的可持续发展。由此可见，应用智能交通系统的先进技术实现交通系统的节能减排是未来交通污染控制的发展方向。

4. 移动互联网与智能交通

近年来，移动互联网技术已渗透到智能交通系统领域，一些基于移动互联网技术的智能交通系统应用服务相继出现。随着智能手机等移动终端的不断普及，网络通信数据已成为道路交通状态信息采集的一种重要来源，可用于分析公众的出行规律，获取完整出行链信息，对交通检测技术及方法的发展起到了推动作用。另外，智能交通系统可利用移动互联网向公众提供可视化地图、导航信息、实时路况信息以及基于位置的服务，满足公众的多样化、个性化需求。近年，基于移动互联网智能终端的与交通相关的 APP 得到快速发展，移动互联网技术将在公众出行中发挥越来越大的作用。

第4章　问题及致因分析

纵观国外智能汽车和智能交通系统发展的历程，都是以提高出行安全和交通效率为主要目的，以传感技术、信息处理、通信技术、智能控制为核心，车路、车车协同系统与高度自动驾驶已经成为现阶段各国发展的重点，也已成为市场竞争制胜的关键因素。

从发展模式来看，欧、美、日智能网联汽车技术的发展主要由政府推动，出台国家战略规划，明确目标、时间表、技术路线，并形成一定共识。尤其是在与交通环境、网联化相关的领域，政府从更大交通环境构建的角度，为智能网联汽车的发展和快速应用建立了良好的环境。如今，随着网联化、智能化更多地与车辆技术融合，真正形成了政府主导，汽车、通信、电子等多领域企业、高校、研究机构深度协作的局面。

从推进组织机构来看，美、日、欧均建立了各部门深入协同的组织推进体系。美国政府管理机构主要为联邦交通部，并成立了智能交通系统联合项目办公室，组织并协同美国联邦公路管理局、美国联邦汽车运输安全管理局、美国高速公路安全管理局等六家单位共同推进；日本则由内阁府负责，建立推进委员会，协同警察厅、总务省、经济产业省、国土交通省共同推进；欧洲由欧盟委员会协同欧洲各国一体化发展。

从技术演变来看，欧、美、日自20世纪60年代开始，立足于智能交通系统大领域，分别从交通信息化、车辆智能化的角度进行了大量的研究，并已形成大量产业化成果。进入21世纪，尤其是2010年以后，随着通信技术、电子控制技术、人工智能技术的快速发展，车辆网联化、智能化从20世纪的独立研究，逐渐走向融合型研究与应用。从欧、美、日各国制定的战略情况来看，这将是未来20年交通领域最重要的技术变革。

从市场形势来看，目前智能网联汽车只形成了初级的网联化和智能化，网联化主要体现在基本的信息服务（telematics）领域，智能化主要体现在目前大量产业应用的 ADAS 领域，真正的深度网联化、智能化还处于酝酿阶段，预计2020年将真正实现人-车-路的网联化，达到中级自动化驾驶；2025年，实现高级自动驾驶汽车的应用。

从行业技术水平来看，目前欧、美、日在智能网联汽车技术领域形成了三足鼎立的局面。美国的重点在于网联化，其通过政府强大的研发体系，已快速形成了基于 V2X 的汽车产业化能力；欧洲具有世界领先的汽车电子零部件供应商和整车企业，其自主式自动驾驶技术相对领先；日本的交通设施基础较好，自动驾驶方面技术水平也在稳步推进。

从产业链竞争力来看，美国目前在智能网联汽车产业上、中、下游实力均衡，世界领先，德国在上、中游有较强的竞争力，日本依托几大整车厂占据一定优势。

由于我国缺乏智能网联汽车与道路交通智能化发展的系统性、协同性，缺乏研发和产业化布局的导向性和足够的投入，我国智能汽车领域的基础技术、研发水平、相关产业链基础还十分薄弱，产品和产业化发展相比发达国家总体上滞后 8~10 年。

4.1　我国发展智能汽车与智能交通存在的问题

由于我国缺乏智能网联汽车与道路交通系统智能化发展的系统性、协同性，缺乏研发和产业化布局的导向性和足够的投入，中国智能汽车领域的基础技术、研发水平、智能感知系统产业链基础还十分薄弱，产品和产业化发展相比发达国家总体上仍十分滞后。中国在发展智能汽车方面也面临着严峻挑战，存在着明显短板。

4.1.1　缺乏顶层设计和大型国家项目支撑

我国尚未提出明确的智能网联汽车产业发展战略，国家层面顶层设计尚不清晰，导致发展方向难以聚焦，发展资源难以整合。企业认识与思路不统一，部分企业还未认识到智能网联汽车发展对汽车技术和产业的颠覆性变革作用，仍将其简单理解为智能交通系统或者将其限制在主动安全技术范畴，没有进行长远布局，重视度不高，发展资源投入不够。

4.1.2　智能网联汽车跨界融合问题突出

智能网联汽车作为新兴产业，跨界融合特点明显，是车辆、通信、安全等技术交叉互通的产物。智能汽车发展很难由单一行业或部门完成，需要有统一的协调组织进行推进。我国目前尚未形成有效的组织机构，汽车、IT、通信企业各自为战，未能形成合力，不利于我国在新一轮智能网联汽车市场中的竞争。

4.1.3　我国智能汽车领域基础技术薄弱

在车载视觉、激光雷达、毫米波雷达等高性能传感器、汽车电子、电控系统、专用芯片等关键基础零部件领域，核心技术与产品主要被国外企业掌握，我国核心技术远落后于世界先进水平。

自主零部件企业非常弱小，行业缺乏有效协同研发机制。企业缺乏可持续的自主研发体系，行业无法形成合力，国家尚未形成自上而下的智能网联汽车政产学研体系，无法共同攻坚克难。

4.1.4　信息产业与汽车融合层次较浅

中国虽有强大的互联网产业基础，但过分偏重销售和服务端，与汽车产业的结合尚停留在信息服务、后市场等领域，未能深入汽车智能化控制的层次。

4.1.5　智能网联汽车标准法规及测试能力建设落后

欧、美、日等发达国家和地区已建立形成了较完善的 ADAS 系统、V2X 测试评价标准法规及相应的测试评价能力和设施，并从国家层面提出了 ADAS 系统强制装配时间表。我国在智能网联汽车相关的测试标准、方法、设施方面严重不足，缺乏系统性和完整性。

现有标准难以满足产业发展需求。智能网联汽车涉及信息技术、制造技术的多个领域，学科专业跨度较大，现有标准可能在通信传输、链路建立、信号联系、数据解析等方面存在协议标准的不一致，造成数据传输滞后等多种问题。

全局性的行业标准尚未制定。我国智能网联汽车还基本处于企业各行其是、自行发展状态，针对传感系统、车载终端、通信协议、测试评价等核心技术和关键环节的统一标准尚未制定，不利于产业发展和配套设施的建设。

尽管国内各个标准化组织依托各自产业基础和优势在各种不同方向进行了有益的标准化工作探索，并在某些方面取得了积极的进展，但客观上我国智能网联汽车领域标准化工作较国际及国外滞后严重。智能化方面，美国目前已开展乘用车自动紧急制动（autonomous emergency braking，AEB）系统、盲区检测（blind spot detection，BSD）系统、车道保持（lane keeping assist，LKA）系统等 ADAS 系统标准的建设。在网联化方面，美国政府针对 V2V 技术发布了立法法案公示。在配套标准法规方面，欧盟已开展标准化分析工作，按进度安排制定明确统一的欧洲标准（European Norm，EN）。迄今为止，我国自动驾驶汽车尚不能合法上路测试，严重阻碍了自动驾驶技术的进步。虽有多个行业国标委开展智能网联汽车标准制定工作，但没有形成有效协作机制。交通和公安部门尚未在道路基础设施的信息化、数字化、智能化等方面与汽车实现协同。此外，对自动紧急制动、车道保持辅助等能够明显提升交通安全的驾驶辅助系统仍未制定统一的标准，因此应加快推动相关强制法规的出台，从国家层面促进相关系统装配与产业发展。

4.1.6　基础设施建设还需加强

智能网联汽车的发展对包括道路交通基础设施、通信和网络基础设施以及不同基础设施间的互联互通都有迫切需求。我国智能网联汽车基础设施与世界发达国家相比较为落后，基础设施建设前期投入较大，回报周期长，目前还没有国家层面的建设规划，这是制约智能网联汽车大规模应用的一个重要因素。

4.1.7　汽车信息安全防护能力薄弱

国内整车及零部件厂商普遍缺乏完善的汽车信息安全管理机制，现有的车联网网络服务平台安全防护能力不足，与车互联的相关终端系统安全防护功能严重缺乏，且我国还未制定相关标准和法规来指导行业发展。汽车的信息安全风险是制约智能网联汽车健康发展的一个不容忽视的因素。

在信息安全相关标准方面，国际上美国已形成 SAEJ3061/IEEE1609.2 等系列标准，欧洲 EVITA（e-safety vehicle intrusion protected applications，电子安全车辆入侵保护应用）研究项目也提供了相关汽车信息安全指南，而中国在 2014 年"十二五"规划中才首次将汽车信息安全作为关键基础问题进行研究，和国际发展存在较大差距。同时，我国对智能网联汽车生命周期信息安全防护体系和安全漏洞及修复技术尚未开展系统研究。

4.2　我国发展智能汽车与智能交通面临的挑战

4.2.1　传统汽车产业整体上与国际先进水平尚有明显差距

中国尚无世界级的汽车品牌和整车强企，质量控制能力和基础研发能力不足，本土供应商的实力也大多非常有限，产业链条上存在关键缺失，基础材料、基础工艺、基础元器件等与汽车产业紧密相关的基础工业存在严重不足。按照德国的标准衡量，我国制造业整体上还处于工业 2.0~3.0 的水准，尚不能直接支撑向 4.0 的跃升，而造好传统汽车是造好智能网联汽车的前提和基础。

4.2.2　技术积累不足拉大与国外企业的发展差距

欧、美、日等发达国家和地区已基本完成 V2X 通信及控制的大规模道路测试评价，并从国家标准法规方面提出了 ADAS 系统强制装配时间表，已进入产业化及市场部署阶段。同时，国外汽车制造厂商和互联网企业通过战略合作等方式在智能网联汽车领域已布局多年，具备"高度自动驾驶技术"的车型即将实现量产上市。我国在智能网联汽车领域起步较晚，尤其在先进传感器、智能操作系统、语音识别、人工智能、大数据等技术领域的差距较大，如不尽快改变现状，则将可能在新一轮发展中面临被动。

4.2.3　交通环境复杂增加智能交通系统建设难度

智能交通系统是智能网联汽车发展的重要基础条件，我国在这一领域的困难和挑战尤其大。我国交通中行人、自行车、机动车混合的特点非常突出，城市布局、路网结构、交通体系的不完善，使我国交通环境较发达国家更为复杂多变。若不能结合国情，实现与智能交通系统建设的协同，则智能网联汽车发展将面临难以克服的难题。

4.2.4　法律法规缺失阻碍智能网联汽车推广应用

保障未来汽车用户的行驶安全、数据安全、个人隐私等是智能网联汽车大规模推广应用要解决的重要问题。智能网联汽车的网络化、自动化程度高，容易成为黑客恶意侵入、控制、攻击的目标；使用中产生大量的数据，数据安全和个人隐私保护亟待规范；无人驾驶可能产生事故责任认定纠纷。与这些问题相关的法律规范还基本处于空白，急需加强法律法规建设。

随着移动互联网、大数据、车联网等技术越来越多地渗透到交通领域，人们的出行将越来越高效便捷，这同时也有利于管理部门为社会提供更好的公共交通服务。尽管中国的一些特大城市已初步建立并使用了智能交通系统，但是随着社会经济的快速发展与城镇化进程的不断加快，这些城市的交通管理仍然存在着许多问题。

4.2.5　系统可靠性与稳定性尚存在不足

智能交通系统复杂度和整合程度越来越高，而系统的可靠性和稳定性却没有同步提高，往往有牵一发而动全身的问题出现。以某地级市为例，智能交通系统由近 200 台服务器和 2 000 多台前端设备组成，包括信号控制、交通流量采集、交通诱导、电子警察、卡口等子系统，数据要和省级交通管理平台、区县级交通管理子平台、公安业务集成平台等系统相连。系统具有流程复杂、业务系统众多、客户端分散等一系列特点。为了保证业务系统的正常运行，管理部门虽然竭尽全力，但还是经常出问题。

4.2.6　数据源的质量无法保证

智能交通应用需要高质量的数据源，而目前设备长时间运行的性能得不到保证，数据质量不高限制了智能交通业务高水平的扩展应用。现代化的交通诱导和交通信号控制需要实时准确的交通流量数据以供交通状态判断及短时交通预测使用。而由于目前系统健壮性不足，难以自行判断数据质量，从而使得交通诱导和信号控制系统不能发挥预期效用，从而影响了整体智能交通系统的投资价值。信息安全问题由于智能交通兼具交通工具带来的移动特性和通信传输所使用的无线通信两方面的特点，它也就集成了无线网和移动网两大类型网络的安全问题。然而，当前针对智能交通的研究还只是偏重于其功能的实现，忽略了其信息安全问题。实际上，在信息的收集、信息的传输、信息的处理各个环节，智能交通都存在严重的信息泄露、伪造、网络攻击、容忍性等安全问题，亟须受到人们的关注和重视。

第5章 总体思路和目标

5.1 总体思路

5.1.1 以国家战略为驱动进行系统的顶层设计

以汽车工业的转型升级为依托，贯穿国家能源战略、制造业转型国家战略、智能交通国家战略、人工智能发展国家战略，将新能源汽车、智能网联汽车、智能交通系统的产业化发展及建设统筹规划，开展强国战略的顶层设计。以新能源汽车为载体，大力推进智能网联汽车产业化和智能交通系统建设及应用；集聚相关行业和领域的资源，突破新能源及智能网联汽车的关键技术、核心支撑技术、信息通信技术、大数据应用平台技术、综合交通管理技术等自主的系统核心技术；通过制造业强基工程、产业集群建设工程、基础设施信息化建设工程、跨行业大数据管运平台建设工程等重点任务开展建立完善的工程化实现体系。通过系统的顶层统筹规划设计和系列化的实施策略，同时达到以"新能源＋智能化＋网联化＋系统自主"为特征的汽车产业转型升级的目标，和建立以"泛在互联＋智能交通＋智慧城市＋共享经济模式"为特征的新型汽车社会生态的目标。

归结起来就是：围绕价值链配置资源链，整合资源链打造创新链，依托创新链贯穿技术链，依据技术链布局产业链，统筹产业链形成生态链。通过汽车工业转型升级和新型汽车社会生态的建立，带动其他相关行业的协同进步和国民经济持续增长，从而凸显汽车行业在国家总体发展进程中的重要地位，实现建设汽车强国的战略目标。

具体思路如图 6-5-1 所示。

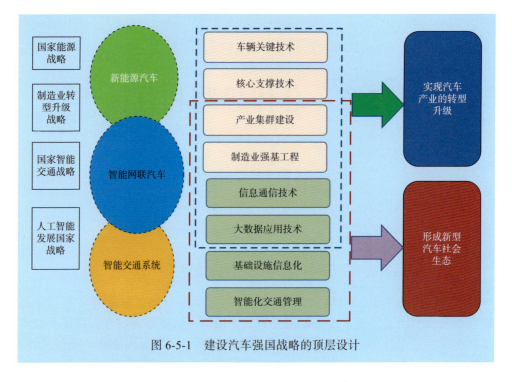

图 6-5-1　建设汽车强国战略的顶层设计

5.1.2　通过产业链建设提升产业竞争力

产业链建设是通过"建链、补链、强链"的方式，扩大规模，提升层次，优化结构，是实现智能网联汽车产业发展目标的重要抓手。对我国而言，由于在芯片、传感器等核心领域的产业基础薄弱，智能网联汽车的产业链尚未形成，在车载嵌入式系统、导航平台、整车设计与制造方面虽有技术积累和产业基础，但竞争优势也未形成。

因此，对于"建链"，我国应加强与国际著名车企及科技公司的合作，引进先进技术，形成配套能力，构筑智能网联汽车产业链条；对于"补链"，要面向车载处理器芯片、高端传感器、车载雷达等高端环节，掌握核心自主技术，形成生产制造能力，为智能网联汽车的自主研发和生产提供基础支撑；对于"强链"，要进一步依托我国在传统汽车制造方面的基础，并发挥在互联网及电子信息制造环节的优势，壮大领军企业，提升产业竞争力。

5.1.3　结合产学研用构建产业生态系统

突破产、学、研、用各自为政的壁垒，形成"产-学-研-用"间的无缝连接，进一步明确研发投入要以市场需求为导向，是构建智能网联汽车产业生态系统的重要基础条件。

以产学研用的结合为依托构建产业生态系统，一方面要发挥我国在汽车制造和电子信息领域的既有优势，鼓励企业与高校、科研机构建立智能网联汽车战略联盟，形成包括人才培养、科学研究、基地建设等在内的全方位合作；另一方面要面向市场需求，建设共性技术研发平台，在技术转让与共享中引入市场机制，加快科技成果产业化。

5.1.4　通过科技创新发展智能交通技术

交通运输是实施国家新型城镇化战略、支撑国民经济发展的基础性、先导性、服务性行业。面向经济社会发展的重大需求，特别是服务于"一带一路""京津冀协同发展""长江经济带"等的实施，应对新时期客货运输需求规模大幅增长和需求结构的巨大变化，加快科技创新，发展智能交通技术，对破解综合交通系统存在的问题，提升运输效能、保障交通安全具有重大作用。

5.2　发展原则

以促进我国汽车产业创新发展为主题，以加快新一代信息技术与汽车产业深度融合为主线，紧抓国家推进实施"中国制造2025""互联网＋"等战略的重要机遇，推进我国智能网联汽车产业发展，加快汽车产业转型升级，全面提升产业核心竞争力，实现汽车产业由大变强的历史跨越。

5.2.1　市场运作和政府推动相结合

由政府通过统筹规划、政策引导、环境优化、公共服务等手段，促进和加快产业发展。由企业通过市场机制，对资本、技术、人才、信息等要素进行有效配置，来促进和加快产业发展。

发挥市场机制在资源配置中的决定性作用，引导创新资源向企业集聚，激发企业创新活力。充分发挥政府的作用，做好产业发展的顶层设计，出台专项发展规划或指导意见，设立产业发展重大专项，推进智能网联汽车示范试点。

5.2.2　技术创新和制度创新相结合

通过产学研合作的机制创新、研发机构的体制创新，以及研究机构的原始创新、集成创新、引进消化吸收再创新等，实现产业在核心技术、关键技术和支撑技术上的突破发展。政府通过制定标准规范、放宽市场准入、建立创新联盟、引导建立产业协同创新机制等，从制度上营造、保障和完善产业发展环境。

通过对芯片、传感器、操作系统等产业链关键环节技术创新的大力支持，加速核心技术的研发，争取在若干领域取得突破，以核心技术的突破促进产品创新体系的建立和完善，提升产业竞争力。加快建立智能网联汽车统一的产品和技术标准体系，放宽智能网联汽车市场准入，鼓励社会资本和企业进入智能网联汽车领域，成立智能、互联网汽车产业创新联盟，搭建产业交流合作平台，建立协同创新机制，推动商业模式创新。

5.2.3　坚持自主发展和国际合作相结合

坚持自主发展，就是要强化原始性创新、集成创新，突破核心关键技术及部件，提高综合集成水平，提升骨干企业自主创新能力。坚持国际合作，就是要积极推动国内企业与国际知名企业、科研院所等机构开展多层次的国际合作，引进关键技术和高端人才，制定智能网联汽车标准并推动其成为国际标准，支持企业收购具有核心技术和品牌优势的国外整车和零部件企业。

5.3　发展目标

通过发展智能网联汽车和智能交通，抢抓全球汽车产业深度变革给我国带来的战略机遇，推动汽车产业转型升级，加快实现从汽车大国向汽车强国转变。

面向支撑引领新型城镇化创新发展，针对"一带一路""京津冀协同发展""长江经济带""粤港澳大湾区"等对综合交通运输提出的重大需求，以解决我国综合运输效能低下、公众出行不便、交通安全态势严峻、交通能耗大等迫切问题为导向，紧密结合信息化、智能化国际前沿技术，围绕交通系统运行智能化和运输服务综合化的紧迫需求，开展关键技术开发和系统示范应用。为实施国家重大战略提供高效、安全的综合交通运输系统支撑，推动我国智能交通战略性新兴产业的壮大。

第6章 重点任务

6.1 提升产业技术创新能力

6.1.1 制定切合实际的技术路线

推进智能网联汽车第一层级辅助驾驶技术的实用化开发及产业化；积极开展基于车联网 V2I/V2V 技术的车路／车车协同式辅助驾驶技术的研究，统一和完善技术标准规范，建立相应的道路试验场进行实用性测试。开展智能网联汽车第二、三层级的半自动驾驶技术、高度自动驾驶技术的研发，力争赶上国际先进水平。探索无人驾驶技术的原理和方法，并进行样机实车试验，建立和完善技术标准规范，并逐步建立相应的通信和道路基础设施，为无人驾驶汽车最终上路积累经验和奠定基础。

6.1.2 突破核心关键技术

开展智能网联汽车相关感知、通信、控制等关键核心技术研究。在感知技术领域，重点突破车道线、车辆和行人视觉检测技术，以及激光雷达、毫米波雷达和超声波雷达技术；实现车辆的精确定位等感知技术。在通信技术领域，促进 DSRC 专用短程通信技术、新一代高速移动通信技术的研发及产业化应用。在控制技术领域，开展低速跟随控制系统、车道保持辅助系统、泊车辅助控制系统、队列控制系统、自动紧急刹车系统、自动避撞系统等的研发及产业化。

6.1.3 建立基础数据交互平台

数据是智能的基础。应推动汽车企业、互联网企业、电信运营商，以及交通、公安、城市管理等部门的数据开放和融合，建立智能网联汽车基础数据交互平台。通过标准的数据交互方式，与各企业级平台及行业监管平台实现大数据共享，提供动态导航、紧急救援、驾驶安全辅助等服务，并实现对我国智能网联汽车数据的有效管理，确保信息安全。

6.1.4 建立共性技术服务平台

建立智能网联汽车综合验证测试平台，围绕产品级、系统级和应用级三个不同层次建立验证与评测机制，开展针对汽车安全可靠、通信协议、系统稳定性及节能环保等关键参数的测试验证。建设专用测试评价实验室、试验场，开展面向智能网联汽车的软件测试、认证、监理、评估等服务。建立健全智能网联汽车信息安全检测平台，保障车载信息、用户隐私等的安全。

6.1.5 打造智能网联汽车产业创新中心

充分利用现有科技资源，围绕智能网联汽车产业重大共性需求，采取政府与社会合作、政产学研用产业创新联盟等新机制新模式，打造智能网联汽车产业创新中心。重点开展视觉检测技术、激光雷达、毫米波雷达、车辆精确定位、3D精准地图、基于 DSRC 和 5G 的 V2X 通信技术等基础和共性关键技术研发、成果产业化、人才培训等工作。建设公共服务平台，规范服务标准，为企业提供检验检测、技术评价、技术交易、质量认证等专业化服务，促进科技成果转化和推广应用。

6.2 突破产业链薄弱环节

6.2.1 加强汽车级芯片的研发及产业化

培育具有核心技术的汽车级芯片企业，加强网络通信芯片、北斗导航芯片、信息安全芯片、传感器芯片、汽车电子芯片等车载芯片的研发及产业化，缩小我国与国际先进企业在汽车级芯片领域的技术差距，摆脱依赖进口的局面，为我国智能网联汽车产业发展提供基础支撑。

6.2.2 重点突破汽车操作系统

积极推动信息技术企业与整车企业合作，打造自主可控的智能网联汽车操作系统和应用服务开发支撑体系。前瞻布局底层实时车控系统 Linux 内核与车载应用服务平台技术研发，开发智能网联汽车操作系统。加强汽车操作系统与汽车芯片等核心软硬件集成优化。研究推动车载软件系统接口、数据格式和数据描述等标准的制定，实现车载软件系统的规范化。

6.2.3　加快先进车用传感器的开发

加强基于雷达和摄像等多种手段的车辆环境感知技术的研发，培育一批拥有自主知识产权的传感器生产企业，特别要加快在专用激光雷达传感器、毫米波雷达传感器、超声波雷达传感器、高清摄像头、运动姿态传感器等领域的产品开发。建立开放的传感器信息交互系统，推进传感器信息共享技术发展。

6.2.4　开展智能车载终端关键技术的研发

加快通信模组、通用处理芯片、基于北斗的导航模块、车用微控制单元（microcontroller unit，MCU）等的研发进程。加强智能语音处理技术、多屏互动技术、手势控制技术等关键技术研发。加快研发支持车内网数据与车际网、车云网数据融合的统一网关设备及移动计算环境的互操作协议。

6.2.5　推进自主车联网通信系统研发与应用

加强车载 LTE 通信芯片、模组及设备的研发，实现与高精度车载定位芯片的集成。尽快确定我国车联网通信频谱资源，扶持 LTE-V 芯片、设备与应用相关产业发展，打造完善的基于 LTE 的车联网产业链。开展 5G 车联网技术研发与应用示范。

6.3　积极发展新业态新模式

6.3.1　鼓励发展汽车后市场应用

支持企业开展基于车联网的汽车线上 4S 店、维护保养、分时租赁、P2P 汽车共享平台、第三方车险 B2C 网站、汽车金融在线平台等汽车后市场应用及业务。

6.3.2　大力发展车载信息服务

着力发展汽车云服务，鼓励最优路线规划、免费语音导航、实时路况播报、行车安全监控、故障在线诊断、驾驶行为评测、油耗评估评测等车载信息服务，丰富服务内容，优化客户体验。

6.4　建立和完善产业标准和法律法规

6.4.1　建立产业标准

按照"统筹规划、适度超前"的原则，大力开展综合标准化体系建设及政策研究。针对传感系统、车载终端、通信协议、测试评价及其他关键技术制定统一标准。积极开展国际技术交流与合作，争取参与和引领国际标准的制定。

6.4.2　完善相关法律法规

重视智能网联汽车信息安全的监督和管理。推进从行车信息到网络传输过程中各环节隐私保护法律法规的制定。研究修改适用于智能网联汽车的道路交通规范，以及处理相关事故的法律法规。

6.5　推进试点示范

6.5.1　建设智能网联汽车综合体验平台

打造智能网联汽车产品展示区，展示最新的智能网联汽车技术与产品。打造智能网联汽车虚拟体验平台，采用 3D 或 4D 模式提升消费者对自动驾驶、智能网联的体验与认知。

6.5.2　建立智能网联汽车创新融合示范应用基地

打造"智能交通示范区"，选取符合条件的城市或区域作为试点，实现交通状态感知、动态交通诱导、交叉口信号灯控制、动态限速、专用车道柔性管理、公交车辆调度、营运车辆管理等智能交通系统的全面覆盖。在试点示范的基础上，总结经验，加快推广应用。

6.6　加强国际交流与合作

6.6.1　争取引领国际标准制定

积极参与制定国际标准，与美、德、日等汽车强国加强在标准制定方面的合作。尤其要充分发挥我国的市场优势和产业规模优势，争取在国际智能网联汽车标准制定中拥有较强的发言权甚至主导权。

6.6.2　加快企业"走出去"

支持企业开展海外并购，特别是针对国内产业链薄弱环节和技术瓶颈，收购整合拥有独特技术资源的国外企业。支持企业在境外设立研发中心，在全球范围内整合利用各类创新资源，开展协同创新。建设企业"走出去"公共信息服务平台，为企业"走出去"提供快捷全面的国际市场信息服务。促进智能网联汽车及零部件产品、技术和服务出口，培育具备国际影响力的国产智能网联汽车品牌。

6.6.3　加强与跨国企业技术合作

引进消化国外先进企业的技术成果，包括智能驾驶技术、先进传感器、车载系统、3G/4G 芯片等。积极开展与跨国企业的各层次技术合作，联合研发突破智能网联汽车的相关核心关键技术。

6.7　设立专门机构实现跨区域跨部门协同管理与资源共享

政府部门可以设置一个专门的智能交通管理机构，跨区域跨部门搜集、挖掘、拓展和整合有关的交通信息，并建立有效的统一标准的数据规范，打破"信息孤岛"，争取实现更深层次的和更广泛的资源共享。从而为政府部门提供有效的信息及决策支持，同时推动政府各管理部门间协同管理，提升城市整体交通管理水平，进而达到方便城市居民出行的目的。

6.8　发展新科技带动管理与加强交通信息服务

要想更好地管理智能交通，就必须不断地发展新科技，开发新技术，通过新的更高端的科学技术来减少交警部门的工作量，减轻其工作强度，并力求争取用最小的资源来实现城市交通的良好运行，实现凭借科技力量带动高效有序的管理。例如，可以建立基于大数据平台、物联网等技术的系统来提高智能交通管理，并以此来加强交通信息服务。就目前而言，政府部门可以与高校、研究所等科研机构合作，或者鼓励、支持并引导掌握着一些先进的高科技技术或具有很高的自助创造能力的运输企业，开发具有自主知识产权的高端核心技术，促进智能交通管理的科技化、规范化，并使其得到良性发展。

第7章　实施方案及措施建议

7.1　实施方案

要解决产业发展缺乏顶层设计、产业链核心环节薄弱、产业协同创新机制尚未建立、产业技术标准建设滞后等现实问题，我国应采取以下政策措施。

7.1.1　建立跨界融合的技术创新体系

围绕智能网联汽车和智能交通系统发展的基础技术需求，促进智能汽车与信息通信、智能交通、互联网、数据应用平台等领域在基础研究方面的深度融合，建立制造业、通信业、交通业、信息业等跨界合作、协同攻关的技术创新体系，实现智能汽车和智能交通系统的核心技术的自主化掌握。建设智能网联汽车开发与应用的公共服务平台，提供检验检测、技术评价、技术交易、质量认证等专业化服务，促进科技成果转化和推广应用。通过系统性的关键技术自主创新开发掌握和技术的转移孵化，逐渐建立完备的产业化发展工程体系，并起到良好的协同创新示范效应，为我国抢占未来的科技制高点，提升国家的综合竞争能力，打造科技强国和汽车强国做好全面的基础准备工作。跨界融合的技术创新体系如图 6-7-1 所示。

7.1.2　加快核心共性技术开发

重点支持开发各阶段车辆自动驾驶和车与车、车与基础设施、车与其他道路交通参与者互联的关键共性技术。在感知技术领域，重点突破可行驶区域识别技术、智能化高精度地图与定位技术、乘员状态感知系统、车辆机械故障感知系统、手势控制技术、人工智能。在通信技术领域，促进 DSRC 专用短程通信技术、与 4G/5G 信息融合技术、云平台技术、信息安全技术开发。在控制技术领域，重点是队列控制系统、自动紧急刹车系统、自动避撞系统，突破汽车操作系统核心技术，建立自主可控的智能网联汽车操作系统，形成汽车操作系统与芯片

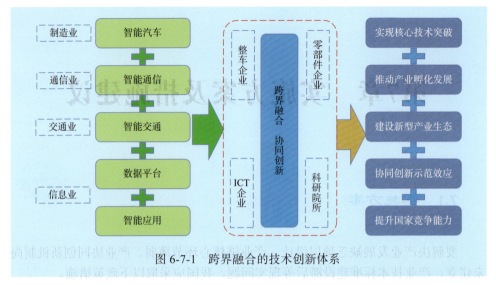

图 6-7-1　跨界融合的技术创新体系

等核心软硬件优化集成的能力。在交通领域，重点开展智慧城市交通系统技术等开发与应用研究。

7.1.3　培育形成智能化核心部件产业链

加强汽车级芯片的研发及产业化，支持具有自主化核心技术的汽车级芯片企业加快网络通信芯片、北斗导航芯片、信息安全芯片、传感器芯片、汽车电子芯片等车载芯片的研发及产业化。培育先进车用传感器的自主化能力，重点支持专用激光雷达传感器、毫米波雷达传感器、超声波雷达传感器、高清摄像头、运动姿态传感器等核心产品开发，建立开放的传感器信息交互系统，推进传感器信息共享技术发展。促进智能车载终端关键技术的研发，加快通信模组、基于北斗的导航模块、车用微控制单元、车内网数据与车际网 / 车云网数据融合的统一网关设备及移动计算环境的互操作协议开发和产业化。

7.1.4　推进道路基础设施信息化、智能化建设

加强道路基础设施适应性研究与系统开发，建设汽车智能网联化测试验证基地，对汽车安全可靠、通信协议、系统稳定性进行充分测试验证；进行交通标识、路面设施信息化与智能化全面改造，建立基本覆盖公路网的专用路侧车路高速通信系统，构建车车 / 车路自组织网络信息交互与管理平台，实现车车 / 车路间的信息智能共享，形成覆盖全部路网的超高精度数字地图和高精度三维地理信息系统，满足各阶段智能网联汽车使用的需要。

7.1.5 建设基础数据交换平台

建立政府主导和社会参与共建的、服务于智能网联汽车使用的开放型大数据系统，研究制定有效利用道路交通数据的标准、规范，实现政府监管平台、企业级平台、社会服务平台互联互通和数据共享，形成数据使用和维护的市场化机制，为智能网联汽车和道路交通参与者、商业机构提供车辆的实证和实用化地区的动态地图、车辆出行路线规划，以及费用优化、气象信息、紧急救援、保险费系统优化、停车位置、充电位置信息和充电自动支付服务，为道路交通管理者提供优化管理的数据服务。

7.1.6 建立兼容性标准法规、法律体系

开展融合汽车电动化和智能化、道路交通工程设施标准的综合标准化体系研究与建设，建立汽车与信息通信、道路交通工程设施标准制定、修订的协调机制，加快制定车辆传感系统、车载终端、通信协议、测试评价及其他关键技术标准，研究推动车载软件系统接口、数据格式和数据定义等标准的制定，实现车载软件系统的规范化，推进从行车信息到网络传输过程中各环节隐私保护法律法规的制定，研究修改适用于智能网联汽车的道路交通规范，完善交通事故责任认定的法律法规，构建符合我国国情的智能网联汽车和智能交通法律法规体系。积极参与相关国际标准制定，争取在国际标准制定中的话语权。

7.1.7 开展智能网联汽车示范应用

支持符合条件的城市或区域作为试点开展智能网联汽车示范应用，实证驾驶辅助、车车/车路/车人通信、多车道自动驾驶、客货车列队行驶等功能的汽车在实际道路环境下的运行情况，车辆、基础设施和个人通信设备之间的网络通信的安全性与兼容性，智能汽车、汽车与路侧设施通信等新技术和新标准的成熟度，为政府制定政策、制定相关法律提供重要依据，提高公众对智能网联化汽车的接受度，推动相关技术成熟和商业化运行条件建设。

7.1.8 推进汽车产业智能化转型

促进汽车制造业与"互联网+"融合发展，基于新一代信息通信技术，融合互联网产业，借助智能网联汽车发展，推进建立汽车数字化、绿色设计、按需大规模定制与服务的智能化的产业生态体系，缩短产品开发周期，提高供应链效率和降低制造成本，形成具有感知、决策、执行、自适应组织的智能生产系统，以及网络化、协同化的制造装备，实现在汽车全生命周期内为用户提供优质和个性化服务，以及汽车共享和绿色出行、增强客户体验、驾驶行为评

测、油耗评估评测、汽车金融在线平台等服务，根据未来市场需求结构和需求特点加快实现汽车服务业转型升级，提高现代汽车服务业在汽车价值链中的比重，提高汽车零部件和材料的再制造、再利用水平，建立动力电池梯次利用和报废回收的绿色产业体系，提升全产业链竞争优势，构建具有国际竞争力的新型汽车产业生态。

7.1.9　优先建设智能交通系统的交通基础设施和工程设施

智能交通系统的作用是提高现有设施的使用效率。没有完善的交通基础设施，则无法实现智能交通系统的建设目标。优化、完善交通基础设施和交通工程设施是智能交通系统发挥作用的前提条件。同时，智能交通系统充分发挥作用的基本环境条件是交通参与者的交通行为规范，而科学的交通组织和完善的交通工程设施是规范人的交通行为、明确交通路权的基础性设施。很多智能交通系统项目只关注智能系统本身，不同时进行交通工程的系统设计、改造和同步实施，则智能交通系统无法充分发挥作用。

7.1.10　借助"一带一路"倡议实现技术输出

借助信息互联网络和大数据平台运管技术，智能汽车、智能交通已经构成了安全、高效、节能、环保的现代出行方式和新型社会形态的大系统，是智慧城市发展和建设规划的重要内容之一。我国可以充分发挥信息通信、基础设施建设等行业的技术优势，借助"一带一路"倡议，向"一带一路"经济带周边相关国家及地区提供一体化打包的城市规划建设和智能交通解决方案，从而实现智能汽车和智能交通系统的技术辐射和技术输出，扩大我国相关技术领域在国际上的影响力。

7.2　保障措施及建议

7.2.1　完善战略实施组织机制

在国家制造强国领导小组的领导下，成立专门工作组，负责智能网联汽车产业发展的战略设计和统筹协调。明确中央各相关部门分工，量化分解任务目标，形成产业发展合力。建立智能网联汽车产业发展和智能交通系统建设专家咨询委员会，研究产业发展中的重大问题，提出推动产业发展的政策措施建议。

7.2.2　制订产业发展行动计划

将智能网联汽车和智能交通系统提升到国家战略高度,列入《中国制造2025》重点领域和国家"十三五"规划发展重点。制订和实施智能网联汽车发展行动计划,绘制总体发展路线图与重点领域发展路线图,提出各阶段时间节点和发展目标。细化行动计划各具体任务,建立组织架构和推进机制,推动核心关键技术研发突破,推进产业链协同发展,开展新兴技术产品试点示范,加强法律法规和标准规范制定,促进智能网联汽车与宽带移动通信、智能交通、智慧城市协同发展。

7.2.3　加大政策支持力度

鼓励技术创新的财政金融政策。创新财政税收、创业投资、融资担保等方面的政策,支持和推进智能网联汽车关键共性技术研发、主导产品研制与产业化及示范应用。对从事智能网联汽车核心技术产品研发生产的企业给予税收优惠政策。

激发用户需求的购置鼓励政策。在公交、旅游等行业领域和有条件的区域率先开展智能网联汽车的应用示范。政府对社会民众购买和租赁使用智能网联汽车进行必要的指导培训,打消用户使用的顾虑。参考新能源汽车补贴政策,研究出台智能网联汽车补贴政策。制定完善地方财政补助、油价电价优惠等购买智能网联汽车的配套政策措施。

7.2.4　加快复合型人才培养

推动汽车领域与信息通信、互联网等领域的人才加强交流,加快培养一批具有国际领先水平的专家和学术带头人,培养和锻炼一批从事智能网联汽车技术研发的创新团队。制定吸引创新人才的激励政策,建立重大智能网联汽车项目与人才引进联动机制,加大从国外和跨国企业引进领军人才和技术研发骨干的力度。深化产教融合,鼓励企业与高等院校合作开设智能网联汽车相关专业,协同培养工程技术人才。

7.2.5　完善推广应用法律法规

开展智能网联汽车企业知识产权及专利技术保护对策研究,加大企业创新型产品的知识产权保护力度。推进从行车信息、车载信息到网络传输过程中各环节隐私保护法律法规的制定。研究出台适用于智能网联汽车的道路交通规范,以及处理相关事故的法律法规,积极构建符合我国国情的智能网联汽车和智能交通法律法规体系。

7.2.6 加大财税金融支持

依托各类产业投资基金、汽车产业联合基金等资金渠道，通过国家科技计划（专项、基金等）统筹支持前沿技术、共性关键技术研发。以创新和绿色节能为导向，鼓励行业企业加大研发投入。积极发挥政策性金融和商业金融的各自优势，加大对汽车关键零部件、新能源汽车、智能网联汽车等重点领域的支持力度。

7.2.7 加强科技创新平台建设

促进形成持续支撑发展的能力，围绕创新链培育一批国家级技术创新和成果转化平台，建设和完善本专项的科技基础设施，营造有利于人才发展的环境。

7.2.8 充分实现资源共享

智能交通领域涉及的主要部门包括交通、公安、城管、国土等多个职能部门和各交通运输企业，各部门负责各自领域内的智能交通应用系统建设。但是，因为缺乏充分沟通的智能交通规划设计，条块分割现象严重，交通资源分散，信息孤岛现象严重。解决上述问题的途径，就是在规划设计环节进行充分的分析论证，对于可以共享的信息要充分共享。

智能交通系统是一个复杂的系统工程。因此，在管理机制上，应建立多部门、行业协调机制；从技术的层面上，应建立一个集成多部门、多业务、跨平台的开放的信息系统。

7.3 风险分析

由于智能汽车与智能交通涉及的服务对象、技术应用系统复杂，应重点关注以下可能存在实施风险的几个问题：在实施中，研发经费投入不足，配套经费到位率低是潜在的风险。经费不足将难以保障按照全链条设计、一体化实施的总体目标部署安排研发项目，或导致关键技术研发破碎化，形不成完善的技术体系。针对上述问题，关键在于技术与实践紧密结合，与信息、控制、智能等技术应用交叉融合，同时必须加强组织管理、技术研发重点两条路径的统筹协调，避免关键核心技术研发与实际工程需求的脱节，避免技术研发重点与交通运输需求的脱节。

第7篇
汽车与环境协同发展
战略研究报告

第1章 我国汽车排放现状分析

1.1 我国汽车排放控制的挑战

自 1990 年以来，随着中国社会经济的快速发展和城市化进程的深入，中国的汽车保有量经历了爆发式的增长。根据公安部交通管理局公布的数据，截止 2019 年 6 月底，国内汽车保有量已达 2.5 亿辆，如果按 13.95 亿人口计算，中国千人汽车保有量已经达到 179 辆，超过世界千人汽车保有量平均 170 辆的水平。这是中国汽车保有量首次超过 2.5 亿辆，也是千人汽车保有量首次超过世界平均水平。纵观近十年，中国汽车的保有量从 2009 年的 7 600 万辆，到现在的 2.5 亿辆，增长量超 200%。汽车保有量疯狂上涨的原因，离不开的就是汽车的销售量增长。从过去十几年来看，中国在 2000 年时汽车销量达到 210 万辆，到 2018 年达到 2 800 万辆。2010 年后，虽然增速下降，但增量依然可观，2017 年达到 2 915 万辆。

处于汽车社会高速发展时期的中国也面临众多的挑战，由汽车市场迅猛发展带来的巨大交通、环境、能源等问题，正逐步显现于中国的各个大型、中型城市。中国城市由于过去长时期忽视优先发展城市公共交通系统（特别是特大城市的大运力轨道交通网络），普遍存在汽车高速增长、高频使用和高度聚集等使用特征，给中国的能源安全、空气质量和土地利用等方面带来严峻挑战。

（1）高速增长：1990 年以来民用汽车年均增长率接近 15%，其中小客车年均增速甚至超过 25%，远高于世界同期平均水平。国内外研究普遍认为未来 15 年汽车保有量仍将保持持续增长，预计 2025 年前后中国将超过美国成为汽车保有量最大的国家，届时进口原油依存度很可能接近甚至超过 70%。

（2）高频使用：目前中国私家车年均行驶里程约在 1.6 万千米，显著高于欧洲（约 1.2 万千米）和日本（约 0.8 万千米），略低于美国（约 1.9 万千米）水平。北京等特大城市的中心区域小客车通勤比例在 33% 左右，显著高于世界其他主要大城市（如伦敦、东京和纽约）。

（3）高度聚集：汽车排放高度聚集在中国东部，特别是京津冀、长三角、珠三角等地区的大城市及城市群。本报告研究的结果显示，2013 年我国东部地区单位面积机动车 HC 和 NO_x 排放强度高达 1.8 和 3.1 吨 / 千米 ^{2}，远高于全国平均水平（0.5 和 0.8 吨 / 千米²）和欧美同期水平（0.2~0.3 和 0.6~0.8 吨 / 千米²）。北京、上海、广州、深圳和杭州等大城市空气质量源解析结果显示，机动车已经是导致上述城市出现 $PM_{2.5}$ 污染的最主要本地贡献源。

中国从 2000 年左右开始实施了一系列的汽车排放控制措施，对于遏制汽车污染物排放总量的快速增长效果显著。但目前还存在诸多突出的现实问题。例如，汽车排放控制还没有建立起完善的"车-油-路"一体的控制体系，彼此之间控制严重不协调。新车排放标准和油品质量标准在全国大部分地区不同步（油品质量滞后），严重影响了重型柴油车排放控制的进程，导致我国重型车控制比发达国家现状控制水平落后两个标准（约 10 年差距）。对于交通管控措施，过去控制的重点集中在标准和行政手段的控制，交通调控和基于市场的经济手段调控显得薄弱。

值得注意的是，相较于发达国家大多是在汽车市场较为成熟且保有量增长较为稳定的时期才开始开展汽车排放控制的治理，中国需要同时面对汽车保有量的迅速增加和由此带来的环境问题。在未来中国的快速机动化发展轨道中，解决汽车文明所带来的各种环境挑战和困局将是未来汽车市场发展的重大挑战，也将是中国快速提高汽车社会综合管理水平、发展汽车减排控制技术的重要机遇。

1.2 我国汽车排放现状

2013 年全国汽车共排放污染物总量为 HC 416 万吨、CO 2 742 万吨、NO_X 772 万吨，$PM_{2.5}$ 37 万吨，各省的排放水平如图 7-1-1 所示。对于四种污染物的排放绝对量而言，普遍较高的省份为广东、山东、河北、河南和江苏。不论从人口、经济总量还是地域面积来说，这几个省份均排在前列，因而汽车总保有量较高。此外，部分省份（如河北和河南）汽车排放控制水平相对落后也是造成排放总量较高的原因之一。

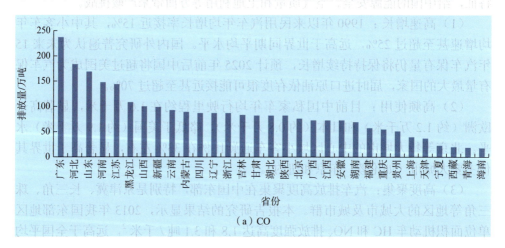

（a）CO

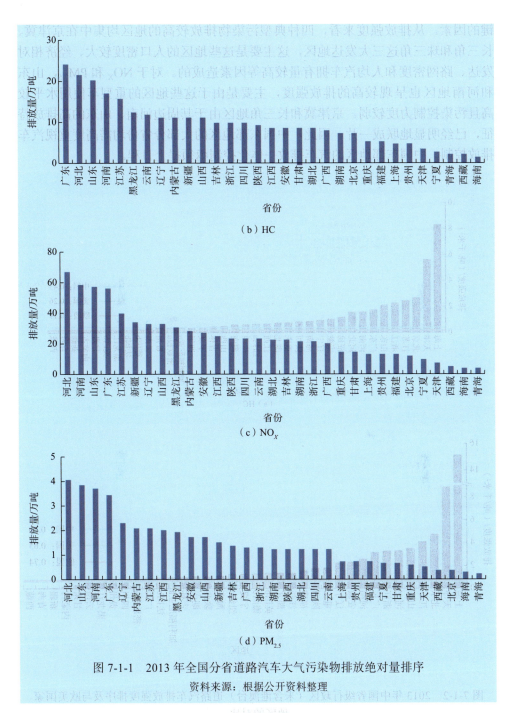

图 7-1-1　2013 年全国分省道路汽车大气污染物排放绝对量排序

资料来源：根据公开资料整理

为了排除各省份面积大小差异的因素，图 7-1-2 展示了单位面积下各省污染物排放强度（吨 / 千米 ^{2}）的空间分布情况。排放强度也是影响空气质量最为关键的因素。从排放强度来看,四种典型污染物排放较高的地区均集中在京津冀、长三角和珠三角这三大发达地区,这主要是这些地区的人口密度较大、经济相对发达、路网密度和人均汽车拥有量较高等因素造成的。对于 NO_x 和 $PM_{2.5}$,山东和河南地区也呈现较高的排放强度,主要是由于这些地区的重型车使用水平较高且污染控制力度较弱。京津冀和长三角地区由于其周边河南、山东的高排放特征,已经明显地联成一片。因此,中国东部地区的大部分省份均需高度重视汽车排放控制,中国东部地区的汽车排放一体化控制亟须提上日程。

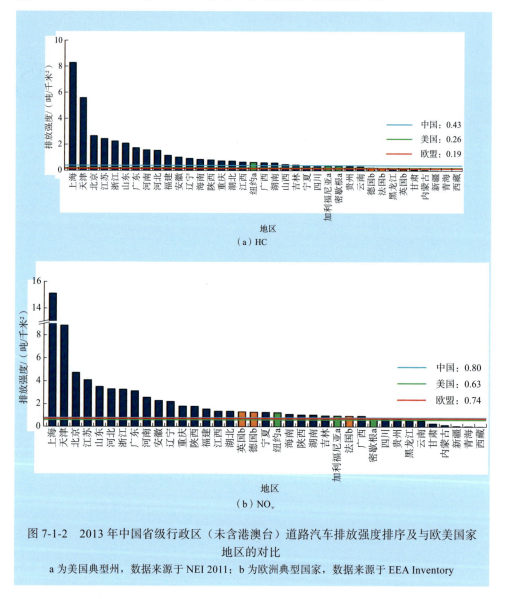

图 7-1-2　2013 年中国省级行政区（未含港澳台）道路汽车排放强度排序及与欧美国家地区的对比

a 为美国典型州,数据来源于 NEI 2011；b 为欧洲典型国家,数据来源于 EEA Inventory

从我国各省单位面积的排放强度与欧美等国的排放水平进行排序和比较来看，中国单位面积汽车 HC 和 NO_X 排放强度要比国土面积相当的美国高 65% 和 33%。特别是我国东部地区单位面积机动车 HC 和 NO_X 排放强度高达 1.7 和 2.9 吨 / 千米 ^{2}，远高于全国平均水平（0.4 和 0.8 吨 / 千米 ^{2}）和欧美同期水平（0.2~0.3 和 0.6~0.7 吨 / 千米 ^{2}）。德国、英国和加利福尼亚州等地面积与中国省级区域相当，其道路交通源 HC 和 NO_X 排放强度仍然显著低于中国东部发达省份（如广东、江苏等），如图 7-1-2 所示。欧美上述国家和地区采取了一系列严格的排放控制措施和公共交通优先发展战略，使得单位面积排放强度显著下降。例如，2010 年前后德国和英国相对其 1990 年的 HC 排放强度下降约 90%；NO_X 排放强度分别下降 10% 和 60%，其削减效益不如 HC，主要是轻型柴油车近年来的快速发展导致的。此外，我国机动车排放还呈现出比美国更加明显的区域聚集特征。例如，广东、江苏等地的 HC 和 NO_X 排放强度是全国水平的 4~6 倍；而车用密度很高的加利福尼亚州仅比美国全国水平高 50%。上海、北京等大都会区域的道路源排放强度甚至比全国高出一个数量级。上述结果说明虽然这些地区 / 城市机动车排放控制走在全国前列，但高度聚集和高频使用的车辆使用特征使得这些地区 / 城市仍然需要进一步大幅度地削减机动车污染物的排放。

总体而言，对于目前重型车保有量大、排放控制水平较差的地区，应该尽快推进更加严格的新车排放标准，并且配合有效的在用车监管措施来协同控制 NO_X 和 $PM_{2.5}$ 的排放。对于经济发达人口密度较高的地区，在继续保持严格标准和监管的同时，应当大力发展公共交通，并且考虑以适当的交通管控和经济调控政策控制汽车的使用强度，使得汽车污染物排放强度得到快速有效的削减。

第2章　我国汽车排放控制发展趋势研究

目前，国内外对汽车排放污染的综合控制主要包括以下几个方面：新车排放控制、在用车排放控制、车用油品控制、交通管理措施和经济鼓励措施（图7-2-1）。综合而言，对汽车排放进行控制需要遵循"车–油–路"一体的协同控制思路。

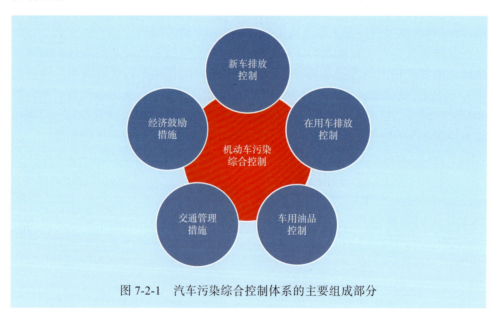

图 7-2-1　汽车污染综合控制体系的主要组成部分

2.1　新车排放控制

新车排放标准是汽车污染综合控制体系的核心组成部分，也是所有汽车排放控制措施中效果中最为显著的一项措施。中国绝大部分的轻型车都采用点燃式汽油发动机，目前中国轻型车的新车排放控制法规体系普遍参考欧盟轻型车排放控制体系。相对第四阶段排放标准，第五阶段（即国 V）在 NO_x 排放限值有所加严，并且进一步提高了耐久性标准要求，对降低轻型汽油车在用阶段排放具有一定效果。国 VI 标准与国 V 相比，在排放标准方面，NO_x 减少 77%，颗粒物减少 67%，引入颗粒数量（PN）的限值要求，并且加严了排放控制装置耐久性、车载诊断系统的相关要求。值得关注的是，各国针对轻型乘用车不断加严燃料消耗和温室气体排放标准，促进了涡轮增压或缸内直喷技术（gasoline direct-injection，GDI）的普及。对于采用 GDI 技术的车辆，Euro 6 标准设置了颗粒物质量和数量浓度限值，分别为 0.005 克 / 千米和 $6×10^{11}$ 个 / 千米。因此，未来 GDI 车辆需要加装汽油车颗粒捕集器（GPF）来满足上述严格限值要求。据公开资料显示，我国多个地区，如深圳、天津已发布国 VI 标准的实施节点，在 2019 年 7 月及以后。考虑到 Euro 6 标准限值与 Euro 5 相同，北京正考虑采取更加严格的美国加利福尼亚州排放控制体系（如新车平均排放限值逐年下降的 Tier 3 排放标准），并加装先进的车载加油油气回收系统（onboard refueling vapor recovery，ORVR）来进一步控制汽油车蒸发排放。ORVR 与目前在北京、广州和其他等地已经采用的二阶段油气回收系统相比，具有成本更低、无维护成本和控制效率更高的优势。

轻型柴油车在降低温室气体排放和燃料消耗方面比轻型汽油车更具优势，但是其在 NO_x 和 $PM_{2.5}$ 等关键污染物排放等方面仍然具有较大挑战。欧洲测试结果显示，尽管 Euro 6 柴油车采用了 EGR+DOC+DPF+SCR/LNT 的控制策略，但 NO_x 实际道路排放仍然显著高于排放限值。因此，考虑到中国面临着严峻的交通源 NO_x 和 $PM_{2.5}$ 排放控制挑战，中国应慎重权衡轻型柴油车的发展。

重型柴油车是中国交通源 $PM_{2.5}$ 和 NO_x 排放的重点关注车型。中国在 2015 年 1 月全面实施国 IV 排放标准，满足国 IV 排放标准重型柴油车需加装 SCR（selective catalytic reduction，选择性催化还原）控制 NO_x 排放。中国和欧洲的 PEMS（portable emission measurement system，车载尾气检测设备）测试结果显示，国 IV 重型柴油车 SCR 在城市低速工况（如城市公交车）受到排气温度较低的影响，对于 NO_x 排放控制效果较差；对于在高速高负荷运行工况下运行国 IV 柴油公交车（如城际货运车辆），SCR 则能较好地发挥作用（实际 NO_x 排放削减效果通常在 30%~50%）。各地环保部门应加强对新车生产和销售环节的监管，确保国 IV 柴油重型车按照要求正确加装了后处理设施。国 V 标准进一步加严了 NO_x 和 $PM_{2.5}$ 排放限值（相对国 IV 削减了 43% 和 80%），需通过优化 SCR 性能（如低温催化效果）、优化发动机燃烧或者加装 DPF（diesel particulate filter，颗粒捕捉器）等技术手段来实现。为克服传统 ETC（European transient cycle，欧洲瞬态循环）工况不能反映低速工况的局限性，北京对于国Ⅳ和国Ⅴ标准制定了额外的 WHTC（world harmonized transient cycle，全球统一瞬态试验循环）限值要求。中国应考虑尽快供应满足超低硫含量的车用柴油［硫含量低于 10 ppm（parts per million，百万分比浓度）］，全国已自 2017 年 1 月 1 日起，规定所有制造、进口、销售和注册登记的轻型汽油车、重型柴油车（客车和公交、环卫、邮政用途），须符合国Ⅴ标准要求。国Ⅵ标准的 NO_X 排放限值相对国Ⅴ下降 80%，绝大部分重型柴油车发动机企业通过并且采用全新的铜基/铁基分子筛 SCR，耦合 EGR 技术同步控制机内和尾气排放控制来实现 NO_X 排放大幅削减，并加装 DPF 控制 $PM_{2.5}$ 排放。由于国Ⅵ标准在控制重型柴油车 NO_X 排放方面具有更加显著的意义，全国范围应在 2020 年左右实施国Ⅵ标准，对于在用监管、油品质量等满足条件的地区或城市，应考虑缩短国Ⅴ和国Ⅵ标准的过渡时间。

对于 CNG（compressed natural gas，压缩天然气）、LNG（liquefied natural gas，液化天然气）和 LPG（liquefied petroleum gas，液化石油气）等气体燃料车，中国已经制定了第五阶段排放标准。中国大部分的气体燃料车往往采用稀薄燃烧发动机来控制 NO_X 排放，利用两元的氧化催化装置控制 CO 和 HC 排放。这些车辆在实际上运行中为了优化燃油经济性，发动机工况往往不利于 NO_X 排放控制，其 NO_X 排放因子与同类柴油车相当甚至更高。因此，未来气体燃料车排放控制应当重点关注 NO_X，在型式认证阶段鼓励或强制要求采用等当量技术发动机和控制 NO_X 排放的后处理技术（如三元催化或 SCR）。

2.2 在用车排放控制

汽车新车排放标准加严将提高车辆排放的耐久性要求，同时也将引入更加先进和复杂的后处理设施，如用于控制柴油车 NO_X 和 $PM_{2.5}$ 排放的 SCR 和 DPF。因此，未来在用车的排放监管除了采用进一步强化的检测维护（I/M）制度，如采用更能反映实际行驶特征的测试工况（如在广州已经实施的 IG-195 测试工况），还应特别重视先进测试和管理技术强化生产一致性和在用符合性监督。例如，北京已经采用车载排放测试技术，参考美国的 NTE（not-to-exceed）法规和欧盟的功积窗口法（window average method），用于重型柴油车新车测试。中国应尽快在全国范围内推广车载法用于新车和在用车的排放符合测试，重点关注柴油车 NO_X 和 $PM_{2.5}$ 的非工况排放特征。轻型车和重型车分别在第三和第四阶段安装车载诊断系统，未来应考虑利用车载诊断系统完善年检制度；对于柴油货车和公交车等重点监管车型，可以考虑基于车载诊断系统加装先进的尾气探头，实现环保部门对于上述重点车辆污染物排放和后处理装置工作特性的实时监控（即 OBD-Ⅲ技术）。

国务院发布的《大气污染防治行动计划（2013-2017）》明确在全国范围淘汰黄标车和老旧车辆，实现 2015 年前淘汰注册运营的黄标车，2017 年前淘汰所有黄标车，其中三大区域的黄标车淘汰提前至 2015 年完成。对于其他老旧柴油重型车，可以考虑在高品质油品供应和在用监管到位的前提下，进行加装后处理的技术改造（如 SCR 和 DPF）。上述黄标车和老旧车的治理工作需要密切依靠区域和经济补偿等方式来进行，可以参考北京利用道路遥感路检和老旧车淘汰交易平台等先进技术和机制。但是需要重视的是，在用车改造也有很多失败的案例，需要进行慎重的技术改造评估，在效益可行的情况下才可实施大规模的改造。

2.3 车用油品控制

油品质量是制约中国实施更严格的汽车排放标准的最主要制约因素之一。特别是对于柴油重型车，大量普通柴油进入车用柴油的流通领域，这些高硫含量柴油使得先进的 SCR 和 DPF 等后处理技术无法得到实际应用。中国在 2017 年全面供应国 Ⅴ 车用汽 / 柴油（硫含量低于 10 ppm），三大区域在 2015 年底前供应国 Ⅴ 车用汽 / 柴油，并通过加强市场监管确保油品质量，防止非道路油品和其他添加剂在道路机动车中的滥用。第六阶段车用油品标准应当持续推动降低车用汽油挥发性，提高油品清净性，控制油品有毒组分，并实现车用油品和非道路油品的标准一体化；全国范围在 2020 年前供应国 Ⅵ 车用汽 / 柴油，三大区域应提前实施。

2.4 交通管理和经济鼓励措施

2014 年，国务院发布了《国家新型城镇化规划（2014-2020 年）》，明确了常住人口的城镇化率将从 2012 年的 53% 提高至 2020 年的 60%，有条件放松城区人口在 500 万以下的落户条件。因此，在未来新型城镇化的发展建设过程中，充分借鉴和学习日本和欧洲城市在优化城市空间结构和功能布局的先进经验，避免单核心、单功能的不合理规划导致出行总量的过快增长和高度集中。

根据城市规模发展城市低碳低排的绿色可持续公共交通体系，对轨道交通和地面公交进行优化和精细化管理（包括定制公交和班车服务，*on-demanding* bus），充分发挥高速铁路在城际出行的重要作用，实现城际高铁-市内轨道-地面公交的无缝联接。大力改善城市慢行交通的出行条件，增加自行车道和步行道，使中国回归自行车大国。

对于重点区域和大城市，充分利用交通管理和经济政策调控重点区域和大城市的汽车使用总量，依靠先进的精细化交通管理技术和机制（如电子收费系统、RFID 道路车辆信息系统、城市出行共乘系统等），适时推动包括车辆总量调控、车辆共乘、低排放区、老旧车排污交易和淘汰置换补贴平台、拥堵收费、提高停车收费和尾号限行等交通经济调控措施。力争 2030 年千人汽车保有量控制在 250 辆，私人小客车年均行驶里程调控在 10 000 千米以下，人口在 1 000 万以上的高密度城市应考虑将小客车年均行驶里程调控在 8 000 千米以下（东京水平）。

2.5　清洁燃料与新能源推广

天然气是目前在汽车领域应用最广泛的清洁燃料。2010 年前，中国主要在出租和公交车队中引入压缩天然气（CNG）车。2010 年以来，随着中国天然气的气源不断增加和储运方式的改善，液化天然气（LNG）车在公交和货运等重型车中开始大规模应用。目前，车用天然气相对车用液体燃料具有一定的价格优势，天然气在控制颗粒物方面也具有显著的优势，因此得到了政府和企业的广泛青睐。需要注意的是，目前天然气公交车主要依靠稀燃发动机，并不能有效控制 NO_x 排放。因此，未来推广 CNG 或 LNG 在重型车领域应用时，应充分保障运营线路的燃气供应，有效提高天然气车燃油经济性，强化天然气车的 NO_x 排放在用监管。对于 CNG 轻型车（如 CNG 出租车），目前的测试数据显示其相对排放控制技术成熟的汽油车（国Ⅳ～国Ⅴ标准），气态污染物的综合减排效益不理想，应当谨慎发展甚至被限制。

对于包括混合动力车、插电式混合动力车和纯电动车等新能源车，从 2009 年起，国务院和相关部委发布了多项电动车示范运行推广项目（即"十城千辆"工程），根据节油率和动力电池大小制定了购车补贴标准，截至 2013 年底累计推广电动车超过 4 万辆。2012 年，国务院发布了《节能与新能源汽车产业发展规划（2012-2020 年）》，计划到 2015 年插电式混合动力车和纯电动车累计产销超过 50 万辆，到 2020 年累计产销量超过 500 万辆。很多城市（如北京、上海、深圳等）进一步明确了充电站/桩等配套基础设施的建设规划，并通过放松对电动车限购，鼓励电动车在私家车队的应用。电动车在使用阶段大幅度削减对汽/柴油等传统燃料的依赖，极大地减少了城市污染物排放。但是需要指出的是，由于引入了新的能源类型（电力）和车辆部件（车用电池），其在全生命周期的排放不能被忽视。因此，应根据地区能源禀赋和环境改善目标，在公共车队和私家车队大力发展能实现能源和环境双赢的新能源车辆技术；重视电动车推广过程中排放向上游发电过程的转移，确保在生命周期全过程中对污染排放的总体控制。

第3章 中国汽车污染控制情景分析和排放趋势预测

3.1 中国汽车保有量增长趋势预测

根据不同车型的发展趋势，研究采用三种不同的方法对城市机动车 2015~2030 年的保有量进行了预测。

（1）对于小型客车，采用目前广泛使用的 Gompertz 模型。Gompertz 模型整个曲线呈 S 形，反映了汽车保有率随着人均 GDP 的增长而呈现缓慢增长、井喷、饱和三个阶段的规律。Gompertz 方程的表达式如下所示：

$$VSper_i = VSper_s \times e^{\alpha e^{\beta EF_i}}$$

其中，$VSper_i$ 表示在目标年 i 时的每千人小型客车保有量，$VSper_s$ 表示每千人小型客车保有量的饱和值，EF_i 指的是某一经济学参数，这里指人均 GDP，α 和 β 是方程的两个参数，通过对历史数据的拟合获得。

从各城市小型客车的保有量现状来看，我国东部区域的小型客车保有量的发展已经进入 Gompertz 曲线 S 形的井喷期。对于千人保有量饱和值的设定，由于国内外对于中国城市小型客车千人保有量饱和值的预测通常在 300~500 辆 / 千人，根据各地区小型客车千人保有量和人均 GDP 的发展关系，并考虑到各地城市人口密度较大的现实情况，设定各城市小型客车千人保有量饱和值为 350 辆 / 千人，以此利用 Gompertz 曲线模拟了各城市小型客车未来的保有量增长趋势，如图 7-3-1 所示。

未来小型客车保有量的发展趋势主要分为三种类型：①对于欠发达的地区，大部分省份仍处于 Gompertz 曲线的井喷阶段，到 2030 年仍将保持高速增长的状态；②江苏和浙江等较为发达的地区将在快速增长一段时间后开始逐渐降低，在 2025 年以后将逐渐进入 Gompertz 曲线的稳定期；③对于已经实施限购措施的地区，如北京（2011 年起）和天津（2014 年起），采用 Gompertz 曲线对限购情景下的未来保有量进行模拟预测，会对小型客车保有量有明显的高估。

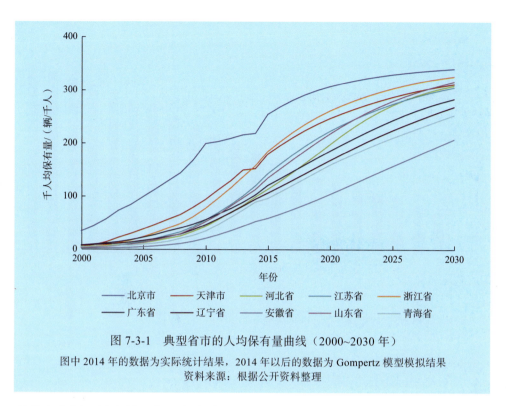

图 7-3-1　典型省市的人均保有量曲线（2000~2030 年）

图中 2014 年的数据为实际统计结果，2014 年以后的数据为 Gompertz 模型模拟结果

资料来源：根据公开资料整理

以北京为例，图中最上方蓝色实线为利用 Gompertz 模型计算得到的人均保有量趋势。

（2）对于其他汽车车型，由于其近年来保持了较为稳定的增长势头，将基于多年历史数据采取趋势外推的方法对其进行保有量的预测。值得注意的是，受到 2008 年末开始的经济刺激计划的影响，2009 年和 2010 年部分城市中重型货车保有量出现井喷式增长，一些地区 2010 年的重型货车保有量比 2008 年翻了一番以上。考虑到刺激政策作用的时效性以及中国经济增长放缓的新常态，我们预计今后货车保有量的增长将趋于回落，接近 2008 年之前的保有量增长水平，因此，推测未来年份中重型货车保有量的增长趋势时，采用的是 2008 年之前的保有量增长趋势。

图 7-3-2 展示了未来汽车保有量预测结果，到 2030 年，全国将拥有汽车 3.9 亿辆，千人汽车的拥有量接近 280 辆 / 千人。

图 7-3-2　中国汽车保有量未来趋势预测（2010~2030 年）

3.2　中国汽车排放控制情景设计

为了分析未来年中国汽车排放趋势的变化，结合对汽车排放控制措施的梳理，设定了不同的排放控制情景。这些情景涉及的具体控制措施如下。

3.2.1　新车及油品标准

对于新车及油品标准，共设定了两种情景：①基准情景：各城市的新车排放标准保持 2012 年的控制要求维持不变；②新车加严情景：按照《大气污染防治行动计划》以及各地区政府的大气污染控制规划设置的标准实施进程实施，各地区新车排放标准逐渐加严，逐步实施轻型车的国Ⅴ、国Ⅵ标准和重型车的国Ⅳ、国Ⅴ和国Ⅵ标准，经济相对发达地区根据当地政府规划实施领先全国水平的更为严格的新车排放标准，同时油品标准与新车标准的实施相匹配。对于轻型汽油车，GDI 技术的引入对排放的影响也将考虑在内。

表 7-3-1 和表 7-3-2 列出了不同控制情景下的汽车排放标准和油品标准实施进程。在加严情景中，全国已于 2017 年和 2019 年逐步实施轻型车和重型车的新车国Ⅴ、国Ⅵ标准，东部发达地区将会提前于全国的标准实施进程大约一年，北京等城市则会更早实施更严格的标准；同样地，油品标准将配合新车标准同步实施，东部发达地区和城市也将会提前执行更为严格的油品标准。

表 7-3-1　不同控制情景下汽车排放标准实施年份（2011~2020 年）

控制情景	车型	实施范围	2011年	2012年	2013年	2014年	2015年	2016年	2017年	2018年	2019年	2020年
基准情景	轻型车	全国	国IV	国IV	国IV	国IV	国IV	国IV	国IV	国IV	国IV	国IV
	重型车	全国	国III	国III	国III	国III	国III	国III	国III	国III	国III	国III
加严情景	轻型车	全国	国IV	国IV	国IV	国IV	国IV	国IV	国IV	国V	国V	国VI
		东部发达地区a	国IV	国IV	国IV	国IV	国V	国V	国V	国VI	国VI	国VI
		北京	国IV	国IV	国V	国V	国V	国V	国VI	国VI	国VI	国VI
	重型车	全国	国III	国III	国III	国IV	国IV	国IV	国IV	国VI	国VI	国VI
		东部发达地区	国III	国III	国III	国IV	国IV	国V	国V	国VI	国VI	国VI
		北京b	国III	国III	国IV	国IV	国V	国V	国VI	国VI	国VI	国VI

a 东部发达地区目前主要指京津冀、长三角和珠三角三大地区，考虑空气污染治理的区域效应，将进一步将控制区域扩展至山东、河南等地区，形成整个东部地区的联防联控

b 由于北京市内车用柴油质量要优于其他地区，因此公交、环卫和邮政等城市公共车队的柴油重型车执行严于普通重型车的排放标准。例如，国IV和国V排放标准分别在 2008 年 7 月和 2013 年 2 月在上述车队实施

表 7-3-2　油品标准及其实施年份（2011~2020 年）

控制情景	车型	实施范围	2011年	2012年	2013年	2014年	2015年	2016年	2017年	2018年	2019年	2020年
基准情景	汽油	全国	国III	国III	国III	国III	国III	国III	国III	国III	国III	国III
		北京、上海等	国IV	国IV	国IV	国IV	国IV	国IV	国IV	国IV	国IV	国IV
	柴油	全国	国II	国II	国II	国II	国II	国II	国II	国II	国II	国II
		北京、上海等	国IV	国IV	国IV	国IV	国IV	国IV	国IV	国IV	国IV	国IV
加严情景	汽油	全国	国III	国III	国III	国IV	国IV	国V	国V	国V	国V	国V
		东部发达地区	国IV	国IV	国IV	国IV	国V	国V	国V	国V	国V	国V
		北京	国IV	国IV	国V	国V	国V	国V	国V	国V	国V	国V
	柴油	全国	国II	国III	国III	国IV	国IV	国V	国V	国V	国V	国V
		东部发达地区	国III	国III	国III	国IV	国IV	国V	国V	国V	国V	国V
		北京	国IV	国IV	国V	国V	国V	国V	国V	国V	国V	国V

3.2.2 优化小型客车出行

由于私人小客车保有量的不断增加，我国小型客车车队的年均行驶里程近年来呈现出稳定下降的趋势。此外，为了缓解拥堵状况，越来越多的城市和地区会实行一系列的交通和经济措施来优化和调控小客车出行，促进小客车行驶里程的进一步降低。因此，针对小型客车在未来年份年均行驶里程的变化情况，设定了两种情景：①正常情景：由于私家车比例不断提高、城市公共交通体系成熟和道路交通拥堵频繁出现，小型客车的年均行驶里程逐年降低，小型客车的年均行驶里程由 2012 年的 18 000 千米下降至 2030 年的 12 000 千米（欧洲的车辆年均活动水平）；②出行优化：采取强有力的交通限行（如五天限一天）和经济调控措施（如提高停车费、拥堵税费等），使得小型客车的年均行驶里程进一步下降，2030 年年均里程降至 10 000 千米。对于北京、长三角等特大城市和发达地区，采取更大力度的调控措施进一步优化出行，2030 年年均行驶里程将进一步下降到 8 000 千米。

3.2.3 车辆限购

为了有效控制机动车总量的快速增长势头，针对占机动车总保有量最大比例的小型客车采取限购的措施将可能在越来越多的大城市中实施。目前，中国实施机动车限购的城市（除贵阳）绝大部分都在经济发达、机动车保有量较高的三大区域，包括京津冀地区的北京、天津，长三角地区的上海、杭州和珠三角地区的广州、深圳。因此，限购情景设置为对这三个地区全部城市的小型客车实施限购政策，限购的力度参考已实施限购的城市（如北京、上海等）根据人口和机动车密度进行设置。到 2030 年，限购情景下的小型客车保有量为 2.7 亿辆（千人小汽车拥有率约 180~190 辆 / 千人），比非限购情景下的保有量减少约 6 000 万辆，即平均每年少增长 400 万辆。

3.2.4 引入新能源车

在对新车和在用车进行相应控制的同时，需要关注各类新能源汽车的推广，考虑在轻型客车车队中引入混合动力车、插电式混合动力车和纯电动车，在公交车队中引入混合动力车、纯电动车和天然气车。目前国内外多家研究机构对新能源车未来的市场发展趋势存在不同的观点，对于新能源未来的发展方向还需要后续进一步的讨论和实践。本报告选取了其中较为激进的一种新能源车发展方案，来评估新能源车的大量引入对汽车减排可能带来的最大影响，所采用的轻型客车车队和公交车队中新能源车未来的市场占有率趋势如图 7-3-3 所示。到 2030 年，新能源车将分别占轻型车队和公交车队新车市场的 85% 和

90%，约占车队总数量的 32% 和 56%。需要指出的是，图 7-3-3 仅展示了全国范围新能源车推广的整体水平。由于部分城市已经率先推广并投入使用了天然气和电动公交车，这些城市的新能源公交车市场占有率将会处于一个较高的起点。

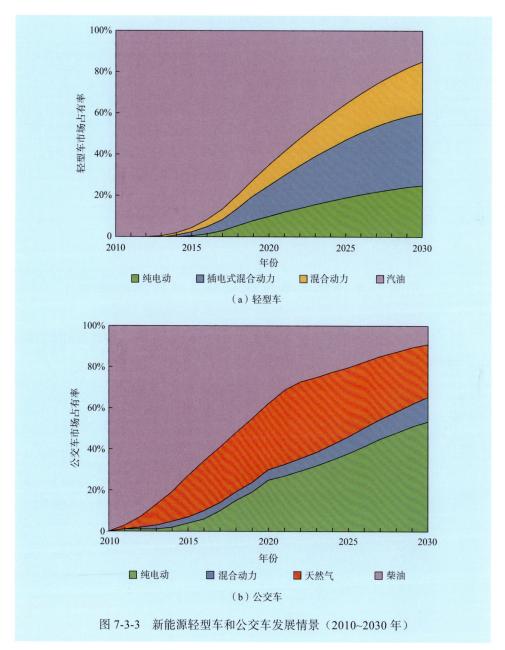

图 7-3-3　新能源轻型车和公交车发展情景（2010~2030 年）

根据以上控制措施，研究共设置了"基准情景"、"排放加严"、"出行优化"、"车辆限购"和"引入新能源车"5 个逐渐加严的排放控制情景。各排放控制情景具体的控制措施如表 7-3-3 所示。

表 7-3-3　各排放控制情景的控制措施

情景编号	情景名称	新车标准	燃油标准	小型客车限行	车辆限购	是否新增新能源车
1	基准情景	基准	基准	否	否	否
2	排放严格	加严	加严	否	否	否
3	出行优化	加严	加严	出行优化	否	否
4	车辆限购	加严	加严	出行优化	是	否
5	引入新能源车	加严	加严	出行优化	是	是

3.3　中国汽车排放未来发展趋势及减排效益分析

图 7-3-4 展示了不同情景下中国汽车 CO、HC、NO_x 和 $PM_{2.5}$ 排放预测的结果。在基准情景下，2015~2030 年中国汽车排放趋势呈现出以下特点。

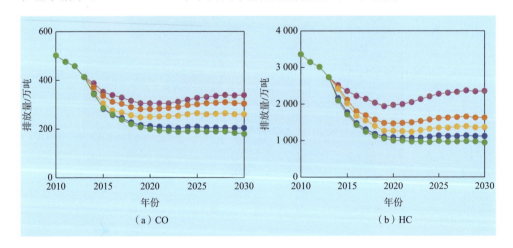

（a）CO　　　　　　　　　　　（b）HC

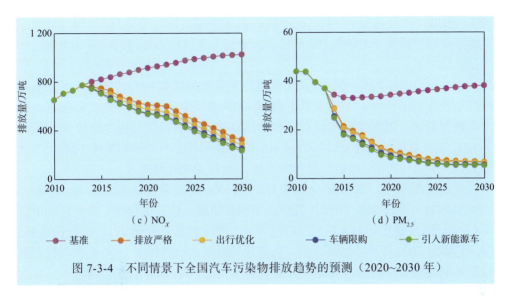

图 7-3-4　不同情景下全国汽车污染物排放趋势的预测（2020~2030 年）

（1）全国汽车 CO 和 HC 的排放总量在 2020 年前保持持续下降的态势。在基准情景下，全国在 2012~2020 年新增的轻型汽油车已满足国Ⅳ排放标准，相对国 0 削减 CO 和 HC 排放分别达到 98% 和 97%，相对国 Ⅰ 削减 CO 和 HC 排放达到 95% 和 90%。2010~2020 年，随着国 0 和国 Ⅰ 等老旧车淘汰并被满足国Ⅳ标准的轻型汽油车所替代，2010~2020 年全国汽车保有量虽然增加了 150%，但汽车 CO 和 HC 排放总量削减了 43% 和 48%。

2020 年之后，由于国 0 和国 Ⅰ 等高排放的老旧车淘汰殆尽，在汽车保有量持续上升的压力下，基准情景下 CO 和 HC 的减排势头被遏制甚至开始逐渐缓慢上升，2020~2030 年的 CO 和 HC 排放总量小幅上升 11% 和 19%。2030 年，中国单位面积 HC 的排放强度为 0.35 吨 / 千米^2，比美国 2011 年水平仍然高 24%。因此，基准情景下的排放控制措施已无法应对 2020 年以后汽车 HC 排放的控制，亟须更严格的控制措施来削减 2020 年后的汽车 HC 排放强度。

（2）全国 2016 年前汽车 $PM_{2.5}$ 排放总量呈现出快速下降的趋势。2016 年，基准情景下的全国汽车 $PM_{2.5}$ 排放总量比 2010 年下降了 36%，年均削减幅度达到 7%，与同期 CO 和 HC 的减排速度相当。基准情景下，2010~2020 年重型柴油车实施国Ⅲ排放标准。以重型货车为例，国Ⅲ重型柴油货车的 $PM_{2.5}$ 排放因子相对国 0、国 Ⅰ 和国 Ⅱ 标准分别下降 85%、60% 和 66%。因此，2010~2016 年，伴随着国Ⅲ前重型柴油车的淘汰（包括黄标车限行与淘汰政策因素）以及重型柴油车年均行驶里程在 3~5 年后的衰减等实际车用特征的作用，即使在重型柴油车新车仅为国Ⅲ标准的情况下，也能实现排放削减。

2030 年，全国汽车 $PM_{2.5}$ 排放总量为 38.2 万吨，比 2016 年的低谷水平上升

15%。所以，若没有针对 $PM_{2.5}$ 更严格的汽车控制措施，全国汽车 $PM_{2.5}$ 排放总量的下降通道将早于 CO 和 HC 前消失，中国汽车排放主管部门应高度重视这一情景分析结果。

（3）和 HC 与 $PM_{2.5}$ 不同，由于国Ⅲ以前重型柴油车 NO_x 排放因子并没有随标准加严而显著改善，无控情景下 2020~2030 年全国汽车 NO_x 排放总量将不会出现任何削减。随着重型车保有量和公路运输需求的持续增长，2030 年全国汽车 NO_x 排放总量将达到 1 027 万吨，比 2010 年增长 37%，年均增速 1.6%，与美国 1985 年左右的 NO_x 排放总量相当（2017 年仅为 450 万吨）。

在基准情景下，2030 年全国单位面积 NO_x 排放强度达到 1.07 吨 / 千米 ^{2}，比美国 2011 年水平高近 70%；其中，东部京津冀、长三角和珠三角地区的单位面积 NO_x 排放强度达到 4.2~5.3 吨 / 千米 ^{2}，是加利福尼亚州 2011 年水平的 4~5 倍，是德国 2009 年水平的 2~3 倍。需要说明的是，欧洲国家 2000 年来对轻型柴油车采取较为宽松的排放控制，导致其城市交通环境 NO_2 浓度居高不下，成为当今欧洲国家普遍面临的突出环境问题。因此，可以预见，如果不尽快加强汽车 NO_x 排放控制，未来中国大气污染排放总量控制达标、城市大气环境 NO_2 浓度削减和 $PM_{2.5}$ 中的硝酸盐组分控制都将面临严峻挑战。

在排放严格情景下，随着排放标准和油品质量的逐步加严，2020~2030 年各类污染物的排放总量趋势呈现出以下特点。

（1）对于 CO 和 HC，相对基准情景排放总量有所削减，但对 HC 进一步减排比例贡献有限。例如，2020 年，排放严格情景下的 CO 和 HC 排放总量分别为 1 473 万吨和 284 万吨，比 2010 年下降 61% 和 47%；与 2020 年的基准情景相比，排放严格情景下的 CO 和 HC 的排放总量进一步削减 25% 和 8%。需要指出的是，由于国Ⅳ到国Ⅵ阶段轻型汽油车的 HC 测试限值保持 0.10 克 / 千米不变，仅对新车耐久性做出更严格的要求，因此本报告所用的国Ⅴ和国Ⅵ轻型汽油车 HC 排放因子比国Ⅳ的削减幅度低 20%，远小于以往排放标准加严的减排率。所以，在严格情景下，尽管满足国Ⅴ和国Ⅵ的轻型汽油车会进入全国市场，但是其对于削减 HC 排放总量的作用已不如之前新车排放标准的效果明显。

2020 年后，严格排放情景下 HC 排放总量趋势与基准情景相似，在 2020~2030 年呈现持平甚至小幅上升的趋势，单位面积 HC 排放强度略高于美国 2011 年水平（0.26 吨 / 千米 ^{2}）。与此形成对比，美国汽车 HC 排放总量在 2004~2014 年持续下降，十年间累计减排幅度达到 40%。因此，中国必须采取更严格、更有针对性的控制措施，使得汽车 HC 排放总量在 2030 年前持续下降。

（2）对于 NO_x，严格排放情景中将逐渐引入国Ⅳ、国Ⅴ和国Ⅵ重型柴油车，这些车辆将依靠 SCR 等先进的后处理设施控制 NO_x 排放。例如，假设国Ⅳ和国Ⅴ重型柴油货车相对国Ⅲ重型柴油货车 NO_x 排放削减达 30%~50% 左右。2017

年之后全国各地陆续开始实施重型车的国Ⅵ标准，依照欧盟的排放限值，Euro 6 相对欧Ⅴ的 NO_X 限值削减 80%。因此，在严格排放情景下，全国范围汽车 NO_X 排放总量在 2012 年达到峰值 791 万吨。

2012~2020 年，由于国Ⅳ和国Ⅴ重型柴油车逐渐进入市场，加上国Ⅲ前柴油货车的淘汰，2020 年 NO_X 排放总量为 613 万吨，比 2012 年水平削减 18%，年均减排率约为 3%。2020 年以后，国Ⅵ重型柴油车的进入将更快削减汽车 NO_X 排放总量。在严格排放情景下，全国汽车 NO_X 排放总量将在 2020~2030 年削减近 50%，年均减排率达到 6%。这一排放削减速率与美国 2004~2014 年的控制进程相似，美国在这十年间削减汽车 NO_X 排放总量达 51%，其中最主要的控制措施即为 2007 年颁布、2010 年正式实施的 US 2010 重型柴油车排放标准（比 Euro 6 排放限值更严格，采用相近的排放控制技术）。

需要指出的是，未来中国汽车 NO_X 排放总量结果仍然存在诸多方面的不确定性。第一，目前世界范围内对满足国Ⅵ标准柴油重型车的实际测试数据非常有限，少量的数据显示其在低速和冷启动等工况下仍然有可能导致排放削减率不尽如人意，后续研究中需进行进一步的实际测试与修正；第二，目前中国的油品质量提高在时间进度和监管力度的不确定性，将对未来实施更严格排放标准产生可能的制约因素，即未来排放标准能否按照本报告假设情景进行还存在不确定性；第三，先进后处理设施的引入需要更加先进和有效的新车销售和在用车监管体系来发挥保障作用。例如，有媒体曝光部分省份销售的国Ⅳ重型柴油车并未采用型式认证的发动机或后处理技术（即"伪国Ⅳ"），这部分车辆进入流通市场后将导致减排效益的高估。

在严格排放情景下，2030 年中国单位面积汽车 NO_X 排放强度将降低到 0.34 吨 / 千米 ^{2}，比美国 2011 年水平降低 47%；但是，京津冀、长三角和珠三角等地区 2030 年单位面积 NO_X 排放强度仍然较高（1.3~1.7 吨 / 千米 ^{2}），其中上海作为单位面积排放强度最大的省级区域，2030 年汽车 NO_X 排放强度水平仍然达到 6.4 吨 / 千米 ^{2}。因此，面对中国汽车排放突出的区域性问题，在上述发达地区需要对重点柴油车队进行更严格的排放控制。

（3）对于 $PM_{2.5}$，严格排放情景下汽车排放总量的趋势与 NO_X 相似，这主要是由于国Ⅳ到国Ⅵ重型柴油车的市场份额逐渐增长，且国Ⅲ前的柴油货车不断退出所致。例如，国Ⅳ柴油重型车由于发动机优化燃烧，相比国Ⅲ能够削减近 60% 的 $PM_{2.5}$ 排放；未来采用 DPF 的重型柴油车，则能在国Ⅲ基础上削减 90% 以上的 $PM_{2.5}$ 排放。由于重型柴油车排放标准的加严对 $PM_{2.5}$ 的减排幅度要显著大于 NO_X，因此 2020 年中国汽车 $PM_{2.5}$ 排放总量为 11.1 万吨，比 2012 年下降 76%，年均减排率达到 16%，成为这期间排放削减最快的污染物。与此形成对比，美国 2004~2014 年汽车 $PM_{2.5}$ 排放总量下降 47%，年均减排率 7%。中国的减排幅度要高于美国，主要原因是 2010~2020 年汽车排放标准的迅速加严和老旧车的鼓励淘汰。2020~2030 年，严格排放情景下汽车 $PM_{2.5}$ 排放总量将从 11.1 万吨降低到 6.8 万吨，年均减排率 5%；2030 年前，如无更严格的排放控制措施（如货运车辆采用天然气或优化出行），汽车 $PM_{2.5}$ 排放总量将趋稳而无显著削减。和 NO_X 排放情景相似，$PM_{2.5}$ 也存在未来技术排放因子、油品与排放标准实施时间、车辆在用监管等多方面不确定性因素的影响，需要引起重视。

研究制定了其他各项更严格的控制情景，2030 年 HC、CO、NO_X 和 $PM_{2.5}$ 在各情景下的排放总量相对 2012 年的削减比例汇总如表 7-3-4 所示。

表 7-3-4　2030 年各排放控制情景相对 2013 年的排放削减率

污染物	基准情景	排放严格	出行优化	车辆限购	引入新能源车
HC	36%	42%	51%	61%	66%
CO	38%	57%	64%	70%	75%
NO_X	−37%[a]	57%	62%	66%	69%
$PM_{2.5}$	27%	87%	88%	89%	90%

a 负值为排放增加

出行优化和车辆限购等措施将显著降低未来轻型汽车保有量和年均行驶里程，并且改善交通运行状况，因而这些更严格的管控措施的实施将持续有效减排 HC。2030 年，实施限购和出行优化情景能够在严格标准情景下进一步削减 33% 的 HC 排放；若进一步大力推广新能源车（特别是电动车大量进入私家车市场），则能够更进一步减少 8% 的 HC 排放。在出行优化、限购和新能源车情景下，中国 HC 排放强度为 0.19~0.27 吨 / 千米[2]，与美国现状水平接近（2014 年 0.23 吨 / 千米[2]）。为了进一步控制 $PM_{2.5}$ 中二次有机气溶胶，需要考虑结合其他有效措施控制轻型汽油车 HC 排放。例如，考虑应用更加严格的新车排放（如加利福尼亚州 LEV Ⅲ 排放标准）和更先进的蒸发排放控制技术 ORVR（onboard refueling vapor recovery，车载加油油气回收系统），可在未来有效控制汽车 HC 排放总量。

对于 NO_X 和 $PM_{2.5}$，这些更严格的控制情景（同时实施限购、出行优化和新能源车推广）可以在严格标准情景的基础上，进一步削减 28% 的 NO_X 和 22% 的 $PM_{2.5}$。由于目前的出行优化和限购措施主要针对轻型车，所以这些更严格的措施对 NO_X 和 $PM_{2.5}$ 的减排作用要弱于 HC；并且，在推广新能源车时也要加强在用车监管，特别是对天然气重型车 NO_X 排放采取必要的后处理控制。

第4章 我国未来15年汽车排放控制政策建议

汽车已成为城市大气污染中最重要的污染源，而且其贡献率远远超过其他污染源。由于汽车是近地面排放，在街道环境中不易扩散，易造成道路沿线的污染，直接形成较高浓度的大气污染。而工业污染源一般为高空排放，在高空中易于扩散稀释。与工业污染排放相比较，汽车尾气污染排放的人体吸入比例更高。随着我国汽车保有量的迅速增长，汽车污染也日趋严重。在2018年召开的全国生态环境保护大会上，习近平总书记发出了建成美丽中国的号召。习近平强调，现在，我们就要集中优势兵力，采取更有效的政策举措，打好这场攻坚战。只有从源头上使污染物排放大幅降下来，生态环境质量才能明显好上去。重点是调结构、优布局、强产业、全链条。调整经济结构和能源结构，既提升经济发展水平，又降低污染排放负荷。对重大经济政策和产业布局开展规划环评，优化国土空间开发布局，调整区域流域产业布局。培育壮大节能环保产业、清洁生产产业、清洁能源产业，发展高效农业、先进制造业、现代服务业。推进资源全面节约和循环利用，实现生产系统和生活系统循环链接[①]。要抓住重点区域重点领域，突出加强工业、燃煤、机动车"三大污染源"治理，坚决打赢蓝天保卫战。可见，我国汽车排放控制和污染物治理刻不容缓。

4.1 汽车排放污染物控制措施

提前科学规划和制定适合我国特点的汽车排放污染控制技术路线图和汽车产业发展路线图，同步建立发达的公共交通系统和严格的汽车排放控制体系，应成为我国未来城市汽车排放综合控制的发展方向。完善的城市汽车排放控制体系应包括新车排放控制、在用车排放控制、车用油品控制、交通管理控制和经济措施

---

① 推动我国生态文明建设迈上新台阶，http://www.xinhuanet.com/politics/2019-01/31/c_1124071374.htm，2019-01-31.

等方面，各方面相辅相成，缺一不可。

　　未来需高度关注燃油经济性和污染物的同步控制，并制定重点区域一体化的控制策略。汽车排放污染物种类繁多，控制效果差别很大，NO_x 是当前汽车排放控制最为困难的一次污染物，针对不同车型的控制思路显著不同。例如，NO_x 控制关键目标应是以重型柴油车为控制重点，同时兼顾轻型汽油车。

4.2　完善城市公共交通体系

　　重塑城市公共交通体系，鼓励绿色可持续的出行模式。在重点区域和城市（群）大力发展公共交通系统，优先发展地铁、公交、公共自行车等绿色出行方式和保障公交路权，推动公交优先。充分利用交通管理和经济政策调控重点区域和大城市的私人汽车活动水平，力争 2030 年私人小客车年均行驶里程调控在10 000 千米以下。

　　应科学评估交通出行调控和经济管理 / 激励等措施的环境效益，并适时推动相关措施的实施，如尾号限行、低排放区或高排放车区域限行、提高停车收费和拥堵收费等，以有效减少私家车的出行。

4.3　建立物联网和大数据技术融合的汽车污染防治和监管体系

　　分步实施统一的国Ⅵ汽车排放标准，对于北京、上海等特大城市，应着手制定国Ⅵ标准之后的控制标准路线图，2020 年后向更严格的排放标准过渡，并同步实施国Ⅵ车用油品标准。

　　针对"新车-在用车-油品"一体化环保管理，构建区域协同、物联网和大数据技术融合的全链条式汽车污染防治和监管体系。运用物联网和交通-排放大数据技术，构建实时动态、区域统一的移动源环保管理和执法平台，实现区域内信息共享，实施协同监管。采用经济激励和精细化管理的思路进行汽车减排管理，建立环境交易平台、低排放区、强化老旧车监管等措施相结合的综合管控模式，限制老旧车活动强度和鼓励老旧车加快淘汰。

4.4　组织实施"清洁柴油机行动计划"

借鉴欧美的成功经验，结合我国"一带一路"倡议和"中国制造2025"国家战略，尽快组织实施"清洁柴油机行动计划"。重点开展道路柴油车、工程机械、农业机械、船舶等关键柴油机领域统一的清洁化专项工程，并在重点区域内示范。

在尽可能多的车辆和发动机上，尽可能快地安装DPF等先进技术，使细颗粒物、黑炭等污染物排放大幅削减。制定高排放柴油机限期强制淘汰制度，采取财政支持和市场扶持等手段加快淘汰老旧柴油机，优化车队结构，构建绿色低碳智慧的区域货运体系。

4.5　加强在用车队监管

大力推广实施强化型的在用车检测/维护（I/M）制度，鼓励采用更先进的检测技术手段。例如，采用ASM或IG195检测轻型车，Lug-down检测重型车，并结合先进的OBD、PEMS/Chasing和RS（remote sensing，遥感）等技术强化在用车监管。

探索建立更高效的在用车维护保养制度，确保监管的高排放车可以得到及时的维护保养。强化老旧车的淘汰更新，2014年随着国家加快落实大气污染防治行动，各地密集提出了淘汰黄标车的目标。但由于缺乏相关法律依据，大量黄标车并没有真正淘汰，减排成果大打折扣。建议要从根本上淘汰高污染的黄标车，国家应尽快修改完善《大气污染防治法》，明确机动车污染防治执法主体和法理依据，同时还应统一汽车排放标准，建立机动车污染防控协作机制，从严从重打击机动车超标排放。重点地区则应对国Ⅲ和部分国Ⅱ重型柴油车开展治理，如加装DPF等后处理装置，鼓励在用车合理的技术升级，但应强化对改造车辆的排放监管。

鼓励采用经济等手段建立常态化的在用车淘汰体系。对于车用强度较高的出租车队和公交车队，应强制定期更换排放后处理设备。

4.6　推广先进动力技术和替代燃料应用

先进动力技术和替代燃料具有非常多样化的技术组合，需科学评估各种燃料情景、车辆动力技术和排放后处理装置的技术组合基于生命周期的节能减排潜力，在我国大力推广在节能减排上具有较大综合效果的技术组合。

针对各地区的能源优势和控制重点，鼓励采用天然气车、混合动力车和纯电动车等多项技术在内的不同组合在城市公交车、出租车等公共车队首先进行大力的推广，在总结经验的基础上，向私家车队进行进一步的推广应用。

重点关注同一燃料体系下不同的车辆技术节能减排效益的差异性。例如，以天然气公交车为例，应首先鼓励采用等技术当量发动机/三元催化器的技术组合，可实现NO_x减排效果的最大化；而采用稀薄燃烧技术的天然气公交车对NO_x排放的控制效果较差，所以在推广该项技术时应加装 SCR 控制技术。

第8篇
汽车能源与资源战略研究报告

第1章　引　　言

随着经济的发展和城镇化水平的提高，我国汽车保有量将进一步提升，石油需求将进一步增加，国内车用燃料供需矛盾将进一步凸显，居高不下的石油进口依存度将给我国未来石油能源安全保障带来极大挑战。此外，随着我国汽车工业的发展，以碳钢、镁、铝、锂、稀土、铂等为代表的矿产资源储备、产能、技术水平状况对汽车产业发展的重要性将日益凸显。本报告基于对我国未来汽车保有量的预测，从能源和资源的角度，对我国车用成品油需求、汽车工业上游矿产资源储备进行现状分析和未来预测，为保障未来汽车工业的健康平稳发展提出相关建议。

基于我国经济、人口和社会发展状况及未来工业化、城镇化趋势，本报告采用 Gompertz 曲线方程，对我国未来私人乘用车保有量进行了测算，采用弹性系数法对我国公交车、出租车、环卫车、大客车和物流车的发展规模进行了预测，采用车辆选择模型对未来全国分汽车类型的电动汽车市场渗透率进行了分析。研究表明，未来我国汽车保有量将持续增加，2030 年和 2050 年将分别达到 4.2~4.6 亿辆、5.4 亿 ~6.4 亿辆，分车型电动化率逐年提高，分车型电动汽车保有量稳步增长。

基于对未来我国汽车保有量的研究结果，本报告对未来我国车用成品油需求进行了预测，重点围绕天然气汽车、新能源汽车和其他液体替代燃料的发展对成品油的替代效果进行分析，并就燃料替代与新能源汽车的发展对车用成品油的削减效果和贡献开展综合评估。结果表明，中国未来汽车保有量增加将给石油安全保障带来挑战，发展替代能源和新能源汽车是重要的应对措施。未来我国的汽车如全部采用传统汽车技术，车用燃油需求量将在 2030 年左右达到峰值，2020 年、2030 年和 2050 年分别达到 3.5 亿 ~3.7 亿、4.0 亿 ~4.4 亿和 3.2 亿 ~3.9 亿吨，若考虑天然气汽车、新能源汽车和其他液体替代燃料的发展，车用成品油需求量在 2020 年、2030 年和 2050 年将分别降为 2.82 亿 ~3.0 亿、2.62 亿 ~3.04 亿和 0.55 亿 ~1.26 亿吨。天然气在中近期成品油替代中发挥着重要作用，远期来看，其仍能发挥一定作用，但替代率趋于稳定。2020 年之后，新能源汽车的大规模发展使得其替代率逐年增加，成为未来实现成品油替代的关键路径。

　　基于对未来我国汽车发展规模的预测，本报告对汽车工业所需的主要矿产资源的供需情况进行了测算分析。研究发现，汽车轻量化趋势将给我国钢铁、镁合金、铝合金等行业带来一定压力，对于车用钢材，目前供应充足，高强度钢前景乐观；镁资源储量丰富，但产品性能有待提升；铝资源对外依存度高，面临多种挑战。同时，新能源汽车的发展将使锂、稀土、铂等矿产资源供应趋紧，其中，锂资源供应不足，短期约束明显；稀土资源储备丰富，供应能力充足，约束作用不明显；铂资源储备有限，存在长期制约。我国应当采取"'开源'与'节流'相结合"、"合理调整贸易政策"和"加大科技攻关"等策略，保证未来我国汽车工业的平稳发展。

第2章 研究意义和必要性

2.1 定义及研究内容

本报告从能源和资源的角度，对我国车用成品油需求、汽车工业上游矿产资源储备情况进行了分析和预测，基于研究结果，为保障未来汽车工业的健康平稳发展提出相关建议。主要内容如下：

基于我国经济、人口和社会发展状况及未来工业化、城镇化趋势，本报告采用 Gompertz 曲线方程对未来我国私人乘用车保有量进行了测算，采用弹性系数法对我国大客车和货车的发展规模进行了预测，并采用车辆选择模型对未来全国分汽车类型的电动汽车市场渗透率进行了分析。

基于对未来我国汽车保有量的研究结果，本报告对未来我国车用成品油需求进行了预测，重点围绕天然气汽车、新能源汽车和其他液体替代燃料的发展对成品油的替代效果进行分析，并就燃料替代与新能源汽车的发展对车用成品油的削减效果和贡献开展综合评估。

基于对未来我国汽车发展规模的预测，本报告对汽车工业所需的主要矿产资源的供需情况进行了测算分析。

2.2 必要性

在工业化、城市化加速发展的背景下，中国的汽车工业和道路交通发展迅速。目前，中国已成为全球汽车市场增长最快的地区之一，也已成为全球最大的汽车消费国和生产国，车用成品油等能源消耗规模逐年上升，近年呈现出快速增长态势。车用能源问题已成为中国汽车发展战略、能源发展战略中的一个重要问题。未来随着经济的发展和城镇化水平的提高，我国汽车保有量将进一步提升，石油需求将进一步增加，国内车用燃料供需矛盾将进一步凸显，居高不下的石油进口依存度将给我国未来石油能源安全保障带来极大挑战。

此外,汽车生产过程中,关键部件、车体、电池、电机等的制造需要消耗大量的矿产资源。当前,传统汽车制造材料仍以钢为主,近年来,随着我国汽车生产呈现明显的轻量化趋势,以高强度钢、铝合金、镁合金等增强材料为代表的轻密度材料被普遍应用到车体制造中,此外,乘用车尾气处理装置对铂等贵金属的需求也与日俱增。随着新能源汽车的兴起和快速发展,除了对传统车体制造材料的需求外,锂电池、电机磁性材料的需求增加,锂、稀土等矿产资源消耗量大幅提升,燃料电池核心部件对铂金等关键原材料的需求日益增多。未来,随着我国汽车工业的发展,以碳钢、镁、铝、锂、稀土、铂等为代表的矿产资源储备、产能、技术水平状况对汽车产业发展的重要性将日益凸显。

为了积极应对汽车工业快速发展所面临的能源和资源短缺问题,保障未来汽车工业的健康平稳发展,需要对我国车用能源和资源的利用现状、未来面临的挑战及发展路径和战略目标等进行综合研究。

第3章　现状与发展趋势分析

3.1　国内外现状对比分析

3.1.1　汽车保有量现状

随着经济的快速发展，我国人民生活水平有了长足的进步，2014 年我国人均 GDP 达到了 46 531.2 元（约合 7 568 美元），汽车普及率也一路走高，汽车保有量达到 1.45 亿辆，千人汽车保有量已达到 106 辆；2016 年汽车保有量达到 1.94 亿辆，千人汽车保有量达到 142 辆。如果以人均 GDP 作为衡量经济发展水平的指标，从世界各主要国家经济发展水平与汽车保有量的发展走势来看，随着经济发展，汽车普及率的上升是必然趋势，我国的人均 GDP 和汽车普及率均处于较低的水平，如图 8-3-1 所示[1]。

目前，欧洲和美国的千人汽车保有量分别为 400 辆和 800 辆的水平，日本、韩国的千人汽车保有量则分别为 600 辆和 400 辆，均已基本达到饱和水平。相比发达国家，尽管我国家庭轿车（即私家乘用车）尚未大规模普及，千人汽车保有量仅约为美国 1921 年和日本 1975 年的水平，但随着人均 GDP 的提高，未来汽车保有量还将有较大的增长空间。

3.1.2　汽车能源形势

随着我国汽车产量和汽车保有量的急速增长，汽车能源问题受到高度重视。汽车保有量急剧增加引起了车用燃料消耗量的快速增长，并逐步成为石油能源消耗的主体。除少量替代用燃料之外，目前我国车用燃料仍然主要依靠石油炼制的汽油和柴油。2015 年，我国原油消费总量约为 5.5 亿吨，全年成品油消费量为 3.18 亿吨，其中，汽油消费量 1.16 亿吨，柴油消费量 1.74 亿吨，煤油消费量 0.28

---

① Wu T，Zhang M，Ou X. Analysis of future vehicle energy demand in China based on a Gompertz function method and computable general equilibrium model[J]. Energies，2014，7（11）：7454-7482.

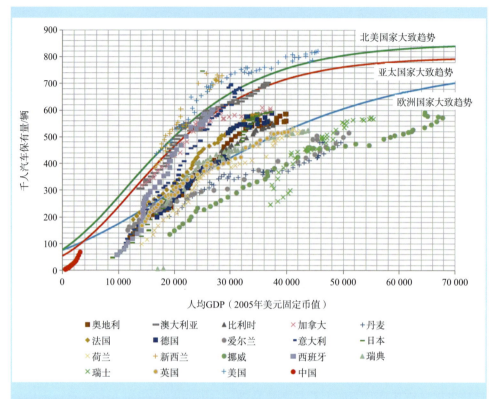

图 8-3-1　世界主要国家汽车千人保有量与人均 GDP 的发展趋势

资料来源：Wu T，Zhang M，Ou X. Analysis of future vehicle energy demand in China based on a Gompertz function method and computable general equilibrium model[J]. Energies，2014，7（11）：7454-7482

亿吨。2016 年石油消耗量 5.56 亿吨，交通领域石油消费占比接近 50%，其中近 80% 被汽车消耗。由于我国自产石油能力近年来保持在 2 亿吨左右，而车用燃油随着汽车保有量增长而迅速增长，致使我国石油的对外依存度持续上升，2014年达到 58.8%，2016 年达到 64.4%。

目前，我国石油进口主要来源为中东和非洲国家，这些地区的政治、经济局势并不稳定，局部政治事件等不可控因素都可能危及我国的石油安全。此外，我国石油进口的运输路线单一，绝大部分通过海上运输，且必须经过马六甲海峡。该海峡恐怖事件频发，我国很难对途经这条海上石油生命线的船只实行保护，并且马六甲海峡这条海上运输线一旦被切断，我国的石油安全将受到沉重打击。另外，我国尚未有较大的石油运输公司，海上石油运输较大程度依靠国外运输公司。一旦国家之间发生利益冲突，我国的能源进出口通道就将成为他国威胁我国的筹码。只有调整国家石油战略，降低石油对外依赖度，才能规避未来可能的世界局部战争、国外地区性动乱、金融危机等因素导致的石油供应中断、油价大幅飙升等不利于我国经济、社会和军事发展的情形。

3.1.3 汽车资源现状

1.车用钢材供应充足，高强度钢前景乐观

随着轻量化成为汽车行业主流趋势，汽车制造主要材质的选择备受关注。未来一段时期内，钢材仍将是我国汽车车体制造、零部件制造等方面的主要原材料。汽车行业中，钢材料在所有同类用途材料的使用率占比仍将保持在60%~70%。按类别看，汽车制造过程中使用的钢材主要有如下五类：型钢、钢管、优质钢材、带钢和薄板。制造一辆小型乘用车分别需要型钢、钢管、优质钢材、带钢和其余金属制品70~90千克、30~50千克、300~500千克、80~100千克和10千克。以2016年为例，我国生产一辆普通轿车、SUV和MPV乘用车、货车、客车和交叉型乘用车所需的钢材分别为1.16吨、1.55吨、3.42吨、4.49吨和0.88吨。

根据我国2016年汽车产量估算，2016年汽车生产过车中消耗钢材约4 534万吨。若将汽车零部件加工所使用的钢材计算在内，2016年汽车行业总计消耗钢材约5 800万吨。图8-3-2为2006~2016年我国汽车行业用钢量。

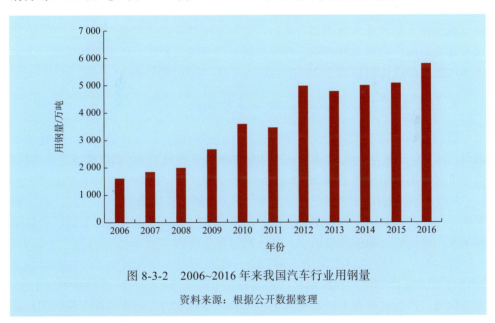

图 8-3-2　2006~2016 年来我国汽车行业用钢量

资料来源：根据公开数据整理

随着汽车轻量化趋势的到来，高强度钢材料也渐渐成为汽车行业采用的主要材料。高强度钢能够兼顾汽车的安全性和轻量化要求，因而被认为是汽车制造主

要材质的不错选择。当前，我国高强度钢在汽车制造中的应用比例较之于发达国家仍较低，基本保持在 50% 左右；先进高强度钢材使用比例仅 5%，远低于发达国家同期水平。

2. 镁资源储量丰富，但产品性能有待提升

除高强度钢外，镁合金铸件也是汽车轻量化的一种关键材料。自 1990 年以来，汽车制造中镁的使用量以每年 20% 的增长速度快速发展。镁合金已经逐渐成为汽车制造的一个重要领域。根据发达国家汽车行业的发展经验看，平均每辆汽车使用的镁合金重量约为 10 千克，而我国每辆汽车镁合金平均使用量仅为 6 千克左右，尚有较大的发展空间。我国镁合金开发起步较早，自 20 世纪 50 年代第一个镁车间投产开始，已经历了近 70 年的发展历程。1990~1994 年，我国原镁产量从 0.58 万吨增加到 2.4 万吨，年均增长率为 43%；1995~1996 年产量从 4.5 万吨增长到 5 万吨；1999 年达到 12 万吨；2002 年超过 40 万吨；2003 年，实际产量已经占全球总产量的 60%。截至 2014 年，我国仍然是镁资源的主要出口国。2013 年我国镁合金产量为 29.78 万吨，同比 2012 年，增长率高达 43.52%，国内镁合金消费量为 19.59 万吨。2014 年我国镁合金产量为 35.83 万吨。2015 年我国镁合金产量为 41.5 万吨，消费量为 30.0 万吨。汽车行业市场需求占比 70%。

我国镁合金产业发展仍相对滞后，镁合金压铸业起步较晚，镁合金加工产品尺寸精度、内在质量及性能稳定性相比国外仍有较大差距。而根据路线图，未来单车用镁量的具体目标为 2025 年达到 25 千克，2030 年达到 45 千克。

3. 铝资源对外依存度高，面临多种挑战

铝合金是实现汽车轻量化的重要途径。汽车用铝有三大优势：汽车关键零部件可以减重达 40%；90% 左右的汽车用铝能够做到循环利用；铝耐腐蚀、高导热、高导电且表面质量出色。

铝是我国大宗紧缺矿种之一，截至 2015 年底，查明储量 47.1 亿吨，仅居世界第七位。我国是铝生产和消费大国，2014 年铝土矿产量 6 500 万吨，位居全球第二，氧化铝、原铝产量第一，精炼铝消费全球第一。

2014 年，我国铝材产量为 4 845.52 万吨，与上一年相比增长 22.3%。截至 2015 年底的统计数据，我国铝材产量呈稳定上升态势，但目前铝行业供过于求、竞争激烈，产能过剩在 100 万吨以上，未来汽车行业的发展将有助于我国铝行业摆脱产能过剩的尴尬。20 世纪 90 年代以来，中国原铝消费迅速增长，矿产材料大量依赖进口。我国铝资源对外依存度超过 40%（图 8-3-3），我国所有铝制品若用国内已探明的储量生产，静态保障年仅为 9 年。目前，与发达国家相比，我国

汽车用铝仍有较大提升空间，我国平均每辆汽车的用铝量为 105 千克，较之于发达国家 140~150 千克的水平仍有差距。

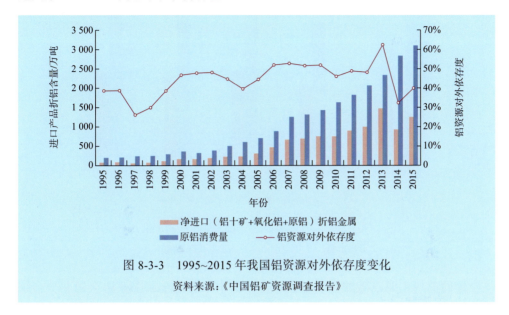

图 8-3-3　1995~2015 年我国铝资源对外依存度变化

资料来源：《中国铝矿资源调查报告》

4. 锂资源供应不足，短期约束明显

锂离子电池的正极材料由锂的氧化物制造而成，电池能量密度高，寿命周期长，是电动汽车的充电电池核心材料，被称为"白色黄金"。根据美国地质调查局 2016 年发布的数据，2015 年全球锂资源储量约为 1 436.9 万吨，已探明储量约为 4 099 万吨，中国以 510 万吨位列全球第五[①]。研究表明[②]，尽管我国锂资源储量丰富，但盐湖型储量超过 80%，开采加工难度大，长期以来我国锂资源年开采量仅占世界总量的 5%，锂资源供需平衡趋紧，关键锂材料和产品依赖国外进口。2015 年，我国碳酸锂进口量约为 11 053 吨，净进口量为 9 465 吨；氯化锂进口量为 3 931 吨，净进口量为 3 390 吨。

碳酸锂、单水氢氧化锂是其他锂盐的基础原料，其余关键锂产品多可由这两种产品转化。据统计[③]，我国碳酸锂和单水氢氧化锂主要生产企业仅有 10 余家，分布在四川、江西、青海和江苏等地。2011~2015 年我国主要锂产品生产情况如图 8-3-4 所示。

① 　U.S. Geological Survey. Mineral Commodity Summaries 2016[R]. Washington，2016.

② 　中国电动汽车百人会 . 中国电动汽车百人会 2017 年度报告 [R]. 北京，2017.

③ 　中国电动汽车百人会 . 锂电池产业发展研究 [R]. 北京，2017.

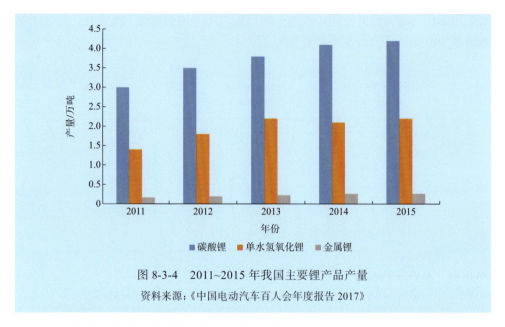

图 8-3-4　2011~2015 年我国主要锂产品产量

资料来源:《中国电动汽车百人会年度报告 2017》

锂的消费主要以碳酸锂当量来计量。据中国有色金属工业协会锂业分会统计[1],2015 年我国基础锂盐消费总量折合碳酸锂 7.87 万吨,主要消费领域为锂电材料领域,约占 70%。汽车行业中,新能源汽车动力电池是主要的锂资源消费去向。2015 年,我国新能源汽车累计产销 49.7 万辆,车对碳酸锂的需求量约为 0.92 万吨。

5. 稀土储量丰富,供应能力充足

稀土在新能源汽车汽车工业中有着重要应用,由于在永磁材料中的独特优势,其成为混合动力车和电动车所采用的电机和电池的关键原料,在新能源汽车制造过程中的作用无可替代。稀土中的钕被应用于制造大功率、轻量化的磁体,用在电动车电机中,镧则主要应用于车用电池。

根据美国地质调查局统计[2],我国是世界稀土资源储量大国,稀土资源得天独厚,2015 年世界稀土总储量约 1.3 亿吨〔以稀土氧化物(rare earth oxides,REO)计〕,其中我国总储量约 5 500 万吨,占世界储量的 44%,位居世界第一。除资源储量丰富外,还具有矿种和稀土元素齐全、品位高及矿点分布合理等优势。我国也是世界最大稀土生产、出口国和最大稀土应用消费国[3],2015

---

① 张江峰. 2015 年中国锂产业发展概况量 [J]. 中国金属通报,2016,(3):19-21.

② U.S. Geological Survey. Mineral Commodity Summaries 2016[R]. Washington,2016.

③ 中国电动汽车百人会. 中国电动汽车百人会 2017 年度报告 [R]. 北京,2017;陈占恒,徐鹏. 2015 年稀土出口市场统计分析 [J]. 稀土信息,2016,(5):12-14.

年，中国稀土产量 10.5 万吨，占世界稀土产量 90% 以上，稀土产品出口 3.28 万吨。

稀土应用在镍氢动力电池的储氢合金当中，约占镍氢电池的 32.2%[①]，一辆混合动力汽车的储氢合金需求量大约在 10 千克，一般情况下，混合稀土金属按储氢合金用量的 30% 计算，即每辆消耗稀土约 3 千克，目前混合动力汽车累计消耗量不超过 0.1 万吨。在电机方面，混合动力汽车驱动电机钕铁硼磁性材料用量 1~3 千克 / 辆，纯电动汽车驱动电机钕铁硼磁性材料用量为 5~10 千克 / 辆。以每辆车 5 千克钕铁硼材料用量推算，目前累计消耗量不超过 0.5 万吨。

6. 铂资源紧缺，长期制约凸显

铂族金属在汽车工业中的有着重要地位，主要应用于燃料电池和催化式排气净化器，是汽车产品中最昂贵的材料之一。燃料电池被视为未来先进汽车技术的重要方向，质子交换膜是氢燃料电池最核心的零部件之一，到目前为止，质子交换膜燃料电池均使用铂及其合金作为有效的催化剂。此外，传统的汽油汽车也要使用铂作为尾气催化剂中的主要活性金属。

总体来讲，我国铂族金属矿产资源比较贫乏。铂金属是地球上最稀有的几种金属之一，据统计[②]，20 世纪 80 年代至今，世界探明铂金储量没有大的变化，为 7~8 万吨，远景储量 10 万吨。铂资源主要集中在少数国家，形成垄断局面。根据国土资源部发布的《中国矿产资源报告 2016》[③]，2015 年我国查明的铂族金属资源储量 369.2 吨，只占世界探明储量的 0.5% 左右。中国是世界第一大铂消费国，需求逐年增长，据统计[②]，2013 年铂消费量达 73.1 吨，而我国每年铂族金属矿产量只有 2~3 吨，远不能满足国内需求，除再生资源回收外，从南非、俄罗斯等国进口成为满足国内铂族金属需求的主要途径。

研究表明，按照我国现行排放标准，每辆安装贵金属催化式净化器的汽车，铂的平均用量为 3 克左右，随着汽车排放标准的提高，单车铂用量将会提升，铂的年使用量将会继续增加。当前国际主流的燃料电池轿车单车铂用量为 20~40 克，燃料电池客车用量更大，随着燃料电池技术的进一步发展，欧美等国家预计未来 100 千瓦燃料电池发动机的铂金用量将下降到 10~15 克，而我国平均每辆燃料电池汽车铂用量要高于发达国家。

① 中国电动汽车百人会 . 中国电动汽车百人会 2017 年度报告 [R]. 北京，2017.
② 梁海峰，李颖 . 世界铂资源形势及中国铂资源保障研究 [J]. 地质评论，2015，（61）：899-901.
③ 中华人民共和国国土资源部 . 中国矿产资源报告 [M]. 北京：地质出版社，2016.

3.2 发展趋势

3.2.1 未来汽车保有量发展趋势

民用汽车可细分为乘用车、大型客运汽车和货运汽车三类，因此汽车保有量的预测可对这三类汽车分类预测后加总。

我国汽车保有量计算公式如下：

$$VP_j = \sum_{i=1}^{3} H_{ij}$$

其中，VP_j 表示我国第 j 年汽车保有量；H_{1j}、H_{2j}、H_{3j} 分别表示当年乘用车、大型客运汽车和货运汽车的保有量。

一般来说，未来乘用车保有量水平与社会经济、人口和城镇化密切相关。历史数据表明，乘用车保有量与人均 GDP 的关系近似呈 S 形曲线[①]。常用的 S 形曲线包括 Logistics 曲线[②]、Gompertz[③] 曲线等。其中，Gompertz 曲线是一种具有饱和值的三参数模型，多被用于国内外汽车保有量预测过程中。

用 Gompertz 曲线可以将乘用车保有量表示为

$$H_{1j} = H_s e^{\alpha e^{\beta E_j}}$$

其中，H_{1j} 表示第 j 年全国每千人乘用车保有量；H_s 表示全国每千人乘用车保有量饱和值；α 和 β 为两个参数；E_j 表示当年人均 GDP 值。将上式进行变形可得

$$f(H_i) = \ln\left[\ln(H_{1j}) - \ln(H_s)\right] = \ln(\alpha) + \beta E_j$$

---

① Wu T，Zhang M，Ou X. Analysis of future vehicle energy demand in China based on a Gompertz function method and computable general equilibrium model[J]. Energies，2014，7（11）：7454-7482；Wu T，Zhao H，Ou X. Vehicle ownership analysis based on GDP per capita in China：1963–2050[J]. Sustainability，2014，6（8）：4877-4899.

② 任玉珑，陈容，史乐峰. 基于 Logistic 组合模型的中国民用汽车保有量预测 [J]. 工业技术经济，2011，(8)：90-97；蒋艳梅，赵文平. Logistic 模型在我国私人汽车保有量预测中的应用研究 [J]. 工业技术经济，2010，(11)：99-104；邓恒进，胡树华. 基于 Logistic 模型的我国汽车保有量增长期分析 [J]. 企业经济，2008，(8)：111-113；沈中元. 利用收入分布曲线预测中国汽车保有量 [J]. 中国能源，2006，28（8）：11-15.

③ Wang M，Huo H，Johnson L，et al. Projection of Chinese Motor Vehicle Growth，Oil Demand，and CO₂ Emissions Through 2050[R]. Argonne National Laboratory，2006；Dargay J，Gately D，Sommer M. Vehicle ownership and income growth，worldwide：1960-2030[J]. The Energy Journal，2007，28（4）：143-170；Dargay J，Gately D. Vehicle ownership to 2015：implications for energy use and emissions[J]. Energy Policy，1997，25（14~15）：1121-1127；Dargay J，Gately D. Income's effect on car and vehicle ownership，worldwide：1960-2015[J]. Transportation Research Part A：Policy and Practice，1999，33（2）：101-138；Huo H，Wang M，Johnson L，et al. Projection of Chinese motor vehicle growth，oil demand，and CO₂ emissions through 2050[J]. Transportation Record：Journal of the Transportation Research，2007，(2038)：69-77；Wu Y. Projection of Chinese Motor Vehicle Growth CO₂ and Emissions Through 2030 with Different Propulsion/Fuel System Scenarios[C]. Proceedings of the JARI China Round Table，Beijing，2009；Zheng B，Huo H，Zhang Q，et al. A new vehicle emission inventory for China with high spatial and temporal resolution[J]. Atmos. Chem. Phys. Discuss，2013，13（12）：32005-32052.

基于以上公式，参考历史数据和西方国家发展经验，可以测算我国未来乘用车保有量。

研究表明，到 2020 年左右我国将全面建成小康社会，假设大约一半的家庭拥有 1 辆乘用车；2050 年左右我国将全面实现现代化，达到中等发达国家水平，假设平均每个家庭拥有 1 辆乘用车，则我国乘用车保有量 2030 年可达到 3.8 亿~4.2 亿辆，2050 年可达到 5 亿~6 亿辆。

另外，一个国家或地区的大型客运汽车和货运汽车的保有量主要和经济总量相关；国际经验同时表明，当一个国家完成工业化和城镇化，大型客运汽车和货运汽车的保有量将达到饱和。因此可采用弹性系数法，基于其他研究机构对未来我国 GDP 的增长情况的预测，进而预测这两类汽车保有量增长情况。本课题组预测，我国大型客运汽车、货运汽车保有量将在 2040 年分别达到 440 万辆和 3 750 万辆左右的峰值水平，继而有所下降，至 2050 年分别达到 430 万辆和 3 680 万辆左右（表 8-3-1）。

表 8-3-1　中国汽车保有量预测（中值）

年份	车辆总量 / 亿辆	千人汽车数	乘用车 / 亿辆	大型客运汽车 / 万辆	货运汽车 / 万辆
2010	0.74	55	0.55	198	1 720
2020	2.72	189	2.42	319	2 670
2030	4.41	300	4.00	403	3 475
2040	5.29	360	4.86	435	3 746
2050	5.88	403	5.45	428	3 680

综上预测，我国民用汽车保有量将持续增长，到 2030 年达到 4.2 亿~4.6 亿辆，到 2050 年达到 5.4 亿~6.4 亿辆，2030 年和 2050 年的千人汽车保有量分别约为 300 辆和 400 辆（图 8-3-5）。

3.2.2　车用成品油需求趋势

1. 不考虑燃料替代和新能源汽车发展的车用成品油需求

如果未来我国的汽车全部采用传统汽车技术，即使考虑汽车燃油经济性水平持续改善、乘用车使用强度降低及继续优化公共客运和大力改进货运车队管理等有利因素，我国车用成品油需求量短期内仍呈持续增长的趋势，2020 年、

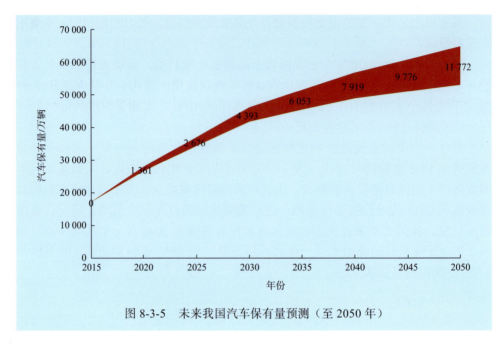

图 8-3-5　未来我国汽车保有量预测（至 2050 年）

2030 年和 2050 年分别达到 3.5 亿~3.7 亿吨、4.0 亿~4.4 亿吨和 3.2 亿~3.9 亿吨（图 8-3-6），预计在 2030 年左右达到峰值。

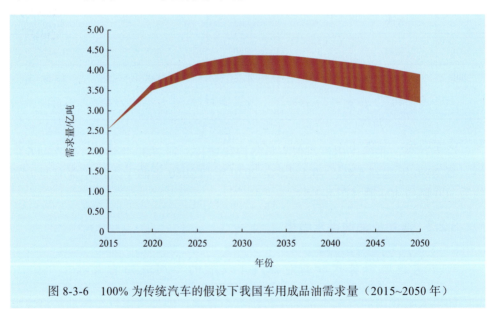

图 8-3-6　100% 为传统汽车的假设下我国车用成品油需求量（2015~2050 年）

汽油方面，未来道路交通中乘用车保有量的增长是汽油消费量增长的主要驱动力。随着人们生活水平的提高和城市化的进一步推进，私家车的普及率也将越来越大。我国目前的千人机动车保有量约为173辆，仍低于世界的平均水平，未来私家车的快速增长将进一步增加对汽油消费的需求。电动车近年来销量增长很快，一方面取决于我国的财税补贴措施，另一方面受到地区机动车管理办法的限制（如北京的机动车摇号制度等）。但由于电动汽车的基数小，在短期内很难大规模替代汽油车。

柴油方面，目前柴油主要消费在道路货运当中，小部分的柴油消费在火车和船舶当中，其需求与经济转型和产业结构调整之间关系密切。按当前的发展情况来看，增加的货运周转量所带来的柴油消费增加，可被能效提高和电动化趋势所补偿，到2030年前，柴油的消费量有可能不再增加。

综上预计，2030年左右，我国成品油需求将达到峰值，峰值水平约为4.4亿吨；2050年成品油需求量可在2030年的基础上减少0.5亿吨，约为3.9亿吨。

2. 天然气汽车的发展及其成品油替代效果

"十三五"期间，天然气成为我国的主要能源之一，能源使用占比将提高到10%。天然气汽车未来增长潜力巨大，是世界公认的重要汽车替代燃料路径，2016年底发布的《节能与新能源汽车技术路线图》将替代燃料分担作为节能汽车的六大节能路径之一，其中重点提出了适度推动以天然气为主的替代燃料商用车稳定发展。发展天然气汽车对改善目前交通部门的能源结构，实现我国汽车燃料结构的多样化、低碳化转型有着重要意义。

2015年，中国天然气汽车保有量约为500万辆，位居世界第一，与2010年相比增长了约3.5倍。2015年，天然气替代了约1 500多万吨汽油和800多万吨柴油的消费，替代成品油总计约2 400万吨。随着国家的重视，未来天然气汽车市场份额将快速增长，天然气汽车的成品油替代作用将更加显著。在这种情景下，预测2020年可进一步减少成品油消费量4 400万吨左右；2030年之后，受新能源汽车、其他液体燃料等发展的影响，天然气汽车增长速度会减缓，2050年其替代成品油消费量预计为4 300万吨左右，届时成品油消费为2.75亿~3.46亿吨，如图8-3-7所示。

3. 新能源汽车的发展及其成品油替代效果

1）电动汽车的发展

随着电动汽车技术进步和市场规模扩大带来的成本下降，以及基础设施的不断完善，未来电动汽车市场份额将快速增长。采用车辆选择模型对全国分汽

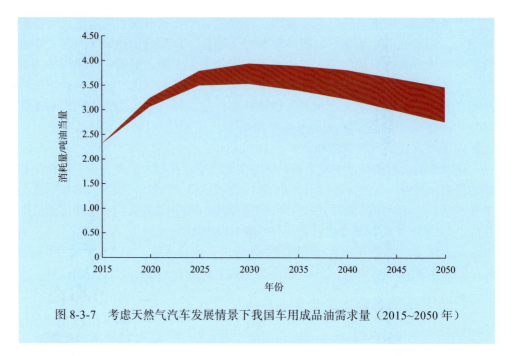

图 8-3-7　考虑天然气汽车发展情景下我国车用成品油需求量（2015~2050 年）

车类型的电动汽车市场渗透率进行了预测。车辆选择模型采用分层多元 Logit 模型（nested multinomial logit model）方法建立，是根据多个离散型自变量（多个属性）来分析和预测离散型因变量（各种技术对应的市场份额）的离散选择模型[①]。

如表 8-3-2、表 8-3-3 所示，如果电动汽车技术得到大力发展，假设逐步替代大部分乘用车和大型客运汽车，即 2020 年、2030 年和 2050 年分别占到乘用车的 2%、16% 和 55% 和大型客运汽车的 20%、45% 和 60%。到 2050 年，电动汽车使用将替代车用燃油 1.4 亿吨左右（假定电动汽车都是纯电动汽车）或者 0.8 亿吨左右（假定电动汽车都是插电式混合动力汽车）。

① Brownstone D. A demand forecasting system for clean-fuel vehicles[R]. University of California Transportation Center，Berkeley，1994；Greene D L. Alternative Fuels and Vehicles Choice Model[R]. Center for Transportation Analysis Oak Ridge National Laboratory，1994；Greene D L. Future Potential of Hybrid and Diesel Powertrains in the U.S. Light-Duty Vehicle Market[R]. Oak Ridge National Laboratory，2004；Bhat C R，Sen S. Household vehicle type holdings and usage：an application of the multiple discrete-continuous extreme value（MDCEV）model[J]. Transportation Research Part B，2006，40（1）：35-53；Lin Z H. A Plug-in Hybrid Consumer Choice Model with Detailed Market Segmentation[R]. Oak Ridge National Laboratory，National Transportation Research Center，2009；Greene，D. L. TAFV alternative fuels and vehicles choice model documentation[R]. Oak Ridge National Laboratory，Center for Transportation Analysis：Oak Ridge，2001；Podkaminer K，Xie F，Li Z H. Analyzing the Impacts of a Biogas-to Electricity Purchase Incentives on Electric Vehicle Deployment with the MA3T Vehicle Choice Model[R]. Oak Ridge National Laboratory，Center for Transportation Analysis：Oak Ridge，2017.

表 8-3-2　纯电动汽车大力发展下车用燃油消耗测算

年份	乘用车				
	总量 / 万辆	纯电动汽车占比	纯电动汽车数量 / 万辆	油耗 / 万吨	油耗减少量 / 万吨
2010	5 512	0	0	5 962	0
2020	24 222	2%	484	18 902	386
2030	40 049	16%	6 408	20 809	3 964
2040	48 615	35%	17 015	15 628	8 415
2050	54 751	55%	30 113	9 304	11 371
年份	大型客运汽车				
	总量 / 万辆	纯电动汽车占比	纯电动汽车数量 / 万辆	油耗 / 万吨	油耗减少量 / 万吨
2010	198	0	0	1 827	0
2020	319	20%	64	2 189	547
2030	404	45%	182	1 927	1 577
2040	435	55%	239	1 761	2 152
2050	428	60%	257	1 633	2 449
年份	合计				
	总量 / 万辆	纯电动汽车占比	纯电动汽车数量 / 万辆	油耗 / 万吨	油耗减少量 / 万吨
2010	7 430	0	0	13 859	0
2020	27 210	2%	548	34 974	933
2030	43 927	15%	6 590	36 109	5 540
2040	52 796	33%	17 255	28 905	10 568
2050	58 859	52%	30 369	21 574	13 821

表 8-3-3　插电式混合动力汽车大力发展下车用燃油消耗测算

年份	乘用车				
	总量 / 万辆	插电式混合动力汽车占比	插电式混合动力汽车数量 / 万辆	油耗 / 万吨	油耗减少量 / 万吨
2010	5 512	0	0	5 962	0
2020	24 222	2%	484	19 056	231

续表

乘用车					
年份	总量 / 万辆	插电式混合动力汽车占比	插电式混合动力汽车数量 / 万辆	油耗 / 万吨	油耗减少量 / 万吨
2030	40 049	16%	6 408	22 394	2 378
2040	48 615	35%	17 015	18 995	5 049
2050	54 751	55%	30 113	13 852	6 823

大型客运汽车					
年份	总量 / 万辆	插电式混合动力汽车占比	插电式混合动力汽车数量 / 万辆	油耗 / 万吨	油耗减少量 / 万吨
2010	198	0	0	1 827	0
2020	319	20%	64	2 408	328
2030	404	45%	182	2 558	946
2040	435	55%	239	2 622	1 291
2050	428	60%	257	2 613	1 470

合计					
年份	总量 / 万辆	插电式混合动力汽车占比	插电式混合动力汽车数量 / 万辆	油耗 / 万吨	油耗减少量 / 万吨
2010	7 430	0	0	13 859	0
2020	27 210	2%	548	35 907	560
2030	43 927	15%	6 590	41 341	3 324
2040	52 796	33%	17 255	38 198	6 341
2050	58 859	52%	30 369	32 525	8 292

注：假设插电式混合动力汽车的油、电驱动里程比为 4：6

2）燃料电池汽车的发展

如表 8-3-4 所示，如果燃料电池汽车技术得到大力发展，假设替代较少比例的乘用车和小部分的大型客运汽车、货运汽车，即 2030 年和 2050 年分别占到乘用车的 1% 和 16%、大型客运汽车的 4% 和 36%、货运汽车的 4% 和 36%。到 2050 年，燃料电池汽车的使用将替代车用燃油 8 600 万吨左右。

表 8-3-4　燃料电池汽车大力发展下车用燃油消耗测算

年份	乘用车				
	总量 / 万辆	燃料电池汽车占比	燃料电池汽车数量 / 万辆	油耗 / 万吨	油耗减少量 / 万吨
2010	5 512	0	0	5 962	0
2020	24 222	0	0	19 287	0
2030	40 049	1%	400	24 525	248
2040	48 615	5%	2 431	22 842	1 202
2050	54 751	16%	8 760	17 367	3 308

年份	大型客运汽车				
	总量 / 万辆	燃料电池汽车占比	燃料电池汽车数量 / 万辆	油耗 / 万吨	油耗减少量 / 万吨
2010	198	0	0	1 827	0
2020	319	0	0	2 736	0
2030	404	4%	16	3 363	140
2040	435	17%	74	3 248	665
2050	428	36%	154	2 613	1 470

年份	货运汽车				
	总量 / 万辆	燃料电池汽车占比	燃料电池汽车数量 / 万辆	油耗 / 万吨	油耗减少量 / 万吨
2010	1 720	0	0	6 070	0
2020	2 670	0	0	13 884	0
2030	3 475	4%	139	12 838	535
2040	3 746	17%	637	9 558	1 958
2050	3 681	36%	1 325	6 808	3 829

年份	合计				
	总量 / 万辆	燃料电池汽车占比	燃料电池汽车数量 / 万辆	油耗 / 万吨	油耗减少量 / 万吨
2010	7 430	0	0	13 859	0
2020	27 210	0	0	35 907	0
2030	43 927	1%	556	40 726	923
2040	52 796	6%	3 142	35 648	3 825
2050	58 859	17%	10 239	26 787	8 607

3）电动汽车和燃料电池汽车同时发展

预计至 2050 年，电动汽车和燃料电池汽车的共同使用将使新能源汽车的保有量占比达到：乘用车领域占 57%，货运汽车占 32%，客运汽车占 87%（表 8-3-5）。经换算，替代车用燃油 1.8 亿吨左右。

表 8-3-5　电动汽车和燃料电池汽车保有量占比预测

年份	乘用车		货运汽车		客运汽车	
	电动汽车	燃料电池汽车	电动汽车	燃料电池汽车	电动汽车	燃料电池汽车
2010	0	0	0	0	0	0
2020	2%	0	0	0	20%	0
2030	16%	0	0	1%	45%	1%
2040	33%	3%	0	13%	50%	13%
2050	52%	5%	0	32%	55%	32%

4）成品油需求与电力需求测算

2030 年，考虑天然气汽车与新能源汽车共同发展，中国成品油需求为 3.2 亿吨左右（图 8-3-8），其中天然气汽车、新能源汽车分别替代燃油 0.44 亿和 0.6 亿吨，替代比例约为 10% 和 14%。2030 年，我国电动汽车电力消费量约为 2 000 亿千瓦时，预计当年全国电力消费量约为 10 万亿千瓦时，电动汽车用电量占到全国电力消费量的 2% 左右，但用于私家车充电的电力消耗占居民用电量的 7% 左右。

2050 年，考虑天然气汽车与新能源汽车共同发展，中国成品油需求为 1.2 亿吨左右，其中天然气汽车、新能源汽车分别替代燃油 0.4 亿和 1.8 亿吨，替代比例约为 12% 和 53%。2050 年，我国电动汽车电力消费量将达到 4 700 亿千瓦时左右，电动汽车电力消费量约占全国电力消费量的 4% 左右，私家车充电用电量将达到居民用电量的 15% 左右。

可以看出，新能源汽车的广泛使用能够大幅度降低汽车对汽柴油的依赖程度，保障我国的石油安全，并促进我国能源结构的转变。

4. 其他液体燃料对车用成品油的替代效果

其他液体燃料如燃料乙醇、生物柴油等生物燃料，燃料甲醇、煤制油等煤基燃料具有明显的石油替代效应，能够降低车用燃料对石油的依赖。燃料甲醇具备

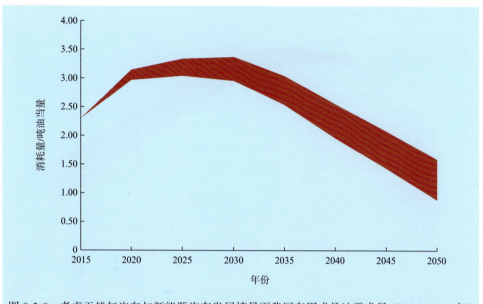

图 8-3-8　考虑天然气汽车与新能源汽车发展情景下我国车用成品油需求量（2015~2050 年）

原料优势，近几年消费持续增长，其开发应用将是较长一段时间内发展替代燃料的重要技术选项之一。受国内原料、生产技术、销售渠道的影响，生物柴油的推广应用缓慢，但前景十分美好。煤制油产能不断增加，其未来替代效应乐观。发展乙醇汽油是解决汽油质量升级的重要路径，尽管近期国家扶持力度减小，燃料乙醇产量原地踏步，但未来一定时期，其产能将可能进一步提升。

随着替代燃料使用范围的不断拓宽，根据我国能源结构、国家相关能源发展规划及鼓励政策，结合各种替代燃料的发展态势，近中期生物燃料、煤制油等将获得进一步推广，液体燃料使用量保持上升的趋势不变。远期来看，受技术、原料及新能源汽车发展的影响，其消耗量增长趋势变缓，如图 8-3-9 所示，2050年预计可替代成品油 0.33 亿吨左右，则最终车用成品油需求量为 0.55 亿 ~1.26亿吨。

5. 燃料替代与新能源汽车发展对车用成品油削减的贡献

如图 8-3-10 和图 8-3-11 所示，可以分析出燃料替代与新能源汽车发展对车用成品油削减的贡献。

天然气在中近期成品油替代中发挥着重要作用，2015 年替代率为 10% 左右，而后持续增加，2025 年达到峰值 14% 左右，远期来看，其仍能发挥一定作用，但替代率趋于稳定，2050 年达到 12% 左右。

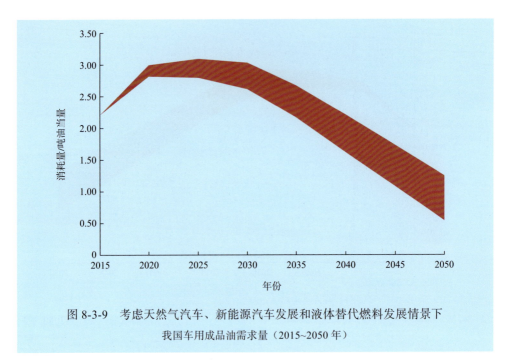

图 8-3-9　考虑天然气汽车、新能源汽车发展和液体替代燃料发展情景下
我国车用成品油需求量（2015~2050 年）

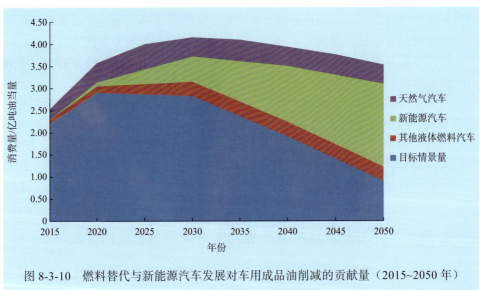

图 8-3-10　燃料替代与新能源汽车发展对车用成品油削减的贡献量（2015~2050 年）

　　2020 年之后新能源汽车的大规模发展使得其替代率逐年增加，2020 年为 2.60% 左右，2050 年达到 52.95%。其他液体燃料对车用成品油需求量的替代率保持稳定增长，2015 年为 3.32%，2020 年可达到 3.97%，2050 年预计可达 9.34%。可以看出，新能源汽车是未来实现成品油替代的关键路径。

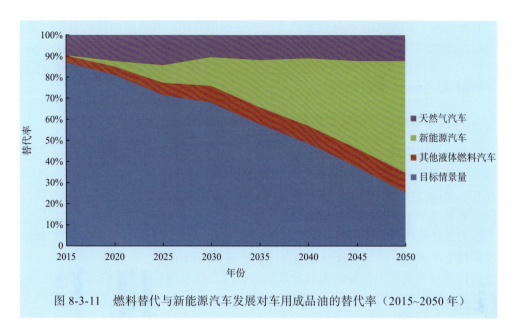

图 8-3-11　燃料替代与新能源汽车发展对车用成品油的替代率（2015~2050 年）

如图 8-3-12 所示，可以分析出燃料替代与新能源汽车发展对车用成品油削减量所作贡献的时间和大小。

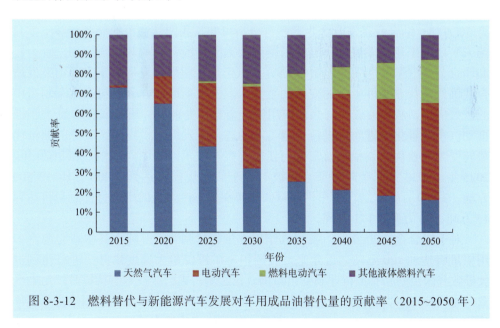

图 8-3-12　燃料替代与新能源汽车发展对车用成品油替代量的贡献率（2015~2050 年）

在各技术路线对成品油替代量的贡献方面，2025 年之前，天然气和其他液体燃料是减少成品油消耗的主要手段，其中，液体燃料的作用有限，2020 年之后有所增加。2020 年之后新能源汽车进入快速增长期，其成品油替代效果凸显，贡献率占比逐渐增大，2030 年占比约 43%，到 2050 年可达 71%，其中电动汽车发挥了主要作用，2035 年之后燃料电池汽车开始进入快速发展阶段，替代效果逐渐明显，2050 年占比约 22%。

3.2.3 车用矿产资源需求趋势

对于车用钢材，近年来，我国加快了高强度钢的普及步伐，高强度钢在汽车制造中的应用日趋广泛，未来高强度钢在车身主要材料中所占比例将达到 65% 左右。我国已攻克了绝大部分高强度钢种生产过程中的主要技术难题，将有能力供应未来汽车工业的高强度钢材需求。未来，在钢材产能充足的情况下，我国应当着力于降低产钢过程中的污染物排放，提高高强度钢材应用安全性，降低高强度钢材生产成本。同时，我国应当支持先进高强度钢制造相关关键技术研发，如用以提高汽车耐腐蚀性能的表面处理钢板、降低汽车制造成本的热轧酸洗钢板、降低汽车噪声的减震钢板等先进钢材的制造尚有技术难点急需攻克，我国应当大力支持与之相关的研究。

对于镁合金，预计到 2025 年左右，单车镁合金的使用量将有望突破 20 千克。若假设 2020 年我国每辆汽车镁合金平均使用量能够达到 10 千克，结合未来汽车保有量的预测分析，可以得到 2020 年我国汽车行业镁合金使用总量约为 30 万吨。结合我国镁合金生产状况分析可知，我国镁资源的储备能够支撑我国未来汽车工业的发展。我国应当继续大力支持镁合金的开发与应用，着力提高镁合金在汽车制造中的地位；研究重点定位在塑形、变形加工方面，开发适合我国汽车行业零件生产的变形加工技术，实现变形镁合金材料在汽车制造中的扩大应用，从而突破我国当前应用镁合金零件类别少、领域窄的瓶颈；积极推动汽车轻量化，进而促进镁合金工业的进一步发展，将我国镁资源的储量优势转变为产业优势。根据《节能与新能源汽车技术路线图》规划，在 2020 年、2025 年、2030 年三个时间节点，彼时汽车产销规模将达到 3 000 万辆、3 500 万辆、3 800 万辆，结合单车用镁量，全年在汽车产业上的用镁合金总量将达到 45 万吨、88 万吨、171 万吨。

对于铝合金，2020 年，我国汽车用铝量将达到 400 万吨，其中新能源汽车用铝量将达到 120 万吨。近年来，我国铝土矿进口量大幅度攀升，进口比例过大导致我国铝制品有关行业易受出口国政策影响，铝行业技术有待提升，污染严重，能耗较高。当前行业产能过剩，行业收益受到影响，未来，我国铝行业竞争须跳出以价格竞争为主的现状，克服单一的价格竞争带来的竞争力缺乏，大力进行技术创新，才能契合我国汽车轻量化的战略要求，实现产品升级换代。

对于锂资源，新能源汽车未来需求量计算公式如下：

$$D - \mathrm{Li}_j = B_j \times \partial$$

其中，$D - \mathrm{Li}_j$ 表示第 j 年碳酸锂需求量；B 表示当年锂动力电池需求量；∂ 为参数，表征单位千瓦时锂动力电池的碳酸锂需求量。

2020 年我国新能源汽车推广目标为累计产销 500 万辆，这意味着 2015~2020 年每年新能源汽车产销量为 90 万辆左右。按照预计的纯电动乘用车、插电式混合动力乘用车、纯电动商用车和插电式混合动力商用车比例测算，到 2020 年，累计锂动力电池需求量为 333 吉瓦时；按照 1 千瓦时需要 0.7 千克碳酸锂的用量估计，2015~2020 年累计需求量为 23 万吨，平均每年需求量为 4.6 万吨。截至 2015 年，我国碳酸锂年产量为 4.2 万吨，主要锂产品总量约 6.4 万吨，满足每年 4.6 万吨的需求量尚有不小的压力。随着新能源汽车产业的兴起，锂资源下游需求将大幅增长，而上游锂矿开发却受制于资源、技术不能满足需求，短期内无法快速扩产来扩大供给，我国的锂产业亟待突破。

对于稀土资源，新能源汽车未来需求量按下式求得：

$$D - \mathrm{RareEarth}_j = \mathrm{VPP}_j \times (\beta + \gamma)$$

其中，$D - \mathrm{RareEarth}_j$ 表示第 j 年稀土需求量；VPP_j 表示当年新能源汽车保有量；β、γ 为参数，分别表征每辆新能源汽车混合稀土金属按储氢合金的用量和电机制造的稀土用量。

截至 2017 年底，我国新能源汽车累计销量达 180 万辆[①]，其中插电式混合动力车占比 23%，按照 2020 年累计销售量 500 万的目标[②]，假设插电式混合动力车占比 20%，即 100 万辆，以此推算，插电式混合动力车储氢合金稀土使用量为 0.3 万吨。在电机方面，按照规划，2020 年新能源汽车对稀土的累计需求量将达到 2.5 万吨。未来随着新能源汽车的快速发展，稀土使用量将持续增加。2014 年，国务院批复稀土大集团方案，进行产能缩减，目前产能在 30 万吨左右[③]，就目前产能而言，完全可以满足我国新能源汽车未来发展目标。稀土行业"十三五"规划提出[④]，2020 年努力将我国稀土年度开采量控制在 14 万吨以内。合理开发、有序生产、高效利用、科技创新、协同发展的稀土行业新格局形成后，可为我国新能源汽车产业的发展提供有力支撑。

对于铂资源，新能源汽车未来需求量公式为

$$D - \mathrm{Pt}_j = \mathrm{VPH}_j \times \omega$$

其中，$D - \mathrm{Pt}_j$ 表示第 j 年稀土需求量；VPH_j 为当年氢能与燃料电池汽车保有量；

---

① 中国汽车工业协会，等. 中国汽车工业发展年度报告 2016[M]. 北京：社会科学文献出版社，2010.

② 陈占恒，徐鹏. 2015 年稀土出口市场统计分析 [J]. 稀土信息，2016，（5）：12-14.

③ 人民网. 稀土大集团方案获国务院批复 [EB/OL]. http://politics.people.com.cn/n/2014/0103/c70731-24009168.html，2014-01-03.

④ 工业和信息化部. 稀土行业发展规划（2016－2020 年）[Z]. 北京，2016.

ω 为参数，表征每辆氢能与燃料电池汽车铂资源用量。

参照我国发布的节能与新能源汽车产业发展规划和技术路线图[①]，2020 年，我国氢能与燃料电池汽车发展目标为 1 万辆，2025 年保有量接近 10 万辆，2030 年实现大规模推广应用，超过 100 万辆。按照未来每辆车的铂平均使用量 20 克来推算，保守估计我国燃料汽车累计铂需求将大幅提高，2020 年至少为 200 千克，2025 年 2 吨，2030 年将达到 20 吨，2050 年累计需要 300 吨左右。

铂资源的匮乏和昂贵成本直接制约了燃料电池大规模商业化应用，随着我国汽车规模的不断扩大，传统汽车铂使用量的增加将进一步增加我国的对外依赖程度。为了规避未来铂资源约束的风险，我国需提前布局，出台相关政策。

---

① 节能与新能源汽车技术路线图战略咨询委员会，中国汽车工程学会 . 节能与新能源汽车技术路线图 [M]. 北京：机械工业出版社，2016；国务院 . 节能与新能源汽车产业发展规划（2012—2020 年）[Z].
北京，2012.

第4章　发展目标和重点任务

4.1　发展替代能源和新能源汽车

未来，随着经济的发展和城镇化水平的提高，以及汽车保有量的进一步升高，石油需求将进一步增加，国内车用燃料供需矛盾将进一步凸显，居高不下的石油进口依存度将对我国未来石油能源安全保障带来极大挑战。我国需要多渠道寻找和形成多元化的石油供应市场和运输通道。天然气汽车和新能源汽车有着显著的石油替代效应，能够有效降低车用成品油消耗量，实现交通燃料路线多元化发展，大幅度降低汽车对汽柴油的依赖程度，保障我国的石油安全。我国生物燃料和煤基燃料等液体替代燃料的原材料丰富，随着替代燃料使用范围的不断拓宽，使用量将逐年加大，其石油替代效应将进一步凸显。

4.2　促进产业调整和升级保障轻量化材料需求

目前，我国的多数资源储备基本能够支撑汽车轻量化的发展。我国钢材年产量充足，高强度钢生产技术也日趋成熟，随着钢铁产业调整和技术升级，未来高强度钢的产量和质量足以满足汽车行业需求；我国镁资源储量丰富，至今仍是全球最大的镁资源出口国，铝土矿虽然受到进口依存度较高的困扰，但通过合理的进出口政策，能够满足国内产能需求。然而，我国镁合金和铝合金的制造技术尚有缺陷，铝合金行业能耗严重、效率较低，产品缺乏根本竞争力，镁合金行业加工技术发展滞后、精度不足，生产的铝合金和镁合金质量不高、适应性不理想。只有通过产业转型升级、技术革新，才能有效保证我国轻量化材料行业的竞争力，支撑我国汽车行业轻量化进程。

4.3　开源节流减缓锂等矿产资源供应趋紧形势

我国锂资源储备充足，但多以盐湖型为主，开发难度大，技术要求高，当前锂产品进口依赖度较高，短期内无法快速扩产来扩大供给，会对新能源产业的需求造成约束。我国是稀土大国，新能源产业的发展使得稀土消耗量大幅增加，当前而言，资源储备和行业产能完全足以保障国内的需求，但过度开采、大量出口使得我国稀土资源拥有量逐年下跌，长期来看，会对新能源产业造成资源约束风险。铂族金属资源甚为匮缺，产量极低，严重依赖进口，尽管当前铂资源并未对我国汽车工业形成约束，但长远来看，仍有很大的资源约束风险，资源的匮乏和昂贵成本将直接制约燃料电池大规模商业化应用，传统汽车的铂使用量的增加将进一步增加对外依赖程度。因此，通过合理调整政策，限制出口，适度进口，提高资源回收利用率，加强矿源查找，增加矿产资源来源，同时提升技术水平，在保证效率的情况下减少消耗量，必将为我国新能源汽车产业的发展提供有力支撑。

第5章 政策建议

5.1 明确技术路线图

在长远性发展战略的指导下，明确技术路线图，区分近中期和远期战略发展重点，分阶段、多元化推进天然气汽车、电动汽车、燃料电池汽车等汽车技术和生物燃料、煤基燃料等能源技术。对于某些较为成熟的技术路线，可以较为固定地稳固下来，如可坚持以"纯电驱动"为战略取向的主路径，同时，适当考虑混合动力汽车、替代燃料汽车在过渡阶段的支撑作用，将其视为辅路径。确立基于技术中性的相对全面的新能源汽车技术群，保持发展方向的稳定性。在全力支持纯电动汽车/插电式混合动力汽车的同时，兼顾高效发动机、混合动力汽车、替代燃料汽车、氢能和燃料电池方面的技术。同时，注重对技术交叉融合创新的引导，加强新能源汽车与可再生能源、智能电网、智能交通、智能互联网的联动和融合发展，进行较为系统性的政策设计。

5.2 加强新能源汽车基础设施建设

新能源汽车发展与新型城镇化建设、智能电网建设、交通枢纽规划、区域经济规划、通信网络、住建城市规划和消防等互相融合；充分利用现有的点、线、面等能源节点，包括支持国家电网、南方电网等传统电力供应央企加大充电基础设施建设，鼓励中石化、中石油等传统汽车能源供应央企参与充电基础设施建设。鼓励社会资本进入充电基础设施建设与服务领域，创新PPP（public-private partnership，公私合伙或合营）模式；制定法规保障其权益，加大充电基础设施建设财政补贴力度，减免税收。

5.3 着力进行轻量化材料制造领域产业升级

加大高强度钢种研发力度，提升研发进度，加强质量管理，升级行业标准，提高产品精度，提升产品稳定性；优化生产工艺，促进专业化生产。对于汽车轻量化进程中急需的镁合金和铝合金产品，我国应当加快建立自主研发体系，采用"产学合作"的模式，创建互惠互利合作体系，开发新型的适合汽车轻量化需求的新产品，积累高端产品的制造经验。另外，我国还应当着力于降低高强度钢、铝合金和镁合金的生产制造过程中的污染物排放，提高产品应用的安全性，降低单位产品生产成本，降低单位产出能耗，以响应我国低碳可持续发展的战略目标。

5.4 促进矿产资源的合理开发和有效利用

"开源"与"节流"相结合，科学规划国内资源开发利用，优化相关矿产资源使用结构，同时开发国际市场，将开发利用境外矿产资源列入我国矿业发展资源的重要组成部分，制定相关战略、方针、政策和法规，破除以往力求自给自足的陈旧观念，了解不同国家矿产资源开发的相关法律法规，开展国际合作。严格限制汽车行业所需稀有资源的出口，建立战略矿产储存制度，国家根据现有矿产资源供需情况，对部分稀有资源实施战略存储，保证我国汽车行业长远平稳发展。加大科技攻关，降低技术成本，开发车用替代性材料，减少单车稀缺矿产的使用量。坚持可持续发展战略，落实保护资源的具体措施。

第9篇

汽车人才与能力发展战略研究报告

第1章 意义和必要性

1.1 研究内容

汽车人才与能力发展战略研究是指汽车人才队伍的建设与能力发展、汽车人才培养及管理模式等专项研究，主要包括汽车学科专业建设、院校创新型人才培养模式、职业教育和技能培训、普通教育与职业教育的流动通道、汽车人才能力发展等研究内容。

1.2 必要性

强国兴邦，人才为要。自古以来，国以才立，政以才治，业以才兴。十九大报告强调，"坚定实施科教兴国战略、人才强国战略""坚持党管人才原则，聚天下英才而用之，加快建设人才强国"，为我国人才发展指明了方向。

走进新时代，人才强不强，关系到能否实现民族振兴、赢得国际竞争主动权。建设汽车强国，离不开汽车人才。

随着能源、材料、信息技术的不断突破，汽车加快向电动化、智能化、网联化、共享化的"新四化"的方向发展，汽车正从交通工具转变为大型移动智能终端、储能单元、数字空间，乘员、车辆、货物、运营平台与基础设施等实现智能互联、数据共享。新能源汽车和智能网联汽车有望成为我国汽车产业抢占先机、赶超发展的突破口。我国汽车产业进入转型升级、由大变强的战略机遇期！

同时，人才资源是汽车企业的第一资源，汽车人才开发是汽车行业发展的根本之举。在我国理工科高等院校和职业学校，以车辆工程为核心的诸多专业为汽车行业输送了大量的工程技术人才。随着汽车产业的快速发展，中国汽车产业人才质量和数量有了大幅提升，但与汽车产业发展和结构变化还存在不协调的地方，需要开展相关研究。

第2章　现状与发展趋势分析

2.1　国内外现状对比分析

2.1.1　国外现状

1. 美国

美国的科技、经济实力之所以强大，并非完全由于他们本身具有高科技人才，而在很大程度上是由于他们善于利用人才，善于从别的国家引进人才、争夺人才。

美国的汽车人才与能力发展策略主要是集聚全球汽车人才。美国是一个移民国家，它的移民政策、外国留学生政策和国际交流与合作政策，构成了美国吸引国外科技人才的三大政策。美国底特律的汽车产业就是依托美国最大的汽车产业集聚地，在汽车产业辉煌时期，吸引了全世界的优秀汽车人才。现在底特律的福特、通用、克莱斯勒三大汽车公司及其在世界各地的分支机构，到处都有世界各国的优秀人才。

底特律不仅集聚人才，还注重营造良好环境留住人才。主要措施包括：一是用"高薪"留人，在底特律工作的高端人才，都享有较高的薪水和企业福利；二是为科研活动提供充足的经费，美国的科研经费不断增长，约占国民生产总值的 2.52%；三是设立各类奖励，鼓励中青年科研人员的创新发明。美国科学基金会设立了各类奖励，如果获奖者是外国人，美国政府会主动为其办理"绿卡"或入籍手续，劝说获奖者继续留美效力，每年有 14%~20% 的获奖者是外籍青年科学家，他们大多被美国留用。

2. 德国

德国的汽车人才与能力培养，主要靠"双元制"应用型人才教育培养体系。

"双元制"人才开发是指人才在学校和企业同时接受教育和培训。这种培训模式，突出了学用一致和理论与实际相结合的特点，较为成功地解决了学校教育制度、企业培训制度和社会就业制度的有效衔接。在接受双元制培训过程中，考生通过毕业考试和职业资格考试，同时获得毕业证书和职业资格证书。

汽车是更新周期非常快的高科技产品，因此德国的汽车企业十分重视对在职人员的继续教育，培训务实，方法灵活，形式多样，讲究实效。从培训的内容上看，有新上岗的适应性培训，有转业改行培训，有职务晋升培训，也有专业技术人员和企业各级管理人员新技术、新知识方面的培训。对专业技术人员，往往让他们带着研究课题或技术疑难问题参加培训，企业或行业协会通过举办技术讲座、学术论坛、新技术短训班，开展有针对性的学术技术交流，其特点是实用性、针对性非常强。对企业管理人员，往往采取分层次的培训。企业的高级管理人员主要依靠自学，企业会组织他们到一个条件好的环境场所开展讨论交流；对中级管理人员，主要采取短期脱产培训，委托培训机构学习相关的知识和技能；对基层管理人员，主要采取晋升式的继续教育。对企业管理人员的培训是一项激励措施，可为人才的职业生涯发展提供机会，企业也从中物色各类优秀人才。

3. 日本

日本汽车人才与能力的培养，具有鲜明的特征。以日本丰田汽车为例，其对汽车人才与能力的培养依靠优秀的汽车人才管理团队、明确的绩效考评方法、合理的激励机制。在汽车专业化人才管理方面，主要具有几个特点：一是先进的人力资源管理理念。丰田公司的管理理念就是"丰田之路"，概括起来就是"挑战、改善、现地实践、尊重、团队协作"。"丰田之路"作为公司价值观，体现在丰田人经营管理的各个方面，成为全球丰田事业体人力资源管理的"指挥棒"。二是丰田的人事部门具有权威性。丰田人事部门是一个战略部门，是公司各项人事政策的制定者，员工成长的培养者和规划者。丰田人视人事政策为公司法律，"有法必依"，体现了丰田人极高的法治意识，也使得人事部门成为政策的化身。三是丰田公司实行的是模糊管理。模糊管理不是每个人没有职责或者职责不清，而是根据员工能力提高速度，逐渐扩大工作范围、增加工作职责，促进其更快、更好地发展。四是丰田公司绩效考评突出面谈培养。通过面谈，确定考核目标，评价目标达成度，了解下属需要哪些支持，考察下属在达成目标过程中的态度、能力及需要改进的地方，提出今后工作的期待。面谈考核的宗旨是"能力主义"和"成果主义"。一个员工的优秀，既要体现在能力上，又要体现在工作业绩上。五是完美的薪酬福利体系。在薪酬方面，丰田公司实行的是职能工资制，薪酬支付与绩效考评结果紧密相关。

4. 意大利

都灵是意大利北部的一座名城，这座城市每年的汽车产量约占意大利全国的 75%，全市人口 120 万，其中 30 多万人就业于汽车业。1899 年，菲亚特汽车公司在都灵创建了第一个汽车厂，目前是意大利最大的私人企业，市内外遍布 30 多座菲亚特的工厂。意大利都灵通过广泛的国际化合作吸引国际人才，打造了一支国际化的汽车人才队伍。通过智力回归计划、国际科技合作等吸引海外人才措施，提高汽车人才数量与质量。

在汽车等科技领域，意大利实行务实的"智力回归"计划。资助对象是曾在国外从事科研和教学活动至少 3 年的意大利籍或外国籍专家学者。来到意大利大学工作的人才，必须带有高水平的科研项目，并且每年至少有一个学期承担教学任务。2005 年，根据新的形势，意大利提出资助对象不分国籍、不分专业，但必须具备博士或相当博士以上的学历，并综合考虑年龄和学术地位等因素，智力回归计划向年轻人员倾斜。

政府调动社会各方面力量吸引国外的汽车人才。除政府部门、公立研究机构、大学以外，各类企业、行业协会、各种社会团体等利用各自的优势对培养、吸引国外人才做出积极贡献。尤其是意大利的各种科学基金会面向国外汽车人才开放，创造吸引外国人才科研环境。为了吸引国外人才，意大利政府广泛参与国际科技合作。一方面，积极争取国际科学机构落户意大利；另一方面，积极参加国际科技合作项目和欧盟科研框架计划。国际科学机构的落户及广泛参与国际科技合作为意大利的科研机构和高级科技人才创造了更多接触外国专家的机会，为意大利吸引汽车科技人才，尤其是吸引高端汽车科技人才起到了推动作用。

2.1.2　国内现状

人才资源是企业的第一资源，人才开发是汽车行业发展的根本之举。在我国理工科高等院校和职业学校，以车辆工程为核心的诸多专业为汽车行业输送了大量的工程技术人才。随着汽车产业的发展，中国汽车产业人才有了大幅提升，但与经济发展还不协调，目前，中国汽车行业人才与能力的发展现状如下。

1. 人才数量问题

1）汽车行业人才总量不足

目前，我国汽车行业人才总量不足，如图 9-2-1 所示。这里讲的总量不足实际上是一种结构性短缺，反映了两方面问题：一是研发科技人员占整个产业职工数比例偏少；二是从事研发的专技人员分布不均，主要在整车和研发机构。这两个问题说明我们的汽车企业大多数属于制造型企业，反映了我国研发创新能力薄弱的现状。据《中国汽车工业年鉴 2016》统计，2015 年，汽车制造业从业人员 360.0 万人，科技人才 49.3 万人，研发人员 33.8 万人。相关数据显示，汽车行业科技人才和研发人员数量明显不足。从人员结构看，汽车零部件企业、整车企业的科技人才与研发人员相对比较集中，汽车发动机企业的科技人才与研发人员拥有量很少。

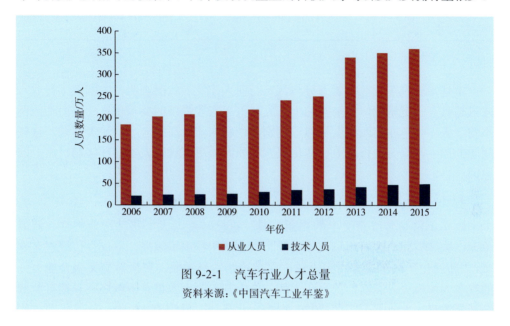

图 9-2-1　汽车行业人才总量

资料来源：《中国汽车工业年鉴》

2）企业人才分布不均

据《中国汽车工业年鉴 2011》统计，2010 年，汽车制造业不同规模企业人员结构状况如下：大型企业从业人数 1 197 660 人，科技人才数量 184 019 人，研发人员数量 105 587 人；中型企业从业人数 723 088 人，科技人才数量 89 537 人，研发人员数量 48 013 人；小型企业从业人数 281 985 人，科技人才数量 37 539 人，研发人员数量 15 736 人。数据显示，科技人才与研发人员大部分集中在大型企业，而对汽车产业作出重要贡献的大量中小型企业面临人才危机，如何提升中小企业人才的层次水平应提上议程，见表 9-2-1。

表 9-2-1　汽车行业不同规模企业人才分布状况

企业规模	大型企业	中型企业	小型企业
年末从业人数 / 人	1 197 660	723 088	281 985
占比	54.4%	32.8%	12.8%

续表

企业规模	大型企业	中型企业	小型企业
科技人才数量 / 人	184 019	89 537	37 539
占比	59.2%	28.8%	12.1%
研发人员数量 / 人	105 587	48 013	15 736
占比	62.4%	28.4%	9.3%

资料来源:《中国汽车工业年鉴 2011》

上述中国汽车行业发展态势与汽车行业人才发展状况表明,中国汽车行业人才虽然具有一定基础,但与党的十八大对汽车人才强国的要求相比,还面临比例不均、人才与产业的匹配度不强,特别是创新人才、高端人才紧缺等问题。这些问题的产生,既有现行政策、文化观念等原因,更有现行人才管理体制机制上的原因。

3)"新四化"汽车人才缺口大

汽车不再是传统意义上的交通工具,它已转变为大型移动智能终端、储能单元、数字空间,这对汽车人才质量和人才结构提出了挑战。不仅在传统汽车领域,"新四化"汽车人才更为短缺,而在这些学科领域,多学科交叉融合能力强的汽车人才极少。以新能源汽车为例,作为制造业十大重点领域之一,拥有节能与新能源汽车人才共 17 万。2020 年要达到 85 万,缺口有 68 万;2025 年要达到 120 万,缺口有 103 万。

同时,在整个产业中,缺乏专业知识和工程实践能力水平高、创新能力强的高层次汽车人才,也缺乏汽车企业加速国际化所迫切需要的国际化人才。

2. 人才质量问题

1)汽车技术人才占比过小

以研发人员为例,2010 年,纳入《中国汽车工业年鉴 2011》的 115 家整车企业中,平均每个企业拥有研发人员 598 人;2 807 家零部件企业中,平均每个企业拥有研发人员 23 人;532 家改装企业中,平均每个企业拥有研发人员 29 人;39 家发动机企业中,平均每个企业拥有研发人员 126 人。数据显示,与发达国家汽车行业相比,我国汽车行业平均每个企业拥有的研发人员比例偏低,见图 9-2-2。我国汽车从业人员为 360.0 万人,而汽车技术人才 49.3 万人,所占比例为 13.7%,而发达国家汽车技术人才占比 30% 左右。从人员结构分析,汽车行业整车生产企业研发人员相对集中,而零部件企业研发人员与改装企业研发人员太少。

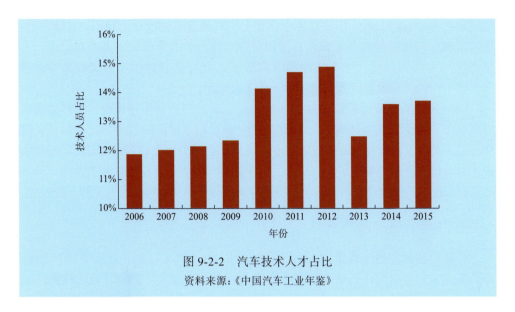

图 9-2-2　汽车技术人才占比

资料来源：《中国汽车工业年鉴》

2）人才培养体系相对单一

就汽车人才培养方式和体系而言，汽车人才主要为来自普通高等院校、职业院校等学校的毕业生，他们进入汽车企业就业，在实际研发和生产中逐渐成才。经过多年的实践，学校在学生实践能力的培养方面取得了一定的进展；但是，在创新能力的培养方面相对薄弱，仍存在一些问题，抑制了创新型实践型汽车人才的培养。总体看来，在人才培养目标、课程体系建设、师资队伍等三个方面，仍然存在以下问题。

（1）车辆工程是二级学科，不适应目前汽车人才培养和汽车产业的迅速发展。作为二级学科，车辆工程在课程设置、课程资源、人才培养目标及定位等多个方面，受到限制，迫切需要将车辆工程提升为一级学科。

（2）人才培养目标不明确、培养路径不清晰。车辆工程的教育目标就是培养具备实践与创新能力的汽车工程师，使学生形成能够从事今后工作的能力，最终成为优秀的汽车人才。但是，目前我国有些高校工程教育的培养目标，仍然重理论、轻实践，这不利于培养汽车工程师目标的实现；此外，我国高等工程教育在车辆工程专业培养目标上具有趋同性，没有很好地体现出不同类型高等学校的专业特色；一些车辆工程专业的培养目标不够科学、规范，操作性不强，没有起到引导专业教育和培养汽车人才的作用，缺乏一条现代汽车工程师养成的明确路线。这样培养出来的车辆工程专业毕业生与汽车产业的社会需求还有一定的差距。

（3）课程体系建设有待改进。目前，车辆工程领域的工程教育人才培养逐渐由之前的"专才教育"向"厚基础、宽口径、高素质、强能力、重创新"的复合型高素质人才方向发展。但是在课程设置上仍然侧重于讲授理论知识。总体来看，我国车辆工程领域的高等工程教育课程设置结构由公共基础课、专业基础课、专业课这三大部分构成，工程实践类课程较少，具有创新性的实践课程更少。很多车辆工程的工程教育课程设置中对学生实践创新能力的培养还远远不够。

（4）师资队伍建设有待加强。车辆工程专业的师资队伍建设中，招聘教师时对高学历、高学位的要求较高，对教师产业背景和工程实践经历的要求较低。此外，很多车辆工程专业的青年教师在专业理论和科研方面有较好的基础，但是他们缺乏对工程实际和产业的了解，缺乏工程实际操作的经历。这些青年教师与产业界的工程师缺乏共同语言，很多从事工程教育的教师不是工程师，没有工程实践经验。

3. 人才流动与机制问题

行业存在恶意挖人现象：在人才流动方面，由于汽车行业最近几年发展迅速，对高级人才需求量大，行业存在恶意挖人的现象，车企人才之争日益白热化。

人才的体制机制问题：我国车企以国企居多，国企实行经营者限薪制度后，市场配置人才的作用没有完全发挥出来。一些领军人才、高端人才引不进来，引进来也留不住。

2.2　发展趋势

近年来，和汽车行业发展一样，中国汽车产业人才发展也进入了新的阶段。在汽车人才的业务水平、人才结构、创新型人才、人才激励机制、国际化等方面，呈现出新的发展趋势。

2.2.1　汽车人才市场需求大

人才结构要适应产业的快速发展，汽车行业的从业人员总量持续增加，汽车技术人才的比例持续上升。随着汽车产业结构调整与优化，对"新四化"人才需求迫切，汽车人才结构面临战略性调整，培养方式将由计划向市场转变，市场引导和调节的功能将进一步增强。改革开放40多年来，我国汽车产业已经成为国民经济"保增长、扩内需、调结构"不可或缺的重要产业，但是我国汽车产业结构性矛盾依然突出，已成为制约中国汽车产业可持续发展的重要障碍。目前，我国汽车产业正在发展中推进结构调整，在结构调整中保持汽车产业持续快速发展，在科学发展前提下，围绕建设创新型国家和世界汽车工业强国的战略需要，以企业为主体、市场为导向，推进以产业组织结构、技术结构、产品结构和市场结构为主导的全方位调整（图 9-2-3）。经济结构决定产业结构，产业结构决定人才结构。在人才供需结构矛盾已相当突出的背景下，经济结构优化对人才结构提出了更高要求。汽车产业结构的调整与升级，要求把人才培养引进提高到一个新水平，原有的高校与企业培养的固定模式被逐步打破，未来汽车人才的培养更倾向于通过多方合作实现资源整合，通过学校、企业、政府等各种机构的合作，企业家可以进入学校，老师可以成为企业家，实现人才等资源整合，达到知行合一。

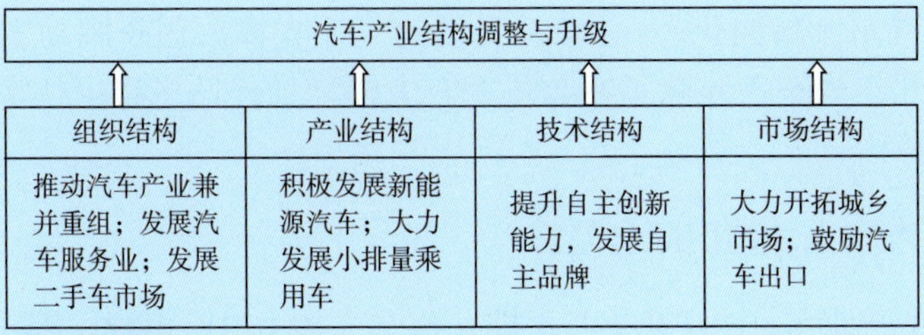

汽车产业结构调整与升级			
组织结构	产业结构	技术结构	市场结构
推动汽车产业兼并重组；发展汽车服务业；发展二手车市场	积极发展新能源汽车；大力发展小排量乘用车	提升自主创新能力，发展自主品牌	大力开拓城乡市场；鼓励汽车出口

图 9-2-3　汽车产业调整路径

2.2.2　汽车人才的知识和实践能力水平高

当前汽车技术的快速发展需要工程实践能力强、多学科交叉融合的"新四化"汽车人才。随着汽车产业增长速度从高速增长向中高速增长转变，汽车人才发展将从规模向效益转变，更加注重业务水平和人才贡献率。近年来，汽车产业增长速度从高速增长向中高速增长转变。2001~2010 年，中国汽车销量年均增速为 24.1%；2011~2014 年，年均增速为 6.8%。汽车销量基数越来越大，我国汽车市场进入快速普及期，产销量增速放缓。但是汽车产业产值与增加值增速高于 GDP 增速，全社会汽车保有量以每年超过 2 000 万辆的增量快速增加。未来汽车产业的竞争将是人才的竞争，中国汽车产业的振兴和走向国际化归根到底也要依靠人才。随着汽车产业向中高速增长转变，汽车人才发展将从注重"扩大规模"向"提高质量"转变。目前我国招工难和人工成本上升将推动技术替代人工劳动。人力资源数量与质量的矛盾在短期内不会缓解。人口红利向人才红利转化的趋势愈演愈烈，由此将驱使企业选择技术来替代人工劳动。同时随着企业战略路径、组织结构、激励模式、技术应用等方面的创新，将促使企业更加注重汽车人才业务水平及对企业所作贡献的提升。

2.2.3　汽车人才的创新能力要强

随着汽车产业发展动力从要素驱动、投资驱动转向创新驱动，汽车人才开发重点将由过去的技术、制造人才向创新人才转变，高层次创新型人才需求迫切，汽车研发人才数量将有一个大的增长。经过持续多年的发展和积累，我国汽车自主创新能力有了提高，技术水平不断提升，但总体看，与世界先进水平相比差距较大，主要差距在于研发能力。其原因是我们过去的汽车人才储备，偏重在技术和制造人才方面，创新型人才特别是高层次创新型人才严重匮乏，现在这样的局限已经开始显现出来。当前无论经济转型还是技术革新，其中首要的要素就是具备适应复杂工作的创新人才。由于目前我国汽车产业创新人才储备过低，创新人才供不应求。未来我国的汽车产业将从要素驱动转向创新驱动，要实现汽车"新四化"，必须有大批的人才支撑。创新驱动实质上是人才驱动，今后几年汽车人才除了在数量上有大幅增加外，也将由技术、制造人才向创新人才转移。

2.2.4　汽车人才的国际化趋势

随着汽车产业实行"走出去"战略，汽车人才引进将由国内人才向国际人才转变，实施更加开放的人才政策，真正做到择天下英才而用之。当前，中国发展进入了新时代。中国对外开放和引进人才的大门会越开越大。汽车产业也一样，目前我国的汽车产业出口呈多元化发展趋势，由整车出口发展为投资＋CKD组装；由部件出口发展为整车产能的输出、产能国际合作；由产品出口发展为技术输出；由技术买入发展为建立海外技术中心，带动整个汽车产业走出去。中国汽车产业实行"走出去"战略，要求我们必须全面加大人才引进来和走出去双向开放力度，服务国家"一带一路"（丝绸之路经济带和21世纪海上丝绸之路）倡议，实行更加开放的人才政策，统筹开发利用国内国际两大人才资源，引进一批适应国际汽车产业发展的海外高层次创新型科技人才，吸引一批通晓国际惯例和规则、具有较强国际化经营能力、文化沟通能力的高级管理人才。在全球人才战略中，响亮地提出"世界就是我们的人力资源部"，以海纳百川的胸怀，积极延揽八方英才为我所用，促进汽车人才在全球合理流动，把握有利时机，择天下英才而用之，加快推进汽车人才国际化。同时，应鼓励国内高校与发达国家高校合作办学；扩大汽车人才国际化培养的覆盖面，让人才国际化、跨文化培养常态化。企业也应扩大人才国际化培养，合资企业可将优秀工程师送往外方的母公司进行培训，提高国际化能力；国内车企收购国外的车企后，也可大量派出工程师赴国外工作，锻炼国际化能力。

2.2.5　汽车人才激励措施需持续改善

随着世界汽车人才争夺战愈演愈烈，汽车人才的激励模式将由单一性向多元化转变，汽车人才的收入分配制度改革将加快推进。在经济转型与技术创新双重驱动的背景下，世界汽车人才的竞争将更加激烈。之前，外资企业凭借其规范的管理，国有企业凭借体制内优势，往往都比民营企业有更大的人才延揽优势。近年来，民营企业经营实力上升，激励模式多元化，其已越来越受到汽车人才的青睐。汽车人才竞争另一个值得注意的现象就是中国企业开始把目光投向海外人才。随着越来越多的中国企业开始发展壮大并走向海外，很多公司都开始把目光瞄向拥有丰富海外生活和工作经验的海外高层次人才。创新驱动及人才竞争驱动下，新的激励模式不断涌现，成为人力资源新常态的又一重要特征，如上市公司实施员工持股计划试点。近年来我国政府越来越认识到人才激励的重要性。2014年，《中华人民共和国促进科技成果转化法修正案（草案）》在激励机制方面修订草案并做了相应规定；2015年，《中共中央 国务院关于深化体制机制改革加快实施创新驱动发展战略的若干意见》特别强调重奖精英调动创新积极性。鼓励创新、推动技术进步，以及全球范围内的人才争夺战，都要求对各行各业杰出高端人才给予高薪、低税收等更大的激励。据此，今后汽车产业将更加注重强化尊重知识、尊重创新，充分体现智力劳动价值的分配导向。汽车人才的激励模式的创新、汽车人才的收入分配制度改革将逐步完善。科研人员成果转化收益比例及科研人员股权激励力度会进一步提高。

2.3 问题及致因分析

随着我国汽车产业的高速发展，汽车行业人才工作取得了显著成就，如何支撑汽车产业的可持续发展，培育人才创新能力与管理能力，在政府、企业、市场三个层面存在着一些瓶颈问题。

2.3.1 政府人才管理职能没有根本转变

1.汽车人才流动与汽车人才开发的关系未处理好

汽车企业的竞争力集中体现在人才的层次和质量，谁拥有了高层次、高水平的汽车人才，谁就掌握了汽车技术发展的先机，就拥有了产品的核心竞争力。由此，各级政府、相关企业都把制定人才优惠政策、提供优厚待遇放在第一位，不惜重金吸引人才。这种无序竞争使汽车行业企业之间互挖本行业优秀人才的现象愈演愈烈，不仅用人成本不断攀升，而且很多项目由于人才流失而影响了研发进程。政府要重视搭建人才交流平台，用市场化手段优化配置优秀人才，做到人尽其才；更要制定政策措施，引导全社会加强人才开发力度，通过优质的高等教育加强学术技术交流和企业内外培训，培养更多的优秀汽车人才，满足汽车企业事业发展的需要。

2. 企业主体作为与政府服务行为的关系未处理好

政府在人才管理和人才工作规划中，需要明确三大职能。首先，确立企业用人的主体定位。引进人才的主体无疑是企业，但现在主体变成了政府。事实证明，企业引进人才一定要从企业应用层面考虑，花多少薪资、用什么样的人才、放在什么岗位合适，要从成本、效能、效果等方面综合考虑。政府对于企业的支持，重点需要解决人才的各种服务需求，搭建各种平台，做好人才的服务工作。其次，营造人才发展的生态环境。作为高层次人才，能否扎根企业长期发展，既要考虑自身职业生涯发展、创新创业政策环境等诸多问题，又要解决子女教育、老人就医等生活配套。政府需要对产业发展、人才政策、生活配套、住房保障、社会事业等方面进行系统的规划。最后，加强人才工作理性指导。企业引进什么样的人才，不应该受指标影响，是由产业形态需求决定的，政府必须加强对企业的指导。

3. 人才服务管理的"越位"与"到位"的关系未处理好

近年来，政府在人才服务管理方面做了许多工作，得到了人才的认可。但人才服务管理中的"越位"问题时有发生。例如，现在企事业单位对人才评价问题反应较大，认为政府在专业技术职称评定、职业资格考试方面"管得太多""统得过死"，对人才"杀伤力"太大。对此，政府应做好标准制定、评审监督、授权管理，而人才评价的具体操作，应该交给社会中介组织，由行业专家评审决定，这样做就不存在既当运动员又当裁判员，也不会站在风口浪尖上处理诸多有关职称问题错综复杂的矛盾。人才评价制度的改革势在必行，政府在人才评制度上不要越位，把裁量权交给行业组织或社会中介组织。

2.3.2　缺乏产学一体人才培养体系结构

缺乏产学一体人才培养体系结构，课程知识体系建设有待改进，师资队伍建设有待加强。其中，较为关键的是，企业未能成为人才开发的主体，主要存在缺乏规划、缺乏培训、缺乏激励、缺乏文化四大问题。

1. 企业规划与人才规划的关系未处理好

由于受"重物轻人"倾向的影响，很多企业在进行产品规划、项目规划、财务规划时，往往重点考虑资金、设备、材料，忽视了人才资源规划。现代人力资源开发与管理一般包括七个主要环节：人才规划、人才招聘、职位设置、薪酬与福利、绩效考核、生涯设计、培训和发展，排在第一位的是人才规划。目前汽车行业最缺乏的就是中长期人才发展规划，现在汽车行业人才总量不足、层次不高、结构性矛盾突出，特别是缺乏一批能掌握国际先进汽车核心技术的高级人才，人才创新能力和国际竞争力不强等，这需要通过制定中长期人才发展规划来解决。

2. 人才开发战略与人才管理战术的关系未处理好

企业是人才开发的主体。现代企业的人力资源管理部门应该是一个人才开发的战略部门，而不是一个一般的业务管理部门，这方面还做得不够。现行汽车行业的人力资源管理还是传统的人事管理，与真正意义上的现代人力资源开发与管理差距明显。主要表现在：①部分企业的人力资源部门地位不高，没有被作为战略部门对待，无法参与企业高层战略决策。②从事企业人力资源开发和管理的人员"本领恐慌"现象严重，如果按照职能专家的要求衡量，则有80%的人员不合格。③企业管理者缺乏强烈的人才意识，对相关人事人才管理政策知晓度不高，政策掌握不熟练，政策操作的技巧和可行范围更是难以把握。现代企业人力资源开发与管理涉及人才的培养、引进、使用、配置、激励的重要工作，必须要具有较高的政治素质和业务能力的人来做。因此，汽车行业人力资源管理者自身素质的培训提高，已成为必不可少的一大重要课题。汽车企业一定要站在战略高度处理日常的人才管理。

3. 制度创新和人才激励的关系未处理好

目前，汽车行业缺乏创新人才和创新团队，这与有效的评估激励机制缺失密切相关。有效评估激励机制问题主要有四个方面：首先，强调企业或项目的营利性，未针对企业发展和项目进行差异化管理评估；其次，企业在评估中倾向于"期限短、投入小、见效快"的"短平快"项目，对前瞻性强、技术难度大、研发周期长的项目谨小慎微；再次，对原始创新、自主创新人才及团队缺乏有效的激励机制；最后，缺乏敢冒风险的创新精神，鼓励创新宽容失败的文化氛围远未形成。由于缺乏有效的评估激励机制，中国汽车行业缺乏自主创新的"大品牌"。企业是否有活力和竞争力在于有没有创新人才和创新团队，而有没有创新人才和创新团队的关键在于有没有创新激励的机制和制度性安排。好的制度一般都具有四个特点：①效力；②自由；③民主与全体一致性；④交易成本最小化。我国汽车行业现行激励机制和制度在这些方面与先进制度还有较大差距。

4. 人才发展和企业整体发展的关系未处理好

企业整体发展有很多因素，最为活跃的因素是人才。目前国有企业发展存在五个方面的突出问题：①企业论资排辈现象严重。年轻有为的人才长期坐冷板凳、打下手，人才难以发挥作用，企业很难吸引和留住优秀人才。②用人机制没有根本转变。国有企业传统的人事制度仍占主导地位，选人、用人制度没有重大突破，制约了人才积极性和创造性的充分发挥。③没有建立体现人才价值的分配机制。虽然明确了企业是创新主体，但在具体政策上没有实现一致。④人才开发的市场化程度没有真正体现。据统计，现在人才市场中交流的人才，80% 是来自外商投资企业和民营企业的人才，仅有 20% 是出身国企的人才。⑤受"学而优则仕"等思想的影响，很多优秀人才不愿意到企业从业，而倾向于在高校及科研院所从事研究。

2.3.3　市场化程度低造成人才分布很不合理

通过人才流动和市场化配置人才资源，发挥汽车人才在行业发展中的作用，以下几个问题值得关注。

1. 畅通人才流通渠道

身份、户籍、区域、编制、所有制这五大"拦路虎"是影响国内汽车人才流动的头等问题，其中区域是引起人才分布不均匀的主要原因，大部分高校毕业生都更偏向于到北上广这类大城市工作；而由区域带来的身份、户籍等的"差异"是人才流动的一大阻碍，其往往在很大程度上限制了人才从大城市流向次发达的区域；编制和所有制是引起人才分布不均匀的次要因素，各种体制的固有特点会在一定程度上左右人才的流动。因此，必须加快制度改革和政策创新，譬如体制内外人员的正常流动，就业市场和人才市场的整合，户籍制度改革，全国层面的社保体制和用工体制互通互融，逐步打破跨地域流动障碍。随着职业年金制度的建立和退休养老制度的改革，这些问题会逐步得到解决。

2. 发挥市场配置的决定性作用

在国有汽车企业中，目前人才配置中的主要问题是市场化、国际化程度低。在市场化方面，市场信息不到位、不真实、不对称，人才的供求机制、价格机制、竞争机制没有很好地建立，汽车企业的专业技术人才、高技能人才的市场配置问题远未解决，企业经营管理人才基本上都由组织配置，市场化配置的程度很低。这样就容易引起企业内部风气不正、员工积极性不高、"任其职而不尽其责"的现象，从而对人才和企业发展及技术进步产生很大阻碍。在国际化方面，整个汽车行业的人才开放度不大，各类汽车企业还是在用国内 13 亿人中的人才，而不是用全球 70 亿人中的人才，"择天下英才而用之"的意识不强。企业与国际接轨慢，人才的进一步成长受限，与世界先进水平的差距难以快速缩小。

3. 强化人才的公共服务

现在人才流动服务的关键是整合人才市场公共服务系统，建立统一管理的服务网络（包括标准、流程等），这是一个大工程，现在还不够完善。在全国汽车行业所在地区政府，专门为汽车服务的这部分的机构为数很少，这就使汽车行业人才在流动时得不到相应的服务和支持，从而容易在多种因素的影响下，遇到困难和阻碍，权益也难以得到保护，无论在主观还是客观方面都限制了人才的流动。这也是造成我国汽车人才特别是汽车高端人才长期匮乏的主要原因。

4. 发展人才服务业

我国的人才服务业才刚刚起步，现在主要集中在人力资源部门自己办的政府服务机构，在大企业这种服务机构很少。以经营性市场为例，世界三大人力资源公司中，排第一位的美国德科公司业务延伸到 60 多个国家，有 6 000 多个分支机构，2016 年总收入 251.29 亿美元；排第二位的荷兰任仕达公司业务分布 40 多个国家，有 4 100 多个分支机构，2016 年总收入 228.89 亿美元；排第三位的美国万宝华公司业务遍及 82 个国家，有 3 900 多个分支机构，2016 年总收入 196.54 亿美元。我国人力资源服务业，排名第一的中智公司 2016 年总收入为 97.29 亿美元。在全国汽车行业，目前还没有一家在国内外都有影响力的人力资源公司。这一方面使我国人才流动的平台匮乏，另一方面也不利于人才配置的国际化。

第3章 总体思路和目标

3.1 总体思路

汽车作为支柱型产业，对国家经济的发展、对科技发展的带动、对经济安全及国防安全都具有深远影响。在大国经济下，我们的汽车产业必须做强，必须实施汽车强国战略。要实现汽车强国，推动中国汽车产业创新转型，最根本的是要依靠科技与人才，要有明确的强国战略目标。

要大幅提高汽车人才数量和质量，在汽车"新四化"的背景下，完善多层次的人才培养体系，建立健全吸引人才的制度体系，形成具有国际竞争力的人才管理制度，提升车辆工程的学科地位，更好地实现学科交叉融合，扩大培养面和人才数量。

3.2 发展原则

在现有汽车人才的规模基础之上，结合汽车产业的市场发展趋势、技术发展趋势、结构调整趋势，培养实践型、创新性、多学科融合、拥有产业精神的国际化人才。培养具备理论与实践能力，产学一体能力强，拥有多学科交叉融合能力、创新能力和国际化能力，且吃苦耐劳、拼搏奉献，可以走向海外的汽车技术与管理人才，稳步提高汽车人才的数量与质量。

3.3 发展目标

3.3.1 战略目标

在汽车人才方面，强国战略的总体目标是建立吸引和聚集海内外高层次汽车人才的体制机制，形成具有国际竞争力的汽车人才制度，成为高端人才高度密集、创新要素高度融合、制度优势充分发挥、汽车产业科学发展的汽车人才集聚国家，为建设汽车强国提供强有力的人才保障和智力支撑。

1. 人才数量方面，汽车技术和管理人才在汽车从业人员中的比例要达到30%左右

根据西方汽车工业发达国家的汽车从业人才比例，以及当今我国汽车企业的快速发展，要实现汽车强国，汽车从业人员的总量、汽车人才的总量都要大幅度增长。同时，培养汽车人才的高校和单位，分配给它们的资源，相应的规范制度、保障体系及服务管理机构的数量也要有所增加。

2. 人才质量方面，要培养实践型、创新性、多学科融合、具备产业精神的国际化人才

人才作为汽车工业发展的"动力源"，其质量直接决定了我国汽车强国战略的进展，因此，必须培养理论与实践能力并重，具有丰富的实践经验，产学一体能力强，能够完成从基础研究到产业化平滑过渡的人才；具备"新四化"的多学科交叉融合能力，可以融会贯通、灵活运用各方面知识的人才；具有创新能力的高层次创新人才；吃苦耐劳、勇于承担、自强不息、富有责任感的人才；以及具有国际化能力，走向海外的技术与管理人才。

3. 人才流动与机制方面，建立吸引和聚集海内外高层次汽车人才的体制机制

作为新知识的创造者、新技术的发明者和新产业的引领者，汽车产业高层次创新创业人才及团队大量聚集，与汽车产业结构优化升级和产业形态不断涌现相适应的具有国际领先水平的人才不断涌现，人才引领产业、产业集聚人才步入良性循环，区域人力资本和科技创新对经济增长的贡献率达到世界领先水平。

4. 人才国际化方面，要形成具有国际竞争力的汽车人才制度

加快确立人才优先发展战略布局，着眼于打造具有国际竞争力的人才制度优势，以营造人才成长良好环境、确保人才来去自由、夯实人才激励保障、增强人才归属感为重点，从人才管理体制机制、政策法规、服务体系和综合环境等四方面开展先行先试和创新突破，实施一系列特殊的科研、创业、产业发展、财税金融、人才管理与服务政策，创建与具有世界汽车研发基地、全球汽车人才枢纽节点相适应的创新创业机制，夯实人才管理、培育、集聚等方面的节点功能。

3.3.2　发展目标

到 2020 年、2025 年、2030 年，汽车技术和管理人才在汽车从业人员中的比例要分别达到 20%、25%、30% 左右。

车辆工程提升为一级学科，开设车辆工程专业的高校数量及该专业的招生人数增加；同时，车辆工程专业调整课程结构，采用多学科交叉、与企业接轨、与国际接轨的新型培养模式，培养出大量实践型、创新型、多学科融合、具备产业精神的国际化人才。

形成完备的汽车人才服务管理体系，人才流动畅通，人才聚集和产业发展形成良性循环，我国成为具有强大汽车人才吸引力的汽车强国。

3.4　发展路径

加强对汽车人才队伍建设的统筹规划和分类指导，开展汽车人才培养及管理模式等专项研究，健全人才评价体系，完善人才激励机制，优化人才流动机制，改善人才生态环境，构建具有国际竞争力的人才制度。加强汽车学科专业建设，改革院校创新型人才培养模式，强化职业教育和技能培训，搭建普通教育与职业教育的流动通道，着力培养科技领军人才、企业家和复合型紧缺人才，努力培养技艺精湛的能工巧匠和高级技师。构建汽车产业人才供需对接、互动交流、成长服务等专业特色平台，构建和完善各类人才数据库，指导人才合理流动和定向培养。实施积极开放、有效的人才引进政策，促进国际化人才培养。

第4章 重点任务

4.1 卓越汽车人才培养模式

针对前述目标，建设面向实践创新能力培养的创新实践基地平台、面向综合性复合型知识提升的学科交叉教育平台、面向国际视野培养的国际接轨教育平台和面向学校培养与企业需求对接的校企联合培养平台，从而培养出"实践创新、学科交叉、国际接轨、校企联合"的卓越汽车人才（图9-4-1）。

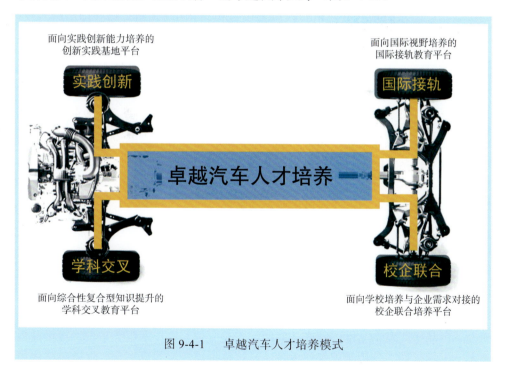

图 9-4-1　卓越汽车人才培养模式

4.2 打造项目集聚平台，在创新活动中培养汽车人才

4.2.1 打造高层次汽车人才创新集聚平台

建立以企业为主体、以市场为导向、产学研相结合的技术创新体系，推动汽车产业工程中心、技术中心建设，依托重要骨干企业，在创新实践中发现人才、在创新活动中培养人才、在创新事业中凝聚人才，加快科技成果向现实生产力转化。要建立用户导向的创新平台，有效链接实践工作者和科研工作者，有效开展应用基础研究。积极发展公共研发平台，整合科研院校、大型企业资源，根据行业特点为人才创办高新技术企业提供良好的软、硬件环境，以降低创业成本和提高资源利用率，提高企业科研能力。鼓励积极使用研发公共服务平台，对企业共享使用仪器费用给予财政补贴。

4.2.2 启动实施一批汽车领域重点建设工程

坚持以重大项目工程为平台，打造高层次岗位，提供施展才华的舞台和更多的机会，提高人们对汽车行业的认知及其地位，吸引、集聚、培养高层次人才，促进项目工程与人才工程的有机结合。实行政策聚焦、服务聚焦，形成项目、人才、资金、政策四位一体的互动机制。

4.2.3 打造创业发展平台

建立高层次汽车人才创业支持体系，积极培育社会中介服务机构，扶持创新企业创业发展。依托企业、高校、院所、园区，建立海外高层次人才创新创业基地，充分发挥基地的主体作用，支持基地争取更多国际和国家级创新项目及创新资源落户。加大人才创业载体、孵化平台、创业苗圃、共性平台等的建设力度，提供优质创业服务，为人才提供事业发展支撑。

4.3 建设汽车产学研合作交流、促进成果转化平台

一是抓紧业界合作交流与平台建设，共同组建高层次产学研平台，形成产品研发、产品生产及产品推广的产业联盟。二是完善共性技术服务平台，提供共性技术、工具软件、分析测试仪器设备、科技情报等资源共享平台，促进科技成果转化。三是完善技术成果交易平台，推动人才、技术与资本、市场有效对接，促进更多创新成果向现实生产力转化。四是通过政策引导、专项资金支持、专业服

务人才团队等，将高校、科研院所中的科研成果（主要是有转化意愿的团队和项目）逐步释放出来，汇集到转化平台上，推动企业集团、专业服务机构与高校院所科研和产业化管理部门之间开展合作，在机构层面上建立促进技术转移和产业化的渠道。

4.4　打造汽车人才的公共服务平台

健全海外人才公共服务的物理平台，提供高效、透明、便捷的一门式服务平台，使之成为海外人才资源集聚中心。整合与开发海外人才公共服务资源和社会资源，采集、分析有效的创业信息、岗位信息和海外人才信息，进行跟踪、配置及深度服务。要运用各种方式与境外的人才服务机构实现互动交流，形成远程化服务，将服务延伸到国外，做到"两头服务"，发现、挖掘、服务更多的海外优秀人才。要整合政府各个部门，利用政策平台，定期组织召开政策宣讲会，向创新创业人才宣传解读相关政策。

4.5　构建新一代产业园区，聚集汽车高端人才

运用第三代科技园区的理念，构建科技经济人才效益突出、创新创业创造卓越、工作生活学习一体、产业城市社区融合、宜居宜业宜学、充满活力激情的新一代科技园区。一要加快科技园区规划调整，完善科技园区空间布局、提升科技园区功能，积极引进研发为主的知识型企业，适应科技园区转型升级的需要。二要运用创新手段，加大海内外高层次创新型科技人才、企业经营管理人才、专业服务人才的集聚，使之成为新一代科技园区发展的动力源泉。三要完善有利于创新创业的基础设施，加大研发、资本、市场、专业服务等支持条件的建设力度，为激发创造活力、提升创新能力，构建新一代科技园区发展奠定基础。四要抓紧构建网络创新模式，鼓励多元主体的广泛合作，激励和促进各类创新实践。五要健全科技园区公共服务和功能配套设施，为科技创新人才提供舒适便利的工作环境及生态宜居的生活环境。六要加快转变政府的角色，使政府逐步由"权力中心"转变为将诸多创新实践者连接在一起的"网络中心"，形成政府-大学（或研究所）-企业-社区紧密联合与互动的创新治理机制。

第5章 实施方案及措施建议

5.1 实施方案

5.1.1 人才数量方面

1. "车辆工程"提升为一级学科

目前，我国开设车辆工程专业的学校有 202 所[①]，包括清华大学、同济大学、湖南大学、吉林大学、北京理工大学、武汉理工大学、西安交通大学、重庆大学、西南交通大学、江苏大学、长安大学、合肥工业大学等高等院校。这些高校担负着培养我国汽车人才的重任。

车辆工程是二级学科，不能很好地适应目前汽车人才培养和汽车产业的迅速发展。作为二级学科，车辆工程在课程设置、课程资源、人才培养目标及定位等多个方面受到限制，迫切需要将车辆工程提升为一级学科，以更好地实现学科交叉融合，扩大知识面，扩大培养面和人才数量。

2. 多层次多类型人才培养

人才培养的多层次化是为了更好地适应我国人才发展和市场需求，目前高校普通教育下分为专业技术人才和经营管理人才两类，而职业教育主要培养职业技能人才，为了均衡发展我国人才结构，平衡市场需求，有必要加大专业技术人才、经营管理人才和技能人才的培养力度；强化汽车人才的职业教育和技能培训，搭建普通教育与职业教育的流动通道；实现高校与行业企业等多种人才培养及培训体系协调发展，以达到汽车人才总量稳步增长的目的。

根据现阶段人才培养规模，预计到 2020 年、2025 年、2030 年，汽车技术和管理人才在汽车从业人员中的比例要分别达到 20%、25%、30% 左右，才能满足

---

① 中国科学评价研究中心，中国教育质量评价中心.《中国大学及学科专业评价报告（2017-2018）》.

我国汽车行业市场的发展。

5.1.2　人才质量方面

通过建设面向实践创新能力培养的创新实践基地平台、面向综合性复合型知识提升的学科交叉教育平台、面向国际视野培养的国际接轨教育平台、面向学校培养与企业需求对接的校企联合培养平台，培养出"实践创新、学科交叉、国际接轨、校企联合"的卓越汽车人才。人才培养的企业导师制使企业深度参与到学校人才培养的全过程，毕业时间要柔性化。国际化方面，加强大学生的国际交流与国际双学位。打造大学生创新创业平台，培养创新意识，进行创业辅导。针对人才数量：要加强汽车学科的专业建设；健全多层次多类型人才培养体系，实现汽车人才总数量的稳步增长。针对人才质量：高校采取多学科交叉、创新型汽车人才培养模式；多方吸引聚集一批汽车"新四化"方面的各类技术人才；建设一批汽车专业技术人才的继续教育基地，有效提高汽车人才质量。针对人才国际化：要从高校、企业两方面推动汽车人才的国际化培养；引进掌握汽车最新技术的各类海外人才，全面提升我国汽车人才的国际化能力与水平。

5.1.3　人才流动与机制方面

围绕市场在资源配置中的决定性作用，深化汽车人才管理体制改革。汽车人才与创新能力的培养必须更加尊重市场规律，更好地发挥政府作用，着力构建现代汽车人才管理新体制，为把推动汽车产业发展的立足点转到提高质量和效益上来提供制度保障。针对人才流动与机制，要制定合理的人才流动离职管理办法；改善国有企业高端人才的薪酬制度。

1. 积极推进政府职能转移、下放与加强

要推进政府对汽车人才及其企业管理职能的转移，着力解决政府与市场、政府与社会的关系问题，充分发挥市场在资源配置中的决定性作用，更好地发挥社会力量在管理社会事务中的作用；要推进政府对汽车人才管理职能的下放，着力解决中央政府部门管得过多过细的问题，充分发挥中央和地方的积极性；要推进政府对汽车人才管理职能的加强，着力解决中央和地方政府部门抓大事管宏观不够的问题，改善和加强宏观管理，重点强化汽车人才发展规划制定、趋势预判、制度机制设计、全局性事项统筹管理、体制改革统筹协调等职能。

2. 充分发挥市场在汽车人才资源配置中的决定性作用

要建立健全市场导向的汽车人才供求机制，通过建立汽车人才的供求总量、

空间分布、紧缺急需人才等指标体系，编制一个多目标的汽车人才供求指数；要建立健全市场导向的价格机制，尽快理顺汽车人才价格，使各类汽车人才的工资水平能参照国际惯例定位在合理状态，并在汽车人才市场竞争中动态调整；要建立汽车人才市场的竞争机制，关键是要有一个结构配套、功能齐全的市场体系，只有在这样的环境中，汽车人才流动才不会受阻，竞争才能正常展开。

3. 更好地发挥社会力量在汽车人才管理事务中的作用

党的十八届三中全会审议通过了《中共中央关于全面深化改革若干重大问题的决定》，提出要"正确处理政府和社会关系，加快实施政社分开，推进社会组织明确权责、依法自治、发挥作用。适合由社会组织提供的公共服务和解决的事项，交由社会组织承担"。打造汽车人才管理改革试验区，应该更好地发挥社会力量在汽车人才管理事务中的作用。要逐步推进汽车行业协会商会与行政机关脱钩，引入竞争机制，探索一业多会，以改变行业协会商会行政化倾向，增强其自主性和活力；要重点培育、优先发展汽车行业协会商会类、汽车科技类社会组织，民政部门要依法加强登记审查和监督管理；要坚持一手抓积极引导发展、一手抓严格依法管理，建立健全统一登记、各司其职、协调配合、分级负责、依法监管的汽车人才组织管理体制，健全管理制度，推动汽车人才组织完善内部治理结构。

4. 深入务实地推进用人制度的市场化改革

坚持以更灵活的人才管理机制激发汽车人才创新创业活力。深入务实地推进用人制度的市场化改革，推动汽车人才流动，人才评价要依据市场规则、按照市场价格、参与市场竞争，实现效益最大化和效率最优化。以市场价值回报汽车人才价值，以财富效应激发聪明才智，让汽车技术人员和创新人才通过创新创造价值，实现财富和事业双丰收。

5.1.4 人才国际化方面

1. 创新高校和企业培养机制

要鼓励国内高校与发达国家高校合作办学；扩大汽车人才国际化培养的覆盖面，让人才国际化、跨文化培养常态化。企业培养方面也要有国际化的人才发展理念，这样才能提高核心竞争力，如将合资企业的优秀工程师送往外方母公司进行培训，提高国际化能力；国内车企收购国外的车企后，可以大量派出工程师赴国外工作，锻炼国际化能力。

2. 构建具有符合国际惯例的海外汽车人才集聚政策

坚持以更积极、更开放、更有效的政策集聚海内外汽车人才。推进汽车人才对外开放，畅通海外汽车人才集聚通道，构建具有国际竞争比较优势、来去自由、符合国际惯例的海外汽车人才集聚政策。进一步强化市场发现、市场认可、市场评价的国内汽车人才引进机制，大力引进以战略科学家、能驾驭汽车市场的企业家、科技顶尖人才、创业投资家等为代表的高层次领军人才。

5.2 保障措施及建议

5.2.1 围绕科学管用原则，深化汽车人才管理机制创新

《国家中长期人才发展规划纲要（2010—2020 年）》明确指出，当前和今后一个时期，创新机制是我国人才发展的指导方针之一。要科学运用创新机制，建立汽车人才管理改革试验区。

1. 创新汽车人才培养开发机制

要确立以提高创新能力为核心的汽车人才培养开发目标，围绕创新能力建设这个核心，研究制定汽车人才资源能力建设的目标和标准；要注重造就以优化人才结构为导向的汽车人才培养开发新路，通过实施汽车专业技术人才、汽车经营管理人才、汽车高技能人才和复合型汽车人才四支队伍建设，改善汽车人才结构；加大对创新创业人才团队选拔的资助力度，要建立以合作式、实践式和开放式为主导的汽车人才培养开发模式，大力培养高层次汽车人才和创新团队。大力实施汽车专业技术人才知识更新工程，聚焦科技创新，集中开展高层次急需紧缺和骨干汽车专业技术人员专项培训。优化博士后培养机构运作机制，推动与汽车相关的博士后科研"两站一基地"（流动站、工作站、创新实践基地）和企业科技创新"四平台"（企业工程研究中心、工程实验室、工程技术研究中心、企业技术中心）协同发展。

2. 创新汽车人才评价考核机制

建立以品德、能力、业绩为主要标准的人才评价导向，探索建立针对不同类型汽车人才的分类评价标准，从规范职位分类与职业标准入手，建立各类汽车人才评价指标体系，制定出分类的汽车人才评价序列，尽快形成系统完整的、国家

层面的汽车人才评价标准框架，提升我国汽车人才评价标准建设；要探索建立针对不同类型汽车人才的分类评价方式，突出能力和业绩评价，改变计划经济时代那种单一评价主体的人才评价方法；建立汽车人才社会化评价机制，充分发挥汽车行业协会商会在汽车人才评价中的作用。

3. 创新汽车人才流动使用机制

支持汽车企业创新创业人才到高校、科研院所兼职。汽车企业通过双向挂职、短期工作、项目合作等柔性流动方式，每年引导一批高校、科研院所的博士、教授向汽车企业有序流动。推进产学研用协同创新，支持高校、科研院所与汽车企业联合共建产业技术创新联盟、协同创新研究院等，做大做强产学研对接平台。探索建立针对不同层次汽车企业经营管理人才的选拔任用制度，以提高现代经营管理水平和企业国际竞争力为核心，以战略企业家和职业经理人为重点，加快推进汽车企业经营管理人才职业化、市场化、专业化和国际化，培养造就一大批具有全球战略眼光、市场开拓精神、管理创新能力和社会责任感的优秀企业家及一支高水平的企业经营管理人才队伍；要完善汽车行业专业技术人才聘用制度和岗位管理制度，为汽车专业技术人才构建人尽其才的发展通道，保证优秀人才在不同岗位均可获得相应较高的职业地位和收入待遇。

4. 创新汽车人才激励保障机制

要积极探索汽车人才分配激励机制，坚持平衡比较和动态增长原则，逐步建立起一套有利于人才成长和人尽其才、报酬与业绩一致的汽车行业人才收入分配激励机制。加快下放科技成果使用、处置和收益权，提高科研人员成果转化收益比例；鼓励各类汽车企业通过股权、期权、分红等激励方式，调动科研人员创新积极性；要积极探索汽车人才知识产权保护机制，建立健全政府主导、新闻媒体支撑、企业（协会、商会）参与的知识产权制度体系，帮助全社会进一步增强知识产权意识，努力营造尊重创造、运用知识产权的文化环境。

5. 积极探索汽车人才投资机制

综观第二次世界大战后世界各国的发展道路，有两条截然不同的发展路径：一条是人力资本优先积累的发展道路，另一条是物力资本优先积累的发展道路。事实证明，新加坡、韩国等选择人力资本优先积累战略的国家，经济增长较快，社会发展稳定。加大汽车人才投资力度，提升汽车人才投资效益，对于推动汽车人才发展具有至关重要的作用。要探索融资主体模式转型，由行政化走向市场化社会化；要探索资金管理模式转型，由粗放式管理走向集约式管理；调整完善汽车人才计划，建立相互衔接配套、覆盖汽车人才不同发展阶段的梯次资助体系。建立汽车人才计划备案制度，财政部门根据备案情况安排资金。逐步建立统一的人才资助信息申报经办平台，整合单位和个人申报、评审评估、资助奖励、社会监督等功能，避免重复资助和交叉资助。

5.2.2　围绕提高服务的理念，优化汽车人才创新创业的综合环境

汽车人才竞争归根结底是综合发展环境的竞争。要充分发挥政府的扶持作用、引导作用，破解汽车人才在创新创业中的公共性、基础性难题，大力营造有利于大众创业、万众创新的综合环境。

1. 加强人才创新创业服务体系建设

鼓励发展市场化、专业化的研究开发、技术转移、检验检测认证、知识产权、技术咨询、金融服务等专业科技服务和综合科技服务，加快发展汽车交易、经纪、投融资服务、技术评估等一批专业化汽车行业中介服务机构，打造具有国际竞争力的汽车服务业集群。新建一站式、全流程、专业化的汽车人才发展政策和生活服务信息综合门户网站，建立市场化机构运营、政府机构监管的运作模式，提供便捷高效、精准细致的综合服务。

2. 优化人才生活保障

破解汽车人才阶段性住房难题，继续推进政府主导的公共租赁住房建设。鼓励汽车人才集聚的大型企事业单位和产业园区利用自用存量用地建设公共租赁住房（单位租赁房）。优化海外汽车人才医疗环境。鼓励保险企业开发适应海外汽车人才医疗需求的商业医疗保险产品，探索搭建面向海外高层次汽车人才的保险企业国际商业医疗保险信息统一发布平台。鼓励具备条件的医院进一步改善海外汽车人才就医环境，提升相关医护人员外语能力，加强与国内外保险公司合作，加入国际医疗保险的直付网络系统。支持市场主体建立第三方国际医疗保险结算平台。扩大国际化教育资源供给。积极创造条件，更好地满足外籍人员子女的就读需求。在外籍人员和海外汽车人才集中的区域，增设外籍人员子女学校。对于引进的海外高层次汽车人才，为其子女入读外籍人员子女学校提供便利。

第 10 篇
汽车社会协调发展战略研究报告

第1章 交通安全

随着国民经济和汽车产业的蓬勃发展，我国百户家庭的汽车保有量迅速增长，按国际规则判断，我国 2012 年已经进入汽车社会且处于初级阶段。据公安部交通管理局统计，截至 2012 年底，全国平均每百户家庭拥有 21.5 辆私家车。在汽车社会初级阶段，相应的社会问题逐步浮现，其中交通、安全、环保、能源四大问题显得尤为尖锐，本章研究聚焦交通和安全问题。

1.1 研究意义和必要性

当前我国汽车社会正接近库兹涅茨曲线 U 字形底部"拐点"处，汽车带来的交通拥堵、安全等问题凸显。2017 年 1 月，高德地图联合交通运输部科学研究院等多家权威机构发布了《2016 年度中国主要城市交通分析报告》，该报告指出全国有 1/3 的城市高峰通勤受到拥堵的威胁，调研样本中超过半数的城市高峰拥堵延时指数超过 1.8。交通拥堵不仅造成了社会负面影响，增加了社会经济成本，还使车辆尾气排放量增加，加剧了城市环境污染，影响了驾驶者的身心健康。

交通事故引起的人员伤亡惨重，是社会发展的巨大负担。交通事故已经是我国造成人员意外伤亡原因的首位，其中，汽车交通事故占比很大。根据公安部在 2015 年发布的数据，汽车交通事故发生数占交通事故发生总数的 69%，汽车交通事故死亡人数占交通事故死亡总人数的 73%。

在汽车社会初级阶段抓住机遇，前瞻地、全局地、战略地进行汽车社会治理，对于推动整个社会进步和汽车产业的可持续发展无疑是至关重要的。

1.2 发展现状与发展趋势分析

1.2.1 国内发展现状

汽车社会是当工业社会和经济发展到一定阶段，汽车普及融入社会后所形成的社会形态，是经济、文化、生活等社会各方面都含有汽车特征的新型社会体系。

按照国际通用标准，当一个国家或地区每百户家庭汽车保有量达到 20 辆时，可以认为进入"汽车社会"；当百户家庭汽车保有量达到 100 辆时，可以认为进入成熟的汽车社会；而百户家庭汽车保有量在 20 辆与 100 辆之间，就是处于汽车社会初期阶段。

2005~2016 年，我国百户家庭的汽车保有量迅速增加，见图 10-1-1。据统计，2012 年底，全国平均每百户家庭拥有 21.5 辆私家车，之后几年平均每百户家庭拥私家车数量逐年增加，据此可判断，我国已经进入汽车社会且处于初级阶段。预测在 2030 年，我国将进入成熟汽车社会。

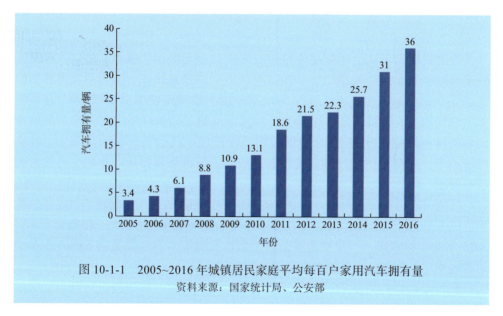

图 10-1-1　2005~2016 年城镇居民家庭平均每百户家用汽车拥有量
资料来源：国家统计局、公安部

荷兰导航技术公司依据车主因交通拥堵多花时间的百分比获得了各大城市的交通拥堵指数，2016 年全球拥堵指数排名前十的城市中，有 3 座是中国大陆城市（重庆、成都、北京）。汽车导致的交通事故数量虽有所下降，2016 年死亡人数却超过 6 万人，汽车交通事故死亡人数大幅上升，见图 10-1-2。

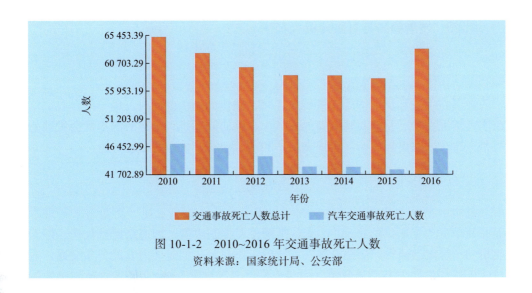

图 10-1-2　2010~2016 年交通事故死亡人数
资料来源：国家统计局、公安部

1.2.2　国外发展现状

德国、法国、英国、加拿大、比利时、荷兰等西方发达国家汽车保有量都很高，属于成熟的汽车社会。

日本是人口密度、人车密度较大的国家，日本政府在治理汽车社会的过程中，直面城市交通拥堵和交通安全问题，治理成效显著。日本连续实施了 6 次五年交通安全基本计划，大幅度改善交通安全设施，多次开展民间交通安全活动，从系统的角度强化交通安全综合治理，合理规划交通和城市布局，引导市民出行。重视"交通需求管理"的理念，一贯采取适度抑制私人小汽车的政策。日本的交通法规比较齐全，主要包括《交通安全对策基本法》、《道路交通法》、《道路交通法施行令》及《关于确保自动车保管场所等法律》等，立法条款比较细致，执法严格。因此日本的人、车、路三者关系处于相对平衡状态，保证了日本交通的现代化。

德国自 20 世纪 80 年代起就大力发展公共交通方式，其完善的一体化城市公共交通系统堪称世界典范。德国城市公共交通的规划与发展坚持"需求主导、因地制宜"的基本原则，不同城市按需规划，形成了不同层次的城市公共交通系统。交通基础设施一体化是实现城市公共交通一体化的基本保障。德国交通系统执法严格，违法成本高昂，如直接将交通违章信息记入驾驶员的电子档案，并影响其终身信用等级。

1.2.3　发展趋势与对比分析

1. 发展趋势

我国在引进和学习国外先进的人、车、路协同做法的同时，也要结合我国城市实际情况，发展符合我国国情的人、车、路协同系统。全球的汽车社会发展趋势是人、车、路更加和谐，实现文明、和谐、平安、畅通的交通环境。

2. 对比分析

日本、德国主要在以下几个方面值得借鉴。一是更重视"交通需求管理"，而非简单的"交通供给管理"；实行车辆使用控制政策，如道路拥挤收费、停车收费和车牌限制通行、鼓励合乘车和错峰上下班等。二是大力发展公共交通，通过实施优先发展公共交通政策，引导人们"弃车就乘"。公交优先政策鼓励发展的项目包括快速公交系统和轨道交通等。三是应用智能交通系统，疏导交通流量。四是执法严格，提高违法成本。五是注重公民的安全意识和"汽车"公德意识宣传教育，倡导绿色出行。

1.3　存在问题、发展瓶颈及原因分析

1.3.1　存在问题

我国现阶段的主要交通问题是交通拥堵和交通事故。

1. 交通拥堵

交通拥堵是指在某一段时间内，由于交通需求的增加，通过道路中的某条路段或交叉口的总的车流量大于道路的交通容量（路段或交叉口的通行能力）时，道路上的交通流无法畅行，超出部分交通流滞留在道路（路段或交叉口）上的交通现象[1]。随着汽车工业的高速发展，汽车价格日益大众化，汽车已成家家户户竞相购买的交通工具，一些特大城市，如北京、上海、广州、深圳等的汽车保有量已先后超过百万量级[2]，人均汽车保有量逐年增加，道路交通拥堵日益加剧，特别是上下班高峰期。交通拥堵浪费了大量时间、人力和能源，造成

---

[1]　黄艳国 . 城市道路交通拥堵机理及控制方法研究 [D]. 华南理工大学博士学位论文 . 2015.
[2]　郭继孚，刘莹，余柳 . 对中国大城市交通拥堵问题的认识 [J]. 城市交通，2011，（2）：8-14.

的经济损失涉及方方面面、各行各业。此外，堵车时汽车处于怠速行驶状态，与正常行驶或高速行驶状态相比，因为发动机内燃油燃烧不充分，有毒有害的汽车尾气会成倍增加，其中包含大量直径 ≤ 2.5 微米的细微颗粒物（即常说的 $PM_{2.5}$）。$PM_{2.5}$ 不仅导致空气污染，还能影响成云和降雨过程，对整个气候变化产生间接影响[①]。

2. 交通事故

交通事故是指车辆在道路上因过错或者意外造成人身伤亡或财产损失的事件。我国是世界上交通事故发生最严重的国家之一。从 1986 年交通事故年死亡人数首次超过 5 万人至今，我国每年因交通事故死亡人数已连续多年居世界第一[②]。值得注意的是，我国广东、江苏、浙江等经济发达地区交通事故量大，经济高速发展、客货运量增大是其主因。此外，我国特大型城市北京、上海、广州的交通事故量居全国前列，主要是因为城市交通拥挤，交通冲突点多。

交通中的要素包括人、车、路、环境与管理。其中人是主要因素，80% 以上的事故责任在于驾驶人员。因此预防交通事故的重点在于提升驾驶人员安全意识和驾驶技能，同时加强对驾驶者自身的防护。随着车辆主、被动安全技术的高速发展，智能驾驶与物联网技术的落地运用，事故将能有效避免，从而减少人员伤亡。

1.3.2　发展瓶颈

人、车、路发展不协调，交通参与者素质亟待提高。汽车保有量迅速增加引发道路建设高潮。汽车保有量和道路建设的迅速发展能很快改变道路交通的整体面貌，人们在短期内就能明显感知周围交通环境的变化。然而，与车、路方面的迅速变化相比，公众交通观念和行为习惯的更新及管理层职能的调整却要滞后许多。这种滞后的外在表现就是交通事故频繁发生，交通死亡人数不断增加。

1.3.3　原因分析

1. 城市规划与交通规划不平衡

一些城市开发时的交通规划落后，未考虑道路交通需求，没有处理好城市交通与城市功能、道路建设和城市综合建设等方面的关系，导致城市中心区聚集了

---

① 杨楠. 城市交通拥堵的危害及原因分析 [J]. 中国市场，2014，（42）：100-101.
② 世界卫生组织. 全球道路安全状况报告 [R]. 2018.

太多公共资源，中心区过度密集；规划的道路面积率和路网密度偏低等问题。

2. 城市道路与汽车保有量不平衡

汽车保有量与城市道路之间存在着循环反馈的关系。城市道路系统容量制约着汽车的规模；汽车的规模又影响着城市道路设施、停车建设，两者之间既相互促进，又相互制约。从系统理论分析可知，保障城市交通体系的正常运转的问题，归根到底是解决路网容量和汽车出行需求之间的动态容量平衡问题。

3. 交通参与者素质与交通发展不平衡

一是驾车人的交通文明素质需要提高，自觉遵守交通法律法规的意识还需加强。二是交通管理者的管理水平需要进一步提高，特别是要提高对非重复性拥堵的应急管理水平等。三是行人交通安全和守规矩意识还要提高。

4. 车与人的"路权"之争

社会公平方面特别是"路权"之争逐渐成为人们关注的焦点。在"路权"划分中我国长期以来存在以车为本的倾向，修建高架桥和人行天桥是为了让车辆行驶通畅；城市道路建设过程中，往往为了拓宽车道而挤占自行车道和人行道，这都对交通秩序产生了不良影响。在发达国家，路权划分往往体现行人、公交优先的原则，机动车道两侧有环境优美的步行道、单独的自行车道。

5. 交通安全急需加强

汽车交通事故产生的原因可以从人、车、路三方面进行分析。

（1）在人的方面，人作为交通行为的主体，是交通事故诱因中最重要的因素。驾驶员、乘客和行人的交通规则意识、安全意识、身心健康状态，以及驾驶员的驾驶经验与技能等因素均会影响交通事故的发生率。

（2）在车的方面，车辆性能差，特别是车辆被动安全和主动安全性能差是引起交通事故伤亡的主要原因。另外，车辆部件出现故障也是诱因之一，有数据显示，全国每年因机动车机件故障发生交通死亡事故的次数约占全部死亡事故的2%以上。

（3）在道路方面，路网建设不完善、道路设施不合理、交通标示缺失或不清晰等都是造成交通事故的原因。

1.4　发展战略建议

1.4.1　发展目标

2020 年底，交通安全事故率呈下降趋势；显著提高绿色出行比例，严厉打击大排量、高能耗、高污染行为，引导大众绿色出行，制定谁污染谁买单的政策，对污染者征收排污费。

2025 年底，通过重点治理"严重拥堵"的城市交通，基本解决大城市拥堵问题，同时全国城市交通状况平均水平处于"基本畅通"水平；

2030 年底，全国城市交通状况平均水平处于"畅通"水平。

1.4.2　发展对策与措施建议

1. 加强统筹协调，避免"九龙治水"现象

汽车社会治理需要交通运输部、国家发改委、公安部、财政部、科技部等国家部委的共同参与，国家顶层应有负责统一协调的专项工作领导小组。

2. 健全法律、法规，严格执法

在立法方面，需进一步完善相关法规。发达国家建立了较完备的法律法规体系，涵括交通法则、生态环境保护法规、汽车法规等。在执法方面，应提高违法代价。这种违反法规的高代价将促使人们规范行为，久而久之也就成了一种习惯。同时，要实现执法与司法"无缝对接"，凸显法治公平正义。

3. 加强人才队伍建设

智能交通行业是一个跨学科、综合性的行业，行业的特殊性也必然要求行业从业人员必须要有较高的科技素养和创新思维。当前能够适应智能交通系统发展需要的管理人才和技术人才特别短缺，从前几年浙江首批聘任智能交通领域的公务员年薪不低于 30 万元的情况可见一斑，加强人才队伍建设迫在眉睫。

4. 加强对民众的宣传教育

要加强宣传引导，提高公民的安全意识和"汽车"公德意识。一方面，要从娃娃抓起，培养青少年良好的安全意识和行为习惯。可借鉴国外先进做法，将有

关内容纳入学校教育计划。另一方面，要培养公众公德意识，发挥政府、企业及社会组织的协同作用，吸引公众参与交通治理。要倡导绿色消费、低碳出行。引导公众尽可能地采取耗能低、排碳少的出行方式，如乘坐公共交通工具、开节能环保车、拼车、骑自行车乃至步行等，减少因出行产生的碳排放量。

第2章　汽车文化

汽车文化是人们在设计、生产和使用汽车的社会历史实践过程中创造的物质财富和精神财富的总称。汽车的诞生和发展推动了人类社会的空前进步，在发展中赋予了多种社会功能，其影响从物质层面逐渐渗入社会文化层面，形成了特定的汽车文化。汽车文化具有继承性、时代性、民族性、创新性、多样性和互动性等特点。本章将从汽车企业文化、汽车品牌文化、汽车出行文化和汽车消费文化等四个角度进行阐述。

2.1　研究意义和必要性

先进的汽车文化有利于汽车社会进步，汽车强国离不开文化软实力的支撑。2014 年的"两会"期间，习近平总书记指出，"体现一个国家综合实力最核心的、最高层的，还是文化软实力，这事关一个民族精气神的凝聚"[①]。要实现汽车社会与产业的可持续发展，急需打造汽车文化软实力。我国汽车文化形成的时间非常短，受到国外汽车文化的影响大，社会上充斥着一些不文明的汽车文化现象，还未形成相对成熟的、有自身特色的文化体系。进行汽车文化与汽车强国之基之间关系的研究，有利于厘清汽车文化建设思路，提升汽车强国软实力。

2.2　发展现状

2.2.1　国内发展现状

1. 汽车企业文化

汽车企业文化是指在生产经营和管理过程中所创建的具有企业特色的物质

---

① 文化软实力是核心 从优秀传统文化中寻找精气神，http://book.people.com.cn/n/2014/0317/c69398-24650707.html，2014-03-17.

财富和精神财富的总和，反映出企业精神的追求和价值观念。我国汽车工业经过六十余年发展，已经初步建立起一定规模具有中国特色的汽车工业体系，形成了"四大四小"[①]的汽车产业格局。

2. 汽车品牌文化

品牌竞争是企业竞争的高级形式，而文化竞争又是品牌竞争的高级形式。企业树立品牌的过程也是一个文化传播的过程，消费者接受品牌也就接受了文化。近几年，随着国家提出由制造大国向制造强国转变，我国自主品牌汽车的国内市场占有率呈现逐年上升的趋势。2016 年，我国自主品牌乘用车销量首次超过千万辆，共销售 1 052.86 万辆，占乘用车销售总量的 43.19%，占有率比上年同期提升了 2 个百分点。

3. 汽车出行文化

共享汽车以其比传统租车业务更灵活、更便捷、更低廉的优势，正在发展成为一种日常的出行方式，填补了公共交通和私家车之间的空白。在公共交通出行链中，通过引入汽车，创建现有各服务之间的联系，以解决包括通勤线路在内的中距离及特殊场合出行需求，既带来了公共交通所无法提供的私密性，又凸显了相对于单独购买私家车的自由、低廉、便捷等优势，减少会员私家车使用规模，一定程度上能有效缓解交通拥堵问题。在我国，共享汽车开始兴起，陆续有杭州车纷享、北京易多汽车共享和上海 EVCARD 等运营企业产生。共享汽车在车型配置上主要以排量在 1.0~1.6 的经济型汽车和新能源汽车为主，"80 后""90 后"上班族是共享汽车的主要使用人群。

4. 汽车消费文化

在我国，随着政府和国民对生态环境关注度的提高，绿色消费观念开始升温，这也影响了汽车消费观念的转变。

2.2.2　国外发展现状

1. 汽车企业文化

福布斯公布的数据显示，2016 年世界排名前十的汽车企业分别是通用、福特、戴姆勒—克莱斯勒、丰田、大众、本田、日产、标致—雪铁龙、菲亚特和

---

① 四大，即一汽、东风、上汽、长安；四小，即北汽、广汽、奇瑞、重汽。

宝马。这些企业立于不败之地的根本是他们成熟的企业文化。德国的汽车企业文化体现在员工具有精工细作、一丝不苟、严肃认真的工作态度，强烈的质量意识已成为汽车企业文化的核心内容。美国人的冒险精神和务实精神反映了美国的文化价值倾向，这种倾向也反映在汽车企业管理模式和企业文化模式之中，如福特汽车公司作为发明世界上第一条流水线的车企，彰显着美国汽车企业文化中熠熠生辉的创新精神。日本作为资源匮乏的岛国，以丰田、本田为代表的日本汽车企业具有强烈的节约意识，专注制造出低耗材、低油耗的汽车；同时它们又十分讲究品质，追求精益求精，最终形成了著名的丰田"精益生产"思想。

2. 汽车品牌文化

欧美汽车企业非常看重品牌，其产品品牌名称及车标的设计极具匠心，凝聚了文化精华。英国品牌评估机构 Brand Finance 发布了"2017 全球最有价值的汽车品牌榜"，位列前 20 名的均是国外汽车品牌。

3. 汽车出行文化

美国、加拿大、荷兰、法国、德国和英国等国的汽车共享蓬勃发展，通常采用会员制商业模式，近年来会员迅猛增加。

4. 汽车消费文化

当前，国外经济发达国家汽车消费文化呈现"绿色化"趋势，绿色消费已成为全球性的现代消费浪潮，代表了消费者对生态环境的关注和参与。

总而言之，当今汽车已不再是简单的交通工具，而是"人与车的混合体"，是把人类活动同道路、建筑物和文化符号汇集在一起的桥梁。

在全球化和大数据时代背景下，汽车文化不断推陈出新，创新是汽车文化发展的必然趋势和不竭动力。"绿色""共享""智慧"是汽车文化发展的总趋势。

2.3　存在问题及原因分析

2.3.1　存在问题

我国汽车文化存在的主要问题有以下两方面：一是汽车企业的自主品牌影响力弱，汽车品牌设计文化缺乏中国特色。我国自主品牌汽车国际影响力较弱，海外市场开拓情况不乐观。2012 年我国汽车出口达到高峰以后，连续 3 年出现下滑。2016 年，虽汽车整车出口呈小幅增长，但据海关统计数据，当年汽车整车出口 81.0 万辆，只占全国汽车总产量的 2.87%，仅为 2012 年的 81%。究其原因，是产品品牌影响力不够大，竞争力不强。二是汽车消费文化还处于较低阶段，"面子文化"仍旧存在，人们还缺乏自觉遵循交规、文明礼让的公德意识。受产业政策的影响，国内的绿色消费观念仍处于非主流地位，在全社会层面大力倡导和推动绿色消费的背景下，改变当下流行的、被资本和经济增长捆绑的不良消费文化陋习刻不容缓。

2.3.2　原因分析

1. 我国汽车文化价值取向不够理性，尚需完善

在汽车文化的认识和评价上，是非标准、美丑标准有待完善，突出表现在社会上仍旧存在许多落后的汽车文化现象，如一部分人们赋予"汽车"许多等级象征意义，包括权力、地位、财富等；受面子观念影响，人们热衷购买豪华汽车、大排量汽车；一些人相信迷信，花重金购买所谓的特殊车牌号码；等等。

2. 我国汽车文化自觉不够，亟待唤醒

汽车文化自觉是在汽车文化上的觉悟和觉醒，包括对在历史进程中地位和作用的深刻认识，对发展规律的正确把握。但是我国汽车文化建设尚缺乏文化自觉，对汽车文化的发展规律及汽车文化中的一些关键问题认识不足。

3. 我国汽车文化影响力较弱，需创特色

我国自主品牌汽车的美誉度需进一步提升，文化影响力较弱，突出表现在：①鼓励原始创新的文化氛围还不够浓厚，许多汽车企业倾向于采用以模仿为主的逆向开发，正向研发技术的沉淀与积累不多。②虽然我国汽车企业的制造硬件与国外著名汽车公司相比相差不远，但汽车设计方面却差距明显，缺少中国特色，在品牌创意、车标设计、车身外观设计及内饰设计等方面少见中国传统元素。③我国汽车企业在自身汽车文化建设领域，还落后于国外著名汽车企业。

4. 我国汽车文化文明程度不高，需要提升

我国进入汽车社会后，人、车、路的矛盾呈激化趋势，交通礼仪缺乏，不文明、不和谐现象比较普遍。在驾驶员方面，不讲规矩、抢道占道、酒后驾车、开"斗气车""霸王车"等行为屡禁不止，甚至较为常见。在行人方面，不遵守交通

规则、横穿马路、闯红灯等不文明的违规行为依旧普遍存在。

2.4　发展战略建议

2.4.1　发展目标

培育我国先进汽车文化，为汽车产业提供持续发展动力、满足人们日益增长的汽车文化需求及促进和谐汽车社会的形成，具体体现在：①先进汽车设计文化：坚持以人为本，注重自主创新，讲究中国特色，崇尚低碳环保、资源节约等；②先进汽车生产文化：弘扬企业家精神和工匠精神，打造知名品牌，追求卓越品质等；③先进汽车消费文化：反对奢侈，倡导节俭，提倡理性消费、绿色消费等；④先进汽车出行文化：遵交规、尚礼仪、讲安全、乐共享等；⑤先进汽车服务文化：讲究诚信、周到礼貌、以顾客为中心等。

2.4.2　发展对策与措施建议

1. 对先进汽车文化发展进行顶层设计

要促进我国先进汽车文化的形成，在国家层面必须对汽车文化发展进行顶层设计。一方面应明确我国汽车文化的长远发展规划，解决制约先进汽车文化形成的体制和机制障碍；另一方面应针对汽车产业发展的新趋势对汽车文化的影响进行前瞻研究，提前规划和部署。

2. 走自主创新之路，塑造中国特色汽车文化

我国发展先进汽车文化必须坚持自主创新，才能培育出中国特色汽车文化和自身优势。在汽车产品设计上，要挖掘中华五千年文化精髓，融入中国文化元素。对传统汽车文化的改造，应面向未来，重视体制和机制创新，使之适应发展新形势。

3. 走绿色之路，保障汽车文化可持续发展

坚持绿色发展理念是构建和谐汽车社会和保障汽车文化可持续发展的必由之路。应大力倡导绿色设计理念，加大低碳绿色汽车产品的研发力度。推广绿色生产，减少生产行为对生态环境的负面影响。注重资源节约和资源回收利用，减少对自然资源的过度开采。推崇绿色消费观念，提高消费者对小排量汽车、电动汽

车的接受度。积极引导民众低碳出行。

4. 走开放融合之路，构建和谐汽车文化

开放融合既可以减少汽车文化冲突，尊重差异，包容多样，又可以彼此学习，促进先进汽车文化形成。一方面应本着"取其精华，去其糟粕"的原则，学习借鉴国外优秀汽车文化，如德国汽车企业的工匠文化、日本汽车企业的精益求精文化、美国汽车企业的创新文化等；另一方面要鼓励我国汽车文化"走出去"，通过文化交流，融合国外文化元素，创造出被他国民众喜闻乐见的汽车文化。

5. 走市场化之路，振兴汽车文化产业

发展我国先进汽车文化要发挥市场决定性作用，充分利用市场资源，探索多种汽车文化产业发展模式。一是依托大企业模式，利用产业集群效应衍生出一系列的文化产业，如汽车博物馆、汽车展览会和汽车文化节等；二是与城市休闲相结合模式，推出汽车休闲文化系列产品，如汽车餐厅、汽车影院和汽车旅馆等；三是开展产业跨界合作模式，如与旅游业、体育业共同打造汽车自驾文化产业等。

6. 走法治之路，构建文明汽车文化

法治是建立文明汽车文化的要求，我国要发展先进汽车文化，则应以法治去规范人们的道德观念和行为习惯。在立法方面，应进一步健全汽车相关法律法规体系，包括交通法则、汽车排放法规和自动驾驶法规等；在执法方面，应提高违法代价，如将交通违章信息记入驾驶员的电子档案，并影响信用等级等；在司法方面，要实现执法与司法的"无缝对接"，凸显法治的公平正义；在普法方面，要加大对公民宣传教育的力度，在全社会倡导"自觉遵守交规，出行礼让三分"的文明理念和交通公德意识。

第3章 汽车保险

3.1 研究意义和必要性

　　机动车辆保险是指对机动车辆因自然灾害或意外事故所造成的人身伤亡或财产损失负赔偿责任的一种商业保险，汽车保险是财产保险的一种，它伴随汽车的出现和普及而不断发展成熟。汽车保险的社会意义是风险变为现实时，对于造成的人身、财产侵害进行的一种事后补偿。

　　汽车保险能一定程度上降低汽车驾驶的风险，维护社会稳定；能促进汽车工业的发展，扩大对汽车的需求；能促进汽车安全性能的提升。汽车保险业务在财产保险中有重要地位。

3.2 发展现状与发展趋势分析

3.2.1 发展现状与趋势

1. 国内汽车保险发展现状

　　除国家强制机动车所有人所必须购买的交强险外，其他机动车保险分两大类：一是基本险，含车辆损失险和第三者责任事故险；二是车主自愿投保的附加险，含全车盗抢险、车上责任险、玻璃单独破碎险等险种。

　　近年来，我国机动车保有量持续增长，机动车保险的规模不断扩大。车辆保费收入在财产险保费收入中所占比例也越来越高，汽车保险市场规模快速扩大，如图 10-3-1 所示。2015 年我国车险原保险保费收入突破 6 000 亿元，较 2014 年 5 516 亿元增长 12.38%。2016 年我国车险原保险保费收入继续高速增长，保费收入 6 835 亿元，较上年增长 10.25%。

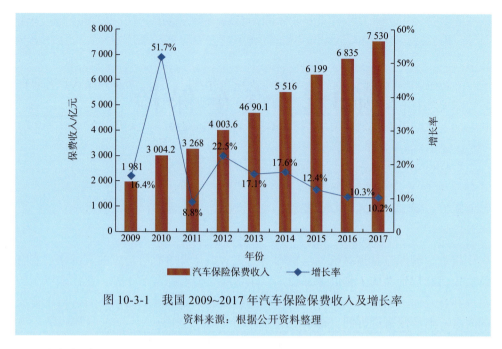

图 10-3-1　我国 2009~2017 年汽车保险保费收入及增长率

资料来源：根据公开资料整理

汽车保险现已成为我国非寿险市场的主要组成部分，是财产保险中的第一大险种，其保费收入已占财产保险业务总保费收入的 70% 以上，故汽车保险业务经营的盈亏，直接影响到财产保险行业的经济效益。

2. 国内汽车保险发展趋势

以商车费改为标志，车险市场化改革逐步深入。车险理赔越来越"服务化"。此次车险改革后，不论投保车辆是否有责，消费者均可要求本车投保的保险公司在车损险项下先行赔付，未来在人伤方面也可能先行赔付。

车险产品责任"精细化"和"模块化"。未来车险可能出现分地域和时间段的承保需求，也可能出现在保险责任中设置原因和期间除外等。

车险客户服务体验将有极大改善。随着大数据分析技术的发展，保险公司对消费者行为开展越来越多的商业分析、挖掘和应用，未来车险的购买、理赔、续保等服务体验会有极大改善。

传统车险定价方式可能有巨大改变。一是非结构化数据的使用。保险公司将对来自互联网、物联网、车联网的视频图像等信息进行加工应用，建立标准化、定量化的数据库，用于车险定价。二是实现实时动态定价。车险定价可按实时的驾驶数据、交通数据进行动态定价，不再只依靠历史数据。

车险产品被"倒逼"创新，细分市场有望爆发。小险企在"倒逼"下会加大产品创新力度，在细分领域、细分市场找寻生存空间。

新型销售模式发展壮大。随着车险消费者生活方式的变化，互联网渠道快速发展。未来各保险企业可能将大力发展基于微信等移动平台的销售模式和社交关系型营销。

车险生态系统促使价值链转移，以车险为导入口，建立新盈利模式。客户在享受这种线上生态系统服务时，车险营销成本将极大摊薄。

互助车险可能促使传统车险"脱媒"，互助保险有望焕发新生命力。当前监管机构已批准互助牌照。

车险行业内外"跨界"暗潮涌动，一是可能出现互联网巨头通过收购小型专业保险公司进入某些细分财险市场，二是很多企业想以此作为获取资金的"渠道"。

3.2.2　国外汽车保险现状

1. 美国的"从人主义"

美国的汽车保险是随着汽车工业和保险业的发展而逐步发展起来的。在过去 20 年里，事故车保险理赔程序如下：保险公司现场核险，经过一系列的评估、核保，最后定损。现在，基于互联网技术，直接维修程序（direct repair program, DRP）开启，这导致行业里掀起了另外一场合作。1994 年，美国建立"事故车行业电子商务协会"，让各家保险公司使用同一个平台，将各自私密的信息保护起来，其他信息在平台上共享。

2. 英国的"完全市场细分"

英国汽车保险的保费收入多年来一直是财产保险业务的龙头，而每个家庭在这个项目上的支出约占家庭总开支的 1/10。英国机动车辆保险通过许多因素综合加权的方式确定保费，更真实地反映了投保车辆的风险状况，更注重驾驶员的因素。对于驾驶记录差、屡次造成事故的司机，高额的保费附加是一种有效的经济惩罚手段，可促使消费者养成遵守道路交通法规、安全驾驶的习惯。

费率制定的先进技术与信息技术相结合，推动了英国车险市场新的变革。由于采用多因素加权计算保费，很多公司都为此专门设计了计算机数据处理软件，实现信息采集自动化。

3. 德国的"汽车分级"

德国的车险业务也是德国非寿险业务的核心。德国保险公司往往将汽车保险分为不同等级，作为核定保险赔偿率的依据。等级越高，说明这种车出问题的概率越低，保险赔偿率就越高，事故后保险赔偿金额一定时，保险等级高的车事先交的保险费用就相对少。

4. 法国的"突出社会管理功能"

法国车险市场是个较为成熟和规范的市场，竞争充分，产品丰富，市场细分度高。法国汽车保险业的经营区域和范围已经大大超越传统保险的内涵，汽车保险业的社会管理功能愈加突出。

5. 日本的"有效保护交通事故受害者"

日本是世界第三机动车保险大国，其将汽车保险分两种，一是自赔责保险，其性质是强制性保险。二是民间的商业保险公司所经营的保险，即"汽车综合保险"，其性质为非强制性保险，投保与否由汽车拥有人决定。日本汽车保险的宗旨是有效保护交通事故中的受害者，故最佳方法就是减少"穷肇事"和"肇事逃逸"事件的发生。政府推行实施强制性保险制度，也就是强制性要求所有拥有汽车的人必须购买自赔责保险。

3.3 存在问题及原因分析

3.3.1 存在问题

保险行业存在的问题主要是"理赔难"，对投保车主与保险公司的诚信管理手段与方法缺失。体现在现场勘查难、调查取证难、理赔控制难、依法经营难方面。我国保险业诚信环境不理想是我国保险理赔纠纷的一个重要原因，一是保险公司信用度低，二是投保人也存在如保险欺诈的信用问题；我国保险理赔纠纷的另一重要原因是从业人员从业时未履行应尽的解释说明义务，存在误导投保人现象。

3.3.2 原因分析

1. 相关制度不完善

当前，我国汽车保险行业相关制度尚不健全，《中华人民共和国保险法》关于保险合同法律规定等内容尚不完善，有关保险合同条款解释问题也有争议；汽车保险相关法律存在不足；相关法律法规之间的协调性有待加强。故市场秩序混乱，行业内乱象丛生。

2. 高素质专业人才紧缺

近年来，随着我国汽车保险市场规模的扩大，汽车保险业务人才紧缺问题日益凸显。现保险全行业从业人员已达到 737 万人，但汽车保险人才仍严重不足，发展存在许多问题，一是专业人才总量不足；二是从业人员整体素质低；三是人才培养投入不足；四是人才管理机制不健全，管理水平不高。

3. 信息化建设亟待加强

现我国保险公司信息化的总体水平不高。大部分公司尚未建立完善的信息化治理结构，难以适应保险业快速发展的综合经营趋势。此外，大量数据资产闲置。相对粗放的管理造成业务流程不规范、信息标准体系不统一，令信息系统割裂，数据资产难以利用，这制约了信息化效能的发挥和保险业的科学发展。

4. 保险企业管理粗放

当前汽车保险全行业大部分公司面临亏损，原因是保险公司管理粗放、企业运营费用高、税赋成本高，特别是商车费改后，监管部门提出了对车险综合成本率的刚性管控要求，并出台了车险现场检查方案，让部分企业束手无策。

3.4　发展战略建议

3.4.1　发展目标

建立健全法律规范，实现整个产业链市场化和规范化；严厉打击欺诈行为，促进行业健康发展；树立以人为本的经营理念，提高对受伤者的赔付比例，增加犯错成本，降低伤者负担。

3.4.2　发展对策与措施建议

1. 建立健全法律法规

我国汽车保险行业主要存在相关配套法律法规体系缺失等问题。故我国保险业相关政府部门、行业协会、保险公司应积极开展相应工作，建立健全汽车保险相关制度法规和合理的配套法律法规体系，促进我国汽车保险业健康发展。

2. 严厉打击欺诈行为

当前我国汽车保险市场骗赔等欺诈现象猖獗，保险公司要健全理赔相关制度，采用信息化的理赔手段，增加理赔透明度；联合行业协会、政府管理部门采取相关手段、措施，严厉打击欺诈等不诚信行为，降低保险公司成本，实现保险行业健康持续发展。

3. 提高受伤者赔付比率

我国汽车保险公司应树立以人为本的经营理念，出台相关规定，提高交通事故中人员受伤的赔付比率。一是减轻受伤者负担；二是增加交通事故中过错方的犯错成本以减少交通事故发生。

4. 对知法违法者绳之以法

为减少交通事故的发生，我国应制定相关法律，对事故中造成人员伤亡情节严重的过错方，在民事赔偿的基础上，增加追究刑事责任，严厉惩戒知法违法者，禁止私下进行民事调解。

5. 提高交易效率，增强透明度

当前主要存在的问题是没有透明化，保险中的操作若能透明化，可起到监督作用。加强制度的透明化，摒弃以前暗箱操作，消费者即监督者，实现市场化的监督，促进行业健康发展。

第4章 汽车维修

汽车维修是汽车维护和修理的泛称，即对出现故障的汽车通过技术手段排查，找出故障原因，并采取一定措施使其故障排除、恢复使用且达到一定的性能和安全标准。

4.1 研究意义和必要性

随着我国汽车工业的日益发展壮大，民众对汽车维修的关注度和服务保障质量要求不断提高。本章剖析了当前国内汽车维修行业发展及存在的主要问题，并通过对比分析国内外汽车维修行业发展现状与趋势，提出发展战略与对策建议，以推进我国汽车维修市场的健康发展。

汽车维修业关系到道路交通安全、大气污染防治、社会公众生活质量、汽车产业健康、可持续发展，是重要民生服务业。总之，汽车维修行业发展的必要性主要是满足汽车设计的需要、汽车运输的需要、汽车更新的需要、节省资源的需要和减少公害的需要。

4.2 发展现状与发展趋势分析

4.2.1 发展现状与趋势

1. 市场规模

影响汽车维修需求的最重要的因素是汽车保有量，国家统计局最新发布的《中华人民共和国 2016 年国民经济和社会发展统计公报》数据显示，2016 年末全国民用汽车保有量约为 1.94 亿辆，比上年末增长 12.8%，其中私人汽车保有量 16 559 万辆，增长 15.0%。民用轿车保有量为 10 876 万辆，增长 14.4%，其中私人轿车 10 152 万辆，增长 15.5%，如图 10-4-1 所示。

图 10-4-1　2014~2016 年汽车保有量增长图

资料来源：国家统计局《中华人民共和国 2016 年国民经济和社会发展统计公报》

据统计，截至 2016 年底，全国共有机动车维修业户 62 万家，从业人员近 400 万人，完成年维修量 5.3 亿辆次，年产值达 6 000 亿元以上。未来，汽车维修行业将形成一个更开放、竞争更充分的市场环境。保守估计，到 2025 年我国汽车保有量将达到 3 亿辆，汽车维修市场需求规模将再翻一番，维修产值有望过 1 万亿元。可见，无论是汽车维修厂、汽车 4S 店还是其他，"终端主宰未来"将成为现实。

2. 业态分析

据统计，截至 2016 年底，全国共有机动车维修业户 62 万家，其中一类汽车维修企业（含汽车品牌授权的 4S 店及一些规模较大的汽修厂）占汽车维修企业总量的 15%~20%，二类汽车维修企业（含部分 4S 店所设立的维修服务网点及具有一定规模和技术水平的汽修厂）占汽车维修企业总量的 25%~30%。专项汽车维修企业（规模小、维修项目单一的汽修厂）占汽车维修企业总量的 50% 以上，如图 10-4-2 所示。

汽车维修保养是汽车后市场中利润较大的市场，占比 18%。2016 年我国共完成维修量 5.3 亿辆次，年产值达 5 000 多亿元，如图 10-4-3 所示。

随着原材料、加工工艺、装配工艺等的技术进步，以及道路条件大幅改善，汽车故障率将大幅降低，汽车维修行业将由过去"以修为主，以养为辅"转为今

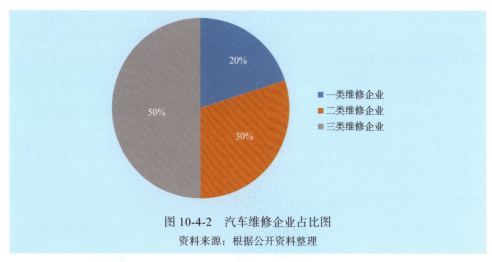

图 10-4-2　汽车维修企业占比图
资料来源：根据公开资料整理

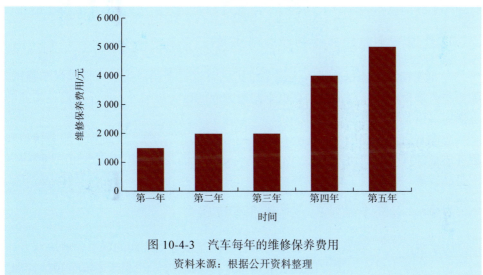

图 10-4-3　汽车每年的维修保养费用
资料来源：根据公开资料整理

后的"以养为主，以修为辅"。可见，我国大型汽车维修企业的占比较高，50%的现有专项汽车维修业户作业的规范化程度较低，在客户心目中的信任度较差，因此连锁化、品牌化的专项汽车维修企业将有巨大的发展空间。

国内汽车维修行业发展时间较短，现市场虽达到一定体量，形成一定规模，行业呈百家争鸣的态势，但行业的过度膨胀，出现了重新洗牌的现象，有资金实力、完善管理体系和全面服务体系的连锁品牌在大洗牌中得以发展壮大。尽管目前国内汽车维修业发展迅速，但还未形成统一的行业标准。通过对比分析国外的发展现状并结合国内行业的发展特征，我国汽车维修行业发展的必经之路有二，其一是政府部门及行业协会出台行业标准来约束行业发展；其二是整合行业资源以形成龙头企业。国内汽车维修的人性化服务有别于国外，近年来，国内自主品牌逐渐增多，产品种类、车型数量变化巨大。因此，要根据品牌和车型形成相应的维修服务体系非常困难。

3. 服务对象

汽车维修行业已成为基础民生服务业，随着移动互联网的发展，其服务对象也发生了根本性变化。以个人和企事业单位的汽车为主体，服务对象从过去重点对车服务变为对人、对车一体化服务。

4.2.2 国外发展情况

与国内汽车维修行业相比，国外的做法对未来发展更具优势。先进的维修养护连锁网络、完善的汽修服务体系及健全的汽修行业标准必将为国内的汽车维修行业带来新的思路。

1. 美国汽车维修：连锁经营唱主角

专业连锁维修店是美国人为驾车维护的首选。美国成为当今世界汽车强国，除一些大规模的汽车制造公司在汽车制造方面的巨大贡献外，汽车维修连锁业的逐渐完善也是功不可没。

总体来讲，连锁经营的优势有三：一是连锁经营的规模化确保了服务价格和服务质量的优势；二是管理现代化、集约化有效地兼顾了经营成本和市场需求；三是品牌统一化树立了整体信誉。

2. 加拿大汽车维修：行业标准有特色

为了规范汽车维修市场，加强驾车者和汽车服务商之间的联系，解决双方纠纷问题，加拿大已在全国范围成立国有非营利性机构——"驾车者安全担保计划"（MAPC）。该机构为汽车驾驶员和服务商提供有关汽车维修养护方面的培训，并制定严格的行业标准，监管全国的汽车零售商、销售公司和维修服务商。加入"驾车者安全担保计划"的汽车维修厂都会挂出醒目统一的 MAPC 标识，表示该汽车维修厂家是通过国家维修技术鉴定的服务商，它必须遵守"驾车者安全担保计划"规定的所有行业标准，履行对消费者的承诺和接受监督。

3. 日本汽车维修：尽享人性化服务

日本汽修行业形成了以人性化服务为基础的服务体系。为完善售后服务，同时在巨大经济利益的驱动下，许多直营或加盟的特约维修站应运而生。基于配套技术、品牌质量保证以及统一的标准等因素，许多车主愿意将车送到特约维修站进行维修和保养。特约维修站有一整套专业的车辆技术资料支持，运用这些技术资料可快速查找出故障原因，且维修厂使用的都是与车型相匹配的原厂件，能够保证汽车维修的质量。

4.3　存在问题及原因分析

4.3.1　存在问题

国内汽车维修行业存在的问题主要是汽车维修市场管理混乱，技术、设备、人才参差不齐。一是独立维修企业的管理无标准可循，导致客户的信任度低；二是在互联网大潮的洗礼下，汽车维修市场神秘感越来越小，维修配件市场越来越透明，商家素质及产品品质参差不齐；三是市场垄断违背了市场自由竞争的原则，损害了用户的使用权利，阻碍了个汽车产业的发展；四是维修的质量管理体系漏洞，维修质量没有衡量标准，用户没有安全感；五是维修检测技术标准不统一，新能源汽车车载诊断系统缺乏、商用汽车和乘用车诊断系统不统一给维修行业诊断检测带来了困难。

4.3.2　原因分析

1. 管理混乱、客户信任度低

独立维修企业的管理无标准可循。运营计划性差，令客户感觉不如一类汽车维修企业。若不能解决客户问题或后续有索赔纠纷，客户信任度会大大下降，很难培养客户忠诚度。

2. "互联网+"概念下的鱼龙混杂

随着互联网的普及，汽车配件价格等信息越来越透明。互联网工具的使用也提高了汽车维修行业的服务效率，同时也带来了很多负面影响，各互联网汽车维修服务企业服务水平参差不齐，市场假货猖獗，导致竞争环境更加恶劣。

3. 维修零配件垄断

车主在汽车维修时倾向于选择有原厂配件和厂家维修技术的专营店或指定4S店。专营店或指定4S店售后维修的市场垄断行为，违背了市场自由竞争的原则，损害了用户的使用权利，阻碍了汽车产业的发展。

4. 维修质量管理水平不高

质量管理瓶颈突出表现在三方面，一是由企业或单位性质决定。汽车维修企业中第三类企业成分占比超 50%。汽车各项指标和性能不断提高，人们对于汽车的需求不断增加，相应的维修企业经济利益也有所增加。但汽车维修企业的管理者却未针对汽车维修质量制定相关措施，以至企业内部管理出现混乱和矛盾纠纷，一定程度上给企业的发展带来阻碍。

二是缺乏汽车维修行业标准体系。汽车维修正处发展阶段，相关体制和规定有待建立，质量管理与检验人员也很缺乏，使质量管理工作得不到保证。

三是缺乏高技术维修人才。质量管理人员的培训制度（含强制类从业资格制度和引导类职业资格制度）与市场需求结合不紧密，不能满足维修企业的需要。

5. 维修检测技术标准不统一

OBD 可随时监控发动机运行状况和尾气后处理系统工作状态，若发现有可能引起排放超标的情况，会马上发出警示。国内合资汽车厂近年来引进一些车型或进口车型，其本身就配有 OBD 并达到欧Ⅲ甚至欧Ⅳ标准，国产后往往去除或关闭 OBD，一是节约成本，二是避免在油品质量不达标时因 OBD 报警引发的麻烦。现国内 OBD 未形成统一标准，部分新能源汽车、商用汽车和乘用车 OBD 缺乏，给维修行业带来困难。

4.4　发展战略建议

4.4.1　发展目标

发展符合中国国情的健康维修行业，以开放市场发挥市场自由竞争为原则，充分应用互联网技术；以大数据为本加强监督，建立维修行业的诚信体系；以技术发展为基础，提高维修行业从业人员素质和技术水平，促进维修行业健康稳定发展。

4.4.2　发展对策与措施建议

1. 建立诚信体系

建设以信息化为基础的汽车维修行业诚信体系，真正实现汽车行业转型升级。

运用互联网和大数据等信息技术构建覆盖全社会车辆全生命周期的维护修理记录的电子健康档案系统，形成统一、完整、权威、透明的全国在用车技术档案数据库。

2. 互联网市场的公平开放和监管

坚持市场公平竞争，发挥市场在资源配置中的决定性作用；坚持消费者自由选择、自主消费，保护消费者合法权益，提升便民服务；坚持运用法治思维和法治方式履行市场监管，实行宽进严管，加强事中事后监管；坚持市场信息公开透明化和消费者口碑倒逼市场诚信建设，提升用户满意度。

3. 加强管理提升服务质量

加强管理，从服务粗放型向服务品质型转变。围绕维修行业需求实际，采用市场化方式，充分利用社会力量，开展维修人才培养模式和评价体系改革，包括技术人员的分类和技术能力培养等，最终建立以维修技术人员为核心的企业许可制度。

4. 着重技术和素质的全面提升

专业技术人员须加强自身的业务学习、参加有关的技术培训，熟练掌握汽车检测设备及仪器，能熟练使用电脑分析仪及汽车维修专业互联网查询汽车维修资料分析问题。

5. 明码标价、公开透明

汽车的修理和配件更换分开，汽车维修人员需承担汽车检测、零部件更换等工作，应明码标价，实现收费的量化。汽车所有配件可以在配件超市购买，配件在超市货柜上也应明码标价，解决以假乱真、以次充好的问题。

第5章　二手汽车

5.1　研究意义和必要性

二手车是指在公安交通管理机关登记注册，在达到国家规定的报废标准之前或在经济实用寿命期内服役，仍可继续使用的机动车辆。二手车市场发展对新车消费持续稳定增长具有重要的推动支撑作用。

随着大众消费观念的改变和近年我国新车市场的火爆，二手车交易快速发展，二手车市场是汽车发展的必然产物，是新车市场的产物，也是新车市场的兴奋剂，二手车市场的发展对于汽车产业的发展举足轻重。

5.2　发展现状与发展趋势分析

5.2.1　发展现状与趋势

1. 发展现状

（1）二手车市场规模大，中国二手车市场从20世纪80年代发展至今，已有30多年的历史。1998年以前，二手车市场交易以车贩子倒车为主，基本没有正规的二手车经销商。1998年，国家贸易部发布《旧机动车交易管理办法》，建立了旧机动车交易中心，实行分级审批制度，原则上每个地级以上城市批准设立一个。2005年10月再次发布更加规范的《二手车流通管理办法》，中国二手车市场开始走向规范化发展道路。近年来，随着互联网的快速发展，诞生了C2B、C2C（customer to customer，消费者对消费者）、B2B、B2C（business to customer，企业对个人）、C2B2B（customer to business to business）、O2O（online to offline，线上到线下）等多种商业模式。

（2）二手车交易总量增长速度快，发展潜力巨大。2011年以来二手车的交易量一直保持着两位数的增长。由于起点基数小，目前我国二手车的年销量仅为新车当年销量的 1/3 左右。从发达国家汽车市场中二手车与新车销量比例来看，中国二手车市场还有很大的发展空间。2017 年，全国二手车的交易量为 1 204.09 万辆，同比增长 19.33%。其中乘用车交易 931.57 万辆，同比增长 18.21%，商用车交易 244.9 万辆，同比增长 18.54%，如图 10-5-1 所示。

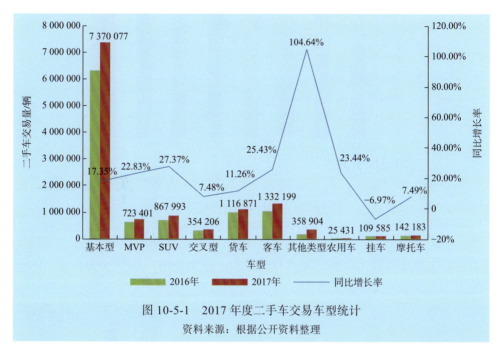

图 10-5-1　2017 年度二手车交易车型统计

资料来源：根据公开资料整理

（3）二手车地域性发展突出。在我国，二手车市场呈现地域性发展特征。越发达的地区，二手车交易量越大，呈现"沿海热，内陆冷，中不通"的现象。2016 年 12 月，经济发达的华东地区二手车交易量占全国的 32.7%，而经济欠发达的西部地区仅占全国销量的 5.95%。全国各省市二手车交易量统计数据显示，我国二手车市场整体呈现沿海省市普遍热度高、内陆省市交易活跃度降低、中间区域省市无法打通的尴尬局面。

（4）二手车车龄年轻比例高，十年老车淘汰快。由于各种政策的累加，全国二手车交易平均车龄的"年轻化"自 2010 年开始就明显出现，见图 10-5-2，但 2017 年这一趋势更加明显。

据以上数据，6 年内的二手车交易占比达 63.98%，6~8 年的二手车交易占比为 23.46%，8 年以上二手车交易占比仅剩 12.56%。交易年轻化明显提升。

（5）成交均价波动大，二手车逐渐高端化。全国二手车高端化趋势明显，自主品牌新车和合资品牌二手车将在 2017 年出现博弈。2017 年二手车交易价格持续走高，平均成交价为 6.53 万元。二手车价格在 8 万元以下的车辆占 73.26%，其中

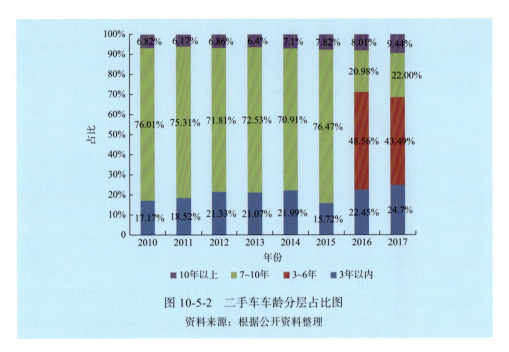

图 10-5-2　二手车车龄分层占比图
资料来源：根据公开资料整理

3 万元以下价格区间的车辆市场占有量最大，为 36.36%，如图 10-5-3、图 10-5-4 所示。

图 10-5-3　我国历年二手车成交平均价格
资料来源：根据公开资料整理

（6）国家对二手车市场发展的支持力度加大。为便于二手车市场发展，国务院办公厅于 2016 年 3 月底发布了《关于促进二手车便利交易的若干意见》（国办

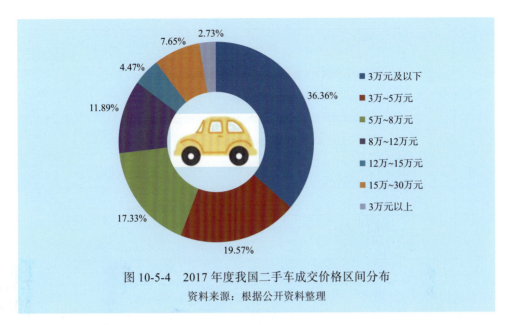

图 10-5-4　2017 年度我国二手车成交价格区间分布
资料来源：根据公开资料整理

发〔2016〕13 号），明确提出取消二手车限迁政策、简化二手车交易登记程序、加快完善二手车流通信息平台、加强二手车市场主体信用体系建设、优化二手车交易税收政策等促进二手车市场发展的利好政策措施。

（7）二手车经营模式正在发生转变。当前，我国二手车经营主体由单一模式向多元化模式的转变。在已有的二手车经营公司、二手车品牌经营公司、二手车经纪公司和二手车电商等经营主体基础上，出现了二手车拍卖、置换、连锁经营等新型营销模式。二手车互联网交易起步于 2010 年，互联网的介入为二手车市场注入新的活力，并得到了快速发展。2015 年，线上二手车交易量达到了 101.2 万辆，在整个二手车市场中渗透率为 10%。未来，互联网二手车交易具有更好的发展前景。

（8）国家排放标准政策对二手车市场影响大。据国内环保限迁数据分析，国 Ⅴ 排放标准占比 19.26%，国 Ⅳ 排放标准占比约 68.18%，国 Ⅲ 排放标准占比约 9.16%，国 Ⅱ 排放标准及以下占比约 3.42%。

（9）二手电动汽车残值低，交易遇冷。二手电动汽车因电池衰减严重、续驶里程短，残值过低，传统燃油车使用五年后的残值率约为 60%。而新能源汽车使用一年后，其残值率仅为 40%。在二手纯电动车市场中，电池质量、续航能力、厂家质保是影响新能源车保值率的重要因素，然而目前对于新车，新能源汽车进入二手车市场却没有任何补贴，也变相提高了新能源二手车的门槛。新能源二手车保值率低、残值评估标准不完善、流通渠道缺乏等诸多因素，直接制约了新能源二手市场的发展。二手电动汽车交易冷清，电动汽车陷入"易买难卖"的困境。新旧新能源汽车溢价比较如图 10-5-5 所示。

图 10-5-5　新旧新能源汽车溢价比较

资料来源：根据公开资料整理

2. 发展趋势

（1）政策发展趋势。2016 年出台的"国八条"明确了未来中国二手车行业发展的整体大环境，2017 年，进一步贯彻落实"国八条"是当前二手车市场政策实施的主旋律，主要可体现在以下三个方面。

税收政策：现二手车增值税按照全额的 2% 征收。

临时产权制度：建立临时产权制度，归还汽车在流通过程中商品属性，促进二手车流通。

限迁政策：由于不少地区设定过高的迁入标准，阻碍了二手车的正常流通。

（2）市场发展趋势。随着新车市场的持续繁荣和人们消费观念改变，二手车市场的发展空间将越来越大。据中国流通协会相关专家预测：2017年我国二手车交易量有望突破1 250万辆，同比增长20%。2020年二手车市场的交易总规模有望突破2 000万辆。届时国内汽车市场将从以"新增需求"为主变为以"置换需求"为主，新车与二手车市场的比例关系达1∶1，且二手车消费重心将由一、二线城市向三、四线城市延伸。

（3）经营模式发展趋势。出现线上和线下共存的二手车经营模式。线下模式将存在收购模式、中介模式、寄卖模式和合作模式并存的现象。因诚信和保障度高，品牌化经营将成为二手车市场做好做大做强的经营模式。同时随着二手车电商行业的发展，互联网模式也将成为二手车的主要经营模式。

（4）消费趋势。汽车依旧是国内消费增长的主要驱动力，带动国内经济增长。2017年新车市场出现回稳迹象，二手车的交易规模也随之增加，但业内所期待的"井喷"现象却迟迟未出现。其主要原因是国内二手车市场的高度"碎片化"，使市场中无法形成规模化的车源。消费者的一些趋势变化也很重要，如开始关注二手车品牌和注重二手车售后服务保障等。

5.2.2　国内外对比分析

1. 交易规模对比

近年来，我国二手车交易量快速增长，2016年全年交易量为1 039.07万辆，为新车销量的37%。但我国二手车交易量与新车的销量比仍远不如发达国家的成熟市场。美国二手车市场经过半个世纪的发展已经十分成熟，过去十年的交易量也相对稳定。2014年，美国的二手车交易量为4 130万辆，是新车销量的近3倍。如图10-5-6、图10-5-7所示。

2. 消费观念对比

在美国，二手车的消费观念比较成熟，有75%~85%的人初始购车时选择二手车。我国由于二手车信息不透明及"好面子"等因素影响，大部分消费者在购车时选择新车。

3. 市场参与主体对比

从二手车市场的参与主体来看，我国二手车市场非常分散，二手车市场经营主体有10万余家，但规模小，年均交易量不足100辆。交易主体以独立二手车经销商为主，占比达78%，这种高度碎片化现象给市场的规范管理带来了巨大困难，也阻碍了二手车市场的健康发展。

图 10-5-6　我国 2011~2017 年新车销量和二手车交易量
资料来源：根据公开资料整理

图 10-5-7　美国 2011~2015 年新车销量和二手车交易量
资料来源：根据公开资料整理

　　美国的二手车市场参与主体相对均衡，个人交易、独立二手车经销商和 OEM（original equipment manufacturer，原始设备制造商）经销商占比分别为 31%、

32%、37%。个人交易占比高于中国的原因在于美国更成熟的汽车文化。且美国的独立二手车经销商也是市场的重要组成部分，受到美国独立汽车经销商协会的统一监管，保障了市场的规范发展。OEM 经销商占比最高。近年来，OEM 经销商纷纷推出认证二手车，尽管价格更高，但由于其更高的品质保证，该类二手车广受欢迎。

4. 国家法规的政策导向对比

在美国经过认证的二手车享受新车的售后服务，二手车市场经多年发展形成一套行之有效的市场规则，全方位给消费者提供了保证。美国已建立一套完善的旧车认证、置换、拍卖、收购和销售体制，并已推广到几乎所有品牌的汽车生产商。而且美国的二手车商注重售后服务，在一些州，若消费者对已经购买的旧车表示不满，可在一定条件下全额退款。

日本的二手车交易需填写由"自动车公正交易协会"统一印制的《汽车状况记录》。除了对厂牌、车型、首次登记日期、车牌、车辆的用途进行登记以外，还要对车的行驶里程做特别记录。而且还要对车辆的侧梁、前梁、发动机舱吸能区等处的修复历史和不符合安全标准需要修复的隐患做详细记录。

目前我国的二手车行业存在法制体系不健全、信息不对称和二手车交易手续复杂等问题。我国二手车市场主要实行买卖双方"一对一"的交易方式，缺乏科学公正的评估认证，大部分二手车在售前未进行技术检测，消费者和商家信息不对称，消费者利益难以保证。

5.3　存在问题及原因分析

5.3.1　存在问题

二手车交易过程中最突出的是诚信问题。各个省市和地方针对二手车的行业标准和相关法规是根据地方政策来制定的，并不统一，影响二手车的市场流通；交易过程中所需的专业评估机构大量缺失；二手车售后问题也严重阻碍二手车市场的发展。同时，我国还缺乏权威公正的二手车评估机构和高水准的二手车评估师。

5.3.2　原因分析

1. 市场信息不对称，缺乏诚信机制

由于缺乏规范有力的监管制度和健全的诚信体系，二手车市场的信息不对

称，消费者很难获得二手车购置所需的信息。由于二手车鉴定具有较强的技术性，消费者了解较少，导致其在交易中很难对信息的真假和汽车的质量进行分辨，因此不信任的问题普遍存在。

2. 行业标准不统一，交易体制不完善

全国各地二手车交易政策不统一，对消费者、二手车流通业造成严重影响，严重阻碍二手车的流通。我国二手车流通管理涉及工商、公安、环保等诸多方面的管理，交易过程烦琐，交易便利性差。

3. 缺乏第三方认证评估机构，定价机制不透明

在二手车交易过程中，对于二手车质量和性能的评估是极为重要的环节。因缺乏权威的第三方认证机构，定价体系不透明，市场欺诈现象严重，消费者对二手车市场心存疑虑，积极性下降。

4. 售后服务体系有待完善

二手车售后服务是制约二手车发展的重要因素。我国二手车市场尚未建成规范的售后服务体系，且交易方式单一，售后服务水平参差不齐。与新车相比，二手车的售后服务能力存在较大差距，大多数二手车经纪公司不提供售后服务。上述问题严重影响了二手车行业的整体服务水平和消费者的信心，阻碍了二手车市场的发展。

5.4 发展战略建议

5.4.1 发展目标

2020 年底，建立实行企业信用分类管理机制，开放市场自由监管和采用信用打分制度。

2022 年底，统一行业标准，建立权威公平合理的第三方二手车评估机构，并对评估机构进行法制化管理，以促进公正评估、平等交易。

2025 年后，健全汽车档案数据库，使二手车交易做到规范化、公正化、诚信化、法治化。

5.4.2　发展对策与措施建议

1. 建立诚信公示平台

我国工商管理系统应尽快建立和实行企业的信用分类管理机制，通过互联网向社会公布二手车经营企业信用状况，媒体和广大用户可对二手车经营企业进行监管和信用打分，这一做法有利于维护市场秩序，引导二手车交易健康、规范、公正、诚信发展。

2. 统一行业标准法规

国家相关部门应全面落实《关于促进二手车便利交易的若干意见》，统一行业标准，促进二手车的跨区域流通，建立统一的税收标准，规范二手车交易，推进二手车质量认证体系建设，简化二手车交易程序，使二手车交易有法可依。

3. 建立第三方认证机构

为保证二手车价格的真实性，消除购买者的购买疑虑，应建立公平合理的第三方二手车评估机构，对车辆实施公开、透明的检测，并公开二手车价格，从而保障消费者利益，增加消费者对二手车的信任。

4. 完善售后服务体系

二手车商品化，转移买卖双方风险至二手车经营企业，企业可为二手车提供商品车应有的售后服务体系，含质保、保养、维修等售后服务项目，让二手车的售后有保障。

5. 建立汽车健康档案

建立汽车档案数据库，记录每一台车的保险、维修记录、车辆使用状况。汽车档案一旦登记不可修改，以此保护消费者的权益，维护二手车市场的秩序，促进产业健康发展。

第6章　汽车报废与回收

汽车（整车）报废与回收是指被淘汰汽车进行注销登记、拆解破碎及对被拆卸零部件和拆卸后废弃物进行处置的整个过程。被淘汰汽车又称为报废汽车，是指达到国家报废标准或者虽然未达到国家报废标准，但发动机或者底盘严重损坏，经检验不符合国家机动车运行安全技术条件，或者不符合国家机动车污染物排放标准的机动车。本章针对目前我国汽车报废与回收的现状、差距进行分析，并提出发展措施及建议。

6.1　研究意义和必要性

6.1.1　报废汽车回收利用与资源节约

汽车产业是典型的资源密集型产业，汽车生产要耗用大量的钢铁、有色金属、塑料、橡胶、玻璃和纺织品等资源。其中钢材占整个汽车生产原材料的70%以上，据粗略统计，生产一辆轿车需要耗费的钢材约为1 200千克。报废汽车中蕴藏着大量的可循环利用资源，其中大多数是需要亿万年才能生成的不可再生资源，若能够合理地回收循环利用，不仅可节约自然资源，还可遏制废弃物泛滥。实践证明，废旧汽车上的钢铁、有色金属零部件90%以上是可回收利用的，玻璃、塑料等的回收利用率也可达50%以上，从一辆报废的轿车中，可以回收废旧钢铁近1 000千克，有色金属近50千克。同时，充分利用废旧汽车资源，还可有效地节能降耗，产生可观的经济效益。

6.1.2　报废汽车回收利用与环境保护

报废汽车对环境的危害主要体现在三个方面：一是报废汽车露天堆放占用大量土地，如不加强循环利用，随着报废汽车数量的增多，我国将可能成为世界最大的"汽车垃圾场"。二是以"黄标车"为主的废旧汽车对空气的污染很大。环保部2017年6月3日发布的《中国机动车环境管理年报（2017）》数据显示：2016

416

年，全国机动车排放污染物初步核算为 4 472.5 万吨，汽车是主要贡献者，其排放的 CO 和 HC 超过 80%，NO$_X$ 和 PM 超过 90%。按排放标准分类，国Ⅱ及以下的行将报废的老旧汽车保有量占 12.8%，但 CO、HC、NO$_X$、PM 的排放占比分别达到 60.7%、60.6%、43.6%、67.1%。不同排放标准汽车的污染物排放量分担率如图 10-6-1 所示。三是拆解环节对报废汽车废弃物的不规范处理造成环境污染。主要体现在对报废汽车的废油、废液、废电池、汽车破碎残渣以及有毒废弃物（含铅、汞、镉、铬等）如不经过严格的回收处置，对土壤、水体和大气都将造成严重污染。因此，加速淘汰"黄标车"，规范报废汽车回收拆解是控制环境污染的重要途径。

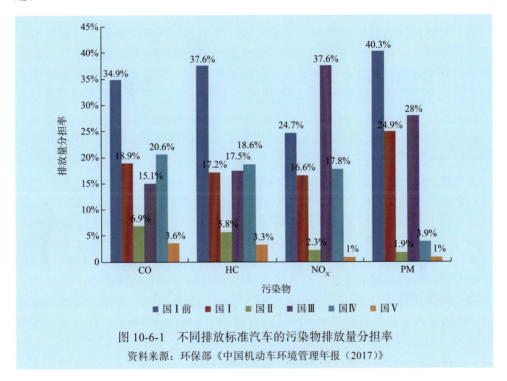

图 10-6-1　不同排放标准汽车的污染物排放量分担率

资料来源：环保部《中国机动车环境管理年报（2017）》

　　此外，报废汽车的回收利用与交通安全息息相关。2015 年我国共发生汽车交通事故 187 781 起，受伤人数 199 880 人，死亡人数 58 022 人，直接财产损失103 691.7 万元。已达到报废标准的整车或零部件，可靠性没有保障，安全系数极低，远远达不到安全运行技术的要求，一旦流入交通市场，将对交通道路安全造成巨大威胁。交通部门统计资料显示，汽车交通事故中有近 1/5 是由非法改装车、非法拼装车和达到报废标准的汽车违法上路行驶造成的。规范报废汽车的回收管理，禁止报废、拼装汽车上路行驶，对达到报废标准的汽车强制通过正规渠道报废，才能从根本上消除报废汽车对交通安全的威胁。

6.2 发展现状与发展趋势分析

6.2.1 国内现状

国内汽车报废与回收可分为以下三个阶段。

第一阶段（2010 年前）：企业规模小，作业方式、经营模式、思想观念落后。由于报废汽车合法拆解在环保、拆解技术等方面的投入大，为追求利益，黑作坊非法拆解报废汽车，大部分报废汽车五大总成在黑作坊拆下来后卖出，又继续流回市场。此阶段的特点是企业规模小，以人工拆解为主，拆解回收率低，环境污染大。为规范回收拆解报废汽车乱象，2001 年 6 月，国务院颁布了《报废汽车回收管理办法》，明确了报废汽车车主和回收企业的行为规范、报废汽车回收监管部门职责分工及地方政府报废汽车回收工作职责。2008 年 3 月国家发改委发布了《汽车零部件再制造试点管理办法》，并确定了首批 14 家汽车零部件再制造试点企业。

第二阶段（2010~2013 年）：国家出台了一些扶持政策，行业出现兼并收购潮，但其生产作业与经营方式改变不大。2013 年全国获得拆解资质的企业数量达 576 家，隶属回收网点 2 268 个，报废汽车回收网点已覆盖全国 70% 以上的县级行政区域，从业人员近 3 万人。2013 年全国报废汽车回收拆解企业中，回收报废汽车超过万辆的有 12 家。年回收报废汽车在 3 000~10 000 辆的有 27 家；1 000~3 000 辆的有 140 家；1 000 辆以下的收拆解企业达 397 家，占拆解企业总数的68.9%，回收量不足总量的 1/3。总的来说，这一阶段我国报废汽车年回收量低、资源分散，回收拆解企业生产规模比较小，经济效益低是普遍现象。为推动企业做大做强，解决企业小而散、效率低、无序竞争等问题，天津、成都等地区有多家报废汽车回收拆解企业通过政府引导、市场运作进行整合，规模效益逐步显现。一些具有资金技术实力的企业通过采取兼并、控股、参股、设备投入等方式，与现有回收拆解企业优化重组，加强合作，为行业发展注入了新活力。

第三阶段（2014 年以后）：大型、上市公司开始进入，拆解方式由手工操作逐渐向机械化转变、回收配件向深度利用发展、经营模式向互联网电商平台发展、资源分类和处理越来越精细化。由于汽车报废高峰已经到来，千亿市场即将开启，越来越多有资金和技术实力的企业开始看好并进入汽车拆解报废行业，见图 10-6-2。例如，格林美在武汉投资 12 亿元人民币建立循环产业园，占地 600余亩（1 亩≈666.67 平方米），建成世界先进的电子废弃物循环利用处理基地、报废汽车综合利用处理基地与汽车零部件再制造基地，年处理能力 10 万辆，技术和装备水平在国内处于标杆地位。天奇股份已初步形成了完整汽车回收拆解产业布局（四大汽车回收点＋汽车拆解运营＋三大破碎中心＋拆解破碎装备＋二手零部件电商）。

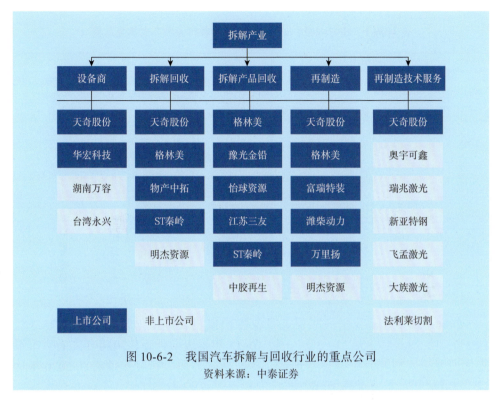

图 10-6-2　我国汽车拆解与回收行业的重点公司
资料来源：中泰证券

目前，国内汽车报废与回收行业发展现状呈现如下特点。

1. 已具备了一定的发展基础

截至 2015 年，全国获得拆解资质的企业有 603 家；隶属回收网点 2 358 个。报废汽车回收网店已覆盖全国 80% 以上的县级行政区域，从业人员 2.8 万余人。全国回收拆解汽车报废汽车 220 万辆，其回收比率占汽车保有量的 1.42%。尽管我国的报废汽车回收比率仍然较低，但是我国报废与回收行业发展稳步推进，已经具备了一定的发展基础，突出表现在网点较为完善，产业链完整，并集聚了诸如格林美、天奇股份等一批优势企业。

2. 已出台了一系列相关政策

2001 年我国颁布了《报废汽车回收管理办法》，该政策对汽车拆解与回收行业影响最深。2016 年 9 月《国务院关于修改〈报废汽车回收管理办法〉的决定

（征求意见稿）》进一步加强了拆解与回收行业的管理。与此同时，国家为了促进拆解与回收行业的发展，自 2001 年以来，制定了一系列规范措施，见表 10-6-1。

表 10-6-1　2001~2016 年汽车拆解与回收行业颁布的重要政策

年份	政策法规	主要内容
2001	《报废汽车回收管理办法》	汽车拆解"五大总成"（发动机、方向机、变速器、前后桥、车架）只能作为非金属强制回炉冶炼
2001	《报废汽车回收企业总量控制方案》	地市级原则上只设一家报废汽车回收企业
2008	《汽车零部件再制造试点管理办法》	确定了首批 14 家汽车零部件再制造试点企业，同时将开展再制造试点的汽车零部件产品范围暂定为发动机、变速器、发电机、启动机、转向器
2013	《机动车强制报废标准规定》	规定了各类机动车的报废年限，所有人应当将机动车交售给报废机动车回收拆解企业
2016	《国务院关于修改〈报废汽车回收管理办法〉的决定（征求意见稿）》	拆解的报废汽车"五大总成"可按照有关规定交售给零部件再制造企业

资料来源：中泰证券

3. 汽车保有量和报废量出现了较快增长

2006~2010 年是我国汽车保有量保持快速增长期，增长率分别为 15.2%、14.3%、13.5%、17.8%、19.3%[①]，按 10~15 年报废期计算，2020 年左右汽车报废量预计步入高峰。中泰证券预计，我国拆解与回收行业产值将在 2020 年达到 1 000 亿元左右，见表 10-6-2。

表 10-6-2　2019~2022 年汽车拆解与回收行业预测

年份	2015	2016	2017	2018	2019E	2020E	2021E	2022E
民用汽车保有量 / 万辆	17 200	19 400	21 743	24 000	25 100	26 900	28 500	30 000
注销比例	2.5%	2.7%	2.8%	2.6%	3.8%	4.4%	5.0%	5.6%
汽车注销量 / 万辆	430	524	609	624	954	1 184	1 425	1 680
正规回收比例	39.4%	30.4%	24.2%	26.8%	51.0%	53.0%	55.0%	56.0%
正规回收 / 万辆	169.4	159.2	147.2	167.0	180.4	191.2	202.7	212.8
单车产值 / 元	11 801	12 391	13 011	13 661	14 344	15 061	15 814	16 605
总产值 / 亿元	200	197	192	228	698	945	1 239	1 590

注：E 代表预测值
资料来源：商务部市场体系建设司，中泰证券

① http://www.360doc.com/content/18/0522/19/8527076_756172787.shtml。

4.汽车的报废率与回收率偏低

2016 年，我国民用汽车保有量为 1.94 亿辆，报废车辆为 540 万辆，报废率（报废量占汽车保有量的比例）为 2.78%。我国近年来汽车报废量、回收量、报废率及回收率如图 10-6-3 所示。

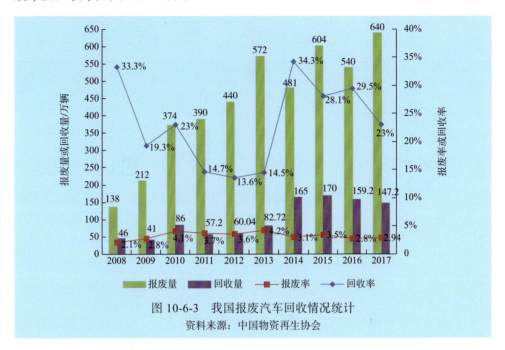

图 10-6-3　我国报废汽车回收情况统计

资料来源：中国物资再生协会

从图 10-6-3 中数据可见，我国报废汽车报废量平均仅为保有量的 3% 左右，与发达国家 6%~8% 的比例相比差距很大。2017 年度，我国通过正规渠道回收汽车仅为 147.2 万辆，回收率（回收量占报废量的比例）仅为 23%；另外，近年我国报废汽车回收率一直在低位徘徊，报废车"黑市"交易呈泛滥趋势，每年应报废车辆中，通过正规渠道回收的比例仅为 30% 左右，其他近 70% 的应报废汽车流入地下"黑市"，其中一半左右进入了非法拆解渠道，另一半则流向周边县市或者农村地区继续使用。

5.正规报废企业与报废量增长趋势不相称

表 10-6-3 列出了我国汽车报废拆解正规企业近年来的情况，从表中可见，企业、从业人和回收网点数量几年来几乎没有增长，与汽车报废量快速增长的趋势极不相称。究其原因，主要是国内汽车废钢和旧件价格低廉，而主要靠卖废钢获取利润的正规报废回收企业利润微薄、生存堪忧。这种情况导致本该在正规企业正常报废的汽车大多流向了非法地下拆解渠道，这些报废汽车零部件经过非法拆解或组装，有些销往维修市场，有些流向二手车市场，有些销往国外市场。

表 10-6-3　我国汽车报废拆解正规企业情况

年份	拆解企业数 / 家	从业人数 / 万人	回收网点数 / 个
2011	531	2.62	2 429
2012	522	2.58	2 237
2013	576	2.60	2 398
2014	597	3.00	2 432
2015	603	2.80	2 358

资料来源：根据《资源再生》《中国废钢铁》杂志上龙少海论文整理

6.2.2　国外发展现状

1. 美国

美国每年报废汽车数量超过 1 000 万辆。20 世纪末，美国报废汽车非法丢弃现象严重，造成了巨大环境污染。20 世纪 90 年代，美国政府开始狠抓报废汽车的回收利用，主要依托各州环境保护局对汽车报废回收实施监管，相关行业协会制定回收指导价格标准，并协调同行间的竞争行为。美国虽未颁布国家级汽车报废回收法规，但其生产者责任延伸制和相关的环保法规均对汽车的报废与回收进行严格约束。

美国通用、福特和克莱斯勒等三大汽车集团共同建立了汽车报废回收利用研究中心，对汽车零部件的拆解、再制造和再循环进行研究。例如，通用汽车公司就建立并公布了自己产品的拆解手册，并在国际拆解信息系统（the international dismantling information system，IDIS）上免费提供给各拆解企业，详细叙述拆解时的步骤及车型部件、材料、数量、质量及体积等。

美国作为废旧电池回收管理方面法律法规最多的国家，不仅拥有完善的法律法规，而且在回收利用网路方面也构建了较为完善的回收体系和技术规范。其中，《资源保护和再生法》《清洁空气法》《清洁水法》旨在采用许可证管理办法，加强对电池生产企业和废旧电池资源回收利用企业的监管；《含汞电池和充电电池管理法》主要针对废旧二次电池的生产、收集、运输、贮存等过程提出相应技术规范，同时明确了有利于后期回收利用的标识规定。国际电池协会（Battery Council International，BCI）还制定了押金制度促使消费者主动上交废旧电池产品。

美国政府采取附加环境费的方式推动电池回收利用网络建设。由生产企业和消费者各出资一部分回收费作为产品报废回收的资金支持，同时废旧电池回收企业以协议价将提纯的原材料卖给电池生产企业，此种模式既能让电池生产企业很好地履行相关责任义务，又能在一定程度上保证废旧电池回收企业的利润。

2. 欧盟

欧盟是全球汽车生产和消费的主要市场之一，其汽车保有量也位居世界前列，每年报废汽车量在 1 000 万辆左右，其中德国报废汽车量约 350 万辆，英国约 200 万辆，法国约 170 万辆。为了最大限度地再利用废旧资源，减少环境污染，早在 20 世纪 90 年代，欧盟的一些成员国就开始考虑对报废车辆的零部件和材料进行回收利用。

2000 年，欧盟正式颁布了《报废汽车指令》（2000/53/EC），将报废车辆的回收利用纳入法制化管理体系，这是欧盟报废汽车处理行业的核心政策。该指令要求各成员国加强对报废汽车回收利用的管理，减少汽车中有毒有害物质的应用，同时明确规定各成员国到 2006 年 1 月 1 日之前，所有报废车辆的再利用率至少达到 80%，回收利用率至少达到 85%；到 2015 年 1 月 1 日以前，所有报废车辆的再利用率至少达到 85%，回收利用率至少达到 95%。

在上述《报废汽车指令》的基础上，各主要成员国制定了适应各国国情的相关法律法规，如表 10-6-4 所示。《报废汽车指令》和各国的相关法规共同构成了欧盟报废汽车处理的政策法规体系。

表 10-6-4　欧盟主要国家报废汽车处理相关法规

国家	发布时间	相关法律法规
德国	1996 年	《循环经济与废弃物管理法》
	2002 年	《报废汽车法规》
英国	2003 年	《报废汽车法规》
	2005 年	《2005 报废汽车（生产者责任）法规》
法国	2003 年	《关于车辆构造及报废汽车处理的法令》
荷兰	2002 年	《报废汽车管理法令》
西班牙	2002 年	《关于报废汽车处理的皇家法令》

资料来源：根据公开资料整理

在动力电池回收利用方面。欧盟 2006/66/EC 电池指令与电池回收直接相关，该指令涉及所有种类的电池，并要求汽车电池生产商建立汽车废旧电池回收体系。从 2008 年欧盟开始强制回收废旧电池，回收费用则全部由生产厂家来负担。

3. 日本

为规范报废汽车回收产业的发展，2002 年 7 月日本国会通过了《报废汽车回收利用法》，该法案经过若干轮修订后于 2005 年 1 月 1 日起正式实施，并出台了相应的"实施令"和"实施细则"。从此，日本以法律形式建立了从消费者、制造商到回收、再制造商的处理费用负担机制，规定汽车生产厂家有义务承担安全气囊、氟利昂、残渣等物料的回收利用和处理，以此激励各大汽车厂家重视汽车回收技术的研究，有效提高回收利用率。

日本政府通过法律明确了生产者责任，即汽车生产制造商是整个回收体系的核心与中枢。以此为基础建立了基于市场经济规律的回收利用机制，活化了回收利用渠道，有效地将报废汽车作为有价资源进行流通，使参与汽车回收利用的各方都有利可图，取得了非常好的效果，如 ASR（automobile shredder residue，汽车粉碎残余物）的循环利用率可达到 93% 左右。日本规定消费者在购买新车时需缴纳回收再利用费，并要求在用车辆在法律实施后 3 年内通过邮局、银行、便利店、年检的代办机构等缴纳回收再利用费。这些费用包括 5 项，分别是汽车破碎残渣费、安全气囊费、氟利昂处理费、资金管理费和信息管理费。车主缴费获得盖章证明后才能通过年检，此方法的实施有效限制了报废汽车的流失。

日本在回收处理废电池方面一直走在世界前列，建立了"蓄电池生产—销售—回收—再生处理"的回收利用体系。相关法律法规可以分为基本法（即《促进建立循环型社会基本法》）、综合性法律（包括《固体废弃物管理和公共清洁法》《资源有效利用促进法》《节能法》《再生资源法》等）和专门法三个层面。

6.2.3　发展趋势与对比分析

1. 发展趋势

（1）信息化。近年来，汽车报废拆解、海内外下游市场需求信息而积累的数据逐渐形成了一定规模的"云数据库"。随着数据库的广泛应用，废旧汽车回收企业、拆解企业、再制造企业、维修企业等开始结合，使得拆解资源利用更趋合理、回收价值进有所提升、经营风险大幅降低，推动行业上下游有机结合，建立产业生态圈，增强了行业的竞争力。不难预见，随着回收报废信息化趋势的日趋明显，回收利用水平将大幅提升。

（2）现代化。目前，我国大部分拆解企业技术手段相对落后，依然以人工为主，先进拆解装备缺失，导致拆解效率低下。随着汽车报废量的大幅增加及劳动力成本的提高，采用新型机械化装备和智能化拆解技术提高拆解效率、减少人力成本是未来发展必然趋势。此外，为促进报废拆解旧件的应用和挖掘后端销售渠道，国外已形成了较为完善的报废拆解旧件检测体系，如日本和德国将旧件分为四个等级，美国则分为三个等级。我国汽车零部件品种、品牌、型号数量庞大，对旧件进行等级划分的需求也越来越明显。

（3）绿色化。回收汽车的利润分为政府补贴、总成及配件销售和材料销售三部分。自《报废汽车回收管理办法》（国务院令第 307 号）实施以来，五大总成被禁止买卖，正规企业主要通过销售其他配件和材料盈利。随着再制造工艺和废弃材料回收工艺的改进，配件的利用率大大提高，随着信息技术的广泛使用，通过上下游结合进一步提高了配件的利用率。与此同时，材料回收利用技术的科学进步也有利于提高材料的回收利用价值，如橡胶的回收处理方式已由之前的焚烧或掩埋变为现在的粉碎再利用。因此，随着工艺的改进、信息化水平的提升和科学技术的进步，报废汽车回收利用绿色化趋势越来越明显。

（4）网联化。当前，互联网技术不断渗透到产品设计、计划调度、供应链管理、质量管理、跟踪服务等各个环节，跨界融合对汽车报废回收行业产生了深远的影响，出现了一系列与汽车报废回收产业链相关的互联网服务平台，如拆车匠、报废专家等。这些平台改变了传统的企业与企业、企业与用户间的交互模式，加强了信息流、人流、物流、资金流的高效连接，让用户能够更安全、更便捷地完成汽车报废回收相关交易。随着报废汽车回收市场规模的不断扩大，跨界融合网联化发展趋势也将越来越明显。

2. 对比分析

各国汽车报废与回收的法律法规、管理模式和技术水平均存在较大差异，主要区别见表 10-6-5。

表 10-6-5　美国、欧盟、日本和中国法律法规比较

项目	美国	欧盟	日本	中国
法律法规	《资源保护与回收法》《清洁空气法案》等	《报废汽车指令》；各成员国制定了适应国情的法律法规	《报废汽车回收利用法》	《报废汽车回收管理办法》《汽车产品回收利用技术政策》
回收费用主体	作为有价值的二次资源交易	汽车制造商和进口商	用户	作为有价值的二次资源交易
回收利用率指标	没有明确具体的报废回收利用率指标		到 2015 年，安全气囊回收利用率 80%；ASR 回收利用率 85%	2017 年 95%；再利用率 85%。《汽车产业中长期发展规划》2020 年可回收利用率达 95%；2025 国际先进
特征	①再制造水平领先，民众对再制造件的认可度高；②生产者责任延伸明确；③严格执行国家资源、环境保护法	①分阶段实现报废汽车回收利用目标；②生产者责任延伸明确；③各成员国颁布了适合各国国情的法律法规；④社会诚信机制完备	①消费者购车时缴纳回收再利用费；②制造商承担三种物质（氟利昂、安全气囊、破碎后 ASR）的回收利用；③通过政府和民间机构分别进行管理；④社会诚信机制完备	①禁止发动机、变速箱、方向机等五大总成再制造；②报废汽车流失严重，企业盈利困难；③诚信机制不健全；④生产者延伸责任不明晰

资料来源：根据公开资料整理

6.3 存在问题及原因分析

6.3.1 存在问题

1. 法律法规亟待健全

我国汽车报废回收法律法规建设始于20世纪80年代，具体可分为如下4个阶段：1980~1990年，主要强调依法淘汰报废汽车，严禁非法拼装、倒卖五大总成，如《关于加速老旧汽车报废更新的暂行规定》《报废汽车回收实施办法》等。1991~2001年，出台的各项法律法规从报废逐步向回收、拆解完善。2002~2009年，主要从管理政策向完善技术法规、标准过渡，如2009年颁布实施第一个国家强制性标准《报废汽车回收拆解企业技术规范》，对规范行业管理具有重要指导意义。2010年以后，在国家大力促进节能减排的宏观背景下，报废汽车回收利用行业以绿色发展为指导，将拆解、再利用、再制造与生产、制造、维修结合起来，构建绿色汽车产业链，如《报废机动车回收拆解管理条例》等。但2001年颁布的《报废汽车回收管理办法》是行业最高法规，已实施18年之久，于2019年6月1日起废止。目前整个行业发生了翻天覆地的变化，该法规显然早已不能适应目前要求，尤其是该办法规定拆解后汽车五大总成只能作为废金属销售给钢铁企业，这既不符合国家倡导的节能减排要求，又严重影响正规回收企业经济效益，同时也促成了报废汽车流向非正规地下"黑市"。

2. 汽车拆解后废钢流失严重

我国汽车报废回收率一直在低位徘徊。由于"准报废车"价格低廉和政府监管不力，二手车商和非法经营企业变通手段灵活，他们大范围高价收购报废车辆，滋长了报废车流向二手车市场和地下"黑市"的不正之风。此外，报废程序烦琐、正规企业收购价偏低，使得车主更愿将车卖给地下非法企业。中国物资再生协会专家数据显示，2015年，我国汽车注销量为604万辆，报废汽车实际到正规厂的回收量约170万辆，仅占注销量的28%。

废钢是一种可无限次循环使用的可再生资源，用废钢炼钢的短流程工艺可大幅度节能、节水，并减少废气、废水、废渣的排放。有专家认为，每利用一吨废钢可以节约综合能耗60%，减少CO、CO_2、SO_2等废气排放量的86%，减少72%的废渣产生量，多用1吨废钢可减少1.6吨二氧化碳排放。报废汽车中含有69%的废钢铁、6%的废塑料、5%的废有色金属、5%的废橡胶和4%的废玻璃。以1 000万辆1.5吨的报废汽车为例，其中含有的废钢铁相当于河北钢铁2015年全年粗钢产量的 22%。2005~2014 年以来，各国废钢比如图 10-6-4 所示。

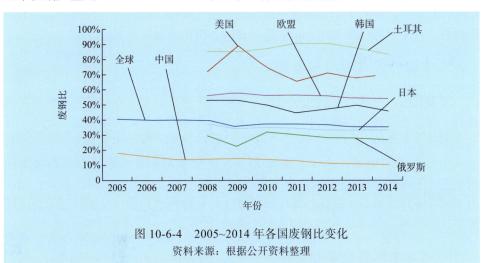

图 10-6-4　2005~2014 年各国废钢比变化

资料来源：根据公开资料整理

虽然中国废钢消费量居全球首位，但废钢比却是最低的。这是因为中国主要以长流程的转炉炼钢为主，电力成本高昂、废钢回收加工体系的不完善及废钢行业税收问题导致的不公平竞争等因素，制约着废钢资源的回炉炼钢，因此中国废钢比较低，且近年来还呈现下降的趋势。2001 年时废钢比还在 23%，到 2014 年这一比例已降至 11%，远低于全球平均水平。

我国相关法令侧重于报废环节，而对回收利用环节涉及不多。目前，正规企业将报废汽车拆解件（总成或零部件）、废钢直接销往国外，以提高自身生存能力。实际上，我国汽车报废拆解企业已成为汽车拆解场所和旧件出口网点，汽车废钢没有形成无限次可循环使用的可再生资源。汽车废钢铁市场规模仅占全钢铁链的 0.3%，占废钢铁回收链的 5% 左右。

3. 正规企业生存困难发展受限

（1）各地区管理部门针对报废回收企业提出的"应遵循属地化原则，不跨区域收车"的规定助长了回收报废企业的地方保护风气，不利于竞争和鼓励优秀企业做大做强。

（2）废旧钢铁价格持续走低、税收减免等优惠政策取消及国家税费体制改革，增加了企业成本负担（由于没有进项抵扣，汽车报废回收企业实际缴纳税率超过 20%），这一系列问题导致正规企业生存盈利困难，创新缺乏动力。

4. 拆解、检测设备技术落后

汽车回收企业拆解、破碎和材料分拣等技术落后，且技术装备科技含量低，拆解企业处于低水平简单拆解阶段，生产效率低，经济效益差。加之先进拆解和检测设备缺乏，导致大量可再使用或再制造的零部件不能得到有效利用而成为废旧材料，汽车零部件再利用、再制造的高附加值作用得不到充分发挥。

5. 管理与技术专门人才匮乏

随着我国汽车保有量的快速增长，我国汽车报废回收行业必将呈现快速发展趋势，对企业管理、市场运营、专业技术等人才的需求必将大幅增加。此外，在汽车轻量化、智能化、电动化的背景下，各种轻质、新型材料得到广泛应用，动力电池、燃料电池、电子控制单元等先进复杂零部件不断涌现，对报废回收从业人员的专业技能要求也越来越高。然而，我国汽车报废回收企业营利能力不强，无法对从业人员进行连续性、系统性专业技能培训，从而导致专业人才匮乏。

6. 动力电池报废形势堪忧

随着新能源汽车保有量的持续增长，未来车用动力电池的报废量也将大幅增加。2018 年起，中国动力电池将迎来"报废潮"，2018 年报废量将达 14.03 千兆瓦时，以锂电池回收价值 0.3 元 / 千兆瓦时计算，动力锂电池回收市场规模将接近 50 亿元。到 2020 年，动力电池报废量预计将超过 24.8 万吨，市场规模将突破 100 亿元，大约是 2016 年报废量的 20 倍，见图 10-6-5、图 10-6-6。

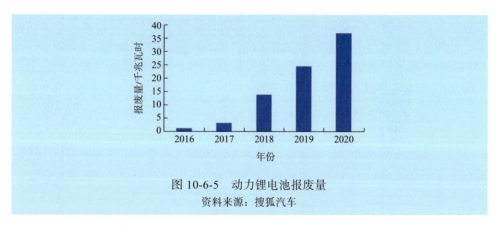

图 10-6-5　动力锂电池报废量
资料来源：搜狐汽车

如此大规模的"报废潮"，面临的却是严峻的回收形势，主要表现在：①政策法规支撑力和约束力不够，电池回收量少；②回收网络体系不健全；③回收处理技术滞后，回收再生企业规模较小、环保风险大。

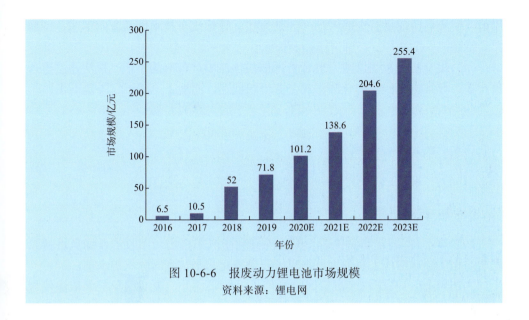

图 10-6-6　报废动力锂电池市场规模
资料来源：锂电网

6.3.2　原因分析

（1）近年来因制造业不景气，钢材厂家产能过剩、产量供大于求，导致从报废汽车上回收的废钢材价格低迷，回收企业利润微薄甚至生存困难。理论上用电炉炼废钢的利用率可以达到 90% 以上，但我国钢铁产量基数较大，传统钢厂仍使用转炉较多，导致废钢利用率长期徘徊在 20% 以下。国家应在废钢回收比例、财政、税收及电价等方面给予经济补贴，鼓励钢厂少用铁水、多用废钢，如果不抓紧时机大力发展短流程钢厂，我国就有可能出现既要大量进口铁矿石，采用能耗、排放大的工艺生产钢铁，又要把大量能耗低、排放低的废钢原料出口海外的怪现象。

（2）汽车报废回收相关法律法规缺失或不健全，行业多头管理现象严重，导致有利于节能减排和可持续发展的法律法规迟迟无法出台。2001 年出台的《报废汽车回收管理办法》，严禁报废回收企业对汽车五大总成进行再使用和再制造，使完好无损或只需用较小加工成本就能修复的五大总成不能继续使用或再制造加工，导致浪费极为严重。尽管业内专家多次呼吁尽早废止《报废汽车回收管理办法》，但新文件未出台时，《报废汽车回收管理办法》仍在制约报废回收企业的绿色可持续发展。2019 年 5 月，国务院总理李克强签署国务院令，公布《报废机动车回收管理办法》，自 2019 年 6 月 1 日起施行。国务院 2001 年 6 月 16 日公布的《报废汽车回收管理办法》同时废止。

（3）科学公正权威的第三方评估机构缺乏，导致对汽车使用后的生命周期耗材、耗能与排放缺乏正确判断，一些貌似公正、仅仅评价汽车使用阶段而不对使用前、使用后阶段进行全面考虑的评估方法，导致汽车技术创新方向不明、创新路径错谬。

（4）民众法律意识淡薄，监督管理部门执法不严，有法不依、执法违法等现象严重，导致报废回收的合法正规企业市场低迷，而地下"黑市"屡禁不止。

6.4　发展战略建议

6.4.1　发展目标

2020 年前：制定和完善适合国情的有利于汽车报废与回收产业绿色可持续发展的相关法律法规；我国汽车报废回收信息化水平达到国际先进水平。

2025 年前：我国汽车报废回收管理水平大幅提升，废旧汽车全部依法依规通过正常渠道报废与回收；完善废钢回收加工体系，报废汽车零部件、废钢资源的回炉炼钢比率大幅提升；报废汽车拆解设备、回收废钢短流程（电炉）设备、再制造加工检测设备和回收利用技术水平基本达到国际先进，部分达到国际领先。

至 2030 年：我国汽车回收报废水平达到国际先进水平。

6.4.2　发展对策与措施建议

1. 制定完善法律法规，严控报废汽车流向"黑市"

一是尽快出台《国务院关于修改〈报废汽车回收管理办法〉的决定》，允许报废汽车五大总成交售给零部件再制造企业，加强资源循环利用，增加正规报废回收企业的利润来源，提高正规企业的积极性。

二是依法重新设立报废汽车回收拆解企业资格认定制度，明确报废汽车拆解经营准入，对于不规范、不达标、不环保的回收拆解企业强制退出，确保报废汽车拆解行业健康有序发展。

三是为解决报废汽车流失问题，借鉴发达国家成功经验，制定汽车报废回收押金制度。

四是政府相关部门应依法从汽车报废、注销登记、回收拆解、道路行驶等多个环节强化对报废汽车的监管并建立长效机制，像打击"毒品"一样严禁报废车进入"黑市"，严防报废汽车、拼装车流向社会。

2. 大力推行绿色设计和绿色制造

对于汽车产品回收问题，回收工艺只决定产品回收效益的10%~20%，剩余的80%~90%由设计阶段决定。因此，通过推行生产者责任延伸制度，引导、激励汽车生产企业推行绿色设计和绿色制造，充分考虑汽车产品的可回收性、可拆解性、可再制造性，材料回收的可能性和回收处理方法等与回收相关的问题，积极采用可拆解性设计、可回收性设计，选用无毒、无污染材料及易回收、可重用、易降解材料，从源头上为提高汽车产品回收利用水平创造条件，并最大限度提升报废汽车的资源利用效率，降低环境污染。

3. 构建报废回收信息监管系统

建立汽车报废回收监测系统，加强回收各环节的信息监测势在必行。因为只有信息完整才能促进再生产品的流向精准化、透明化，故信息监管体系应贯穿汽车产品的整个生命周期，这对于报废回收环节尤为重要。

该体系（图10-6-7）应包括监管信息平台、绿色评估平台及执法平台。与此同时，还需要汽车生产企业、汽车报废企业、汽车回收企业及循环利用企业共同参与，从绿色设计制造的源头开始进行各类企业的充分互动（如汽车企业主动提供拆解技术资料），直到全生命周期的绿色产业链形成。

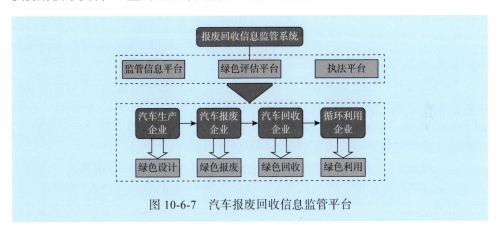

图 10-6-7　汽车报废回收信息监管平台

4. 积极推行再制造工程

再制造是面向全生命周期绿色制造的发展和延伸，是实现循环经济发展和资源高效利用的重要方式。一般再制造产品与制造新品相比，成本只有新品的50%，可以节能60%，节材70%，而且几乎不产生固体废物，大气污染物排放量可降低80%以上。再制造有利于形成"资源—产品—废旧产品—再制造产品"

的循环经济模式，可以充分利用资源，保护生态环境。因此，构建汽车生产企业、回收拆解企业及资源再生企业的协作机制，理顺产业链的上下游关系，制定汽车零部件循环使用标准规范，积极推进再制造工程，对促进报废汽车资源的高效循环利用非常有益。

5. 扶持废钢产业健康发展

针对目前我国废钢利用率低的问题，国家应制定多层次、多方面的法律法规体系，建立高效的废钢管理体制并疏通废钢流通渠道，推进先进技术在废钢加工处理中的应用。加强废钢回收、加工和配送基地建设，实现社会废钢铁资源的回收、拆解、加工、配送、利用一体化。对废钢回收、加工和配送企业给予税费优惠或价格补贴，对电炉炼钢用电给予优惠电价，调动废钢利用企业的积极性，鼓励钢铁企业提高废钢用量，扶持废钢产业健康发展，大力提高废钢比，减少铁矿石的开采和消耗，并遏制废旧汽车零件低价出口的不利局面。

6. 利用全生命周期评价方法指导报废汽车的管理与技术创新

应成立权威公正的第三方评估机构，构建汽车全生命周期使用前、使用中和使用后三阶段的评价体系和评价标准，既科学、客观地评价汽车报废与回收利用阶段的生态效益，又评价使用前、使用中的矿石资源、能源消耗与环境排放，力争使汽车全生命周期的生态效益最优。并以此为依据科学地确立汽车报废与回收的管理与技术创新方向、创新路径与创新手段，最大限度地提高报废汽车的循环利用效率。

本书课题组有关成员曾通过深入剖析汽车产品在使用前、运行使用中和报废回收后相互影响与相互制约的关系，构建了汽车使用前、中、后三阶段全生命周期"O-E-D"[1]评价模型与计算方法，并申请了如下三项发明专利（已公示）：

（1）汽车产品使用前的生态效益评价方法：201710223866.2[P]；

（2）汽车产品使用阶段的生态效益评价方法：201710223767.4[P]；

（3）汽车产品报废回收的生态效益评价方法：201610543155.9[P]。

---

[1] "O-E-D"评价模型指原材料获取、生产制造、运行使用和报废回收四个阶段的矿石物资（O）、化石能源（E）消耗（统称为资源消耗）和环境排放（D）生态评价模型。

第11篇
中国汽车发展问题及路径研究报告

第1章 战略地位和重要意义

工业革命以来，世界强国的兴衰史和中华民族的奋斗史一再证明，制造业是国民经济的核心主体，是立国之本、兴国之器、强国之基。没有强大的制造业，就没有国家和民族的强盛。当前，全球新一轮科技革命与产业变革同我国加快转变经济发展方式形成历史性交汇，国际产业分工格局正在重塑。我国按照"四个全面"战略布局要求，启动实施了制造强国战略，力争通过三个十年的努力，把我国建设成为世界制造强国，为实现中华民族伟大复兴的中国梦打下坚实基础。

汽车产业具有产业链长、关联度广、带动性强的特点，是我国制造业和国民经济的重要支柱，是社会文明和生态文明建设的重要支点，是实现新一轮技术革命和产业变革的重要载体，更是实现制造强国战略的重要支撑，在制造强国建设中承担着引领示范、转型拉动、协同融合的重要作用。美、日、德等国家的发展经验告诉我们，汽车强则制造强，制造强则国家强，建设汽车强国既是实现制造强国的基石，也是促进国民经济可持续健康发展的内在需求。

建设汽车强国是一项系统工程，更是一项历史性任务。汽车工业作为我国由制造大国向制造强国转变的战略核心领域，面临着新时期的诸多问题与挑战。如何把握前所未有的历史机遇、探寻一条具有中国特色的创新发展路径，将汽车工业建设成为引领中国制造业转型升级的龙头产业、实现汽车强国战略、建成和谐汽车社会，是我国政府和未来三十年汽车人面临的神圣战略使命。

第2章　汽车强国核心要素

　　观察百年以来汽车强国的发展历程和战略布局，可以发现各国取得强国地位的方法和路径不尽一致、各有特点，但却毫无例外地在以下五个方面高度相似：一是拥有国际化的品牌企业、二是具备强大的自主创新能力、三是形成了完善的零部件配套能力、四是拥有先进的制造水平作支撑、五是高度重视新兴领域，此即构成汽车强国的五大核心要素（图11-2-1）。

图 11-2-1　构成汽车强国的五大核心要素

2.1　要素一：具备国际竞争力的汽车品牌

　　拥有具备国际竞争力的汽车品牌是一个国家成为汽车强国的重要标志，是构成汽车强国的中坚力量。而国际竞争力则具体表现在以质量和效益为支撑的经营规模、品牌价值、国际市场等方面，美国、日本、德国等公认的汽车强国在上述方面均牢牢占据着统治地位。

　　从车企销量规模来看，根据 2016 年全球汽车集团销量排行榜，美、日、德三大汽车强国几乎瓜分了全球汽车销量排名前十的席位。德国大众集团销量超千万，成为 2016 年全球销量冠军，奔驰与宝马也以稳定的销量占据一定的市场份额；日本丰田多次蝉联全球销量冠军，2016 年以近千万的销量紧追大众，外加日产、本田、铃木等企业的强势发挥，使得日本成为全球销量榜中成员最多的国家；美国通用、福特、克莱斯勒则稳定占据十强席位中的 5、6、8 名。总体而言，传统汽车强国在销量榜中均有不俗的品牌表现（表 11-2-1）。

表 11-2-1　2016 年全球汽车品牌销量排行榜

排名	集团	2016 年销量 / 万辆	市场份额	国家
1	大众	1 011	11.1%	德国
2	丰田	995	10.9%	日本
3	雷诺—日产联盟	851	9.4%	法国、日本
4	现代起亚	818	9.0%	韩国
5	通用	797	8.8%	美国
6	福特	630	6.9%	美国
7	本田	491	5.4%	日本
8	菲亚特克莱斯勒[1)	486	5.4%	意大利、美国
9	标致雪铁龙	325	3.6%	法国
10	铃木	286	3.1%	日本
11	梅赛德斯戴姆勒	245	2.7%	德国
12	宝马	235	2.6%	德国

1) 2014 年，克莱斯勒被菲亚特集团并购
注：销量数据仅包含乘用车与轻型商用车
资料来源：Fucos2move

　　从品牌价值来看，根据英国价值及战略咨询公司 Brand Finance 发布的 2017 年汽车品牌价值榜，美、日、德三国掌握了全球价值最高的十大整车品牌，其中德国汽车品牌占了半壁江山，另外 5 席由美国和日本汽车品牌分占。全球价值最高的十大汽车品牌均以百亿美元计，其中丰田、宝马、奔驰超过 300 亿美元，牢牢占据第一梯队；大众、日产、福特及本田品牌价值达到 200 多亿美元，紧随其后；而奥迪、保时捷与雪佛兰则处于第三梯队，价值在 100 亿美元以上，美、日、德三国汽车强国的地位可见一斑（图 11-2-2）。

图 11-2-2　2017 年全球汽车品牌价值排行榜

要成为具备国际竞争力的汽车品牌，优秀的海外市场表现也是必要条件之一。以美、日、德三国代表性车企为例：2016 年通用集团在美国本土销量约为 304 万辆，而全球销量则达到 797 万辆，海外市场占比为 61.9%；而日本丰田与德国大众的海外市场占比则达到了惊人的 77.6% 与 88.2%（表 11-2-2）。美、日、德三国的龙头企业在海外的销量均远远超过本土，充分说明它们的品牌影响力不仅限于国内，更扩大至全世界。

表 11-2-2　2016 年几大主要车企市场分布情况

序号	企业	国家	海外销量 / 万辆	本土销量 / 万辆	海外市场占比
1	通用	美国	493	304	61.9%
2	丰田	日本	772	223	77.6%
3	大众	德国	892	119	88.2%

资料来源：Marklines

综上所述，拥有具备国际竞争力的国家品牌，是汽车强国的重要表征，更是工业体系、经济规模的核心支撑。因此，发展自主企业，培育打造具备国际竞争力与影响力的汽车品牌，是汽车强国战略的重要抓手之一。

2.2　要素二：可持续发展的自主创新能力

汽车工业是典型的技术密集型产业，一国汽车工业的强大必须建立在持续不断的自主创新之上，而自主创新又与研发投入、研发产出、专利数量、创新体系等息息相关。从美国、日本、德国的发展历程来看，三大汽车强国在上述各方面均有较高的建树。

从研发投入来看，美国、日本、德国长期位居世界前三。根据普华永道统计，2005~2016 年全球研发投入 20 强中，汽车行业共计入围 64 次，日本和德国分别为 22 次，美国为 20 次，三强瓜分全部入围名次。其中，德国大众、日本丰田、美国福特各占据榜首 5 次、3 次、1 次，强国地位与研发投入强度高度吻合（表 11-2-3）。

表 11-2-3　2005~2016 年全球研发投入 20 强车企入围情况

排名	2005 年	2006 年	2007 年	2008 年	2009 年	2010 年	2011 年	2012 年	2013 年	2014 年	2015 年	2016 年
1		福特	丰田	丰田	丰田			大众	大众	大众	大众	大众
2				通用				丰田				
3		丰田	福特				大众					
4	福特	戴姆勒										
5	戴姆勒	通用	戴姆勒		通用	丰田						
6	丰田		通用	福特		大众			丰田			
7	通用			大众			丰田			丰田		
8					大众					丰田		
9												
10							通用	通用				丰田
11									通用	通用		
12										戴姆勒	戴姆勒	
13		大众	大众					戴姆勒	本田		通用	通用
14	大众								戴姆勒			
15										福特	福特	福特
16								本田				戴姆勒
17	本田			本田	本田		本田			本田		
18				博世			戴姆勒					
19					本田							
20		本田	本田			戴姆勒						

资料来源：普华永道《2016 年全球创新 1000 强》

从研发产出来看，百年以来的汽车突破性技术基本被三强所垄断。19 世纪末，德国率先发明汽油机及柴油机，推动汽车工业告别蒸汽机时代。此后美国开始量产 4AT，自动变速器逐步取代手动变速器成为主流；20 世纪 60 年代美国开发出发动机电喷系统，化油器逐步退出舞台；20 世纪 80 年代日本导航系统、德国 ESP 系统等又标志着汽车由机械化向电气化迈进；而日本普锐斯及 Mirai、美国通用 EV1 等车型的出现，则代表着汽车电动化的新潮流。三大汽车强国的研发产出，屡次改变全球汽车产业格局，引领着技术不断升级发展（图 11-2-3）。

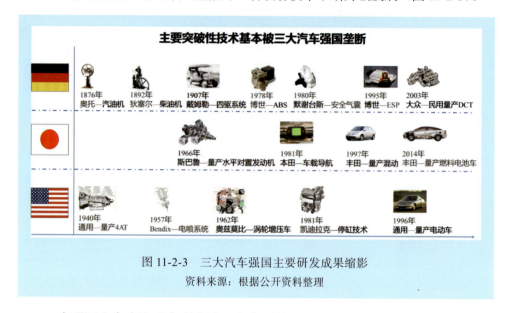

图 11-2-3 三大汽车强国主要研发成果缩影

资料来源：根据公开资料整理

　　三大强国也高度注重专利申请，在专利数量方面保持绝对领先优势。德温特世界专利索引（Derwent World Patents Index，DWPI）统计显示，2009~2013 年汽车领域新增专利前十强基本被美系（通用）、日系（丰田、电装、本田、三菱、精工爱普森）、德系（博世、戴姆勒、大陆）所包揽。其中，丰田该阶段新增专利数已超过 7 000 个，位居全球第一。专利数量优势可以持续巩固车企的技术领先地位，充分压制、制约竞争对手。

　　同时，三大强国均建立了完善的产业技术创新体系。例如，美国汽车产业共性技术创新平台、德国弗劳恩霍夫协会、日本汽车内燃机研究协会等，广泛联通了政府、企业、科研机构、高校的资源，形成了技术基础研究、应用研究、产业化研究的完整链条，对技术创新起到了突出的支撑作用。

　　因此，由强大的研发投入、持续的研发产出、充足的专利积累、完善的科研体系等构成的自主创新能力，是汽车强国长期屹立不倒的法宝，是构成汽车强国的必备要素，极为关键、不可或缺。

2.3　要素三：完善的零部件配套能力

　　汽车工业是典型的金字塔型产业，完善的零部件配套体系和强大的配套能力是支撑汽车产业健康持续发展的基础，是成为汽车强国的核心要素之一。

汽车强国拥有强大的零部件工业。美国、德国、日本能成为汽车强国，不仅依靠于国际一流的整车企业，更依靠于实力强大的汽车零部件配套体系。上述国家的零部件行业与汽车行业基本同步发展，甚至超前于汽车行业。2015 年全球营业收入 100 亿美元以上的 21 家零部件企业中，美国、日本、德国占有 16 家，其依托世界领先的零部件企业构建各自强大的零部件工业，支撑汽车产业的持续发展。全球汽车零部件企业排名见表 11-2-4。

表 11-2-4　全球汽车零部件企业排名

企业	国家	2017 年全球排名	2016 营业收入 / 亿美元
罗伯特·博世	德国	1	465
采埃孚	德国	2	384.65
麦格纳国际	加拿大	3	364.45
电装	日本	4	361.84
大陆	德国	5	326.8
爱信精机	日本	6	313.89
现代摩比斯	韩国	7	272.07
佛吉亚	法国	8	207
李尔	美国	9	185.58
法雷奥	法国	10	173.84
安道拓	美国	11	168.37
德尔福汽车	美国	12	166.61
矢崎	日本	13	156
延锋	中国	14	129.91
住友电工	日本	15	128.35
马勒	德国	16	121.73
松下汽车系统	日本	17	119.88
蒂森克虏伯	德国	18	109.86
舍弗勒	德国	19	108.83
捷太格特	日本	20	107.78

资料来源：Automotive News《2017 年全球零部件企业排名》

美国、日本、德国均在关键零部件领域构建了自主可控的供应体系（图 11-2-4），支撑整车企业做大做强。例如，德国博世在底盘系统、能源与车身系统、汽车多媒体系统、汽车电子系统等方面构建强大的系统集成配套能力，尤其在燃油喷射系统、车身稳定系统等细分市场占据主导地位，支撑大众、宝马等企业实现全球化扩张。与此相同的是，日本电装、爱信及美国德尔福、博格华纳在汽车电子、自动变速器等领域形成了强大的配套支撑体系，巩固着整车企业的全球优势地位。

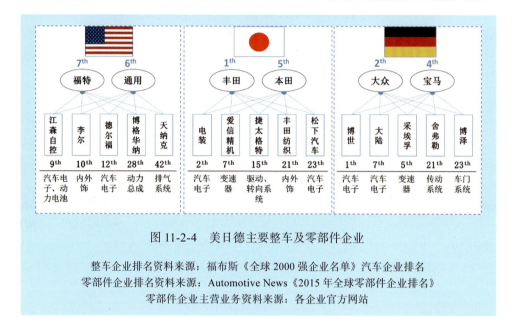

图 11-2-4　美日德主要整车及零部件企业

整车企业排名资料来源：福布斯《全球 2000 强企业名单》汽车企业排名

零部件企业排名资料来源：Automotive News《2015 年全球零部件企业排名》

零部件企业主营业务资料来源：各企业官方网站

零部件模块化供应能力强。汽车强国普遍拥有国际领先的一级供应商，通过模块化供应，提供系统化解决方案，助力整车企业平台化发展，提高产品竞争力。如在智能网联汽车方面，博世、大陆、电装、德尔福均能提供 ADAS 系统解决方案，帮助整车企业大幅缩短研发周期，快速抢占新兴市场。

2.4　要素四：先进的制造水平和支撑体系

世界各国在工业领域的竞争，集中体现在制造水平的先进性竞争，先进制造技术的发展事关国民经济兴衰，制造技术在各个国家的企业生产力的构成中占55%~65%。汽车制造是制造业的重要组成部分，先进的汽车制造水平和支撑体系是汽车强国的基石。美国、日本、德国等汽车强国在基础材料、制造工艺、关键设备、产品品质、企业管理等方面都各具优势。

在基础材料层面，新材料产业已经渗透到了国民经济的各个领域，是产业发展的基础。目前，美国在新材料研究领域拥有超过 200 所科研机构，为世界之最，欧洲、日本拥有超过 100 所新材料科研机构，形成了强大的基础材料研究能力。各大科研机构不断开发出各种先进材料，如德国已将碳纤维材料产业化，并在宝马 i3、i8 上实现规模化应用。

在制造工艺层面，各国著名车企都有各自原创性的先进制造工艺、相关专利及设备，如通用汽车为旗下科尔维特车型打造了一套先进制造工艺，其采用热熔钻制造工艺、铝合金电阻点焊、激光焊接技术、激光感知检验等工艺，实现超高强度车身的同时可使装配公差精确 25%；福特采用微量润滑工艺，可减少工件加工过程中摩擦系数 0.1~0.2，生产过程节水 30%。

在关键设备层面，美国、德国、日本等制造强国都拥有庞大的机床研发体系，拥有世界最先进的机床制造技术。美国在工程机械和智能测控装置方面，德国和日本在数控机床、数控系统和液压件方面世界领先，其中德国宝马部分工厂已采用全自动化生产线。

在产品品质层面，质量已成为制造业乃至国家核心竞争力的象征。据《汽车之家 2015 年乘用车质量可靠性报告》，各汽车品牌每百辆车故障报告数排名前 20 的厂商中，日系厂商独占鳌头，入选 8 席，德系和美系厂商分别有 4 席和 1 席入选[①]（图 11-2-5）。

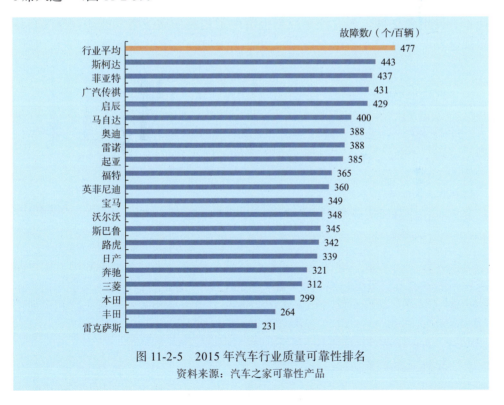

图 11-2-5　2015 年汽车行业质量可靠性排名
资料来源：汽车之家可靠性产品

[①] https://www.autohome.com.cn/news/201603/886371.html。

在企业管理层面，汽车行业应建立涉及供应链管理、生产管理、质量管理等方面的成熟体系来降低风险，保证稳定产出。德国擅长在流程和规则上避免犯错误，其汽车质量体系已成为全球质量管理体系的标杆；丰田追求细节，建立了精益管理模式，通过对价值、价值流、需求拉动等方面的优化，持续降低生产成本，提升产品质量。

2.5 要素五：推动产业发展的新动能

当前，以万物互联、大数据、云计算、人工智能等为代表技术的新一轮科技变革方兴未艾，正在引领全球制造业的全面转型升级。在此过程中，汽车产业呈现出与能源、材料、电子、信息等相关产业融合发展的趋势，产业技术低碳化、智能化、网联化、轻量化方向更加明晰。

掌握以"低碳化、智能化、网联化、轻量化"为代表的产业发展新动能，形成长期持久推动力，是汽车强国的必备要素。世界汽车强国已纷纷出台相应指导性纲领文件，各大汽车强企也制定了相关发展战略，推动自身汽车技术加速发展（表 11-2-5）。

表 11-2-5　全球汽车强国及汽车强企主要战略

类别		主要战略	发展方向
国家战略	美国	《电动汽车普及大挑战蓝图》《智能交通系统战略计划 2015-2019》	新能源 智能化 智能交通体系
	欧洲	《欧盟 2020 年战略创新计划》《智能交通系统发展行动计划》	低 CO_2 排放 智能交通体系
	日本	《日本汽车战略 2014》《下一代汽车战略 2010》	新能源 低能耗 自动驾驶与智能交通
企业战略	福特	《移动出行蓝图 2050》《气候战略 2030》	低碳化 移动出行服务 自动驾驶
	大众	《共同战略 2050》	电气化 数字化 自动驾驶
	丰田	《气候挑战 2050》《智慧出行社会》	CO_2 零排放 智慧出行社会 自动驾驶

资料来源：根据公开资料整理

　　我国也已将发展新能源汽车上升为国家战略，2016 年我国新能源汽车生产 51.7 万辆，销售 50.7 万辆，比上年同期分别增长 51.7% 和 53%，市场发展迅速，但整体技术水平仍有待提升。智能汽车、网联化发展、汽车轻量化等关键技术也取得突破，但距离全球领先水平还存在差距。我国要成为"汽车强国"，必须抓住机遇，在智能化、网联化、低碳化、轻量化方面快速提升实力，实现弯道超车。

第3章　主要问题

3.1　自主品牌缺乏国际竞争力

经过近年来的蓬勃发展，我国已成为全球最大的汽车市场。2016年我国轻型车销量达到2 795万辆，占据全球30%的市场份额，成为名副其实的汽车大国（图11-3-1）。但缺少世界领先的龙头企业和具备国际竞争力的国家品牌，较大程度上阻碍了我国向汽车强国发展的步伐。

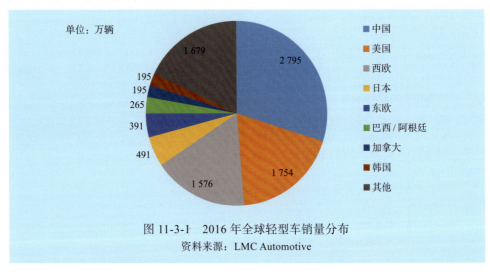

图11-3-1　2016年全球轻型车销量分布

资料来源：LMC Automotive

3.1.1　销量规模差距明显

与国际领先品牌相比，自主品牌在企业销量规模方面还存在差距。2016年销量最高的15家汽车企业中，德国大众、日本丰田均在千万辆级别，美国通用与福特均超过500万辆。自主企业方面，上汽与长安虽进入15强，但自主车型销量均未超过200万辆，与传统汽车强国企业相比差距明显（图11-3-2）。需要注意的是，这种差距不仅体现在销量规模上，在衡量企业内在素质的相关指标（如营收、盈利和效益等）上更为明显。

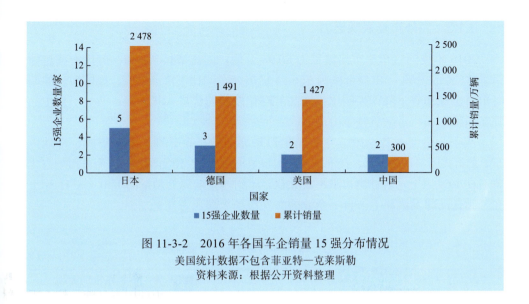

图 11-3-2　2016 年各国车企销量 15 强分布情况

美国统计数据不包含菲亚特—克莱斯勒

资料来源：根据公开资料整理

3.1.2　品牌价值扎堆中低端

在 2017 年汽车品牌价值 100 强榜单中，我国自主品牌共占据 15 个席位，在数量上与美国、日本相差不大，甚至还超过德国（图 11-3-3）。但从名次分布情况来看，我国品牌普遍分布在靠后的席位；而美、日、德三国品牌基本集中在靠前席位。品牌价值扎堆中低端现象与我国自主汽车起步晚、积累薄弱、产品价格偏低、产品品质有待提升等因素密切相关，需大力改进和着重提升。

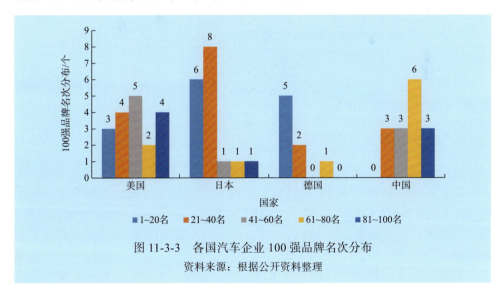

图 11-3-3　各国汽车企业 100 强品牌名次分布

资料来源：根据公开资料整理

3.1.3 海外市场表现乏力

2016 年我国汽车整车出口量为 80.98 万辆，同比增长 7.19%，但仅占据总体销量 2.8% 的份额；出口金额为 766.54 亿美元，同比下降 4.24%。规模增长的同时出口金额却有下降，表明出口产品低端化发展趋势进一步加剧，凸显了自主品牌在国际市场严重缺乏竞争力。

从企业角度来看，2016 年整车出口量靠前的车企分别是上汽集团、奇瑞汽车、北汽集团、华晨汽车、江淮汽车，出口量均在 5 万~10 万辆左右，海外市场占比普遍在 10% 以下，合计出口量不足大众、丰田等企业海外销量的 1/10（表 11-3-1）。在国际化品牌发展路上，自主企业的海外市场表现还需显著加强。

表 11-3-1　2016 年我国汽车出口量排名

排名	企业	2016 年出口量 / 万辆	2016 年销量 / 万辆	海外市场占比
1	上汽集团	11.8	648.9	1.8%
2	奇瑞汽车	8.8	70.5	12.5%
3	北汽集团	8.8	284.7	3.1%
4	华晨汽车	5.7	85.6	6.7%
5	江淮汽车	5.7	64.3	8.9%

资料来源：中国海关统计数据

3.2　自主创新能力相对薄弱

对照美、日、德自主创新所取得的成就，我国在研发投入、研发产出、专利数量、创新体系四方面明显落后，总体创新能力薄弱。

3.2.1 研发投入力度不足

从研发投入规模来看，根据欧盟发布的 2016 全球企业研发投入百强结果，全球车企共上榜 11 家，其中美国 2 家，共投入 130.43 亿欧元；德国 5 家，共投入 330.4 亿欧元；日本 4 家，共投入 206.29 亿欧元，而国内无一家车企进入百强，仅上汽集团、比亚迪进入前 300 名，但合计投入不足 20 亿欧元，远远落后于上述区域。

从研发投入占比来看，据普华永道统计，2005~2016 年，美国汽车产业研发投入占比平均值为 3.79%，最高达到 4.3%；日本汽车产业研发投入占比平均值为4.18%，最高达到4.6%；欧洲汽车产业研发投入占比平均值为4.36%，最高达到4.8%。而我国汽车产业研发投入占比平均值仅为2.15%，最高仅为3%，长期处于落后状态（图11-3-4）。

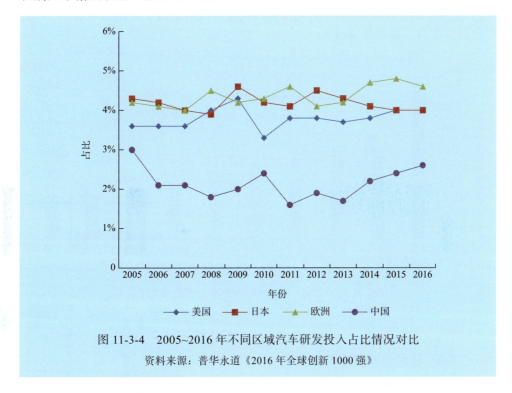

图 11-3-4　2005~2016 年不同区域汽车研发投入占比情况对比

资料来源：普华永道《2016 年全球创新 1000 强》

3.2.2　核心技术产出不足

我国汽车工业发展至今，虽然通过"引进—消化—吸收—创造"逐步形成了一批技术成果，但核心领域突破性成果较少，部分关键技术依然受制于人。以发动机电控技术为例，自主企业基本依靠博世、德尔福、电装、大陆集团等企业进行开发，无法独立进行设计和标定，受制约现象极为突出。此外，少数企业虽自主开发出部分核心技术如高压共轨技术、涡轮增压技术、液力变矩器技术等，但在主要技术参数、可靠性、成熟度等方面依然与外资企业存在差距，难以实现大规模应用。

3.2.3　技术专利持有量不足

如图 11-3-5 所示，从 2015 年全球车企专利持有量前十来看，美国车企入围 2 家，共计持有专利 3 412 件；日本车企入围 4 家，共计持有专利 9 610 件；德国车企入围 2 家，共计持有专利 3 965 件。而中国车企仅北汽福田 1 家入围，专利持有量仅为 1 223 件，相当于美国和德国的 1/3，日本的 1/8，而我国基础、原创、高价值的核心专利相对更少。在专利缺失的局面下，自主品牌被迫外购产品或缴纳高额的专利许可费，对自主品牌的长远发展造成了严重的阻碍作用，需要得到高度的重视并尽快改善。

图 11-3-5 2015 年全球车企专利发明数量前十
资料来源：汤森路透《2016 年全球创新报告》

3.2.4 技术创新体系有待完善

经过多领域、多学科、多方面的协同，我国汽车产业初步形成了以政、产、学、研为主体的技术创新体系，创建了汽车轻量化技术创新战略联盟、智能网联汽车产业技术创新战略联盟、电动汽车产业技术创新战略联盟等多个产业技术创新联盟和共性技术研发平台。但相比发达国家，我国汽车产业技术创新体系仍不完善，存在着资源分散重复、合作互动不充分、研发产出不明显、成果转化能力不强等诸多问题，并未真正将各方面的资源广泛联通，距形成从基础研究、应用研究到产业化推广的完整链条还存在着较大的差距。

3.3 零部件配套水平和体系仍需加强

目前，我国已建立较完整的零部件供应体系，但仍存在以下突出问题：零部件企业多而散、自主关键零部件缺失、模块化供货能力弱等，阻碍了自主零部件配套能力的提升，难以支撑建设汽车强国的战略目标。

3.3.1 企业多而散现象突出

据统计，目前国内约有 10 万家零部件生产企业，其中年产值达 2 000 万元规模以上企业约 1.3 万家，占比不足 15%。从企业性质分布来看，小型企业占65%，中型企业占 26%，但大型企业仅占 9%（图 11-3-6）。从企业规模来看，自主品牌零部件企业规模普遍较小，整体实力与全球领先企业差距很大。

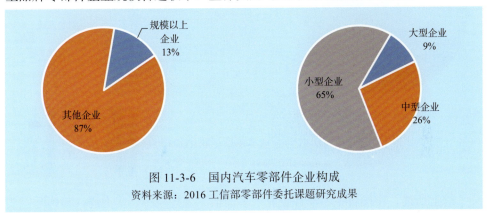

图 11-3-6 国内汽车零部件企业构成

资料来源：2016 工信部零部件委托课题研究成果

自主零部件企业营利能力普遍偏弱。从销售额及产品来看，国内自主汽车零部件企业占国内零部件企业总数 80% 以上，而销售额却只占 20%，且 90% 的自主产品集中在中低端等低附加值领域。从盈利率来看，由于高附加值的关键零部件领域均被外资品牌垄断，国内行业平均利润率不足合资及外资企业的 50%，不利于自主企业长远发展（图 11-3-7）。

图 11-3-7 国内汽车零部件利润率

资料来源：2016 工信部相关零部件课题研究成果

自主企业国际竞争力严重不足。我国作为全球第一大汽车市场，仅有两家零部件供应商进入全球前 100 名，普遍以规模取胜，主要业务也集中在轮胎、内外饰等非核心零部件，整体实力无法与国际巨头零部件企业抗衡（图 11-3-8）。

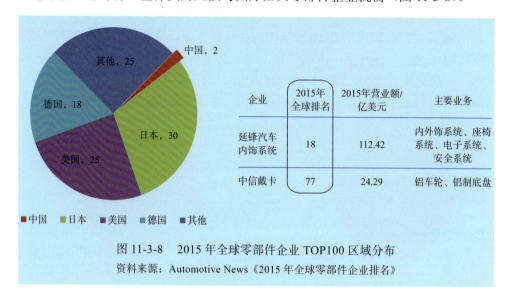

企业	2015年全球排名	2015年营业额/亿美元	主要业务
延锋汽车内饰系统	18	112.42	内外饰系统、座椅系统、电子系统、安全系统
中信戴卡	77	24.29	铝车轮、铝制底盘

图 11-3-8   2015 年全球零部件企业 TOP100 区域分布

资料来源：Automotive News《2015 年全球零部件企业排名》

综上所述，中国自主零部件企业"多而散"且规模小、实力弱，与国际巨头集团差距明显，没有成型的规模企业，难以支撑中国汽车产业转型升级。

3.3.2   关键零部件配套依赖外资

中国汽车零部件行业体量规模不断扩大，但国内自主零部件企业技术实力远低于外资企业，且同质化的恶性竞争、价格竞争及企业创新投入不足，产品核心竞争力薄弱，同时受到外资技术壁垒封锁。当前，国内动力总成、自动变速箱、电子电器系统等关键零部件依赖外资企业供应，尤其在燃油供给系统、点火系统、能源专用部件等部分关键、高精尖、高附加值零部件产品上，基本处于空白，由外资控制供给。自主核心零部件的缺失使国内汽车产业发展受制于外资企业，难以实现产业转型升级。

以动力总成为例，大部分自主品牌在电喷系统、高压 GDI、涡轮增压器、新型进排气系统、点火系统、变速箱电磁阀、离合器、CVT 钢带等高精密度、高附加值领域普遍依赖外资供应商，少数企业虽已自主开发出部分产品，但在主要性能参数、可靠性、成熟度等方面依然与外资产品存在差距，难以实现大规模应用（表 11-3-2）。

表 11-3-2　我国汽车动力总成核心部件对外依存情况

类别 / 国别	美国	日本	德国
电喷系统	德尔福	电装	博世、大陆
高压 GDI	德尔福	电装	博世、大陆
涡轮增压器	博格华纳、霍尼韦尔	石川岛	KKK
新型进排气系统	博格华纳、德尔福	日立	舍弗勒
点火系统	CHAMPION	NGK	博世
变速箱电磁阀	博格华纳、伊顿	东测	博世
离合器	博格华纳	EXEDY、小仓	法雷奥、LUK
CVT 钢带	博世		

资料来源：根据公开资料整理

3.3.3　模块化供货能力弱

模块化供货对零部件企业的生产管理水平、装配劳动生产率、成本控制能力、电子化水平等都提出了严格要求。目前，我国零部件企业在上述方面与外资企业的差距很大，尤其在集成化、电子化方面，由于技术落后，大部分零部件企业只能生产初级的劳动密集型、低附加值产品，基本上不具备为整车企业提供单个或多个完整功能部分的能力，与整车企业只能实行二、三级配套，难以进入一级配套供应商行列（图 11-3-9）。

图 11-3-9　2015 年中国自主汽车零部件百强企业领域分布图

3.4 基础支撑能力较为薄弱

我国汽车制造业经历了从引进吸收到自主创新的快速发展阶段，已经具备了较为完整的制造技术体系和强大的工业生产能力，涌现了一批知名的中国汽车品牌，部分已经走向海外市场，然而，我国汽车制造业总体水平与欧、美、日等发达国家和地区仍存在明显差距。

3.4.1 关键材料保障能力不足

经过多年发展，我国基础材料在产业规模、技术进步等方面取得明显成就，基础材料体系基本形成，但大型跨国公司凭借技术研发、资金、人才等优势，以技术、专利等作为壁垒，已在大多数高技术含量、高附加值的新材料产品中占据了主导地位，我国关键材料对外依存度较高。一是部分材料仍然停留在实验室技术研发阶段，国内尚未实现产业化，完全依赖进口，如碳纤维复合材料在美、日、德等汽车强国已在很多外饰件和结构件上采用，而该材料在我国汽车领域的应用处于起步阶段；二是国内拥有生产能力，但产量、性能和质量不能满足要求。

3.4.2 先进制造工艺差距较大

近年来，我国基础制造工艺有了大幅提升，正逐步缩小与国际领先水平之间的差距，但仍然存在着一些不足，集中体现在优质、高效、节能、节材的先进基础制造工艺普及程度不高，模具精度、寿命同发达国家相比还较为落后（表 11-3-3），能源消耗、材料利用率及污染排放与国际先进水平相比差距较大。

表 11-3-3 国内外模具精度与寿命对比

类目	名称	发达国家	国内
模具精度比较	塑料模型腔精度	0.005~0.01 毫米	0.02~0.05 毫米
	压铸模型腔精度	0.01~0.03 毫米	0.02~0.05 毫米
	锻模	0.02~0.03 毫米	0.05~0.1 毫米
模具寿命比较	塑料模（淬火钢模）	160 万 ~300 万次	50 万 ~100 万次
	压铸模（铝压铸）	100 万次	20 万次
	锻模（精锻模）	30 万 ~60 万次	10 万 ~30 万次

资料来源：根据公开资料整理

3.4.3 关键制造设备主要依赖进口

我国关键设备缺乏市场竞争力，高、中档数控机床竞争力不强，自主机床可靠性不足，在质量稳定性和可靠性方面与国际先进水平还存在明显的差距，设备早期故障率较高，精度稳定性周期性短、工程能力指数、平均无故障时间等指标都低于国际先进水平，如平均无故障时间仅为国外产品的1/6~1/2，精度稳定性周期仅为1/3~1/2（表11-3-4），导致国内全数字高档数控装置、精密轴承等设备大多依靠进口，进一步加大了企业投资和运行成本，制约了企业市场竞争力。

表 11-3-4　国内外数控机床关键指标对比

类目	发达国家	国内
工程能力指数（CPK 值）	≥ 1.67	≥ 1.33
平均无故障时间	2 000 时	800 时
精度稳定性周期	5~10 年	2~3 年

资料来源：根据公开资料整理

3.4.4　产品质量尚待进一步提高

中国汽车产业经过多年的发展，整车及零部件产品综合质量水平有了明显提升，如整车方面 PP100 数值已由 2005 年的 380 大幅降至 2017 年的 112（图 11-3-10），但与国际品牌仍有一定差距，整车及零部件产品质量尚待进一步提高，急需树立国产汽车的质量品牌形象。

图 11-3-10　2007~2017 年汽车自主品牌和国际品牌 PP100 数值比较
资料来源：J. D. Power. 中国新车质量研究（IQS）

3.4.5 管理体制较为落后

我国汽车企业管理与国际先进水平的差距还比较大，企业之间管理水平相差很大，有的企业仍处于经验管理阶段，有的企业处于科学管理阶段，有的企业已进入现代管理阶段，大多数企业还没有建立起与社会主义市场经济体制相适应的管理制度。同时，我国汽车工业多头管理、重复管理严重，政策法规缺乏系统性、科学性、连贯性。管理体制的落后制约了我国制造水平的稳步提升，需进一步完善。

3.5 新动能培育尚显不足

3.5.1 新能源汽车技术需要进一步提升

续驶里程是电动汽车技术进步的重要标志。近年来，我国电动汽车续驶里程不断提升，但截至目前 300 千米以上乘用车产品仍然较少，里程焦虑成为影响消费者购买的重要因素（表 11-3-5）。

表 11-3-5　典型纯电动乘用车产品续驶里程对比

车型		厂家	级别	续航里程 / 千米
自主品牌	比亚迪 E6	比亚迪	A 级	316
	江淮 IEV5	江淮	A 级	240
	北汽 EU260	北汽新能源	A 级	260
	吉利帝豪 EV	吉利汽车	A 级	330
国外品牌	特斯拉 model S	特斯拉	B 级	526
	特斯拉 model X	特斯拉	B 级	424
	宝马 Active E	宝马	B 级	240
	日产聆风	日产	A 级	200

资料来源：根据公开资料整理

动力电池是影响纯电动汽车续驶里程的核心部件，国外正极材料普遍采用镍钴锰或镍钴铝材料，或与尖晶石锰酸锂材料混合使用，能量密度相对较高。国内正极材料目前采用磷酸铁锂居多，比能量提升存在瓶颈。同时，在动力电池系统集成方面，如热管理技术、安全性、可靠性和耐久性等，国际领先企业体现出很高的技术水平，电池系统的比能量达到 130 瓦时 / 千克，质保达到 8 年 /16 万千米。我国磷酸铁锂动力电池系统的比能量达到 90 瓦时 / 千克，镍钴锰三元材料动力电池系统的比能量达到 110 瓦时 / 千克，寿命为 5 年 /10 万千米的质保要求，差距明显。

燃料电池方面，"十三五"期间，我国也重点部署了车用燃料电池的发展。目前国内乘用车已开始试产，但关键参数仍与国外同期产品存在一定差距（表 11-3-6），同时已有多辆客车搭载燃料电池并开始量产准备。总体来看，行业基础仍然较弱，关键材料和部件大多依赖进口，燃料电池发动机成本居高不下，耐久性、环境适用性等方面存在技术瓶颈。燃料电池汽车整体尚处于开发初期，市场待培育。

表 11-3-6　国内外燃料电池汽车性能对比

车型名称	上汽上海牌	上汽 F-cell	戴克 F-Cell	本田 Clarity	丰田 FCHV	通用 Provoq
整备质量 / 千克	1 833	1 890	1 700	1 625	1 880	1 978
0~100 千米 / 时加速时间 / 秒	15	15	10	11	Na	8.5
最高车速 /（千米 / 时）	150	150	170	160	155	160
续驶里程 / 千米	300[1]	300[1]	616[2]	570	830[3]	483
电池功率 / 千瓦	55	30	80	100	90	88
储氢压力 / 兆帕	35	35	70	70	70	70
冷启动温度 /℃	−10	−10	−25	−30	−30	−25
电机功率 / 转矩 /（千瓦 / 牛·米）	90/210	88/210	100/290	100/260	90/260	150/Na

注：1 表示中国城市循环工况；2 表示 NEDC 工况；3 表示 EPA 工况；Na 表示未采集到相关数据
资料来源：根据公开资料整理

3.5.2　智能化核心技术缺失，行业研发不协同

目前，美、日、欧在智能汽车技术领域形成了三足鼎立的局面。欧洲具有世界领先的汽车电子零部件供应商和整车企业，其基于自车传感器的自动驾驶技术相对领先。日本的交通设施基础较好，自动驾驶技术水平方面也在稳步推进。美国重点在于智能汽车网联化，通过政府强大的研发体系，已快速形成了基于V2X 的智能汽车产业化能力。

我国智能汽车领域的技术基础、研发能力、相关产业链虽发展较快，但差距仍然明显。在车载视觉、激光雷达、毫米波雷达等高性能传感器及汽车电子、电控系统、专用芯片等关键基础零部件领域，核心技术和产品主要被国外企业掌握，我国自身掌握的技术和积累远远不够。

此外，自主零部件企业相对弱小，行业缺乏有效协同研发机制。

3.5.3　网联化与信息产业融合需进一步加强

目前，美、日、欧等发达国家和地区已建立并形成了较完善的 V2X 测试评价标准、法规及相应的测试评价能力和设施。以网联化汽车发展带动传统汽车产业、信息通信产业、电子产业的格局已初步形成。而我国还处于技术追赶阶段，在网联化相关的测试标准、方法、设施方面存在严重不足，缺乏系统性和完整性。

再者，中国虽有强大的互联网产业基础，但过分偏重销售和服务端，与汽车产业的结合尚停留在信息服务、后市场等领域，未能深入汽车智能化和网联化的决策与控制层面。

3.5.4　轻量化应用与国际先进存在一定差距

我国超高强度钢总体用量偏少。我国高强度钢的总体应用比例与国外差别不大，但主要集中在屈服强度 210~340 兆帕，大于 550 兆帕的超高强度钢用量十分少。国外超高强度钢应用比例较大，如马自达 2 汽车中 780 兆帕以上强度钢在整车应用比例中占 30%，沃尔沃 XC90 汽车热成形钢（1 500 兆帕以上）占 30%。在铝合金使用方面，北美汽车用铝量最高，乘用车单车平均用铝量超过 150 千克。我国目前不到 100 千克。镁合金则差距更大，目前欧洲正在使用和研制的镁合金汽车零部件已超过 60 种，单车镁合金用量为 9.3~20.3 千克；北美正在使用和研制的镁合金汽车零部件已超过 100 种，单车镁合金用量为 5.8~26.3 千克；受成本和成形技术的限制，目前我国镁合金用量还十分有限，国内平均单车用量不足 1.5 千克。

轻量化水平仍有提升空间。随着轻量化理念在国内的传播与推广，自主乘用车在轻量化设计、轻量化材料与工艺的应用方面也取得了进步，缩小了与合资品牌的差距，但仍有很大的提升空间。在综合考虑汽车的尺寸和主要性能的前提下，就整车轻量化指数来比较，我国乘用车与日系相差 11.8%，与韩系相差 7.9%，与美系相差 3.3%。与合资品牌相比，自主乘用车有 4.9% 的轻量化空间可提升，与国外先进水平相比，轻量化潜力巨大。

商用车轻量化潜力更加巨大。我国商用重型自卸车比国外偏重 15% 以上，载质量利用系数偏小 13%；载质量为 15~20 吨的自卸车整备质量和载质量利用系数都与国外先进水平有较大差距，牵引车的整备质量降低和挂牵比提升都有较大潜力。因此，相比乘用车，商用车节能减排任务更重，轻量化潜力也更大。

第4章 路径规划

总体上，我国应从打造具有国际竞争力的国家品牌、积极培育自主创新能力、建立完善的零部件配套体系、大幅改善基础制造水平、加大新动能培育力度五大途径开展汽车强国建设，逐步缩小与传统汽车强国之间的差距，并在新一轮科技变革与产业变革交汇之际，把握机遇、抢占先机，加速占领全球产业制高点，从而成功迈入汽车强国之列（图11-4-1）。

图 11-4-1　汽车强国战略总体实施路径

4.1　打造具有国际竞争力的国家品牌

企业是汽车产业的第一主体，拥有具备国际竞争力的国家品牌将有效带动我国汽车产业发展，并显著提升中国汽车工业的全球竞争力和影响力。因此，打造知名品牌、培育龙头企业是实现汽车强国目标的首要举措。

4.1.1 发展目标

到 2020 年：整车销量方面，1~2 家自主品牌进入全球销量前 10；品牌价值方面，1~2 家自主品牌进入全球价值榜前 20；海外市场方面，整车出口占比达到 10% 以上，部分企业海外市场份额达到 15% 以上。

到 2025 年：整车销量方面，2~3 家自主品牌进入全球销量前 10；品牌价值方面，2~3 家自主品牌进入全球价值榜前 20；海外市场方面，整车出口占比达到 15% 以上，部分企业海外市场份额达到 20% 以上。

到 2030 年：整车销量方面，1 家自主品牌进入全球销量前 5，3 家及以上自主品牌进入前 10；品牌价值方面，1~2 家自主品牌进入全球价值榜前 10；海外市场方面，整车出口占比达到 20% 以上，部分企业海外市场份额达到 35% 以上。

4.1.2 具体路径和关键举措

1. 市场协同发展，实现销量规模突破

引导企业合并重组，培育打造龙头车企。借鉴参考雷诺—日产联盟经验，引导国内重点企业合并重组，打造出规模比肩国际巨头的国家企业，从而达成优势互补、资源整合，提升技术实力；扩大产业规模，降低部分成本；提升市场份额，增强市场营销影响力。

强化"内功"修炼，大幅提升产品综合竞争力。根据我国基本国情，聚焦消费者需求，制定合理的技术研发与车型开发战略。加大研发投入，掌握核心技术；坚持正向开发，着眼于产品性价比打造物美价廉的车型。在性能、工艺、品质、外观、内饰等各个层面赶超合资产品，与其展开直接竞争，抢占国内市场份额。

深挖消费需求，瞄准重点市场打造明星产品。政府引导、车企联合研究我国不同社会群体对出行的多样需求，挖掘潜在市场，针对性设计打造明星车型，如针对响应国家"二胎政策"的群体，研发符合国情的 7 座乘用车；针对"分时租赁"等新兴商业模式开发专用车型等。

合理制定策略，逐步开拓国际市场。扩展国内市场份额，同时重视海外市场发展，以扩大总体销量规模。借助"一带一路"倡议，从布局第三世界国家开始，逐步进入中等发达国家，最后进军发达国家，层层推进扩展市场，提升自主品牌国际影响力。

2. 加强品牌建设，强化品牌竞争力

立足自身，以标准法规为抓手推动整体品质提升。逐步提高节能、环保、质量、安全等标准，严格实施行业准入管理，形成倒逼机制，引导企业提升产品品质，优化产品结构。支持企业通过兼并重组压缩过剩产能和淘汰落后产能，优化产业结构，促进整体品质向上发展。

灵活运用市场营销策略，增强品牌内涵。效仿本田初期通过F1赛事赞助与参与提升技术实力与品牌影响力的策略，立足企业市场定位，合理制订方案方针，通过广告代言、展会参与、赛事活动参与等市场营销手段加强品牌内涵宣传推广，最终实现企业品牌影响力提升。

内外有机结合，战略提升品牌价值。内部方面，依托技术与市场底蕴延伸已有品牌，成立子品牌布局高端产品，同时重新定位企业，拓展新的市场。外部方面，寻找合适时机收购成熟知名品牌，吸收消化核心技术、管理体系等资产，同时提升品牌价值。

3. 合理制定发展策略，稳步开拓海外市场

依托国家顶层战略，逐步占领发展中国家（地区）市场。依托"一带一路"倡议等，积极布局中亚、非洲、南美等汽车工业基础相对薄弱的第三世界国家。基于高层合作协定合作战略，争取政策优惠，通过合作、收购、自筹等方式建立完善研发、生产、销售体系架构，建立把控当地汽车产业。一方面推动基础工业建立健全，提升工业实力，扩大本土汽车市场；另一方面利用本土优势，抢占外资品牌生存空间，扩展自主品牌汽车销量规模。

曲线包围、层层推进，逐步进军欧美高端市场。立足已有基础，通过收购、合资、自筹等方式，由研发布局、市场渗透、生产本土化等多个层面逐步扩展，进军西亚、东欧、中美等具备一定工业基础的地区。最后依托资金、技术、产品、服务方面的累积，进驻发达国家市场，实现由低到高层层推进，建设全球化、全覆盖的立体产业结构，为汽车强国战略提供支撑。

4.1.3　行动专栏

提升自主品牌影响力，打造具备国际竞争力的汽车品牌涉及较多层面，但从重要性、紧迫性等方面考虑，首先需要实现自主品牌战略突围与提升，比肩外资品牌，才能在国内具备市场竞争力，带动整个中国汽车产业向上发展，助力我国汽车强国战略。

专栏一：中国品牌战略突围与提升计划

　　品牌战略突围与提升计划主要从打造龙头企业、提升产品综合素质、初步实现海外布局等几个层面采取措施。

　　一是研究推动优势企业合并，实现资源整合与优势互补。政府引导优势企业合并重组，节约开发成本，在规模上赶超国际汽车品牌，打造出自主龙头车企。

　　二是建立整车产品综合品质评价体系，树立权威的打分标准，促使自主企业升级优化产品质量水平，赶超合资品牌，增强品牌竞争力。

　　三是依托"一带一路"倡议制定汽车产业输出战略，政府牵头引导自主车企布局第三世界部分重点国家，投资建设汽车产业园，扩大自主品牌产销规模，增强国际影响力。

4.2　积极培育自主创新能力

　　创新是发展的第一动力，是企业生存发展的生命线，是实现汽车强国目标的"火车头"。积极培育自主创新能力，必须首先创新体制机制，营造适宜氛围，通过政策引导和激励，大力推进以企业为主体、市场为导向、产学研相结合的技术创新体系建设，充分发挥企业在技术创新体系当中的主体作用，最终形成贯穿基础研究、应用研究、产业化研究的创新链条，实现研发投入、产出、专利、体系全方位的提升，为建设汽车强国提供可持续的、强大的驱动力量。

4.2.1　发展目标

　　到 2020 年：自主创新能力大幅提升。1~2 家企业进入全球研发投入百强，研发投入占比平均达到 3%，基础研究水平得到重点提升，关键技术取得重大突破，企业专利持有量相比 2016 年增加 60%，建成 1~2 家通过国家评定的优质汽车技术创新联盟并实现常态化运转。

　　到 2025 年：自主创新能力接近国际先进水平。2~3 家企业进入全球研发投入百强，行业研发投入占比平均达到 4%，基本掌握重大关键技术，企业专利持有量相比 2016 年翻一倍，建成 2~3 家通过国家评定的优质汽车技术创新联盟并实现常态化运转。

　　到 2030 年：自主创新能力同步国际领先水平。3~4 家企业进入全球研发投入百强，研发投入占比平均达到 5%，基本全面掌握重大关键技术，企业专利持有量相比 2016 年翻两倍，建成 3~5 家通过国家评定的优质汽车技术创新联盟并实现高效运转、协同产出。

4.2.2　具体路径和关键举措

1. 创新体制机制，资金杠杆撬动企业加大研发投入

以财政资金为牵引，逐步拓宽融资渠道。企业是研发投入的主体，是提升行业研发投入占比水平的核心。但完全依靠企业自行加大研发投入，既会增加企业资金难度，也不具备广泛的可行性。因此，应首先疏通资金渠道，以财政资金为牵引，积极引导社会资本及银行、基金等金融资本共同投入，形成并扩大企业的研发投入资金池，为企业加大研发投入拓宽融资渠道、降低资金需求难度。同时也以资金池为杠杆，撬动企业自行筹措资金用于加大研发。

引入研发投入积分制度，挂钩资金池倒逼企业逐年提升。为达到逐年提升企业研发投入占比的目的，可考虑适时引入积分制度。积分制度可先从国有大型企业试点，设置年度达标线，超过为正积分，反之为负积分。正积分可优先获得国家财政补贴资金，并对社会资本和金融资本形成投资参照。此后，参照国际领先水平逐年提升年度达标线，并考虑将积分制度覆盖范围向民营企业等扩大，进而不断提高全行业的研发投入占比。

2. 加强基础研究，重点部署实现核心技术突破和高效产出

明确基础薄弱环节，改革机制形成创新突破。基础研究是实现技术突破的基石，是实现高效产出的"优先行动项"。应重点梳理当前我国还存在的基础研究薄弱环节，组织重点企业、科研机构、大学等开展研究，积极研究协同机制，合理分配资源，提高研究积极性，形成创新突破，并消除基础研究到成果转化的障碍。

立足自主开发，加强国际协同，引导开展重点核心技术攻关。在基础研究逐步夯实后，应立足自主开发，寻找合适途径开展国际合作，引导企业对各阶段制约产业自主发展的应用技术进行攻关，力争在 2035 年左右基本补齐短板，全面掌握重大汽车关键技术。同时，应尽早组建技术发展咨询委员会，对各阶段的技术攻关提供正确指引和有效评估，防止技术路线出现偏差。

以技术路线图为指引，积极开展前瞻性技术研究和布局。汽车技术发展日新月异，必须时刻保持对前瞻性技术和颠覆性技术的敏感度。应不断更新汽车技术路线图，及时提出各个时期先行开展预研的前瞻性技术和颠覆性技术，并部署国家级汽车技术创新联盟启动研究，以提前掌握未来的技术主动权，抢占技术高地。

463

3. 实施领先激励制度，掌握技术专利主动权

实施"领跑者"激励制度，促进企业重视专利开发。专利是国际化竞争的重要武器，是行业话语权的有力支撑，是技术创新的直观体现。针对我国自主汽车品牌专利数量少、质量低的特征，应实施"领跑者"激励制度，按照年度专利统计结果进行考评，对专利持有量、新增量等排名靠前的企业予以税收减免、额外计入研发投入积分等激励措施，从而促进企业加强专利开发。

持续优化创新制度，提升专利开发的质量和应用度。专利数量是创新能力的直观体现，但专利质量和应用程度也极为重要。"领跑者"制度应由初期的鼓励数量逐步向数量和质量兼顾考虑转变，后期更应进一步引入应用程度的考核因子，从而提升我国自主品牌的专利有效性和价值，发挥出专利应有的作用。

4. 以国家级联盟为依托，显著优化和完善技术创新体系

强化考核评定、建立国家级技术创新联盟。组织制定国家级汽车技术创新联盟的考核标准和运行机制，标准应重点强化对联盟的成员构成、所处领域、既有成果等关键指标的考核，并设置由政府部门、第三方机构、权威技术专家等组成的联合评定委员会，按照考核标准严格审核评定出国家级汽车技术创新联盟。

引入动态机制，强化任务导向，加强成果转化。技术创新联盟必须为技术发展服务，必须实现有效的产出和对产业发展的支撑。因此，应设置年度目标任务书和五年技术规划，由联合评定委员会定期组织评定，实现动态进入和退出。同时，应推动联盟加强成果转化，扩大应用范围，实现基础研究—应用研究—产业化研究的全链条贯通。

加强国际协同，围绕前瞻技术链布置创新任务。集中各单位的资源，优势互补、强强合作，对前瞻性技术链进行提前布置，是联盟的重要任务之一。因此，联盟应积极加强国际交流和合作，保持对先进技术的追踪和跟进，并及时组织开展前瞻技术的预研。并在此过程中，孵育出比肩国际知名创新机构（如德国弗劳恩霍夫协会等）的先进创新组织，进一步优化和完善我国的技术创新体系。

4.2.3 行动专栏

自主创新能力的培育涉及较多层面，但从重要性、紧迫性、必要性等方面综合考虑，提升企业的研发投入和产出最为关键，必须以企业为主体，率先推动和实施企业研发创新提质增效工程，为打造可持续发展的自主创新能力奠定基础。

专栏二：企业研发创新提质增效工程

企业研发创新提质增效工程主要分为三部分，着力于提升企业研发投入、强化研发产出。

一是面向 2025 年，发布一批重大、关键、制约性技术目录和攻关指标，并通过财政资金引导企业进行目录申报，撬动企业投入研发资金，提升企业研发投入积极性，并实现核心技术研发突破。

二是依托研发投入积分制度，对企业研发投入设置分阶段的、不断加严的"达标线"，对于达标企业给予退税、挂钩财政补贴等奖励。

三是组织国家级技术创新联盟对基础薄弱环节加强研究，解决应用技术的基础支撑问题，并形成持续的基础研究成果转化。

4.3　形成完善的零部件配套能力

4.3.1　发展目标

到 2020 年：建立自主可控全产业链的零部件供应体系；培育 3~6 家企业进入全球 TOP100；前 30 家零部件集团产值占比 15%；自主配套率达到 50%，海外配套占比 10%；模块化能力大幅加强，水平显著提升。

到 2025 年：完善自主可控全产业链的零部件供应体系；培育 6~10 家企业进入全球 TOP100；前 30 家零部件集团产值占比 30%；自主配套率达到 60%，海外配套占比 15%；模块化供应能力接近国际领先水平。

到 2030 年：建立国际领先的零部件供应体系；前 30 家零部件集团产值占比 50%；10~15 家企业进入全球 TOP100；自主配套率达到 70%，海外配套占比 25%；模块化供应能力达到国际领先水平。

4.3.2　具体路径和关键举措

汽车零部件是汽车工业发展的基础，是汽车工业的重要组成部分。通过国家宏观政策的支持，持续推动国内整合、海外并购，聚集资源支持优质企业做大做强，培养出一批支撑中国成为汽车强国、具有国际竞争力的大型零部件企业，打造国际领先的汽车零部件配套体系。

1. 双管齐下，打造全球供应体系

推动兼并重组，聚集资源培育龙头企业。积极创造良好环境，坚持市场化运作，充分发挥政府引导作用，依托优势企业推动产业链横向和纵向整合，培育一批具有国际竞争力的大型零部件集团。提高行业准入标准，坚决淘汰落后企业，让人才、资金、技术等资源要素向优势企业集中，减少同质化竞争，提高产业集中度和资源配置效率。

鼓励企业海外并购，加快国际化进程。加强规划指导和统筹协调，整合优势资源，引导企业实施全球发展战略，加紧进行海外布局，有重点、有步骤地开展海外并购，在全球范围内优化资源配置，发展并完善全球生产和服务网络，提升国际化经营能力，增强国际竞争力。

依托龙头企业，构建全球化供应体系。以龙头企业带动产业链集聚延伸，实现产业聚集，促进产业向高端发展，提升产业核心竞争力。通过龙头企业的实力提升，改善"整零"关系，打破传统的自主零部件配套体系和供求模式，逐步剥离整车企业依附关系，促进零部件企业向中性化发展，市场化运作、独立经营，实现专业化分工和协作化生产，推动产业结构优化升级。发挥"一带一路"优势，利用龙头企业优势，搭建国际化经营平台，促进零部件企业建立全球供应体系，融入全球配套。

2. 创新为本，提升关键零部件自主配套能力

加大关键技术研发力度，实现核心产品突破。加大财税政策支持力度积极助力零部件自主创新，培育核心技术自主创新能力。拓展基金、信贷、保险融资渠道，支持重点零部件项目建设。积极推动建立国家技术发展联盟，跨产业协调，加快研发资源及技术共享，逐层分解技术关键难点，全技术、全产业链协同突破核心产品技术。协同整车企业或世界知名零部件企业构建大型关键零部件产品前沿技术"平台研发"和"应用技术"工程技术研究中心，全面提升科技成果转化。

引导整零协同发展，扩大自主配套规模。在政策上采用"萝卜加大棒"的方式引导整车企业与零部件企业相互扶持，形成互惠互利的共同体，助力零部件企业扩大规模，提高配套率。设置整车汽车的自主零部件的最低采购比例，扩大自主零部件的市场应用规模。同时，对于能够采购自主零部件企业生产的关键及核心零部件的整车企业，国家应给予特别支持，在其研发费用上给予税收等优惠政策，增强整车企业的积极性，提升自主零部件配套率。

以协同发展为中心，推动配套全球化。基于互利互惠的整零关系，加大合资企业自主配套推进力度，扶持自主零部件进入合资企业配套体系，发展友好的合

作关系。借助"一带一路"优势，组建海外投资联盟，加强政企合作关系，以高效的产业合作和融洽的区域生态，开展海外投资，推动配套全球化战略。

3. 协同发展，培育模块化供应能力

引进核心技术，快速形成模块化供应基础。基于培育的大型集团，通过产业链整合逐步提升对现有产品的集成能力和模块化供货能力，同时，政策上给予资金扶持，鼓励企业通过并购等方式引进核心技术，构建核心技术专利地图，快速形成关键零部件的模块化供应基础，通过围绕核心技术的经验积累和再开发，优化提升模块化供应能力。

推进产业协同发展，提升企业系统集成能力。利用行业资源，组织专家研究国外先进的模块化供应模式，制定适合中国特色的模块化发展路线。通过产业政策引导行业向集团化发展，重点支持一批实力领先的优质核心零部件配套集团，聚集上下游产业链企业，打造具备模块化供应能力的集团。立足整车设计开发、整车集成技术和生产制造，重点发展零部件共性技术协同开发，提高关键总成及核心零部件的研发制造能力，提升零部件通用化、模块化技术。

4.3.3　行动专栏

打造完善的零部件配套体系涉及较多层面，但从重要性、紧迫性、必要性等方面综合考虑，提升零部件企业的竞争力最为关键，因此，必须以企业为主体，率先推动和实施优质零部件配套体系建设工程，通过国内兼并重组、海外并购，培养一批优质的巨头企业，为打造完善的零部件配套体系奠定基础。

专栏三：优质零部件配套体系建设工程

优质零部件配套体系建设工程主要分为三部分，着力于提升规模效应、模块化配套能力、关键技术及前沿技术研发能力，细分市场地位。

一是面向 2025 年，国家对零部件行业设置淘汰制度，有步骤地推进行业内横向和纵向整合，提高行业集中度，增强规模效应，提升企业竞争力。

二是通过市场竞争，优胜劣汰，选择出优质企业，通过相应政策、资金扶持，聚集资源，支持优质企业做大做强。

三是成立海外并购联盟、专家委员会、国家并购基金，引导国内企业合理参与海外并购，并对关键零部件领域，采用基金扶持提升并购竞争力，通过海外并购以实现生产、市场等资源在全球范围的优化配置并获得先进技术及管理经验。

4.4　大幅提高基础制造水平

着眼于创新驱动、提质增效，保证制造质量，缩短生产准备周期，提高生产率，降低制造投资，节省制造成本和资源能源消耗，从根本上改变我国汽车产业基础材料研究缺失、工艺技术创新体系不健全的面貌，推动汽车制造技术进入国际先进行列，提升我国汽车产业在世界汽车制造业中的地位。

4.4.1　发展目标

到 2020 年：汽车制造整体水平较大提升，单位生产总值能耗较 2015 年下降 20% 以上，实现后工程不良品率比 2015 年下降 25%。

到 2025 年：汽车制造整体水平大幅提升，智能决策软件和智能装备在骨干汽车企业中大量使用，物联网、大数据与智能化技术在汽车制造领域深化应用；单位生产总值能耗较 2015 年下降 35% 以上，实现后工程不良品率比 2015 年下降 45%。

到 2030 年：我国汽车制造水平整体达到世界汽车制造强国中上水平，智能工厂、数字化车间在汽车企业中普遍应用，单位生产总值能耗较 2015 年下降 50%，实现后工程不良品率比 2015 年下降 65%。

4.4.2　具体路径和关键举措

将"轻量化、绿色化、智能化"作为我国汽车制造水平提升的工作重点，积极推行低碳化、循环化和集约化，提高汽车制造业资源利用效率，强化全生命周期绿色管理，努力构建高效、清洁、低碳、循环的绿色制造体系。把智能制造作为汽车强国的主攻方向，研究构建汽车智能制造体系，推进生产过程智能化，培育新型生产方式，全面提升企业研发、生产、管理和服务的智能化水平。

1. 突破基础材料瓶颈，积极布局前沿领域

突破基础材料瓶颈，打造自主品牌产品。加大对关键基础材料领域的开发投入力度，牵头建立关键共性基础材料协同研发平台，通过基础材料的设计开发、制造流程及工艺优化等关键技术和国产化装备的重点突破，着力解决当前汽车产业基础材料面临的产品同质化、低值化，环境负荷重、能源效率低、资源瓶颈制约等重大共性问题，打造一批标志性自主基础材料品牌产品，提升我国基础材料产业整体竞争力，满足汽车制造业急需，为我国实现汽车强国提供强有力的支撑。

　　积极布局前沿领域，搭建可持续基础材料体系。积极做好前沿新材料领域知识产权布局，加大技术创新成果向标准、专利转化的力度，围绕重点领域开展应用示范，逐步扩大前沿新材料应用领域，建成较为完善的新材料标准体系，形成多部门共同推进、国家与地方协调发展的新材料产业发展格局，具有一批有国际影响力的新材料企业。

2. 推进制造工艺革新，推广绿色智能制造工艺

　　推进制造工艺革新，着力解决制造工艺关键问题。提高对基础制造工艺的重视程度，以市场为导向、创新为方向，建立县级基础工艺创新研究中心，加强工艺研究，注重工艺与装备的密切结合，推进汽车制造工艺革新，着力解决基础制造工艺的关键问题。

　　推广绿色智能制造工艺，逐步掌握先进制造工艺。针对基础工艺关键工序开展生产工艺绿色化、智能化改造，重点推广绿色、先进的铸造、锻压、焊接、切削、热处理、表面处理等基础制造工艺技术与装备。建立基础工艺创新体系，利用现有资源建立关键共性基础工艺研究机构，开展先进成型、加工等关键制造工艺联合攻关，支持企业开展工艺创新，培养工艺专业人才，逐步掌握先进制造工艺，建立以"高效、清洁、低碳、循环"为重点的绿色智能制造工艺技术体系。

3. 加快低端制造转型升级，构建多领域协同发展模式

　　加大自主创新力度，加快低端制造产能转型升级。鼓励企业加大自主创新投入力度，聚焦感知、控制、决策、执行等核心关键环节，推进智能制造关键技术装备、核心支撑软件、工业互联网等系统集成应用，以系统解决方案供应商、装备制造商与用户联合的模式，集成开发一批重大成套装备，推进工程应用和产业化。

　　鼓励企业兼并重组，构建多领域协同发展模式。针对智能制造关键技术装备、智能产品、重大成套装备、数字化车间/智能工厂的开发和应用，推进产学研用联合创新，支持有条件的企业对外展开兼并重组，攻克高档数控机床与工业机器人、增材制造装备、智能传感与控制装备、智能检测与装配装备、智能物流与仓储装备五类关键技术装备，提高质量和可靠性。大力推进关键设备朝数字化、智能化、绿色化、网络化和服务化方向发展。

4. 提高产品设计水平，构建质量管理体系

　　提高产品设计开发水平，增强产品质量可靠性。推广采用先进成型和加工方

法、在线检测装置、智能化生产和物流系统及检测设备等，组织开展重点产品设计优化行动，组织攻克一批长期困扰产品质量提升的关键共性质量技术，逐步加强产品可靠性设计、试验与验证技术开发应用，持续提升产品设计开发水平，增强产品质量可靠性。

加强质量安全监管，健全质量管理体系。以管理体系认证作为促进中国汽车质量品牌的重要抓手，通过推广先进质量管理技术及制造方法，深化改革创新汽车标准、认证和评价体系，大力推进中国汽车标准法规和质量管理体系建设。统筹汽车产品认证制度，完善汽车产品认证模式，加强生产一致性等质量安全监管，建立惩罚性赔偿和市场退出等机制。加强汽车企业技术创新和质量控制，实施汽车质量提升行动计划，鼓励汽车企业构建包含前期策划、中间监管、反馈机制的质量管理体系闭环系统，建设具有中国特色、国际领先的汽车管理评价体系。

5. 创新企业管理模式，加强行业监管力度

吸收先进管理模式，制定中国特色管理方法。推广先进的生产管理模式和方法在汽车制造企业中普及，引导企业制定管理体系，围绕研发创新、生产制造、质量管理和营销服务全过程，提升内在素质，夯实企业发展基础。推进先进生产管理模式和方法在汽车行业中普及，研究制定具有中国特色的汽车制造管理方法。

推进行政管理改革，健全行业管理体制机制。一是进一步简政放权，加快行政审批制度改革，减轻企业负担，优化企业和产品准入管理制度，加强事中事后监管，规范汽车生产秩序，建立科学、高效、符合国际通行惯例的行业监管体系，健全企业退出机制。二是推动法治化管理，构建公平竞争的市场环境，建立长期有效的汽车行业法治化管理，进一步规范企业和产品准入。三是发挥市场在资源配置中的决定性作用，确定企业投资的主体地位，改革汽车投资项目的管理制度，推进汽车产业健康可持续发展。

4.4.3　行动专栏

先进制造技术包括多种方面，立足我国汽车工业发展规划和当前实际，以智能制造模式和技术体系为指导，积极推进汽车智能制造试点示范工程，建成若干个具有行业影响力的汽车智能制造示范工厂，降低企业运营成本、提高劳动生产效率、提升汽车产品质量、降低资源能源消耗。

专栏四：汽车智能制造试点示范工程

　　深入推进汽车制造过程智能化，选择重点企业在重点领域建设智能工厂，依托优势企业，紧扣关键工序智能化、关键岗位机器人替代、生产过程智能优化控制、供应链智能优化，打造若干个具有行业影响力的汽车智能制造示范工厂，为智能制造在汽车制造业中大规模应用打下坚实基础。试点示范建设主要内容包括：

　　（1）工厂总体设计、工艺流程及布局建立数字化模型，并进行模拟仿真，实现生产流程数据可视化和生产工艺优化；

　　（2）推进工业机器人、3D 打印、物联网、大数据等智能制造支撑技术的深化应用；

　　（3）建立工厂内部互联互通网络架构，实现工艺、生产、检验、物流等各环节之间全生命周期数据统一；

　　（4）通过定制参数选择、三维数字建模、虚拟现实或增强现实等方式，搭建个性化定制服务平台，支持以用户为中心的个性化汽车产品生产模式。

4.5　加大新动能培育力度

　　经过 20 多年发展，我国新动能相关技术及产业化水平将由目前追赶国际先进的现状转变为达到引领全球的水平，有力地支撑产业长久持续发展。

4.5.1　发展目标

　　到 2020 年：新动能技术及产业化水平达到国际先进。其中，新能源汽车年销量 200 万辆。动力电池、驱动电机性能进一步提升。初步建立智能汽车标准法规体系、自主研发体系、生产配套体系。汽车驾驶辅助、部分自动驾驶市场占有率超过 50%。远程通信互联终端整车装备率将达 50%。实现国产汽车在 2015 年的基础上减重 10%。

　　到 2025 年：新动能技术及产业化水平整体达到国际领先。其中，新能源汽车年销量 500 万辆。智能汽车标准法规体系、自主研发体系、生产配套体系不断完善。汽车驾驶辅助、部分自动驾驶、有条件自动驾驶新车装备率超过 50%。部分实现 V2X 通信，信息化装备率 80%。实现国产汽车在 2015 年的基础上减重 20%。

到 2030 年：新动能技术及产业化水平整体达到国际前列标准。其中，新能源汽车年销量 1 500 万辆。动力电池、驱动电机、整车控制等关键系统实现完全自主。掌握自动驾驶系统关键技术，拥有供应量在世界排名前十的供应商企业一家，高度自动驾驶装配率 30%，完全自动驾驶新车装备率达 10%。大规模实现 V2X，信息化装备率 90%。实现国产汽车在 2015 年的基础上减重 35%。

4.5.2 具体路径和关键举措

新动能的培育发展，应紧紧围绕低碳化、智能化、网联化、轻量化的重点内容，加快布局，加速赶超。

1. 以积分政策为引导，加快推广数量及技术水平的同步提升

全面推行新能源汽车积分政策，有力引导企业加大生产推广力度。2020 年新能源汽车补贴政策全面退出后，积分政策将继续引导产业发展。逐年提高新能源积分产量占比，形成完善的积分交易及惩罚机制，将倒逼整车企业加速传统汽车节油及高品质新能源汽车的生产，逐步在租赁服务、公务车、私人乘用车、轻型商用车领域规模应用，实现全产业的低碳化发展。

加速新型锂电池材料研发，提升燃料电池产业化水平。依托国家科技专项支持，组织企业、高校、科研院所等协同攻关，重点突破整车集成、电机驱动、电子控制等关键共性技术，加快实现动力电池革命性突破，开展动力电池关键材料、单体电池、电池管理系统等关键技术联合攻关，加快研发下一代动力电池及其材料。加快燃料电池系统开发，优先攻克公共交通、大型商用车领域燃料电池汽车的核心共性技术，逐步扩大燃料电池汽车应用推广规模。

2. 加大核心技术研发力度，完善标准法规及道路设施保障

加紧布局智能汽车关键技术攻关。建立跨产业的协同创新机制，重点突破汽车控制芯片、传感器、车载通信、操作系统等产业链薄弱环节，推动车载环境感知系统和智能车载终端研发与产业化应用。逐步实现激光雷达三维成像技术、动态三维高精度地图、基于人脑信息识别的人机交互技术等先进技术的研发突破及应用。

加快建立技术及应用系列标准法规。研究确定我国智能网联汽车专用通信频段及相关协议标准，规范车辆与平台之间的数据交互格式与协议，制定车载智能设备与车辆间的接口、车辆信息安全等相关技术标准。推动通信基础设施建设和多行业共建智能汽车大数据交互平台，优化资源配置，提高服务水平与行业监管效率。

实施智能汽车道路基础设施改造及新建工程。根据智能汽车需求，不断推

进道路和交通工程设施的智能化适应性研究，并分阶段逐步进行智能化适应性改造，使其在保持原有功能的基础上满足智能网联汽车感知系统的需求。对国内干线道路大型关键结构物进行数字化监测，建立数字化应急处置体系，提升对路段与道路结构物运行的监测能力。基于北斗卫星定位系统及其地基增强网络，实现覆盖公路沿线的加密定位网与超高精度位置服务系统。

3. 信息安全法规先行，推进汽车与IT等产业深度融合发展

建立网联汽车基础数据交互平台，形成"端管云"数据安全技术框架。结合中国网联汽车的实际，确定数据管理对象并实行分级管理，建立数据存储安全、传输安全、应用安全三维度的数据安全体系，在国家层面建立网联汽车基础数据交互平台。对网联汽车数据进行分级，确定保护级别，建立包括云安全、管安全、端安全在内的"端管云"数据安全技术框架，制定中国智能网联数据安全技术标准及测试方法。

建设汽车与IT等产业跨领域、多层次融合发展新模式。依托行业协会、创新联盟等现有资源，做好汽车与信息、通信、交通、能源等产业融合发展的顶层设计和推进实施，推动制定数据标准、完善信息基础设施、创新政策扶持方式。集聚创新资源，发展基于互联网的设计、制造和服务新型模式，联合研发网联汽车，共同建设跨领域大数据平台，协同构建新型产业生态圈，实现优势互补、研发协同和成果共享，提升全要素生产率。

4. 制定年度减重目标，逐步扩大轻量化材料及工艺应用规模

以现有水平为基础、国际领先为目标，制定我国汽车轻量化减重任务。我国汽车轻量化发展，尚未形成统一步调，根据国家油耗目标及国外主要汽车生产国家和典型汽车企业轻量化目标，结合我国汽车轻量化技术水平现状，综合考虑材料、工艺与成本等因素，提出我国汽车轻量化技术的发展战略目标。形成任务执行及考核，逐步加大应用规模，逐步缩小与国际先进水平的差距，实现快速减重和成本下降。

分阶段、分步骤划分材料及工艺发展重点，逐渐扩大应用规模。2025年以前，以第三代汽车钢和铝合金技术为主线，实现钢铝混合车身、全铝车身的大范围应用。实施轻质材料制作与部件制作、空心部件制作、镁铝壳体制作，以及纤维在底盘部件上的应用。2025~2035年，重点发展镁合金材料，实施底盘线控转向，以及线控制动混合材料车身的大批量生产制作。2035年以后，重点发展碳纤维复合材料混合车身及碳纤维零部件，突破复杂零件成型技术和异种零件连接技术。

4.5.3　行动专栏

　　加紧布局低碳化、智能化、网联化、轻量化关键技术攻关，建立跨产业的协同创新机制，重点突破材料、控制芯片、传感器、车载通信等产业链薄弱环节，推动固体锂电池、燃料电池、新型轻量化材料等研发与产业化应用。推进开展新兴技术与产业化工程，分阶段、有步骤地推进新兴技术研发与应用，不断扩大试点示范范围。

专栏五：新兴技术攻关与产业化工程

　　围绕汽车产业新兴技术如新型轻量化材料及工艺研发、车载智能信息服务系统、光学系统、雷达系统、高精度北斗定位系统、车辆协同系统、人机交互系统、动力电池能量密度、高低温适应性等核心技术研究需求，整合现有创新资源组建一批汽车产业联合创新中心（技术创新中心、公共服务平台和工程数据中心），重点开展行业关键共性技术、基础技术、前沿技术的研发及产业化，优选组建专业特色公共服务平台和工程数据中心。提升关键零部件的自主设计水平和系统集成能力，突破新兴技术产业化瓶颈，加快组织开展应用试点和示范，提高自主创新能力和国际竞争力，抢占竞争制高点。

　　力争到 2025 年形成 5 家左右汽车产业联合创新中心。自主品牌纯电动和插电式混合动力汽车产品技术水平与国际同步；基本建成自主的智能网联汽车产业链与智慧交通体系。轻量化技术综合应用进入国际先进行列。
